Hyperledger Fabric
核心技术

陈树宝　郑少华　佟艳娟　著

電子工業出版社
Publishing House of Electronics Industry
北京·BEIJING

内 容 简 介

本书通过精选十分重要和极其巧妙的代码片段，剖析了超级账本 Hyperledger Fabric 的技术细节、底层原理和整体架构。本书涵盖开发环境的部署、源码如何编译、第一个示例网络的运行，以及 orderer、peer、Chaincode、MSP、Ledger、Consensus 和 Gossip 几个重要的组成部分。

读者阅读本书，可以更加清晰地理解超级账本的核心技术和设计思想，了解分布式账本一致性的具体实现；同时，可以识别在区块链应用过程中遇到的问题，实现区块链功能和性能的最大化。

图书在版编目（CIP）数据

Hyperledger Fabric 核心技术 / 陈树宝，郑少华，佟艳娟著. 一北京：电子工业出版社，2019.7

ISBN 978-7-121-36687-1

Ⅰ. ①H… Ⅱ. ①陈… ②郑… ③佟… Ⅲ. ①电子商务－支付方式－研究 Ⅳ. ①F713.361.3

中国版本图书馆 CIP 数据核字（2019）第 103686 号

责任编辑：李 冰　　特约编辑：田学清
印　　刷：北京七彩京通数码快印有限公司
装　　订：北京七彩京通数码快印有限公司
出版发行：电子工业出版社
　　　　　北京市海淀区万寿路 173 信箱　　邮编：100036
开　　本：787×1092　1/16　印张：21.75　字数：487 千字
版　　次：2019 年 7 月第 1 版
印　　次：2023 年 1 月第 2 次印刷
定　　价：89.00 元

凡所购买电子工业出版社图书有缺损问题，请向购买书店调换。若书店售缺，请与本社发行部联系，联系及邮购电话：（010）88254888，88258888。

质量投诉请发邮件至 zlts@phei.com.cn，盗版侵权举报请发邮件至 dbqq@phei.com.cn。

本书咨询联系方式：libing@phei.com.cn。

推荐序

众所周知，区块链技术的核心是一种去中心化的对等网络协议。基于此核心思想，位于世界上任何地方的两个陌生人，可以在不依赖第三方中介机构背书的情况下进行点对点的交易，所有的对等节点共同维护一套账本以保障数据的完整性和正确性，理论上可以抵御不高于 51%的作恶节点的篡改行为。比特币就是经典的区块链应用案例，其市值高峰达到了 420 亿美元。

通常来说，通过挖矿获得奖励的类比特币区块链技术为第一代区块链技术。第二代区块链技术以以太坊为代表，任何人和机构都可以基于以太坊智能合约发布自己的代币，因此第二代技术也称为可编程的区块链技术。这也造成了从 2016 年开始，很多 ICO 项目应运而生，出现了一系列金融乱象。

随着 R3、IBM、微软、亚马逊、BATJ 等科技巨头的加入，区块链技术才逐渐脱虚向实，服务于实体经济，实现产业化改造和升级。其中，具有代表性的框架为 Linux 基金会和 IBM 推出的 Hyperledger，也称为超级账本。截至目前，Hyperledger 已经拥有十几个子项目，涉及代码约 360 万行，200 多家企业成员入驻。

Hyperledger 著名的项目为 Fabric，目前 Fabric 框架参与开发人员达 150 人之多。Fabric 提供了一个无币的联盟链开源基础设施。基于 Fabric CA 身份认证技术，我们可以很方便地实现联盟成员准入控制；基于 Fabric 多通道技术，我们可以很方便地实现业务数据隔离和访问控制；基于 Fabric 交易背书机制，我们可以实现在保证交易安全的前提下高效验证和打包；基于 Fabric 智能合约技术，我们可以很方便地将现实世界的人、物、行为、权益等信息资产数字化，实现可信身份认证、数据确权、数据流转、数据审计，从而实现信息时代到数字时代的重大转变。

区块链是一种通过技术手段改变信任关系的纽带，是一种身份互认、行为互信、信任共建的思想，是一种实现数据共享、业务共生、生态共建的思想。通过区块链技术，我们可以很方便地将现实世界中不可信或不易协调的场景逻辑迁移到链内，由智能合约自动执行，这样就可以真正地实现点对点信任，从而真正消除中间商。

区块链典型的应用场景就是供应链金融场景，供应链金融是指将供应链上的核心企业及其相关的上下游企业看作一个整体，以核心企业为依托，以真实贸易为前提，运用自偿性贸易融资方式，对供应链上下游企业提供综合性金融产品和服务。我们可以通过区块链技术，将银行等金融机构、核心企业、上下游企业组建一个联盟链，参与方通过区块链节点签名、共享数据，并得到多方共识，保障数据不可篡改。通过以上方法可以很方便地对供应链企业进行信用评估和风险控制，减少欺诈行为，从而降低整个供应链的融资成本，使大部分中小企业能够享受到融资便利，提高企业的生产效率。

北京链圈科技致力区块链核心技术和原理的研究，目前已经搭建了自主可控的产业化 BaaS 平台，后续将会深耕溯源、供应链金融场景，实现全过程溯源、全链金融的产业化发展战略。

李锴

北京链圈科技 CEO

前　言

近几年，随着区块链技术的兴起和蓬勃发展，以及其广阔的应用前景，从企业到学校，越来越多的人对其产生浓厚的兴趣并投入区块链技术的学习和研究中。从比特币到以太坊，再到现在应用广泛的超级账本（Hyperledger Fabric），区块链技术也在飞速更新中。

在这些开源的区块链项目（比特币、以太坊、超级账本等）中，比特币是笔者最早开始研究的。当时就想撰写比特币方面的书籍，但在这些零乱的工作中，很难有足够的时间去完成，后来想撰写时市面上已经出现了很多成熟的作品，当然也包括以太坊。但超级账本几乎没有，而且 Hyperledger Fabric 1.0 版本在部署时很容易遇到问题，熟读源码理解整个构架是一个比较困难的过程，因此本书自 1.0 版本开始着手撰写，现在已经更新到 2.0 版本。整个过程经历了无数次的修改、整理、重构，尽量做到逻辑严谨、结构清晰，力求为读者提供更好的读书体验和更有价值的参考。Fabric 项目的源码仍然是比较巨大的，除了需要从宏观上整体把控外，还需要在细节上深入概述，以便读者多角度研读。

对区块链的初学者来说，在无人指导的情况下直接进入代码学习确实有一定的难度，很难快速地掌握整体架构及其主要实现原理，本书的作者都是区块链一线研发及应用人员，本书也是作者长时间学习和研究过程中的经验总结，希望为那些想学习超级账本的读者提供一些提示和引导，使读者能够快速掌握其精髓。

作为 Fabric 项目开发过程的见证者，笔者时刻关注 Fabric 项目的变化，查看每一位贡献者的代码，查看源码守护者的评论，这已经成为一种常态。很多人上网是浏览新闻、听歌、看电影，但笔者喜欢看 Commit 的 Subject。看得多了，自然而然也就会了解更多。

在撰写本书时笔者也遇到了很多困难，要写哪些内容，如何进行布局，如何将专业知识讲解得更加通俗易懂，因此进行了多种尝试和修改，同时在比较难理解的地方增加了备注和实例，以帮助读者理解和接受。不断修改的过程对笔者来说也是一个知识不断重塑的过程。本书几乎涵盖了底层技术中的所有相关内容，所以整体框架变得更加清晰。

本书不仅讲解了 Fabric 中的核心技术，包括 Chaincode、MSP、加密算法、账本管理、orderer、peer、Gossip、gRPC，还详细讲述了 Hyperledger Fabric 开发环境的搭建、源码的编译过程，以及如何运行一个网络，并且在引言部分演示了环境部署运行的整个过程。本书不是停留在理论层面上，而是深入 Fabric 的底层代码详细讲述各功能模块的具体实现过程，做到了由点到面的深入讲解。不管是区块链的开发人员、测试人员、运维人员，或是区块链技术的爱好者，都可以在本书中找到所需要的内容。因此，如果想更进一步学习和研究区块链技术，本书绝对是一个不错的选择。

当然，笔者相信这本书仍然不是最好的，还有很多不足之处，欢迎广大读者提出宝贵的建议或意见，共同交流，共同推动区块链技术的发展。

引 言

什么是 Hyperledger Fabric？在这里先进行一个简单演示，让大家有一个具体的印象。当前，官方的示例一直是以 Linux 平台使用 Docker 进行的，不够立体、不够突出，且难以理解。Hyperledger Fabric 在 Windows 平台开发还存在一些问题，自 1.0 版本以来，笔者一直做着兼容 Windows 版本的改进工作，由于某些原因，直到最近笔者才提交了 Windows 版本的修改，鉴于此，如果要在 Windows 平台进行部署，只能用 1.4 版本之后的发行版本（release）或者当前的 master 版本。前言部分就是使用 master 版本进行的，需要注意的是，master 版本仅限于前言演示的部分，之后的章节还是基于 release-1.4 版本来讲解的。

演示一个简单的区块链：3 个 zookeeper、3 个 kafka、3 个 orderer、3 个 peer 和 3 个 Chaincode。每个节点都是一个独立的进程，由于节点之间使用了 gRPC 通信，节点可以放在不同的计算机中，只需简单地修改 C:/Windows/System32/drivers/etc/hosts 文件指向不同的 IP 就可以了，非常灵活。下面的演示是在同一台计算机中进行部署的，节点都指向相同的地址 127.0.0.1。

zookeeper

zookeeper 致力于开发和维护一项开源服务，能够实现高度可靠的分布式协调，为应用程序（kafka）提供访问的一致性。

zookeeper 之间是通过什么关联的？每一个 zookeeper 在 conf/zoo.cfg 都设置：

```
server.1=zookeeper0:2888:3888

server.2=zookeeper1:4888:5888

server.3=zookeeper2:6888:7888
```

图 1 演示了 zookeeper0 的启动过程，地址为 zookeeper0:2181。

图 1　zookeeper0 的启动过程

图 2 演示了 zookeeper1 的启动过程，地址为 zookeeper1:2182。

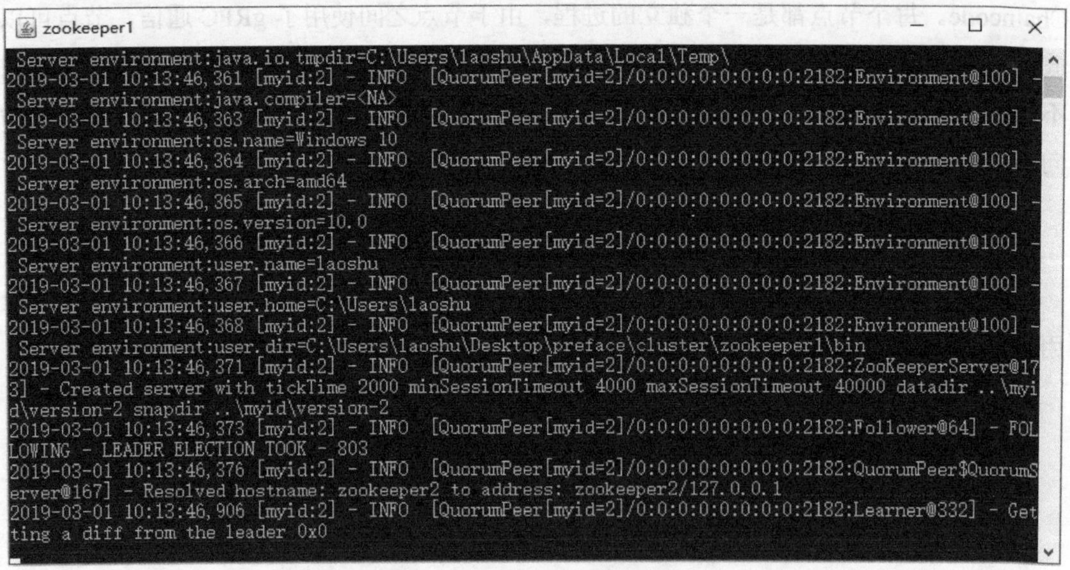

图 2　zookeeper1 的启动过程

图 3 演示了 zookeeper2 的启动过程，地址为 zookeeper2:2183。

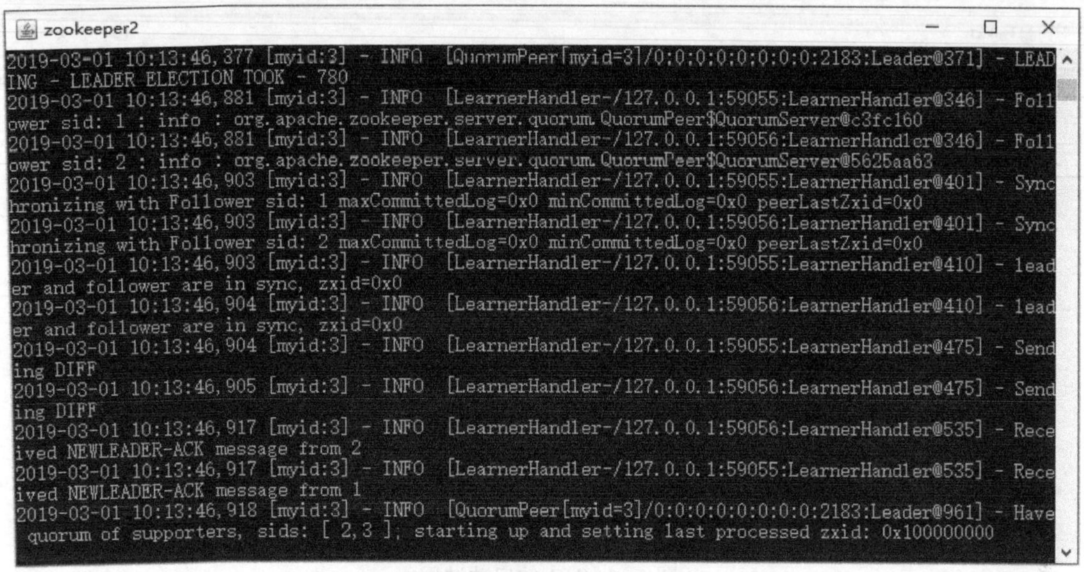

图 3　zookeeper2 的启动过程

kafka

kafka 是一种高吞吐量的分布式发布订阅消息服务，每天能够处理数万亿个事件。最初 kafka 被设计为消息队列，基于分布式提交日志的抽象。自 2011 年由 LinkedIn 创建并开放源代码以来，kafka 迅速从消息队列发展成为一个成熟的流处理平台。

图 4 演示了 kafka0 的启动过程，地址为 kafka0:9092。

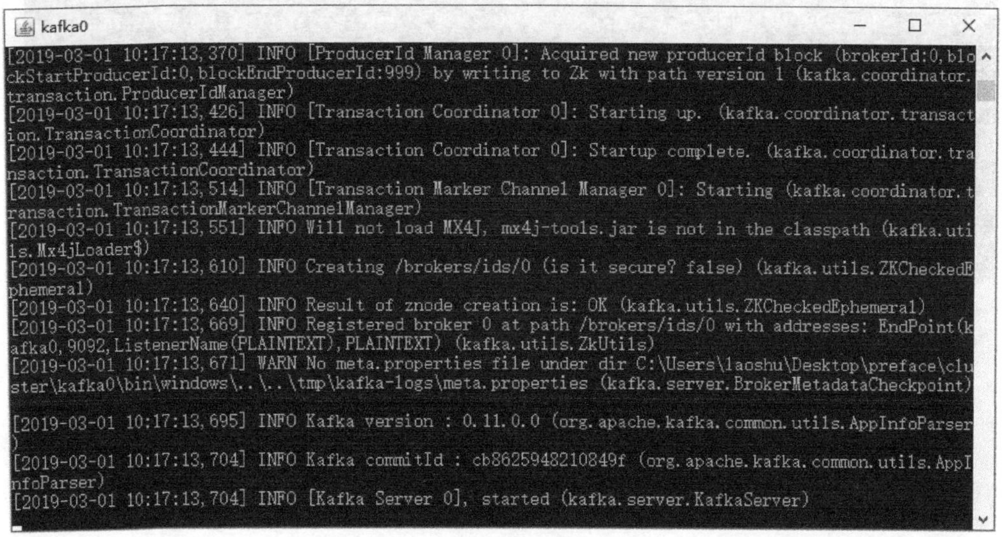

图 4　kafka0 的启动过程

图 5 演示了 kafka1 的启动过程，地址为 kafka1:9093。

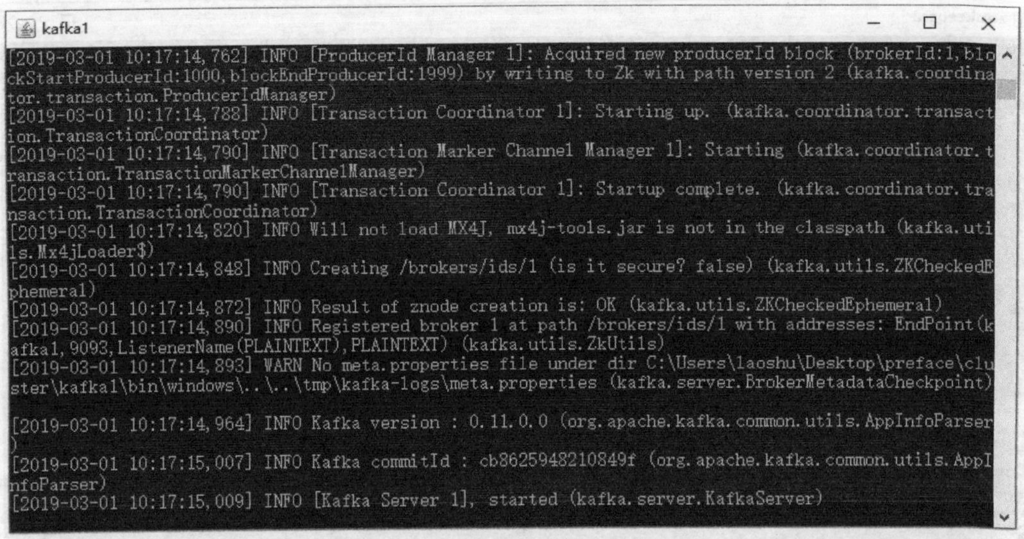

```
kafka1
[2019-03-01 10:17:14,762] INFO [ProducerId Manager 1]: Acquired new producerId block (brokerId:1,blockStartProducerId:1000,blockEndProducerId:1999) by writing to Zk with path version 2 (kafka.coordinator.transaction.ProducerIdManager)
[2019-03-01 10:17:14,788] INFO [Transaction Coordinator 1]: Starting up. (kafka.coordinator.transaction.TransactionCoordinator)
[2019-03-01 10:17:14,790] INFO [Transaction Marker Channel Manager 1]: Starting (kafka.coordinator.transaction.TransactionMarkerChannelManager)
[2019-03-01 10:17:14,790] INFO [Transaction Coordinator 1]: Startup complete. (kafka.coordinator.transaction.TransactionCoordinator)
[2019-03-01 10:17:14,820] INFO Will not load MX4J, mx4j-tools.jar is not in the classpath (kafka.utils.Mx4jLoader$)
[2019-03-01 10:17:14,848] INFO Creating /brokers/ids/1 (is it secure? false) (kafka.utils.ZKCheckedEphemeral)
[2019-03-01 10:17:14,872] INFO Result of znode creation is: OK (kafka.utils.ZKCheckedEphemeral)
[2019-03-01 10:17:14,890] INFO Registered broker 1 at path /brokers/ids/1 with addresses: EndPoint(kafka1,9093,ListenerName(PLAINTEXT),PLAINTEXT) (kafka.utils.ZkUtils)
[2019-03-01 10:17:14,893] WARN No meta.properties file under dir C:\Users\laoshu\Desktop\preface\cluster\kafka1\bin\windows\..\..\tmp\kafka-logs\meta.properties (kafka.server.BrokerMetadataCheckpoint)

[2019-03-01 10:17:14,964] INFO Kafka version : 0.11.0.0 (org.apache.kafka.common.utils.AppInfoParser)
[2019-03-01 10:17:15,007] INFO Kafka commitId : cb8625948210849f (org.apache.kafka.common.utils.AppInfoParser)
[2019-03-01 10:17:15,009] INFO [Kafka Server 1], started (kafka.server.KafkaServer)
```

图 5 kafka1 的启动过程

图 6 演示了 kafka2 的启动过程，地址为 kafka2:9094。

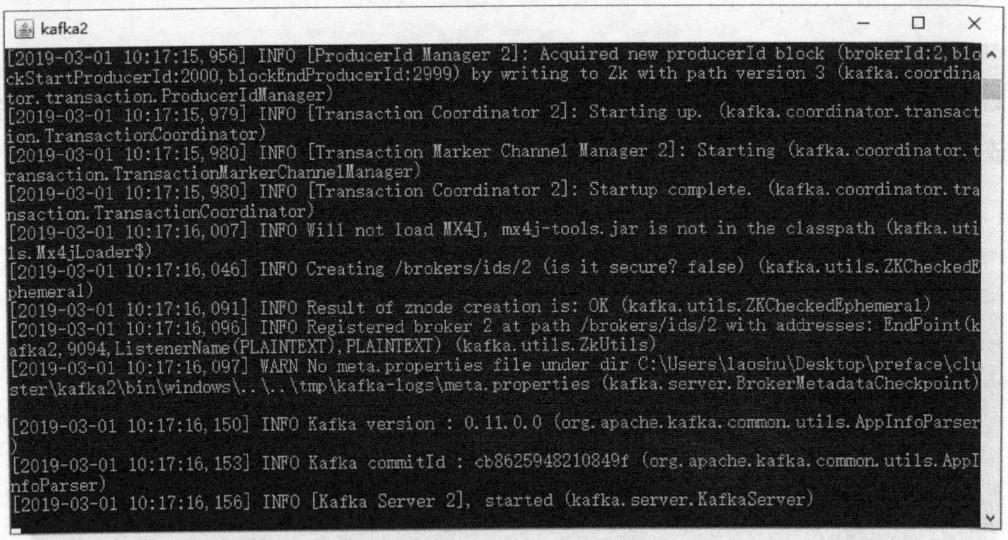

```
kafka2
[2019-03-01 10:17:15,956] INFO [ProducerId Manager 2]: Acquired new producerId block (brokerId:2,blockStartProducerId:2000,blockEndProducerId:2999) by writing to Zk with path version 3 (kafka.coordinator.transaction.ProducerIdManager)
[2019-03-01 10:17:15,979] INFO [Transaction Coordinator 2]: Starting up. (kafka.coordinator.transaction.TransactionCoordinator)
[2019-03-01 10:17:15,980] INFO [Transaction Marker Channel Manager 2]: Starting (kafka.coordinator.transaction.TransactionMarkerChannelManager)
[2019-03-01 10:17:15,980] INFO [Transaction Coordinator 2]: Startup complete. (kafka.coordinator.transaction.TransactionCoordinator)
[2019-03-01 10:17:16,007] INFO Will not load MX4J, mx4j-tools.jar is not in the classpath (kafka.utils.Mx4jLoader$)
[2019-03-01 10:17:16,046] INFO Creating /brokers/ids/2 (is it secure? false) (kafka.utils.ZKCheckedEphemeral)
[2019-03-01 10:17:16,091] INFO Result of znode creation is: OK (kafka.utils.ZKCheckedEphemeral)
[2019-03-01 10:17:16,096] INFO Registered broker 2 at path /brokers/ids/2 with addresses: EndPoint(kafka2,9094,ListenerName(PLAINTEXT),PLAINTEXT) (kafka.utils.ZkUtils)
[2019-03-01 10:17:16,097] WARN No meta.properties file under dir C:\Users\laoshu\Desktop\preface\cluster\kafka2\bin\windows\..\..\tmp\kafka-logs\meta.properties (kafka.server.BrokerMetadataCheckpoint)

[2019-03-01 10:17:16,150] INFO Kafka version : 0.11.0.0 (org.apache.kafka.common.utils.AppInfoParser)
[2019-03-01 10:17:16,153] INFO Kafka commitId : cb8625948210849f (org.apache.kafka.common.utils.AppInfoParser)
[2019-03-01 10:17:16,156] INFO [Kafka Server 2], started (kafka.server.KafkaServer)
```

图 6 kafka2 的启动过程

kafka 是如何关联 zookeeper 的？每一个 kafka 在 config/server.properties 都设置：

zookeeper.connect=zookeeper0:2181,zookeeper1:2182,zookeeper2:2183

orderer

orderer 是 Hyperledger Fabric 网络中的排序节点，通过 Broadcast 接口接收客户端发送的交易消息，根据先来先服务的原则对交易消息进行排序，排序后的交易消息按照配置文件中预先设定好的规则打包成区块，然后将区块写入 orderer 本地账本中，之后 peer 通过 Deliver 接口获取需要的区块。

orderer 目前有三种模式：solo、kafka 和 etcdraft。solo 模式只允许有一个 orderer 节点，单个节点 orderer 就可以部署。kafka 模式允许有一个或多个 orderer 节点，kafka 顾名思义是需要群集支持（kafka 和 zookeeper）；etcdraft 模式是 orderer 本身集成了 etcd 服务，只需要启动一个或多个 orderer 即可，不需要额外组件支持。solo 模式仅供开发测试阶段使用，生产环境可选择 kafka 或 etcdraft。我们的演示使用的是 kafka 模式，也是最复杂的模式。

orderer 是如何关联 kafka 的？配置文件 configtx.yaml 设置了：

```
kafka:
    Brokers:
        - kafka0:9092
        - kafka1:9093
        - kafka2:9094
```

那么 configtxgen 生成 genesis.block（创世纪区块）时就保存了这些信息。orderer 在启动的过程中加载 genesis.block，然后和 kafka 进行连接。

图 7 演示了 orderer0 的启动过程，地址为 orderer0.example.com:7050。

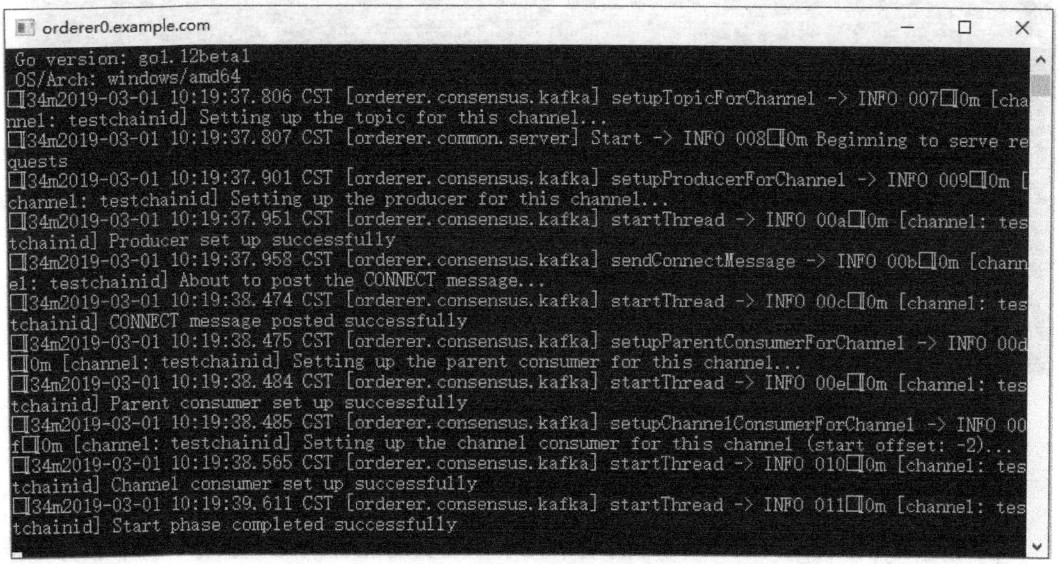

图 7　orderer0 的启动过程

图 8 演示了 orderer1 的启动过程，地址为 orderer1.example.com:8050。

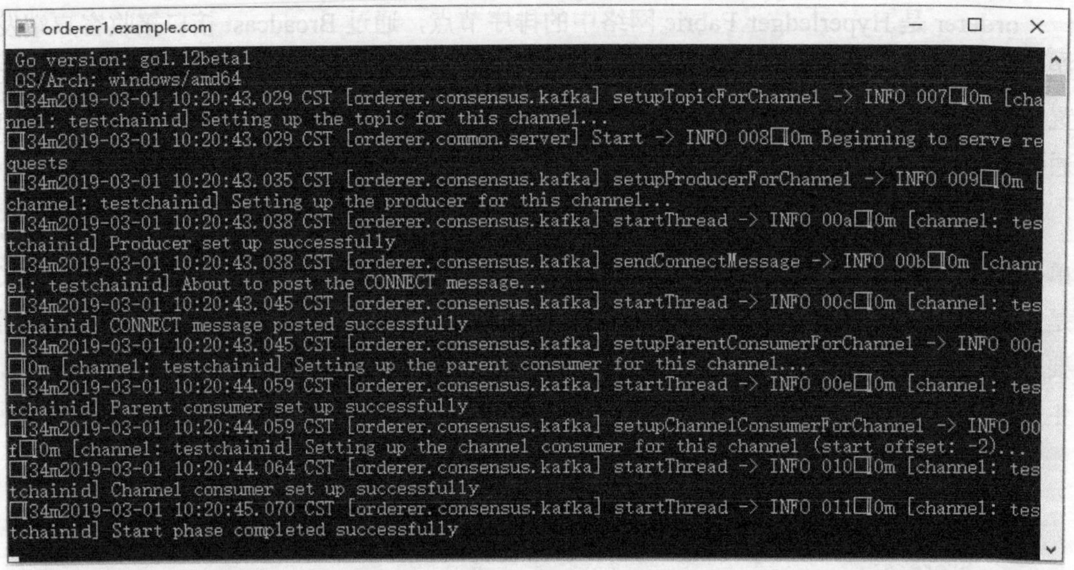

图 8　orderer1 的启动过程

图 9 演示了 orderer2 的启动过程，地址为 orderer2.example.com:9050。

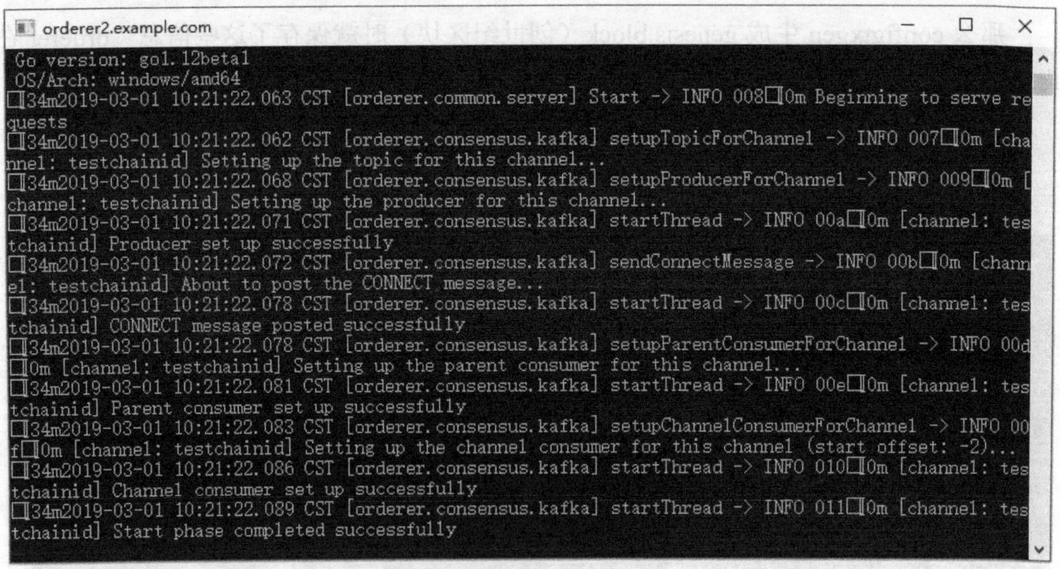

图 9　orderer2 的启动过程

peer

peer 是 Hyperledger Fabric 网络的基本元素，主要功能包括配置服务、背书服务、验证服务、提交服务和查询服务。peer 存储了交易信息，这些信息也被称为账本，Hyperledger

Fabric 网络中的每一个 peer 账本最终都是一致的（不一定同时）。

图 10 演示了 peer0.org1 的启动过程，地址为 peer0.org1.example.com:7051。

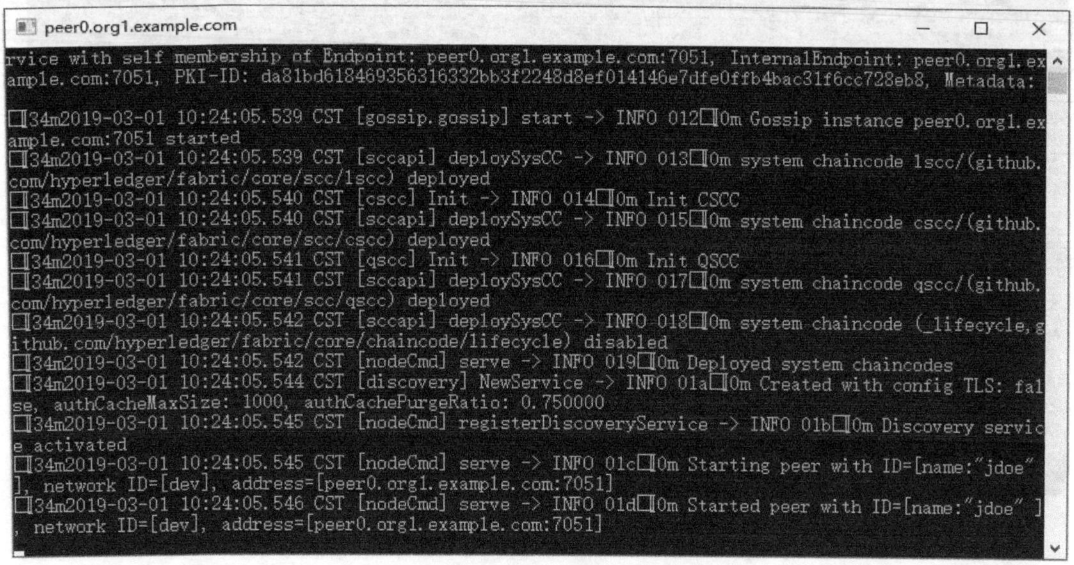

```
peer0.org1.example.com
rvice with self membership of Endpoint: peer0.org1.example.com:7051, InternalEndpoint: peer0.org1.ex
ample.com:7051, PKI-ID: da81bd618469356316332bb3f2248d8ef014146e7dfe0ffb4bac31f6cc728eb8, Metadata:

□[34m2019-03-01 10:24:05.539 CST [gossip.gossip] start -> INFO 012□[0m Gossip instance peer0.org1.ex
ample.com:7051 started
□[34m2019-03-01 10:24:05.539 CST [sccapi] deploySysCC -> INFO 013□[0m system chaincode lscc/(github.
com/hyperledger/fabric/core/scc/lscc) deployed
□[34m2019-03-01 10:24:05.540 CST [cscc] Init -> INFO 014□[0m Init CSCC
□[34m2019-03-01 10:24:05.540 CST [sccapi] deploySysCC -> INFO 015□[0m system chaincode cscc/(github.
com/hyperledger/fabric/core/scc/cscc) deployed
□[34m2019-03-01 10:24:05.541 CST [qscc] Init -> INFO 016□[0m Init QSCC
□[34m2019-03-01 10:24:05.541 CST [sccapi] deploySysCC -> INFO 017□[0m system chaincode qscc/(github.
com/hyperledger/fabric/core/scc/qscc) deployed
□[34m2019-03-01 10:24:05.542 CST [sccapi] deploySysCC -> INFO 018□[0m system chaincode (_lifecycle,g
ithub.com/hyperledger/fabric/core/chaincode/lifecycle) disabled
□[34m2019-03-01 10:24:05.542 CST [nodeCmd] serve -> INFO 019□[0m Deployed system chaincodes
□[34m2019-03-01 10:24:05.544 CST [discovery] NewService -> INFO 01a□[0m Created with config TLS: fal
se, authCacheMaxSize: 1000, authCachePurgeRatio: 0.750000
□[34m2019-03-01 10:24:05.545 CST [nodeCmd] registerDiscoveryService -> INFO 01b□[0m Discovery servic
e activated
□[34m2019-03-01 10:24:05.545 CST [nodeCmd] serve -> INFO 01c□[0m Starting peer with ID=[name:"jdoe"
], network ID=[dev], address=[peer0.org1.example.com:7051]
□[34m2019-03-01 10:24:05.546 CST [nodeCmd] serve -> INFO 01d□[0m Started peer with ID=[name:"jdoe" ]
, network ID=[dev], address=[peer0.org1.example.com:7051]
```

图 10　peer0.org1 的启动过程

图 11 演示了 peer0.org2 的启动过程，地址为 peer0.org2.example.com:8051。

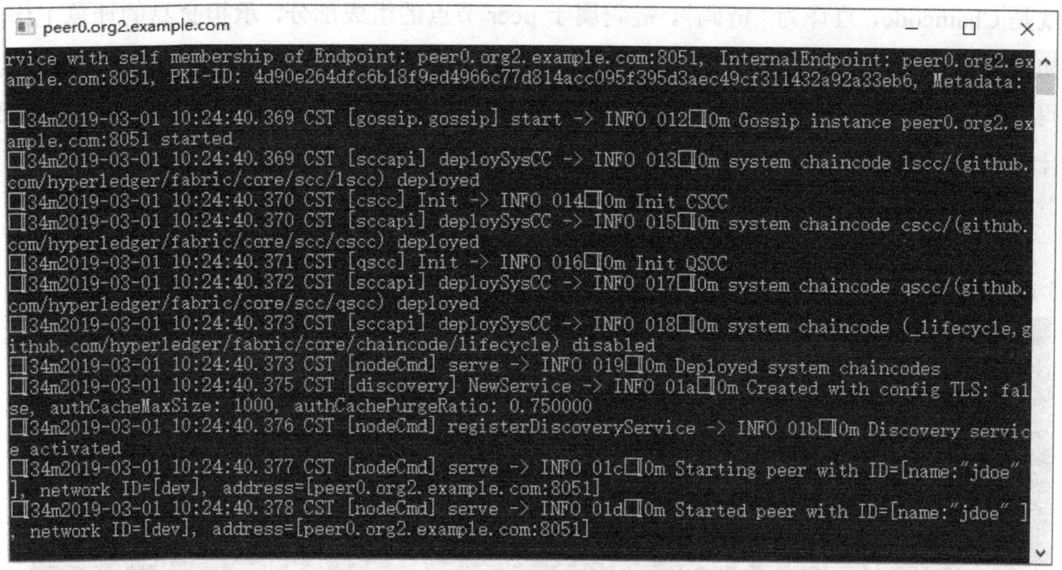

```
peer0.org2.example.com
rvice with self membership of Endpoint: peer0.org2.example.com:8051, InternalEndpoint: peer0.org2.ex
ample.com:8051, PKI-ID: 4d90e264dfc6b18f9ed4966c77d814acc095f395d3aec49cf311432a92a33eb6, Metadata:

□[34m2019-03-01 10:24:40.369 CST [gossip.gossip] start -> INFO 012□[0m Gossip instance peer0.org2.ex
ample.com:8051 started
□[34m2019-03-01 10:24:40.369 CST [sccapi] deploySysCC -> INFO 013□[0m system chaincode lscc/(github.
com/hyperledger/fabric/core/scc/lscc) deployed
□[34m2019-03-01 10:24:40.370 CST [cscc] Init -> INFO 014□[0m Init CSCC
□[34m2019-03-01 10:24:40.370 CST [sccapi] deploySysCC -> INFO 015□[0m system chaincode cscc/(github.
com/hyperledger/fabric/core/scc/cscc) deployed
□[34m2019-03-01 10:24:40.371 CST [qscc] Init -> INFO 016□[0m Init QSCC
□[34m2019-03-01 10:24:40.372 CST [sccapi] deploySysCC -> INFO 017□[0m system chaincode qscc/(github.
com/hyperledger/fabric/core/scc/qscc) deployed
□[34m2019-03-01 10:24:40.373 CST [sccapi] deploySysCC -> INFO 018□[0m system chaincode (_lifecycle,g
ithub.com/hyperledger/fabric/core/chaincode/lifecycle) disabled
□[34m2019-03-01 10:24:40.373 CST [nodeCmd] serve -> INFO 019□[0m Deployed system chaincodes
□[34m2019-03-01 10:24:40.375 CST [discovery] NewService -> INFO 01a□[0m Created with config TLS: fal
se, authCacheMaxSize: 1000, authCachePurgeRatio: 0.750000
□[34m2019-03-01 10:24:40.376 CST [nodeCmd] registerDiscoveryService -> INFO 01b□[0m Discovery servic
e activated
□[34m2019-03-01 10:24:40.377 CST [nodeCmd] serve -> INFO 01c□[0m Starting peer with ID=[name:"jdoe"
], network ID=[dev], address=[peer0.org2.example.com:8051]
□[34m2019-03-01 10:24:40.378 CST [nodeCmd] serve -> INFO 01d□[0m Started peer with ID=[name:"jdoe" ]
, network ID=[dev], address=[peer0.org2.example.com:8051]
```

图 11　peer0.org2 的启动过程

图 12 演示了 peer0.org3 的启动过程，地址为 peer0.org3.example.com:9051。

图 12　peer0.org3 的启动过程

Chaincode

区块链广泛使用的术语 smart contract 被称为“智能合约”，在 Hyperledger Fabric 中就是 Chaincode，直译为“链码”。链码属于 peer 节点的组成部分，承担交易的计算工作，如果交易不需要某个 peer 节点做背书，那么这个 peer 节点就不需要安装链码。要启动链码，必须先启动 peer 节点，由 peer 节点的配置文件指定链码连接的地址。通常担任重要计算任务的链码可以放置于独立的、高性能的计算机中。

图 13 演示了属于 peer0.org1 节点 Chaincode 的启动过程，连接 7052 端口。

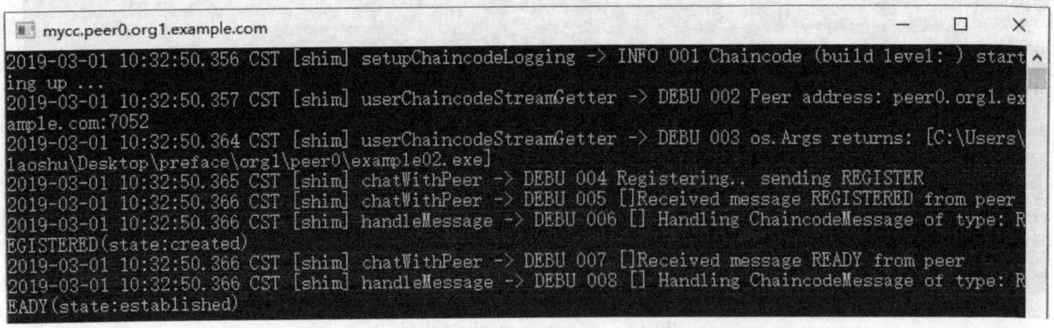

图 13　peer0.org1 节点 Chaincode 的启动过程

图 14 演示了属于 peer0.org2 节点 Chaincode 的启动过程，连接 8052 端口。

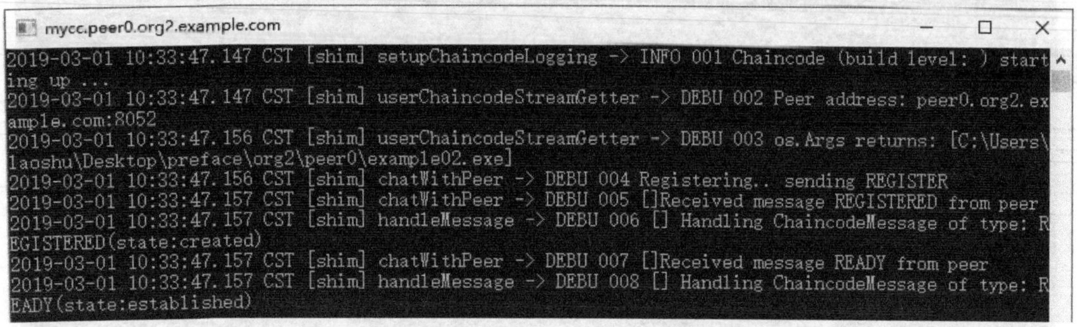

图 14　peer0.org2 节点 Chaincode 的启动过程

图 15 演示了属于 peer0.org3 节点 Chaincode 的启动过程，连接 9052 端口。

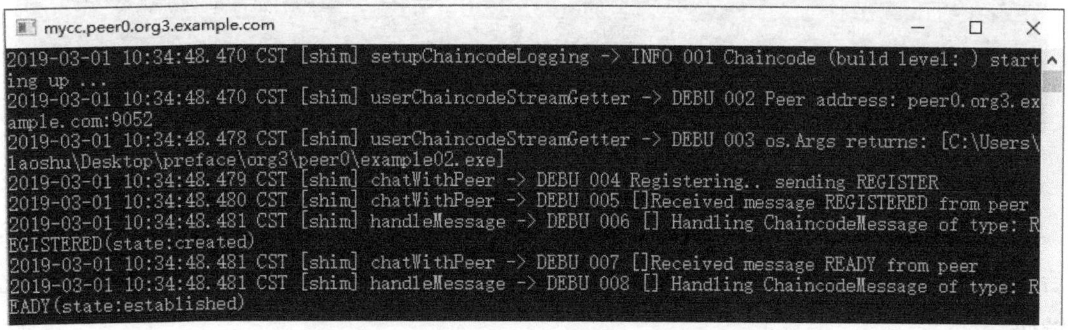

图 15　peer0.org3 节点 Chaincode 的启动过程

注意，由于安全上的要求，关闭 peer 之后相应的 Chaincode 也会自动关闭。

已经启动的 peer 之间是没有什么关联的，接下来需要创建一个通道，然后把它们都加入相同的通道，这样它们之间就建立了联系。

Org

一个或多个 peer 组成一个 Org（组织）。在 Hyperledger Fabric 网络中，由配置文件 crypto-config.yaml 指定一个 Org 中 peer 的数量，如果 count 为 2，则该 Org 包含 peer0 和 peer1 两个节点。

图 16 演示了 peer0.org1 创建通道、加入通道、安装链码和实例化链码的过程。

```
laoshu@localhost ~/Desktop/preface/org1/peer0
$ peer channel create -o orderer0.example.com:7050 -c mychannel -f ../../channel-artifacts/mychannel.tx
[34m2019-03-01 11:31:29.854 CST [channelCmd] InitCmdFactory -> INFO 001[0m Endorser and orderer connections initialized
[34m2019-03-01 11:31:29.899 CST [cli.common] readBlock -> INFO 002[0m Received block: 0

laoshu@localhost ~/Desktop/preface/org1/peer0
$ peer channel join -b mychannel.block
[34m2019-03-01 11:31:37.038 CST [channelCmd] InitCmdFactory -> INFO 001[0m Endorser and orderer connections initialized
[34m2019-03-01 11:31:37.098 CST [channelCmd] executeJoin -> INFO 002[0m Successfully submitted proposal to join channel

laoshu@localhost ~/Desktop/preface/org1/peer0
$ peer chaincode install -n mycc -v 1.0 -l golang -p github.com/mycc
[34m2019-03-01 11:31:47.007 CST [chaincodeCmd] checkChaincodeCmdParams -> INFO 001[0m Using default escc
[34m2019-03-01 11:31:47.007 CST [chaincodeCmd] checkChaincodeCmdParams -> INFO 002[0m Using default vscc
[34m2019-03-01 11:31:49.917 CST [chaincodeCmd] submitInstallProposal -> INFO 003[0m Installed remotely: response:<status:200 payload:"OK" >

laoshu@localhost ~/Desktop/preface/org1/peer0
$ peer chaincode instantiate -o orderer0.example.com:7050  -C mychannel -n mycc -l golang -v 1.0 -c '{"Args":["init","a","100","b","200"]}' -P "OR(AND('Org1MSP.member', 'Org2MSP.member'), AND('Org1MSP.member', 'Org3MSP.member'), AND('Org2MSP.member', 'Org3MSP.member'))"
[34m2019-03-01 11:32:14.126 CST [chaincodeCmd] checkChaincodeCmdParams -> INFO 001[0m Using default escc
[34m2019-03-01 11:32:14.127 CST [chaincodeCmd] checkChaincodeCmdParams -> INFO 002[0m Using default vscc
```

图 16　peer0.org1 创建通道、加入通道、安装链码和实例化链码的过程

创建通道 mychannel，创建成功之后在当前目录下生成 mychannel.block 文件，然后把 peer0.org1.example.com 节点加入 mychannel 通道中，最后进行安装链码和实例化链码。

实例化除了设置 a 100 和 b 200，还设置了背书策略。这里的背书策略是指一个交易有任意两个组织（org1 和 org2 或 org1 和 org3 或 org2 和 org3）的成员背书通过，交易就有效。背书策略可以根据不同的需求进行不同的设置，可以需要全部组织背书通过，交易才有效；也可以设置任意一个组织背书通过，交易就有效。

安装链码和启动链码的区别如下：安装链码只是存在于 peer 节点的资源目录中，在/var/hyperledger/production/chaincodes/下可以看到所有已安装的链码文件（由链码名称和链码版本组成），安装链码只能执行一次。启动链码就是启动独立的链码程序，和 peer 节点不同的进程，关闭链码进程之后还能再次启动。安装链码和启动链码不分前后。

图 17 演示了 peer0.org2 获取通道、加入通道和安装链码的过程。

```
laoshu@localhost ~/Desktop/preface/org2/peer0
$ peer channel fetch oldest mychannel.block -o orderer0.example.com:7050 -c mychannel
□34m2019-03-01 11:34:55.393 CST [channelCmd] InitCmdFactory -> INFO 001□0m Endorser and orderer co
nnections initialized
□34m2019-03-01 11:34:55.396 CST [cli.common] readBlock -> INFO 002□0m Received block: 0

laoshu@localhost ~/Desktop/preface/org2/peer0
$ peer channel join -b mychannel.block
□34m2019-03-01 11:35:09.343 CST [channelCmd] InitCmdFactory -> INFO 001□0m Endorser and orderer co
nnections initialized
□34m2019-03-01 11:35:09.405 CST [channelCmd] executeJoin -> INFO 002□0m Successfully submitted pro
posal to join channel

laoshu@localhost ~/Desktop/preface/org2/peer0
$ peer chaincode install -n mycc -v 1.0 -l golang -p github.com/mycc
□34m2019-03-01 11:35:25.977 CST [chaincodeCmd] checkChaincodeCmdParams -> INFO 001□0m Using defaul
t escc
□34m2019-03-01 11:35:25.977 CST [chaincodeCmd] checkChaincodeCmdParams -> INFO 002□0m Using defaul
t vscc
□34m2019-03-01 11:35:28.910 CST [chaincodeCmd] submitInstallProposal -> INFO 003□0m Installed remo
tely: response:<status:200 payload:"OK" >
```

图 17　peer0.org2 获取通道、加入通道和安装链码的过程

加入通道需要的 mychannel.block，既可以从 peer0.org1.example.com 节点目录里复制原先创建通道时生成的 mychannel.block，也可以从 orderer 节点中获取，有了 mychannel.block 之后就可以加入通道。

图 18 演示了 peer0.org3 获取通道、加入通道和安装链码的过程。

```
laoshu@localhost ~/Desktop/preface/org3/peer0
$ peer channel fetch oldest mychannel.block -o orderer0.example.com:7050 -c mychannel
□34m2019-03-01 11:36:48.943 CST [channelCmd] InitCmdFactory -> INFO 001□0m Endorser and orderer co
nnections initialized
□34m2019-03-01 11:36:48.946 CST [cli.common] readBlock -> INFO 002□0m Received block: 0

laoshu@localhost ~/Desktop/preface/org3/peer0
$ peer channel join -b mychannel.block
□34m2019-03-01 11:36:55.167 CST [channelCmd] InitCmdFactory -> INFO 001□0m Endorser and orderer co
nnections initialized
□34m2019-03-01 11:36:55.225 CST [channelCmd] executeJoin -> INFO 002□0m Successfully submitted pro
posal to join channel

laoshu@localhost ~/Desktop/preface/org3/peer0
$ peer chaincode install -n mycc -v 1.0 -l golang -p github.com/mycc
□34m2019-03-01 11:37:03.748 CST [chaincodeCmd] checkChaincodeCmdParams -> INFO 001□0m Using defaul
t escc
□34m2019-03-01 11:37:03.748 CST [chaincodeCmd] checkChaincodeCmdParams -> INFO 002□0m Using defaul
t vscc
□34m2019-03-01 11:37:06.673 CST [chaincodeCmd] submitInstallProposal -> INFO 003□0m Installed remo
tely: response:<status:200 payload:"OK" >
```

图 18　peer0.org3 获取通道、加入通道和安装链码的过程

Invoke

在上面链码实例化的过程中设置了 a 100 和 b 200。这里尝试执行一个交易：a 给 b 10，交易之后查询 a，结果是 90，如图 19 所示。

```
laoshu@localhost MINGW64 ~/Desktop/preface/org1/peer0
$ peer chaincode invoke -o orderer0.example.com:7050 -C mychannel -n mycc --peerAddresses peer0.org
1.example.com:7051 --peerAddresses peer0.org2.example.com:8051 -c '{"Args":["invoke","move","a","b"
,"10"]}'
□[34m2019-03-01 11:42:53.431 CST [chaincodeCmd] chaincodeInvokeOrQuery -> INFO 001□[0m Chaincode inv
oke successful. result: status:200

laoshu@localhost MINGW64 ~/Desktop/preface/org1/peer0
$ peer chaincode query -C mychannel -n mycc -c '{"Args":["invoke","query","a"]}'
90
```

图 19　查询结果

交易的背书可以选以下任意一组 peer 节点：

peer0.org1.example.com 和 peer0.org2.example.com

peer0.org1.example.com 和 peer0.org3.example.com

peer0.org2.example.com 和 peer0.org3.example.com

背书之后可以发给以下任意一个 orderer 节点：

orderer0.example.com

orderer1.example.com

orderer2.example.com

图 20 显示了当前账本区块信息。

```
laoshu@localhost MINGW64 ~/Desktop/preface/org1/peer0
$ peer channel getinfo -c mychannel
□[34m2019-03-01 16:31:42.667 CST [channelCmd] InitCmdFactory -> INFO 001□[0m Endorser and orderer co
nnections initialized
Blockchain info: {"height":3,"currentBlockHash":"RFstextiyXVh7k+fx8xKfK2Z23DX03SsKD1e/jZcACQ=","prev
iousBlockHash":"ikdfmvsuSHP9ahFD0N1T/XETDN0jBCiNbsYmm7+V12w="}
```

图 20　当前账本区块信息

“height”为 3 的原因是，第一个是创建通道 mychannel 时生成的区块，第二个是实例化 mychannel 时生成的区块，第三个是执行交易 a 给 b 10 时生成的区块。

End

演示选择这样组合的原因如下：3 个 zookeeper、3 个 kafka、3 个 orderer、3 个 peer 和 3 个 Chaincode，关闭任意 1 个或 2 个 zookeeper、kafka、orderer，1 个 peer（由于背书策略的关系，只能关闭 1 个），Hyperledger Fabric 网络都能正常工作。生产环境下通常都是使用群集模式布置区块链网络的，这不但增加了安全性、高效性、稳定性，而且能动态扩展。

参考网站

1. https://github.com/hyperledger/

2. https://gerrit.hyperledger.org/

3. https://hyperledger-fabric.readthedocs.io

4. https://www.wikipedia.org/

5. https://arstechnica.com/

6. https://andrea.corbellini.name/

7. http://apache.org/

目录

第 1 章

搭建 Hyperledger Fabric 开发环境

本章介绍在 Windows 10 和 Centos 7.2 下安装 Go 语言开发环境，Centos 安装在虚拟机中，设置虚拟机共享文件夹 GOPATH，实现在 Windows 编辑代码，在 Centos 就能编译运行。在 Centos 运行区块链网络，还需要安装 Docker 容器及容器管理工具 docker-compose。将 Visual Studio Code（以下简称 VSCode）作为代码编辑器，Git 作为源码管理工具，由于 Go 语言支持混合 C 语言编程，也需要安装 gcc 编译器，这里选择 tdm-gcc。

1.1 下载 Go 语言安装包

Hyperledger Fabric 核心代码主要是用 Go 语言编写的，为了能够编译和调试 Hyperledger Fabric 代码，我们需要安装 Go 语言开发环境。Fabric SDK 提供了多种语言支持（Go、Node、Java、Python），如果要使用基于其他语言的 SDK 开发，除了安装 Go 语言之外，还需安装相应的语言开发环境。Go 语言的官方网站是 golang.org，可以从 https://golang.google.cn/dl/页面下载 Go 语言安装包，在编写本书时，Go 语言最新的版本是 go1.12.3，图 1-1 是相应操作系统平台安装包的基本说明。

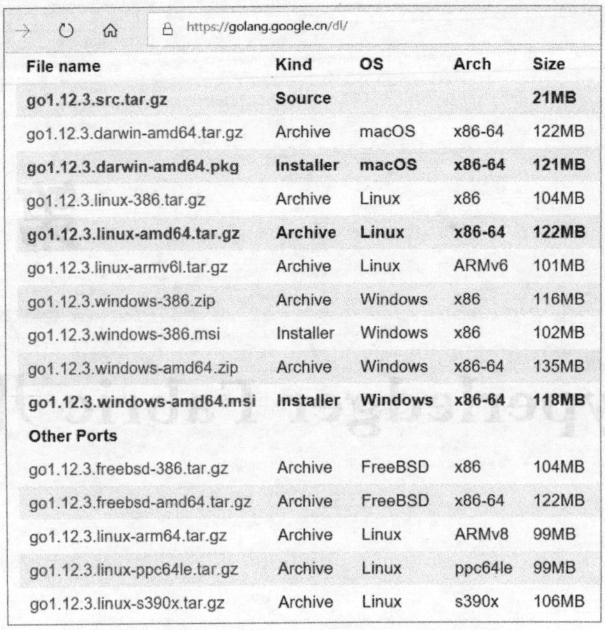

https://golang.google.cn/dl/

File name	Kind	OS	Arch	Size
go1.12.3.src.tar.gz	**Source**			**21MB**
go1.12.3.darwin-amd64.tar.gz	Archive	macOS	x86-64	122MB
go1.12.3.darwin-amd64.pkg	**Installer**	**macOS**	**x86-64**	**121MB**
go1.12.3.linux-386.tar.gz	Archive	Linux	x86	104MB
go1.12.3.linux-amd64.tar.gz	**Archive**	**Linux**	**x86-64**	**122MB**
go1.12.3.linux-armv6l.tar.gz	Archive	Linux	ARMv6	101MB
go1.12.3.windows-386.zip	Archive	Windows	x86	116MB
go1.12.3.windows-386.msi	Installer	Windows	x86	102MB
go1.12.3.windows-amd64.zip	Archive	Windows	x86-64	135MB
go1.12.3.windows-amd64.msi	**Installer**	**Windows**	**x86-64**	**118MB**
Other Ports				
go1.12.3.freebsd-386.tar.gz	Archive	FreeBSD	x86	104MB
go1.12.3.freebsd-amd64.tar.gz	Archive	FreeBSD	x86-64	122MB
go1.12.3.linux-arm64.tar.gz	Archive	Linux	ARMv8	99MB
go1.12.3.linux-ppc64le.tar.gz	Archive	Linux	ppc64le	99MB
go1.12.3.linux-s390x.tar.gz	Archive	Linux	s390x	106MB

图 1-1　操作系统平台安装包的基本说明

1.2　Windows MSI 安装

下载 MSI 文件后直接运行，跟随提示进行安装，默认情况下安装程序将 Go 语言安装在 C:\Go 目录下。安装成功后，安装程序会同时将 C:\Go\bin 目录写入 PATH 环境变量中。在“运行”对话框中输入 cmd 进入命令（Commands）提示符窗口，执行 go env 命令可查看默认的环境变量设置。如果已经打开了命令提示符窗口，则需要重新打开，以使安装程序的更改生效。go env 查看的环境信息如下所示：

```
$ go env
set GOARCH=amd64
set GOBIN=
set GOEXE=.exe
set GOHOSTARCH=amd64
set GOHOSTOS=windows
set GOOS=windows
set GOPATH=C:\Users\laoshu\go
set GOROOT=C:\Go
set GOTOOLDIR=C:\Go\pkg\tool\windows_amd64
set GCCGO=gccgo
set CC=gcc
set CXX=g++
set CGO_ENABLED=1
```

上述环境变量中 GOROOT=C:\Go 是 Go 语言安装的目录；GOPATH=C:\Users\laoshu\go 是 Go 语言工作的目录。GOROOT 是 Go 语言安装目录，安装程序会自动添加到系统环境变量中；GOPATH 指向 Go 工作源码目录，GOPATH 路径不会自动加入系统环境变量中，需要手动添加，在这里笔者将其设置为 C:\Users\laoshu\go。如果想使用不同的工作源码目录，则需要修改系统环境变量，同时需要注意 GOPATH 路径中不能有空格等特殊字符，否则后续执行 mkdir 生成文件夹时将不能在$GOPATH/src 路径下正常生成，在这里保持默认即可。另外，首次安装完 Go 语言后，C:\Users\laoshu 目录下并不会自动创建 Go 目录，因此需要手动创建，除了创建 Go 目录，还需要创建 Go 目录下的两个子目录 src 和 bin，其必要性将在下文进行阐述。

至此，Windows 下的 Go 语言开发环境设置已完成，下面对其进行简单的程序测试。在工作区内创建目录 src\hello，并在该目录中创建一个名为 hello.go 的文件，写入以下代码：

```
package main

import "fmt"

func main() {
    fmt.Printf("hello, world\n")
}
```

接下来构建程序，打开命令行提示符窗口，切换到 C:\Users\laoshu\go\src\hello，执行 go build 命令，生成 hello.exe 二进制程序，然后执行该程序：

```
$ cd C:/Users/laoshu/go/src/hello
$ go build
$ ./hello.exe
hello, world
```

若能看到“hello, world”消息，则说明安装、编译、执行都没有问题。如果运行 go install 命令，则会将 hello.exe 安装到工作区的 bin 目录中；运行 go clean –i 命令，则会将 hello.exe 从工作区的 bin 目录中清除。这里需要注意的是，hello.go 程序需要放在 hello 目录，不能直接放在 src 目录中，否则运行 go install 命令时生成的 exe 文件会直接在 src 目录中，而不是事先建立好的 bin 目录中。现在我们应该知道建立子目录 src 和 bin 的意义了，src 目录用于存放编写的 Go 源程序，bin 目录则用来存放源程序生成的 exe 文件。

①注意

特别要注意路径中的“\”和“/”的区别。Windows 倾向于使用“\”但也可以使用“/”；Linux 中只能使用“/”，而“\”通常表示一个转义符，极易混淆，为了保持一致，尽量使用“/”。

1.3 Linux、mac OS 和 FreeBSD 安装

下载 tar.gz 文件时，右击下载文件所在的目录，选择“在终端打开”，运行如下命令，将压缩包解压到/usr/local 目录下：

```
$ wget https://dl.google.com/go/go1.12.3.linux-amd64.tar.gz
$ sudo tar -C /usr/local -xzf go1.12.3.linux-amd64.tar.gz
```

> **注意**
>
> 这些命令通常必须作为 root 用户或通过 sudo 运行。

安装包解压后放在/usr/local 文件夹下，那么默认 GOROOT 就指向/usr/local/go，GOPATH 要使用和 Windows 共享的 GOPATH 路径，需要在虚拟机中设置共享文件夹 C:\Users\laoshu\go，如图 1-2 所示。Centos 会将共享文件夹挂载在/mnt/hgfs 目录下，因此 GOPATH 路径为 GOPATH=/mnt/hgfs/go，这样就能实现在 Windows 编辑修改代码，并在 Centos 中编译运行。若/mnt 下始终没有/hgfs/go 目录，则需要使用 root 用户执行 mkdir hgfs 命令手动创建 hgfs 目录。之后再执行命令 sudo vmhgfs-fuse .host:/ /mnt/hgfs -o allow_other -o nonempty，从而对/mnt/hgfs 目录进行挂载。

设置系统范围环境变量，在/etc/profile 文件内容的后面增加以下内容：

```
$ sudo vi /etc/profile
export GOROOT=/usr/local/go
export GOPATH=/mnt/hgfs/go
export PATH=$PATH:$GOROOT/bin:$GOPATH/bin
```

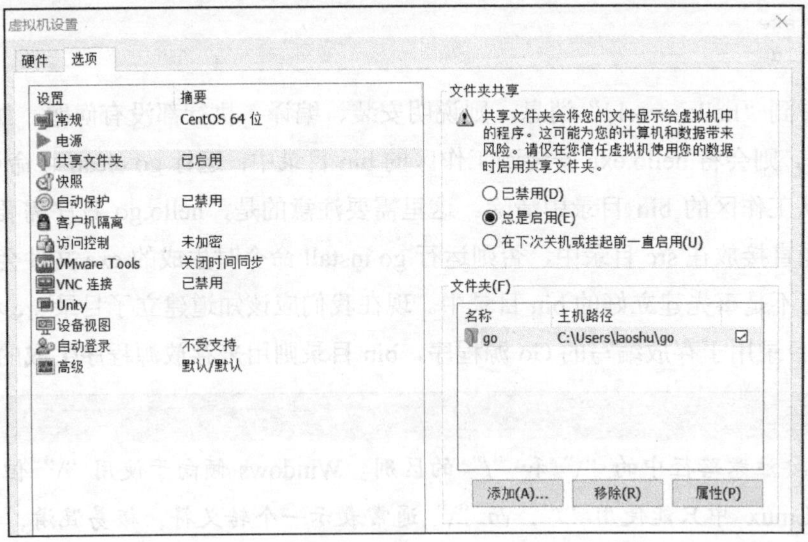

图 1-2　共享 GOPATH

需要注意的是，对配置文件做的更改需要重启计算机后才能生效，如果要立即应用这些更改，可直接通过 shell 命令执行，或者使用 source /etc/profile 之类的命令从概要文件中执行。重新启动系统，如果一切正常，使用 go env 可以显示 Go 语言环境信息，具体代码如下所示：

```
$ go env
GOARCH="amd64"
GOBIN=""
GOCACHE="/home/laoshu/.cache/go-build"
GOEXE=""
GOFLAGS=""
GOHOSTARCH="amd64"
GOHOSTOS="linux"
GOOS="linux"
GOPATH="/mnt/hgfs/go"
GOROOT="/usr/local/go"
GOTOOLDIR="/usr/local/go/pkg/tool/linux_amd64"
GCCGO="gccgo"
CC="gcc"
CXX="g++"
CGO_ENABLED="1"
```

编译测试在 Windows 系统中编写的 hello.go 文件，正常执行的命令和结果如下所示：

```
$ cd /mnt/hgfs/go/src/hello
$ go build
$ ./hello
hello, world
```

1.4　Linux 下安装 Docker 和 docker-compose

Hyperledger Fabric 网络默认是在 Docker 容器中运行的，Docker 主要在 Linux 系统中运行，下面我们在 Centos 中安装 Docker。

安装依赖库代码如下所示：

```
$ sudo yum install -y yum-utils \
   device-mapper-persistent-data \
   lvm2
```

安装 Docker 仓库（respository）代码如下所示：

```
$ sudo yum-config-manager \
   --add-repo \
   https://download.docker.com/linux/centos/docker-ce.repo
```

如果 Docker 仓库无法访问，可以改用国内仓库，如阿里云，具体代码如下所示：

```
$ sudo yum-config-manager \
    --add-repo \
    https://mirrors.aliyun.com/docker-ce/linux/centos/docker-ce.repo
```

启用 edge 和 test 仓库，具体代码如下所示：

```
$ sudo yum-config-manager --enable docker-ce-edge
$ sudo yum-config-manager --enable docker-ce-test
```

安装 Docker 最新版本，安装过程中，如果有提示需要确认，则输入 y 然后按 Enter 键，具体代码如下所示：

```
$ sudo yum install docker-ce
Is this ok [y/d/N]: y
是否继续？[y/N]: y
```

增加用户组支持，具体代码如下所示：

```
$ sudo usermod -aG docker laoshu
```

设置开机启动 Docker，具体代码如下所示：

```
$ sudo systemctl enable docker
```

重新启动系统，然后在终端运行 docker run hello-world，具体代码如下所示：

```
$ docker run hello-world
Unable to find image 'hello-world:latest' locally
latest: Pulling from library/hello-world
d1725b59e92d: Pull complete
Digest: sha256:0add3ace90ecb4adbf7777e9aacf18357296e799f81cabc9fde470971e499788
Status: Downloaded newer image for hello-world:latest

Hello from Docker!
```

如果显示“Hello from Docker!”，则表示 Docker 成功运行 hello-world 镜像。该命令执行过程如下：Docker 先检查本地仓库，查看是否存在 hello-world 镜像，如果不存在就自动从仓库拉取（Pull），拉取完成后运行 docker run hello-world。

注意

如果显示类似如下信息：

```
docker: Cannot connect to the Docker daemon at unix:///var/run/docker.sock. Is the
docker daemon running?.
See 'docker run --help'.
```

那么修改文件 sudo vi /lib/systemd/system/docker.service，设置 ExecStart=/usr/bin/dockerd -H unix:///var/run/docker.sock，之后重新执行 docker run hello-world 即可。

通过 docker images 可以查看本地仓库已经拉取的所有镜像。

```
$ docker images
REPOSITORY          TAG                 IMAGE ID            CREATED             SIZE
hello-world         latest              4ab4c602aa5e        3 months ago        1.84kB
```

本地仓库中目前只有一个 hello-world 镜像，是 Docker 自动下载的。通过这个简单的 hello-world 示例可知，Docker 对不在本地仓库中的镜像能够自动下载，则表示成功安装了 Docker，可以正常使用。

docker-compose 是灵活的 Docker 容器管理工具，下载地址为 https://github.com/docker/compose/releases。打开这个链接，页面提供了 curl 命令安装方式，选择 1.23.2 版本进行安装。Shell 脚本代码如下所示：

```
$ sudo curl -L https://github.com/docker/compose/releases/download/1.23.2/docker-compose-`uname -s`-`uname -m` -o /usr/local/bin/docker-compose
```

docker-compose 实际上只是一个可执行的二进制文件，需要增加执行权限：

```
$ sudo chmod +x /usr/local/bin/docker-compose
```

查看 docker-compose 版本：

```
$ docker-compose -v
docker-compose version 1.23.2, build 1110ad01
```

显示版本信息正确则说明安装成功。

1.5　Windows 下安装 Git

Git 是灵活的源码管理工具，Hyperledger Fabric 也是基于 Git 管理的。大多数 Linux 系统已经预装了 Git，不需要重新安装，但是 Windows 系统是需要我们自行安装的，Windows 版本的 Git 下载页面，如图 1-3 所示。

图 1-3　Windows 版本的 Git 下载页面

下载之后对其进行安装，默认安装位置为 C:\Program Files\Git，安装过程中需要注意如图 1-4 所示的页面。

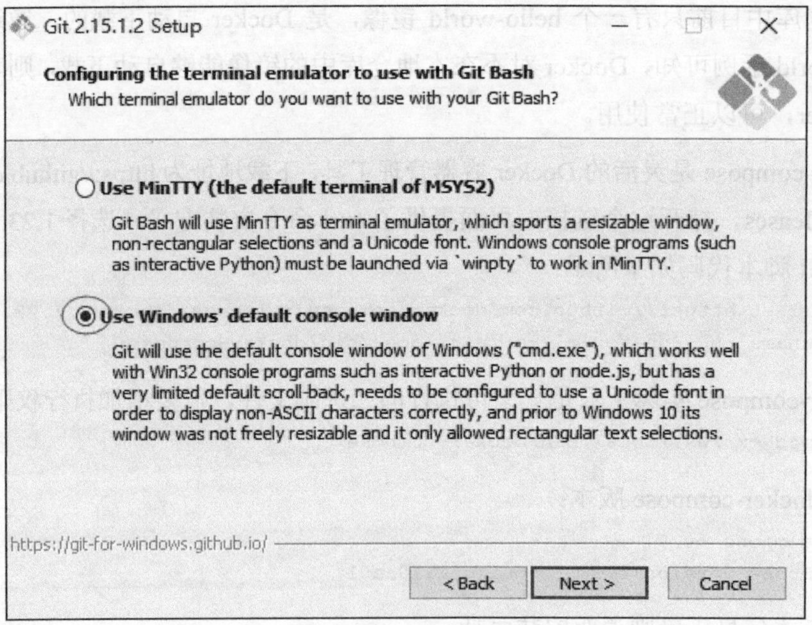

图 1-4　选择 Windows Git

注意选择第二个选项，即“Use Windows' default console window”，这个选项的意思是选用 Windows 默认控制台作为命令行窗口，这和第一个选项“Use MinTTY（the default terminal of MSYS2)”有一些区别。我们需要在 Git 命令窗口能使用 Windows 系统默认的 Ctrl+C 键（复制）和 Ctrl+V 键（粘贴），如果选择 MinTTY 则需要用 Ctrl+Insert 键和 Shift+Insert 键，这与 Windows 系统下的使用习惯不太一样。安装完成后，右击菜单就会多两项菜单选项，即“Git GUI Here”和“Git Bash Here”，如图 1-5 所示。

图 1-5　Windows Git 菜单

选择“Git Bash Here”与在 Linux 系统中右击菜单“在终端打开（T）”功能一样，非常方便地打开控制台，并且能够自动定位到当前目录，Git 附带了一些基本的 Linux 命令，如 ls、cat。

> **①注意**
>
> 通常大多数 Linux 系统都预装了 Git，可以运行 git --version 命令检查是否有安装，若没有，可运行 sudo yum install git 命令进行安装。需要注意的是，用 yum 命令的安装方式获取到的版本可能不是最新的。

1.6　Windows 下安装 tdm-gcc

Go 语言支持混合 C 语言编程，大多数 Linux 系统都预装了 gcc 编译器，而 Windows 平台需要手动安装，兼容性比较好的是 tdm64-gcc，下载页面如图 1-6 所示。

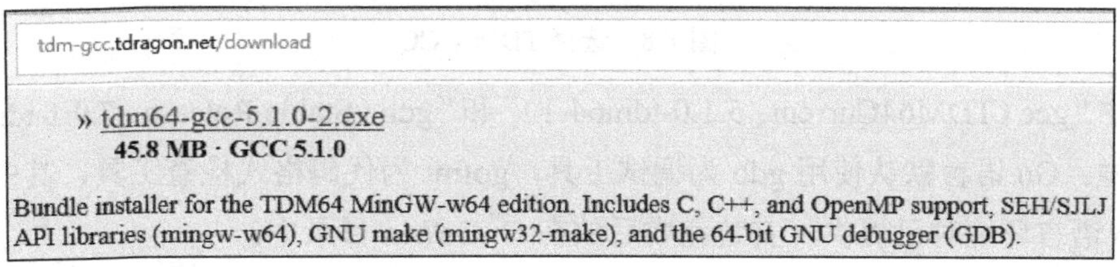

图 1-6　tdm64-gcc 下载页面

下载 tdm64-gcc-5.1.0-2.exe 然后安装。图 1-7 中画圈的地方需要特别注意。

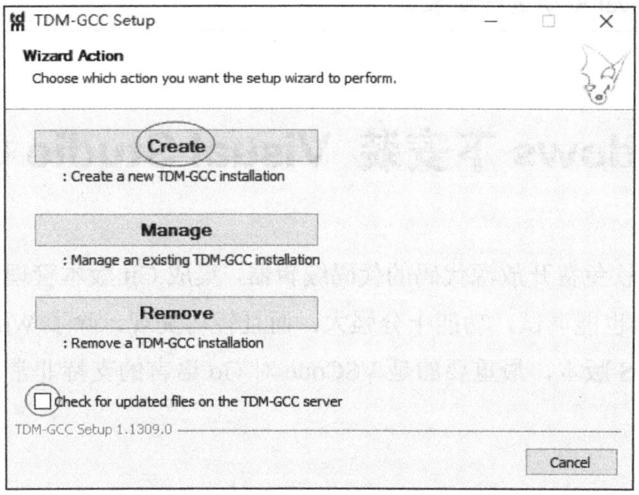

图 1-7　创建 TDM-GCC

取消勾选“Check for updated files on the TDM-GCC server”的复选框，然后单击“Create”按钮，程序默认安装在 C:\TDM-GCC-64 目录下。一直单击“Next”按钮直到看到如图 1-8 所示的界面，注意图中画圈的地方。

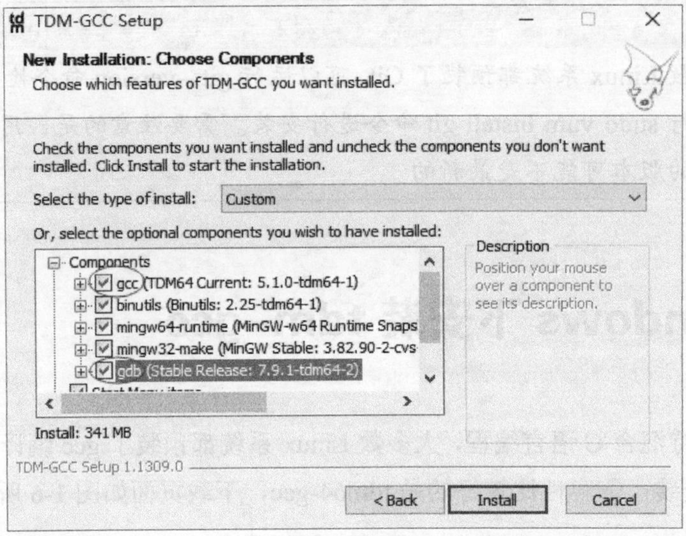

图 1-8　选择 TDM-GCC

选中“gcc（TDM64Current：5.1.0-tdm64-1）”和“gdb（Stable Release：7.9.1-tdm64-2）”的复选框。Go 语言默认使用 gdb 为调试工具，gofmt 为代码格式检查工具，其安装包在安装 Go 语言环境时已提供，安装完成后放在 C:\Go\bin 目录中。

①注意

通常大多数 Linux 系统都预装了 gcc 编译器，若没有安装可使用 yum -y install gcc gcc-c++ kernel-devel 命令进行安装。

1.7　Windows 下安装 Visual Studio Code

VSCode 是微软免费开放源代码的代码编辑器，集成 Git 版本管理工具，提供各种插件扩展，既能编译也能调试，功能十分强大，而且轻巧美观，除了 Windows 版本外，也有 Linux 和 mac OS 版本，最重要的是 VSCode 对 Go 语言的支持非常友好（见图 1-9）。

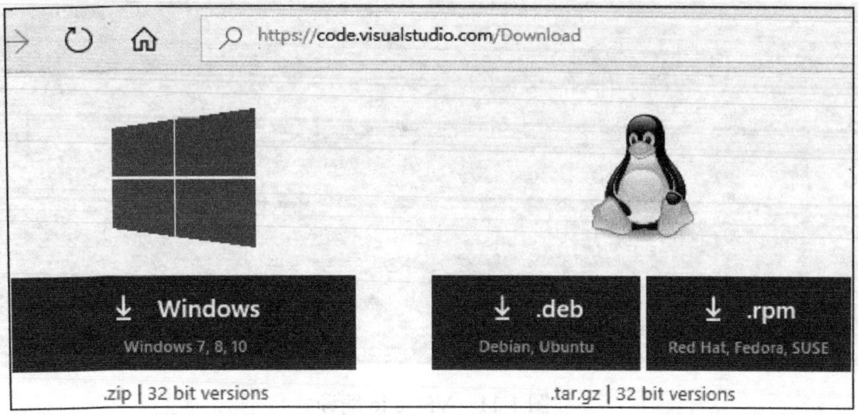

图 1-9　VSCode 下载

下载安装 VSCode 编辑器，默认安装位置为 C:\Program Files\Microsoft VS Code，安装过程中注意如图 1-10 所示的页面。选中所有复选框，安装完成后右击菜单增加“Open with Code”选项，这样右击需要编辑的文件就能用 VSCode 打开。

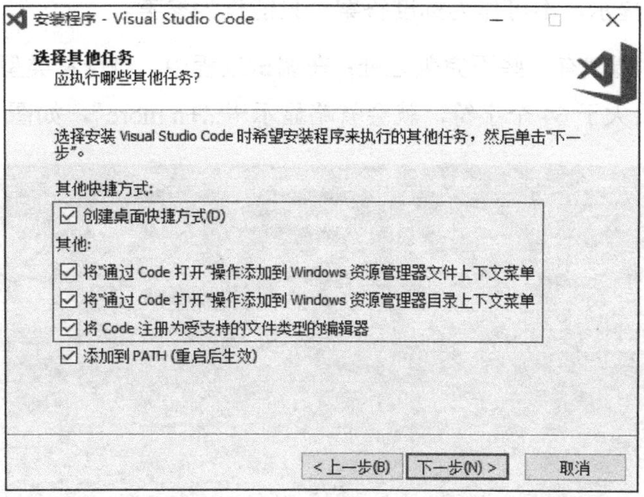

图 1-10　add VSCode 菜单

进入目录 C:\Users\laoshu\go\src\hello，在文件 hello.go 上右击“Open with Code”，打开的界面如图 1-11 所示。

以“.go”为后缀的文件是受 VSCode 支持的文件类型，能够自动识别。打开“.go”类型的文件，如果没有安装 Go 语言扩展，将会自动弹出提示，单击安装，VSCode 就会自动下载安装，对于额外需要的扩展依赖，VSCode 也会自动提示安装。

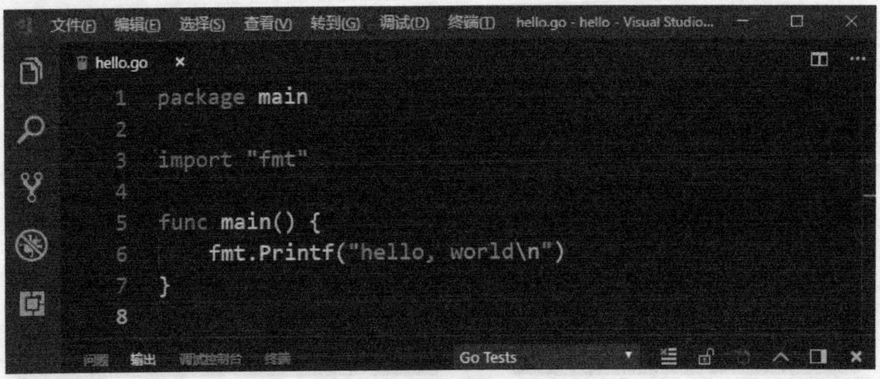

图 1-11　VSCode 编译

Go 语言默认将 gdb 作为调试工具，但 VSCode 默认将 delve（以下简写为 dlv）作为调试工具。将 golint 作为 Go 语言代码检查工具，既能保持风格一致性，也能提高阅读质量。golint 不同于 gofmt，gofmt 重新格式代码，而 golint 打印格式错误。golint 也不同于 govet，govet 关注的是正确性，而 golint 关注的是编码风格。总体而言，golint 还不完美，golint 的一些建议提示，不可作为标准答案，只能作为参考。

使用默认 dlv 调试有一些不完美之处：在调试过程中，当查看类型为字符串（string）变量的值时，如果大于 64 个字符，就会省略显示“...+n more”，如图 1-12 所示。

图 1-12　VSCode dlv 调试

修改 launch.json，增加 dlvLoadConfig 部分（见图 1-13）。

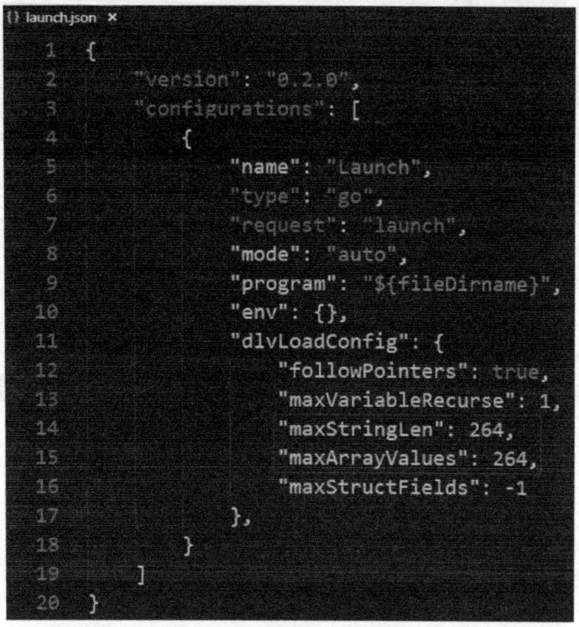

图 1-13　launch.json

将 64 修改为 264，如果要显示更长的字符，可以设置更大的值。修改之后，重新启动 VSCode 进行调试，我们发现问题得以解决，所有字符都能准确显示出来（见图 1-14）。

图 1-14　VSCode dlv 修复

第 2 章

编译 Hyperledger Fabric 源码

本章主要讲解如何编译 Hyperledger Fabric 源码，构建区块链网络可执行的二进制文件（peer 和 orderer），以及构建可以供 Docker 运行的镜像（hyperledger/fabric-peer 和 hyperledger/fabric-orderer）。

2.1 Fabric 源码下载

Fabric 源码可以直接从 https://github.com/hyperledger/fabric 页面下载，或使用 Git 命令将其克隆到本地。注意，应该先进入 C:/Users/laoshu/go/src/github.com/hyperledger 目录（如果不存在，就要先创建）再执行克隆，否则会在当前目录克隆。下载 Fabric 源码，如下所示：

```
$ git clone -b release-1.4 https://github.com/hyperledger/fabric.git
Cloning into 'fabric'...
remote: Enumerating objects: 67, done.
remote: Counting objects: 100% (67/67), done.
remote: Compressing objects: 100% (56/56), done.
remote: Total 84601 (delta 22), reused 41 (delta 11), pack-reused 84534
Receiving objects: 100% (84601/84601), 81.02 MiB | 548.00 KiB/s, done.
Resolving deltas: 100% (54349/54349), done.
Checking out files: 100% (4489/4489), done.
```

2.2 Fabric Makefile

Linux 源码编译是通过 Make 命令实现的，Make 命令控制执行文件的生成和其他非源文件的生成。Make 命令是从一个名为 Makefile 的文件中获取如何构建程序的信息。Makefile 文件制定规则（Rule）和目标（Target），规则告诉 Make 如何执行一系列命令，以便从源文件中生成目标，同时指定目标的依赖项列表（Dependencies ...）。依赖项列表应该包括所有需要的文件（无论是源文件还是其他目标文件），这些文件作为规则的命令输入。Makefile 确定哪些依赖项文件有更新，以此决定哪些目标文件实际需要被更新。如果目标文件比它的所有依赖项都新，那么它就已经是最新的文件了，不需要重新生成。下面是一条简单的规则。Makefile 文件格式如下所示：

```
target: dependencies ...
        commands
        ...
```

target 和 dependencies 可以是一个文件，也可以是一个标签。target 的生成需要依赖 dependencies 的生成。当执行 make target 时，先构建所有 dependencies ...，然后执行命令 commands。

例如，我们写的一个 Makefile 如下所示：

```
laoshu: text
      @echo "world"
text:
      @echo "hello"
```

执行命令 make laoshu，输出结果如下所示：

```
[laoshu@localhost ~]$ make laoshu
hello
world
```

可见，目标 laoshu 要依赖 text，首先执行 text 中的打印命令，打印输出 hello；其次执行自身的打印命令，输出 world；最后得到如上的输出结果。

打开 github.com/hyperledger/fabric 目录下的 Makefile 文件，摘录开头一段内容，如下所示：

```
# Copyright IBM Corp All Rights Reserved.
# Copyright London Stock Exchange Group All Rights Reserved.
#
# SPDX-License-Identifier: Apache-2.0
#
# -------------------------------------------------------------
```

```
# This makefile defines the following targets
#
#   - all (default) - builds all targets and runs all non-integration tests/checks
#   - checks - runs all non-integration tests/checks
#   - desk-check - runs linters and verify to test changed packages
#   - configtxgen - builds a native configtxgen binary
#   - configtxlator - builds a native configtxlator binary
#   - cryptogen  -  builds a native cryptogen binary
#   - idemixgen  -  builds a native idemixgen binary
#   - peer - builds a native fabric peer binary
#   - orderer - builds a native fabric orderer binary
#   - release - builds release packages for the host platform
#   - release-all - builds release packages for all target platforms
#   - unit-test - runs the go-test based unit tests
#   - verify - runs unit tests for only the changed package tree
#   - profile - runs unit tests for all packages in coverprofile mode (slow)
#   - test-cmd - generates a "go test" string suitable for manual customization
#   - gotools - installs go tools like golint
#   - linter - runs all code checks
#   - check-deps - check for vendored dependencies that are no longer used
#   - license - checks go source files for Apache license header
#   - native - ensures all native binaries are available
#   - docker[-clean] - ensures all docker images are available[/cleaned]
#   - docker-list - generates a list of docker images that 'make docker' produces
#   - peer-docker[-clean] - ensures the peer container is available[/cleaned]
#   - orderer-docker[-clean] - ensures the orderer container is available[/cleaned]
#   - tools-docker[-clean] - ensures the tools container is available[/cleaned]
#   - protos - generate all protobuf artifacts based on .proto files
#   - clean - cleans the build area
#   - clean-all - superset of 'clean' that also removes persistent state
#   - dist-clean - clean release packages for all target platforms
#   - unit-test-clean - cleans unit test state (particularly from docker)
#   - basic-checks - performs basic checks like license, spelling, trailing spaces and
linter
#   - enable_ci_only_tests - triggers unit-tests in downstream jobs.
#     Applicable only for CI not to use in the local machine.
#   - docker-thirdparty - pulls thirdparty images (kafka,zookeeper,couchdb)
#   - docker-tag-latest - re-tags the images made by 'make docker' with the :latest tag
#   - docker-tag-stable - re-tags the images made by 'make docker' with the :stable tag
#   - help-docs - generate the command reference docs
```

注意观察上面以“-”开头的每一行，是 Makefile 将要定义的不同的 target，Makefile 定义的不同的 target 就是我们可以构建的目标，在终端直接执行 make target 即可构建。

2.3　构建 peer

peer 依赖于$(BUILD_DIR)/bin/peer，具体示例如下所示：

```
.PHONY: peer
peer: $(BUILD_DIR)/bin/peer
```

注意

.PHONY 表示一个目标是伪目标，需要使用 PHONY 目标的两种情况如下：一是避免同名冲突，二是改善性能。

例如，我们写一个如下所示的 Makefile：

```
.PHONY: text
text:
	@echo "hello world"
```

在 Makefile 所在目录下，创建一个名为 text 的文件，然后执行 make text 命令，执行结果如下所示：

```
[laoshu@localhost ~]$ make text
hello world
```

如果去掉.PHONY: text，执行结果如下所示：

```
[laoshu@localhost ~]$ make text
make: "text"是最新的。
```

这是因为 Makefile 所在目录下有一个 text 文件，执行 make text 命令时因同名发生了冲突。为了避免这种冲突，可以在 Makefile 中加入.PHONY 定义一个伪目标。

在 Makefile 中经常会遇到一些不容易记住的变量，特别是在初次接触该文件时，不是特别容易理解。本节简单介绍几个常用的变量，以便大家理解 Makefile 文件及本章节的内容。

变量定义，如表 2-1 所示。

表 2-1　变量定义

变　　量	定　　义
$@	规则的目标
$(@D)	$@的目录部分
$(@F)	$@的文件部分
$^	依赖项文件列表
$<	依赖项文件列表中的第一个文件
$?	依赖项文件列表中被改动过的所有文件

具体示例如下所示：

```
usr/bin/hello:test0 test1 test2
```

该代码中，usr/bin/hello 即目标，test0、test1、test2 即依赖项文件列表，于是$@为usr/bin/hello；$(@D)为 usr/bin；$(@F)为 hello；$^为 test0、test1、test2；$<为 test0。

如果对依赖项文件列表中的文件进行修改，如修改 test1 和 test2，那么就有$?为 test1、test2。

理解完上述变量，我们具体查看 peer 目标是如何生成的。搜索整个 Makefile 文件，找不到完全匹配$(BUILD_DIR)/bin/peer 的目标，但百分号（%）可匹配任意字符串，所以目标依赖走到这里。

```
$(BUILD_DIR)/bin/%: $(PROJECT_FILES)
    @mkdir -p $(@D)
    @echo "$@"
    $(CGO_FLAGS) GOBIN=$(abspath $(@D)) go install -tags "$(GO_TAGS)" -ldflags
"$(GO_LDFLAGS)" $(pkgmap.$(@F))
    @echo "Binary available as $@"
    @touch $@
```

$(BUILD_DIR)/bin/%: $(PROJECT_FILES)的意思是，如果$(PROJECT_FILES)有任何修改都会重新编译。在 Makefile 文件中搜索 BUILD_DIR 的定义，得到 BUILD_DIR ?= .build，那么目标(BUILD_DIR)/bin/%就是.build/bin/peer，PROJECT_FILES 是 Fabric 工程源代码文件。

命令执行流程如下所示。

（1）使用 mkdir 命令创建目录$(@D)，也就是.build/bin，其中-p 的作用是当父目录不存在时重新创建目录。

（2）打印输出.build/bin/peer，也就是 peer 文件位置。

（3）定义环境变量 GOBIN 为.build/bin 的绝对路径，$(pkgmap.$(@F))通过搜索 Makefile 中的变量定义得到 github.com/hyperledger/fabric/peer，也就是执行 go install 命令将 peer 文件生成可运行的.exe 文件存入 GOBIN 目录。

（4）输出打印信息 Binary available as .build/bin/peer。

（5）修改.build/bin/peer 文件的访问时间为当前时间（touch 将文件的访问时间和修改时间改为当前时间，如果文件不存在则会创建空文件）。

注意

在 Makefile 文件中有几个常用的赋值运算符（=、:=、?=、+=），它们的区别如下所示。

> =：最基本的赋值。
>
> :=：会覆盖之前的值。
>
> ?=：如果没有被赋值过就赋予等号后面的值，如果已经被赋值过就保留原有值。
>
> +=：添加等号后面的值。

依赖项 PROJECT_FILES 赋值如下：

```
PROJECT_FILES = $(shell git ls-files  | grep -v ^test | grep -v ^unit-test | \
    grep -v ^.git | grep -v ^examples | grep -v ^devenv | grep -v .png$ | \
    grep -v ^LICENSE | grep -v ^vendor )
```

列出 Fabric 源码文件，不显示 test、unit-test、.git、examples、devenv、.png$、LICENSE、vendor 目录或文件。

> **①注意**
>
> grep+文件名表示显示该文件，且只显示无后缀或者后缀为.exe 的执行文件，加-v 选项表示不显示后面跟的文件。

执行 make peer 命令构建 peer，如下所示：

```
$ make peer
.build/bin/peer
CGO_CFLAGS=" " GOBIN=/mnt/hgfs/go/src/github.com/hyperledger/fabric/.build/bin go
install -tags "" -ldflags "-X github.com/hyperledger/fabric/common/metadata.Version=
1.4.0 -X github.com/hyperledger/fabric/common/metadata.CommitSHA=e5b3481 -X github.
com/hyperledger/fabric/common/metadata.BaseVersion=0.4.14 -X github.com/hyperledger/
fabric/common/metadata.BaseDockerLabel=org.hyperledger.fabric -X github.com/hyperledger/
fabric/common/metadata.DockerNamespace=hyperledger -X github.com/hyperledger/fabric/
common/metadata.BaseDockerNamespace=hyperledger"
github.com/hyperledger/fabric/peer
Binary available as .build/bin/peer
```

构建结束，从最后一行信息提示可知已生成可执行的二进制文件.build/bin/peer。除了用 make peer 命令生成 peer，还可以进入源码 github.com/hyperledger/fabric/peer 目录直接执行 go build 生成 peer。

2.4 构建 peer-docker

make peer-docker 执行过程，如图 2-1 所示。

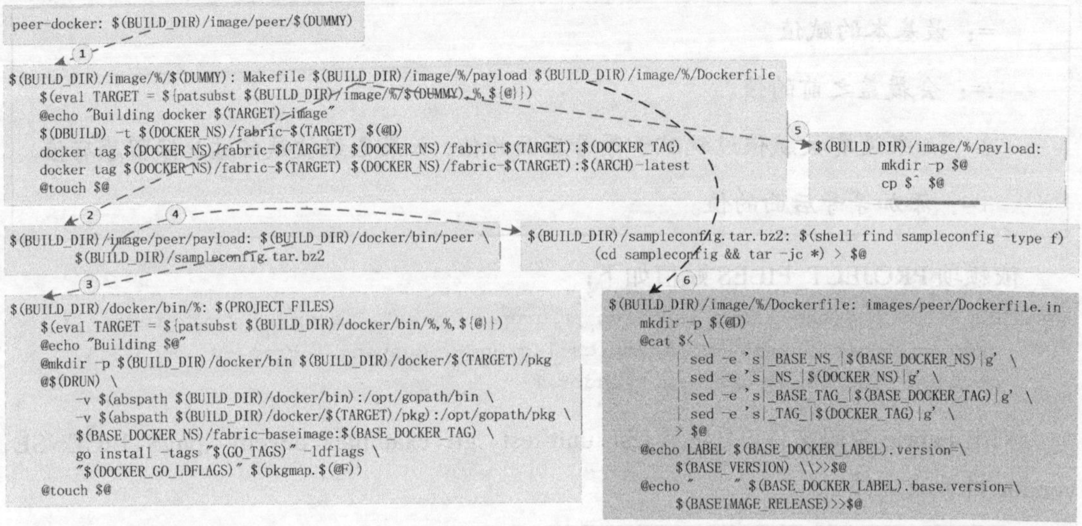

图 2-1 peer-docker 执行过程

启动 make peer-docker 命令后，首先进入 peer-docker 的依赖项$(BUILD_DIR)/image/peer/$(DUMMY)，也就是图 2-1 中②所示过程，而该依赖项又包含另外两个依赖项，类似地进入③和④所示过程，然后又依次进入⑤和⑥所示过程。

实际运行过程中，首先执行③依赖，由于 fabric-peer 镜像是基于 fabric-baseimage 镜像创建的，本地仓库目前没有该镜像，需要先对其进行拉取，通过编译日志可以看到拉取操作。

```
Building .build/docker/bin/peer
Unable to find image 'hyperledger/fabric-baseimage:amd64-0.4.14' locally
amd64-0.4.14: Pulling from hyperledger/fabric-baseimage
3b37166ec614: Pull complete
504facff238f: Pull complete
ebbcacd28e10: Pull complete
c7fb3351ecad: Pull complete
2e3debadcbf7: Pull complete
fc435e46e32e: Pull complete
a4922bafdce8: Pull complete
14675a1189ca: Pull complete
33f930d7053e: Pull complete
7aa21e006739: Pull complete
806ba27e29bb: Pull complete
Digest: sha256:d7760dcfbff0c7072627bf1acc9bc9b88213d7467ea071f68c7f8ccde124ab2b
Status: Downloaded newer image for hyperledger/fabric-baseimage:amd64-0.4.14
```

执行④依赖：

```
(cd sampleconfig && tar -jc *) > .build/sampleconfig.tar.bz2
```

执行⑤依赖：

```
mkdir -p .build/image/peer/payload
cp .build/docker/bin/peer .build/sampleconfig.tar.bz2 .build/image/peer/payload
```

执行⑥依赖：

```
mkdir -p .build/image/peer
```

最后执行流程①commands：

```
Building docker peer-image
docker build  -t hyperledger/fabric-peer .build/image/peer
Step 1/7 : FROM hyperledger/fabric-baseos:amd64-0.4.14
amd64-0.4.14: Pulling from hyperledger/fabric-baseos
3b37166ec614: Already exists
504facff238f: Already exists
ebbcacd28e10: Already exists
c7fb3351ecad: Already exists
2e3debadcbf7: Already exists
fc435e46e32e: Already exists
a4922bafdce8: Already exists
Digest: sha256:977b0cbb876e28d26e908ca32680dbe6ff34f2048de721c84818470b625891d6
Status: Downloaded newer image for hyperledger/fabric-baseos:amd64-0.4.14
```

拉取 hyperledger/fabric-baseos:amd64-0.4.14 是由流程⑥的 images/peer/Dockerfile.in 文件内容决定的：

```
FROM hyperledger/fabric-baseos:amd64-0.4.14
ENV FABRIC_CFG_PATH /etc/hyperledger/fabric
RUN mkdir -p /var/hyperledger/production $FABRIC_CFG_PATH
COPY payload/peer /usr/local/bin
ADD  payload/sampleconfig.tar.bz2 $FABRIC_CFG_PATH
CMD ["peer","node","start"]
LABEL org.hyperledger.fabric.version=1.4.0 \
      org.hyperledger.fabric.base.version=0.4.14
```

FROM——标明基于 hyperledger/fabric-baseos:amd64-0.4.14 镜像创建而来，不存在拉取。

ENV——设置镜像的环境变量 FABRIC_CFG_PATH，其值等于 /etc/hyperledger/fabric。

RUN——运行 mkdir 创建两个目录 /var/hyperledger/production 和 $FABRIC_CFG_PATH。

COPY——复制 payload/peer 到 /usr/local/bin。

ADD——增加 payload/sampleconfig.tar.bz2 到 $FABRIC_CFG_PATH。

CMD——镜像启动时执行"peer" "node" "start"。

LABEL——指定镜像标签。

继续执行 Dockerfile 剩余的部分，最后成功生成 fabric-peer 镜像：

```
Step 2/7 : ENV FABRIC_CFG_PATH /etc/hyperledger/fabric
Step 3/7 : RUN mkdir -p /var/hyperledger/production $FABRIC_CFG_PATH
Step 4/7 : COPY payload/peer /usr/local/bin
Step 5/7 : ADD  payload/sampleconfig.tar.bz2 $FABRIC_CFG_PATH
Step 6/7 : CMD ["peer","node","start"]
Step 7/7 : LABEL org.hyperledger.fabric.version=1.4.0
            org.hyperledger.fabric.base.version=0.4.14
Successfully built 0ed9f30c304c
Successfully tagged hyperledger/fabric-peer:latest
docker tag hyperledger/fabric-peer hyperledger/fabric-peer:amd64-1.4.0-snapshot-e5b3481
docker tag hyperledger/fabric-peer hyperledger/fabric-peer:amd64-latest
```

第一次编译时由于需要拉取 fabric-baseimage 镜像，耗时较长，若镜像一直无法拉取成功，可能是因为 CentOS 默认 yum 源为国外源，需要更换为国内源。至此，整个 peer-docker 编译过程的介绍已完成。

2.5 构建 orderer

执行 make orderer 生成可执行二进制文件，如下所示：

```
$ make orderer
.build/bin/orderer
CGO_CFLAGS=" " GOBIN=/mnt/hgfs/go/src/github.com/hyperledger/fabric/.build/bin go
install -tags "" -ldflags "-X github.com/hyperledger/fabric/common/metadata.Version=
1.4.0 -X github.com/hyperledger/fabric/common/metadata.CommitSHA=e5b3481 -X github.
com/hyperledger/fabric/common/metadata.BaseVersion=0.4.14 -X github.com/hyperledger/
fabric/common/metadata.BaseDockerLabel=org.hyperledger.fabric -X github.com/hyper
ledger/fabric/common/metadata.DockerNamespace=hyperledger -X github.com/hyperledger/
fabric/common/metadata.BaseDockerNamespace=hyperledger"
github.com/hyperledger/fabric/orderer
Binary available as .build/bin/orderer
```

2.6 构建 orderer-docker

执行 make orderer-docker 即能生成 fabric-orderer 镜像，执行过程与生成 fabric-peer 镜像是类似的。orderer 目录下的 Dockerfile.in 文件执行过程前五步都与 peer/Dockerfile.in 文件一致，因此不多做解释，第六步进行 7050 端口的暴露，orderer 运行时不需要携带参数，最后成功生成 fabric-orderer 镜像，执行日志如下所示：

```
$ make orderer-docker
Building .build/docker/bin/orderer
mkdir -p .build/image/orderer/payload
cp .build/docker/bin/orderer .build/sampleconfig.tar.bz2 .build/image/orderer/pay
load
mkdir -p .build/image/orderer
Building docker orderer-image
docker build  -t hyperledger/fabric-orderer .build/image/orderer
Sending build context to Docker daemon  26.17MB
Step 1/8 : FROM hyperledger/fabric-baseos:amd64-0.4.14
Step 2/8 : ENV FABRIC_CFG_PATH /etc/hyperledger/fabric
Step 3/8 : RUN mkdir -p /var/hyperledger/production $FABRIC_CFG_PATH
Step 4/8 : COPY payload/orderer /usr/local/bin
Step 5/8 : ADD payload/sampleconfig.tar.bz2 $FABRIC_CFG_PATH/
Step 6/8 : EXPOSE 7050
Step 7/8 : CMD ["orderer"]
Step 8/8 : LABEL org.hyperledger.fabric.version=1.4.0
           org.hyperledger.fabric.base.version=0.4.14
Successfully built ab46b172f52a
Successfully tagged hyperledger/fabric-orderer:latest
docker tag hyperledger/fabric-orderer hyperledger/fabric-orderer:amd64-1.4.0-snap
shot-e5b3481
docker tag hyperledger/fabric-orderer hyperledger/fabric-orderer:amd64-latest
```

2.7　构建 tools-docker

执行 make tools-docker 命令，生成 fabric-tools 镜像，如下所示：

```
$ make tools-docker
mkdir -p .build/image/tools
Building docker tools-image
docker build  -t hyperledger/fabric-tools -f .build/image/tools/Dockerfile .
Step 1/14 : FROM hyperledger/fabric-baseimage:amd64-0.4.14 as builder
Step 2/14 : WORKDIR /opt/gopath
Step 3/14 : RUN mkdir src && mkdir pkg && mkdir bin
Step 4/14 : ADD . src/github.com/hyperledger/fabric
Step 5/14 : WORKDIR /opt/gopath/src/github.com/hyperledger/fabric
Step 6/14 : ENV EXECUTABLES go git curl
Step 7/14 : RUN make configtxgen configtxlator cryptogen peer discover idemixgen
Step 8/14 : FROM hyperledger/fabric-baseimage:amd64-0.4.14
Step 9/14 : ENV FABRIC_CFG_PATH /etc/hyperledger/fabric
Step 10/14 : RUN apt-get update && apt-get install -y jq
Step 11/14 : VOLUME /etc/hyperledger/fabric
Step 12/14 : COPY --from=builder /opt/gopath/src/github.com/hyperledger/fabric/.
build/bin /usr/local/bin
Step 13/14 : COPY --from=builder /opt/gopath/src/github.com/hyperledger/fabric/sample
```

```
config $FABRIC_CFG_PATH
Step 14/14 : LABEL org.hyperledger.fabric.version=1.4.0
          org.hyperledger.fabric.base.version=0.4.14
Successfully built 784f71603d10
Successfully tagged hyperledger/fabric-tools:latest
docker tag hyperledger/fabric-tools hyperledger/fabric-tools:amd64-1.4.0-snapshot-
e5b3481
docker tag hyperledger/fabric-tools hyperledger/fabric-tools:amd64-latest
```

在Dockerfile文件中有stage的概念，stage可以理解为构建一个容器镜像，一个FROM指令表示一个stage的开始，在peer/Dockerfile.in及orderer/Dockerfile.in文件中各有一个FROM指令，因此各构建一个容器镜像。Docker 17.05或更高版本支持multi-stage的特性，该特性是指在同一个Dockerfile.in文件中可以有多个stage，能创建多个容器镜像，后面的stage能使用前面stage生成的镜像。tools/Dockerfile.in文件就使用了multi-stage特性，在该文件中，包含两个stage，即有两个FROM指令。

第一个FROM将stage命名为builder，需要基于fabric-baseimage镜像生成，WORKDIR设置工作目录为/opt/gopath，RUN执行mkdir命令，创建三个文件目录src、pkg和bin，ADD复制src/github.com/hyperledger/fabric源码到容器中，WORKDIR设置工作目录为/opt/gopath/src/github.com/hyperledger/fabric，ENV设置环境变量，RUN编译configtxgen、configtxlator、cryptogen、peer生成二进制文件，并将其放在.build/bin目录下。

第二个FROM表示第二个stage的开始，该stage也是基于fabric-baseimage镜像创建的。ENV设置fabric-tools镜像的配置文件core.yaml的默认路径为/etc/hyperledger/fabric，RUN通过apt-get命令获取和安装更新文件，VOLUMN将宿主机文件目录与Docker容器文件目录做映射，COPY复制第一个stage编译configtxgen、configtxlator、cryptogen、peer生成的二进制文件，放在/usr/local/bin目录下，复制sampleconfig文件到$FABRIC_CFG_PATH，即/etc/hyperledger/fabric目录下。

2.8 查看构建的镜像

执行docker images命令，如果镜像被编译成功，应该会看到类似于图2-2的输出。

orderer、tools、peer各自都有三个相同REPOSITORY和三个相同IMAGE ID，不同的是TAG。

<none>是上面构建tools-docker时第一个FROM stage创建的as builder镜像，如何知道<none>就是as builder呢？可以进行如下验证：

```
$ docker run -it 51b56c4bf500 /bin/bash
root@41568ee4d6a7:/opt/gopath/src/github.com/hyperledger/fabric# ls .build/bin
configtxgen  configtxlator  cryptogen  discover  idemixgen  peer
```

```
$ docker images
REPOSITORY                     TAG                               IMAGE ID       CREATED              SIZE
hyperledger/fabric-orderer     amd64-1.4.0-snapshot-e5b3481      ab46b172f52a   About an hour ago    150MB
hyperledger/fabric-orderer     amd64-latest                      ab46b172f52a   About an hour ago    150MB
hyperledger/fabric-orderer     latest                            ab46b172f52a   About an hour ago    150MB
hyperledger/fabric-tools       amd64-1.4.0-snapshot-e5b3481      784f71603d10   24 hours ago         1.56GB
hyperledger/fabric-tools       amd64-latest                      784f71603d10   24 hours ago         1.56GB
hyperledger/fabric-tools       latest                            784f71603d10   24 hours ago         1.56GB
<none>                         <none>                            51b56c4bf500   24 hours ago         1.66GB
hyperledger/fabric-peer        amd64-1.4.0-snapshot-e5b3481      0ed9f30c304c   25 hours ago         157MB
hyperledger/fabric-peer        amd64-latest                      0ed9f30c304c   25 hours ago         157MB
hyperledger/fabric-peer        latest                            0ed9f30c304c   25 hours ago         157MB
hyperledger/fabric-baseimage   amd64-0.4.14                      8c01cc0574ab   2 months ago         1.39GB
hyperledger/fabric-baseos      amd64-0.4.14                      75f5fb1a0e0c   2 months ago         124MB
hello-world                    latest                            4ab4c602aa5e   3 months ago         1.84kB
```

图 2-2　Docker 图片

可以看到.build/bin 目录下存在的几个文件就是 RUN make 生成的二进制文件。

第3章 第一个网络

构建你的第一个网络（Build Your First Network，BYFN）场景提供了一个超级账本网络示例，该示例网络由两个组织构成，每个组织维护两个peer节点，使用solo共识服务。本章通过该示例介绍了Fabric网络的启动方式、网络启动过程中的具体初始化工作，以及利用该网络能执行什么样的交易。

3.1 克隆fabric-samples

克隆fabric-samples源码，如下所示：

```
$ git clone -b release-1.4 https://github.com/hyperledger/fabric-samples.git
Cloning into 'fabric-samples'...
remote: Enumerating objects: 8, done.
remote: Counting objects: 100% (8/8), done.
remote: Compressing objects: 100% (8/8), done.
remote: Total 2526 (delta 0), reused 7 (delta 0), pack-reused 2518
Receiving objects: 100% (2526/2526), 878.89 KiB | 132.00 KiB/s, done.
Resolving deltas: 100% (1245/1245), done.
```

fabric-samples存储库中包含许多示例，下面在first-network示例的基础上稍做修改，构建自己的Fabric网络，现在打开如下子目录：

```
$ cd fabric-samples/first-network
```

注意

本文档中提供的命令必须在 fabric-samples 目录下的 first-network 子目录中运行，否则，提供的脚本有可能无法找到所需的文件。此外，我们还需要 cryptogen、configtxgen、configtxlator 工具，如果这些工具不存在，则需要切换到 hyperledger/fabric 根目录下进行构建，构建完成之后，将其从 hyperledger/fabric/.build/bin 目录下复制到 hyperledger/fabric-samples/bin 目录下。

3.2　运行第一个网络

首先需要修改 fabric-samples/first-network/configtx.yaml 配置文件，在策略 Readers 和 Writers 规则中增加 Org1MSP.member，如图 3-1 所示。

```
- &Org1
    # DefaultOrg defines the organization which is used in the sampleconfig
    # of the fabric.git development environment
    Name: Org1MSP

    # ID to load the MSP definition as
    ID: Org1MSP

    MSPDir: crypto-config/peerOrganizations/org1.example.com/msp

    # Policies defines the set of policies at this level of the config tree
    # For organization policies, their canonical path is usually
    #   /Channel/<Application|Orderer>/<OrgName>/<PolicyName>
    Policies:
        Readers:
            Type: Signature
            Rule: "OR('Org1MSP.admin', 'Org1MSP.peer', 'Org1MSP.client', 'Org1MSP.member')"
        Writers:
            Type: Signature
            Rule: "OR('Org1MSP.admin', 'Org1MSP.client', 'Org1MSP.member')"
        Admins:
            Type: Signature
            Rule: "OR('Org1MSP.admin')"
```

图 3-1　增加 Org1MSP.member

IBM 官方文档中提供了一个注释充分的脚本 byfn.sh，该脚本利用构建的 Docker 映像能快速自启动一个超级账本结构网络。该网络包含一个 orderer 节点和四个归属两个不同组织的 peer 节点，还将启动一个容器运行脚本，它将 peer 节点加入通道（Channel）、部署和实例化链码，并根据已部署的链码驱动交易执行。byfn.sh 脚本帮助文档，如图 3-2 所示。

若不提供通道名称，那么脚本将使用 mychannel 作为默认名称。CLI 超时参数（可用-t 标志指定）也是一个可选值，不设置的情况下 CLI 将放弃 10 秒后发出查询请求的默认设置。

```
$ ./byfn.sh
Usage:
  byfn.sh <mode> [-c <channel name>] [-t <timeout>] [-d <delay>] [-f <docker compose file>] [-s <dbtype>] [-l <language>] [-i <imagetag>] [-v]
    <mode> - one of 'up', 'down', 'restart', 'generate' or 'upgrade'
      - 'up' - bring up the network with docker-compose up
      - 'down' - clear the network with docker-compose down
      - 'restart' - restart the network
      - 'generate' - generate required certificates and genesis block
      - 'upgrade'  - upgrade the network from version 1.3.x to 1.4.0
    -c <channel name> - channel name to use (defaults to "mychannel")
    -t <timeout> - CLI timeout duration in seconds (defaults to 10)
    -d <delay> - delay duration in seconds (defaults to 3)
    -f <docker-compose-file> - specify which docker-compose file use (defaults to docker-compose-cli.yaml)
    -s <dbtype> - the database backend to use: goleveldb (default) or couchdb
    -l <language> - the chaincode language: golang (default) or node
    -i <imagetag> - the tag to be used to launch the network (defaults to "latest")
    -v - verbose mode
  byfn.sh -h (print this message)

Typically, one would first generate the required certificates and
genesis block, then bring up the network. e.g.:

    byfn.sh generate -c mychannel
    byfn.sh up -c mychannel -s couchdb
        byfn.sh up -c mychannel -s couchdb -i 1.4.0
    byfn.sh up -l node
    byfn.sh down -c mychannel
        byfn.sh upgrade -c mychannel

Taking all defaults:
    byfn.sh generate
    byfn.sh up
    byfn.sh down
```

图 3-2　byfn.sh 帮助文档

3.2.1　生成证书

执行命令，如下所示：

```
$ ./byfn.sh generate
```

界面首先出现该命令执行内容的简要描述，通过输入 Y/n（大小写均可）或直接按 Enter 键（默认 Y）执行所描述的操作，从而为 Hyperledger Fabric 网络组织中的 orderer 和 peer 生成所需的证书与密钥，对应保存在 crypto-config 目录下，如图 3-3 所示。

```
$ ./byfn.sh generate
Generating certs and genesis block for channel 'mychannel' with CLI timeout of '10' seconds and CLI delay of '3' seconds
Continue? [Y/n] y
proceeding ...
/mnt/hgfs/go/src/github.com/hyperledger/fabric-samples/bin/cryptogen

##########################################################
##### Generate certificates using cryptogen tool #########
##########################################################
+ cryptogen generate --config=./crypto-config.yaml
org1.example.com
org2.example.com

/mnt/hgfs/go/src/github.com/hyperledger/fabric-samples/bin/configtxgen
##########################################################
#########  Generating Orderer Genesis block ##############
##########################################################
+ configtxgen -profile TwoOrgsOrdererGenesis -channelID byfn-sys-channel -outputBlock ./channel-artifacts/genesis.block
2018-12-19 17:54:05.997 CST [common.tools.configtxgen] main -> INFO 001 Loading configuration
2018-12-19 17:54:06.030 CST [common.tools.configtxgen.localconfig] completeInitialization -> INFO 002 orderer type: solo
2018-12-19 17:54:06.087 CST [common.tools.configtxgen] doOutputBlock -> INFO 006 Generating genesis block
2018-12-19 17:54:06.088 CST [common.tools.configtxgen] doOutputBlock -> INFO 007 Writing genesis block

#################################################################
### Generating channel configuration transaction 'channel.tx' ###
#################################################################
+ configtxgen -profile TwoOrgsChannel -outputCreateChannelTx ./channel-artifacts/channel.tx -channelID mychannel
2018-12-19 17:54:06.138 CST [common.tools.configtxgen] main -> INFO 001 Loading configuration
2018-12-19 17:54:06.190 CST [common.tools.configtxgen] doOutputChannelCreateTx -> INFO 005 Generating new channel configtx
2018-12-19 17:54:06.223 CST [common.tools.configtxgen] doOutputChannelCreateTx -> INFO 006 Writing new channel tx
```

图 3-3　生成 byfn.sh

3.2.2　启动网络

通过如下命令可以启动 Hyperledger Fabric 网络：

```
$ ./byfn.sh up
```

执行日志如图 3-4 所示。

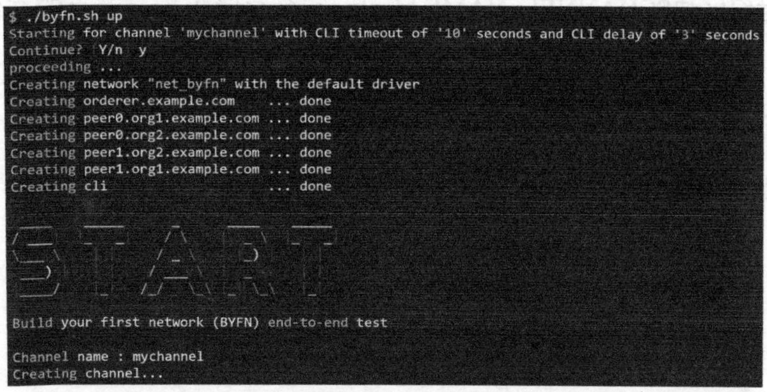

图 3-4　执行日志

启动所有容器，然后驱动完整的 end-to-end 应用程序场景。执行成功后，在终端窗口会有如图 3-5 所示的输出。

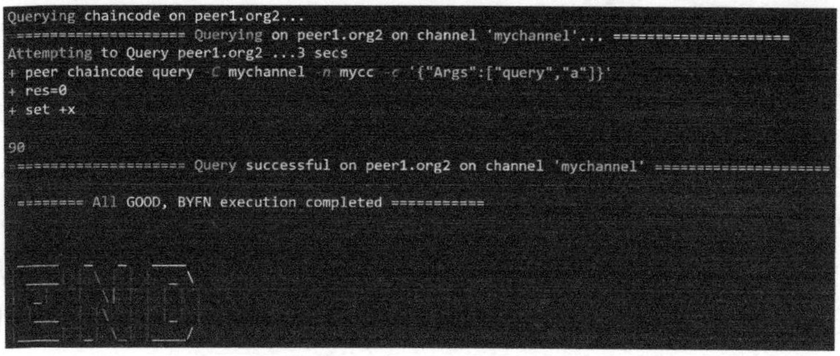

图 3-5　结束 byfn.sh

通过滚动这些日志可以查看各种交易记录。如果没有得到这个结果，则需要查看对应的出错日志并分析出错的原因。

屏幕后面发生了什么

屏幕上描述了./byfn.sh up 运行的场景，实际上是调用 script.sh 脚本，该脚本是在 CLI 容器中执行的，script.sh 脚本完成客户端交易执行操作。下面简略描述 script.sh 的基本函数。

创建通道

创建通道代码如下所示：

```
createChannel() {
    peer channel create -o orderer.example.com:7050 -c $CHANNEL_NAME -f ./channel-artifacts/channel.tx --tls $CORE_PEER_TLS_ENABLED --cafile $ORDERER_CA >&log.txt
}
```

向orderer节点传递要创建的通道名称$CHANNEL_NAME和通道配置交易channel.tx。如果不设置$CHANNEL_NAME，就会使用默认名称 mychannel。如果创建成功，则返回的是一个创世纪区块$CHANNEL_NAME.block，它会存储在 peer 节点的文件系统中，包含 channel.tx 指定的通道配置信息。

加入通道

加入通道代码如下所示：

```
joinChannel () {
    for org in 1 2; do
        for peer in 0 1; do
            joinChannelWithRetry $peer $org
        done
    done
}
```

第一个 for 循环表示两个组织 org1 和 org2；第二个 for 循环表示两个组织 peer0 和 peer1。根据参数$peer $org 先后顺序，四个节点如下：

peer0.org1.example.com

peer1.org1.example.com

peer0.org2.example.com

peer1.org2.example.com

其中，前两个属于 org1，后两个属于 org2。这就是 TwoOrgsChannel 的轮廓，这些关系通过 crypto-config.yaml 定义，而 MSP 路径在 docker-compose-cli.yaml 文件中指定。

调用关系代码如下所示：

```
joinChannelWithRetry() {
    setGlobals $PEER $ORG
    peer channel join -b $CHANNEL_NAME.block >&log.txt
}
```

$CHANNEL_NAME.block 就是前面创建通道成功时返回的区块。节点成功加入通道后会创建以$CHANNEL_NAME.block 开头的链。

更新锚节点

一个组织只能有一个锚节点，也就是说每个组织只能更新一次。节点只有加入（join）通道后才能进行更新。

更新锚节点代码如下所示：

```
updateAnchorPeers() {
    peer channel update -o orderer.example.com:7050 -c $CHANNEL_NAME -f ./channel-
artifacts/${CORE_PEER_LOCALMSPID}anchors.tx --tls $CORE_PEER_TLS_ENABLED --cafile
$ORDERER_CA >&log.txt
}
```

更新 Org1MSP 的锚节点 peer0.org1.example.com 和 Org2MSP 的锚节点 peer0.org2.example.com。将 Org1MSPanchors.tx 和 Org2MSPanchors.tx 连同通道名称$CHANNEL_NAME 一起传递给 orderer。

安装链码

安装链码代码如下所示：

```
installChaincode() {
  peer chaincode install -n mycc -v ${VERSION} -l ${LANGUAGE} -p ${CC_SRC_PATH} >
&log.txt
}
```

安装链码需要指定链码的名称、版本、语言。如果不使用-l（L 字母的小写）标志，则默认为 Go 语言；-p 标志指向链码路径 github.com/chaincode/chaincode_example02/go/。

实例化链码

链码在$CHANNEL_NAME 上实例化，其代码如下所示：

```
instantiateChaincode() {
    peer chaincode instantiate -o orderer.example.com:7050 --tls $CORE_PEER_TLS_
ENABLED --cafile $ORDERER_CA -C $CHANNEL_NAME -n mycc -l ${LANGUAGE} -v 1.0 -c
'{"Args":["init","a","100","b","200"]}' -P "AND ('Org1MSP.peer','Org2MSP.peer')" >
&log.txt
}
```

实例化将链码添加到通道中，启动目标节点的容器，初始化与链码关联的键值对，本例的初始值为 ["a","100","b","200"]。这个“实例化”产生一个名为 dev-peer0.org1.example.com-mycc-1.0 的容器。实例化也为背书策略传入一个-P 参数，这个策略被定义为 AND('Org1MSP.member','Org2MSP.member')，意味着任何交易必须要有 Org1 和 Org2 的节点背书。共有四个节点：

peer0.org1.example.com

peer1.org1.example.com

peer0.org2.example.com

peer1.org2.example.com

那么背书的节点只能是以下四对组合：

peer0.org1.example.com 和 peer0.org2.example.com

peer0.org1.example.com 和 peer1.org2.example.com

peer1.org1.example.com 和 peer0.org2.example.com

peer1.org1.example.com 和 peer1.org2.example.com

调用链码

调用链码代码如下所示：

```
chaincodeInvoke() {
    peer chaincode invoke -o orderer.example.com:7050 --tls $CORE_PEER_TLS_ENABLED
--cafile $ORDERER_CA -C $CHANNEL_NAME -n mycc $PEER_CONN_PARMS -c '{"Args":["invoke",
"a","b","10"]}' >&log.txt
}
```

向 $PEER_CONN_PARMS 发送一个调用，以实现从"a"中转移"10"给"b"。$PEER_CONN_PARMS 就是上面四对组合中的任意一对背书节点。在调用链码的过程中，如果某个节点的链码容器还没有启动，就会执行启动。

查询链码

查询链码代码如下所示：

```
chaincodeQuery() {
    peer chaincode query -C $CHANNEL_NAME -n mycc -c '{"Args":["query","a"]}' >&log.txt
}
```

向节点发送一个查询查看 a 的值。如果返回值为 90，则表明在之前的交易过程中"a"的值被减去 10。

这证明了什么

为了能成功地对账本（Ledger）进行读/写操作，链码必须安装在相应的节点上。只有在链码中执行初始化（Init 函数）、调用（Invoke 函数）交易（读/写），或者查询"a"的值，才会为节点启动一个链码容器（交易引起容器的启动）。另外，通道中的所有节点都维护账本的一个精确副本，该副本包括在区块中存储不可变的、按顺序排列的记录的区块链，以及用于维护当前账本的状态数据库。

3.2.3 关闭网络

下面命令将关闭容器，删除证书材料和组件，并从 Docker 注册表中删除链码镜像：

```
$ ./byfn.sh down
```

同样，系统会提示是否继续操作，输入 y，按 Enter 键，相应的界面如图 3-6 所示。

```
$ ./byfn.sh down
Stopping for channel 'mychannel' with CLI timeout of '10' seconds and CLI delay of '3' seconds
Continue? [Y/n] y
proceeding ...
Removing cli                   ... done
Removing peer1.org2.example.com ... done
Removing orderer.example.com    ... done
Removing peer0.org1.example.com ... done
Removing peer0.org2.example.com ... done
Removing peer1.org1.example.com ... done
Removing network net_byfn
Untagged: dev-peer1.org2.example.com-mycc-1.0-26c2ef32838554aac4f7ad6f100aca865e87959c9a126e86d764c8d01f8346ab:latest
Deleted: sha256:bfde6a46c87e2c3e5795bff6c310d1ea0b10bef53caebd67a165e7cc7e9c2ab4
```

图 3-6　关闭网络

这个过程会删除 crypto-config 目录和 channel-artifacts 目录下的四个文件 channel.tx、genesis.block、Org1MSPanchors.tx 和 Org2MSPanchors.tx，但并不会删除 channel-artifacts 本身。

3.3　基本步骤

上文介绍了 Fabric 网络的启动过程及对应支持的交易操作，本节将介绍构建这样一个功能齐全的超级账本 Hyperledger Fabric 网络所需的基本步骤和总体要求。

> **①注意**
>
> 下面概述的手动步骤假设 CLI 容器中的 FABRIC_LOGGING_SPEC 设置为 DEBUG，通过修改 first-network 目录下的 docker-compose-cli.yaml 文件进行设置，具体代码如下所示：

```
cli:
  container_name: cli
  image: hyperledger/fabric-tools:$IMAGE_TAG
  tty: true
  stdin_open: true
  environment:
    - GOPATH=/opt/gopath
    - CORE_VM_ENDPOINT=unix:///host/var/run/docker.sock
    - FABRIC_LOGGING_SPEC=DEBUG
    #- FABRIC_LOGGING_SPEC=INFO
```

3.3.1　生成证书

我们将使用 cryptogen 工具为各种网络实体生成加密材料（x509 证书和签名密钥），用证书代表各种身份 identities。加密材料允许实体之间在通信和交易时进行签名/验证。

cryptogen 将文件 crypto-config.yaml 作为参数配置，这个文件包含网络拓扑，并允许为组织和属于这些组织的实体（peer 和 orderer）生成证书库。每个组织都被分配了一个唯一的根证书（ca-cert），该证书将指定的实体与组织绑定。Fabric 中的交易和通信由实体的私钥（keystore）进行签名，然后通过公钥（signcerts）进行验证。

在 crypto-config.yaml 文件中有一个 count 变量，我们可以使用它指定每个组织中 peer 的数量。在我们的例子中，每个组织都有两个 peer 节点。本节不会深入研究 x.509 证书和公钥的基本结构，有兴趣的读者可以自行查阅相关书籍。

在运行该工具之前，让我们快速查看一下 crypto-config.yaml 中的一个片段。需要特别注意的是，在 OrdererOrgs 标题下的“Name”“Domain”“Specs”参数，如下所示：

```
# "OrdererOrgs" -定义 orderer 节点群集
OrdererOrgs:
  - Name: Orderer
    Domain: example.com
    Specs:
      - Hostname: orderer
# ---------------------------------------------------------------------------
# "PeerOrgs" -定义 peer 节点群集
PeerOrgs:
  - Name: Org1
    Domain: org1.example.com
    Template:
      # Count: 组织节点个数
      Count: 2
      # Start 如果使用，那么下标将从 5 开始根据 Count 域数量生成
      #    peer5.org1.example.com
      #    peer6.org1.example.com
      # Start: 5
      #
      # Hostname 如果使用，那么效果等于 Specs.Hostname，而 Count 和 Start 域将失去作用
      # Hostname: {{.Prefix}}{{.Index}} # default
      #
      Users:
         # Count: The number of user accounts _in addition_ to Admin
         # 这里的 Count 指除了管理员外要建立的用户数量，Count 为 1 时，Users 目录下还应生成
         # User1@org1.example.com
         Count: 1
  - Name: Org2
    Domain: org2.example.com
    Template:
      Count: 2
    Users:
      Count: 1
```

总体解释一下 crypto-config.yaml 配置文件，网络实体的命名约定为{{.Hostname}}.{{.Domain}}。

OrdererOrgs 使用了 Specs，最后生成的就是：

orderer.example.com

PeerOrgs 使用了 Template，且 Count 等于 2，最后生成的就是：

peer0.org1.example.com

peer1.org1.example.com

如果 OrdererOrgs 除了使用 Specs，还使用 Template，且 Count 等于 2，那么最后生成的就是：

orderer.example.com

orderer0.example.com

orderer1.example.com

如果 OrdererOrgs 既使用 Specs，也使用 Template，且 Count 等于 2，但这里 Specs.Hostname 等于 orderer0，那么最后生成的就是：

orderer0.example.com

orderer1.example.com

因此，需要注意名称上的冲突，否则生成的结果可能与预期不同。

我们可以使用 cryptogen 命令手动生成证书/密钥，或者可以尝试使用 byfn.sh 脚本完成工作，具体参考 byfn.sh 中的 generateCerts 函数，这里根据 configtx.yaml 文件中定义的网络配置，使用 cryptogen 工具生成证书。工具二进制文件位于 fabric-samples/bin 目录中，因此只需要提供工具所在位置的相对路径即可，如下所示：

```
$ ../bin/cryptogen generate --config=./crypto-config.yaml
```

命令执行成功后在终端上能看到如下内容：

```
org1.example.com
org2.example.com
```

产生的证书和密钥会保存在一个名为 crypto-config 的文件夹中，如果这个 crypto-config 文件夹不存在，则会自动创建。

> **注意**
>
> 上面提到的./byfn.sh generate 实际也是调用 cryptogen 工具生成证书的。

3.3.2　生成配置交易

configtxgen 工具用于创建四个配置网络工件：genesis.block（创世纪区块）、channel.tx（通道配置交易）、Org1MSPanchors.tx（锚节点交易）和 Org2MSPanchors.tx。其中，创

世纪区块是排序服务的创始区块；通道配置交易在通道创建时广播给 orderer；锚节点交易指定通道上每个组织的锚节点。

configtxgen 将文件 configtx.yaml 作为参数配置，configtx.yaml 包含三个组织：一个 orderer 组织（OrdererOrg）和两个 peer 组织（Org1 和 Org2）。每个 peer 组织维护两个 peers 节点（peer0 和 peer1）。这个文件还指定了一个联盟 SampleConsortium，该联盟包含两个 peers 组织。需要特别注意的是，该文件头部的 Profiles 部分包含两个标头：一个是 orderer 创世纪区块 TwoOrgsOrdererGenesis；另一个是两个组织的通道 TwoOrgsChannel。configtx.yaml 中的代码，如下所示：

```
Profiles:

    TwoOrgsOrdererGenesis:
        <<: *ChannelDefaults
        Orderer:
            <<: *OrdererDefaults
            Organizations:
                - *OrdererOrg
            Capabilities:
                <<: *OrdererCapabilities
        Consortiums:
            SampleConsortium:
                Organizations:
                    - *Org1
                    - *Org2
    TwoOrgsChannel:
        Consortium: SampleConsortium
        Application:
            <<: *ApplicationDefaults
            Organizations:
                - *Org1
                - *Org2
            Capabilities:
                <<: *ApplicationCapabilities
```

定义 peer 组织时，先为每个 peer org (peer0.org1.example.com & peer0.org2.example.com)指定锚节点（anchor peers）。另外，为每个成员指定 MSP（Membership Service Provider，成员关系服务提供者）目录的位置，从而允许在 orderer 创世纪区块中存储每个组织的根证书。这是一个很关键的配置。通过该配置，任何与共识服务通信的网络实体都可以被验证数字签名。

```
Organizations:
    - &Org1
        Name: Org1MSP  # 组织名称
        ID: Org1MSP    # 组织 ID，必须和 core.yaml 文件中的 localMspId 对应
        MSPDir: crypto-config/peerOrganizations/org1.example.com/msp # 对应 mspConfigPath
        Policies:      # 定义组织策略
```

```
            Readers:
                Type: Signature
                Rule: "OR('Org1MSP.admin', 'Org1MSP.peer', 'Org1MSP.client')"
            Writers:
                Type: Signature
                Rule: "OR('Org1MSP.admin', 'Org1MSP.client')"
            Admins:
                Type: Signature
                Rule: "OR('Org1MSP.admin')"
        AnchorPeers:
            # 定义组织的锚节点，用于跨组织通信(Gossip 协议)，
            # 注意此值仅在 Application 使用该组织时才编码进创世纪区块
            - Host: peer0.org1.example.com
              Port: 7051
```

证书和密钥（即 MSP 材料）在上一步（cryptogen generate）已输出到 first-network 根目录的 crypto-config 中。

orderer 是 configtx.yaml 文件中的一个重要组成部分，此部分定义了 orderer 的共识机制相关参数，如下所示：

```
Orderer: &OrdererDefaults
    #目前仅支持 solo 和 kafka 模式
    OrdererType: kafka
    Addresses:
        - orderer.example.com:7050
    # 每 2 秒执行一次打包操作
    BatchTimeout: 2s
    # 批次大小：用来在打块过程中控制一个区块的信息数量
    BatchSize:
        # 超过 10 个信息块进行一次打块操作
        MaxMessageCount: 10
        # 绝对最大字节：批次最大不能超过的字节数为 99MB
        AbsoluteMaxBytes: 99 MB
        # 可选最大字节：批次超过 512KB 就进行打块操作
        PreferredMaxBytes: 512 KB
    Kafka:
        # 指定 orderer 连接的 kafka
        Brokers:
            - 127.0.0.1:9092
```

满足 BatchTimeout、MaxMessageCount、AbsoluteMaxBytes、PreferredMaxBytes 中的任一条件，orderer 都会打块。这四个参数的设置十分重要，直接影响 Fabric 网络的性能，如何达到最优，需要根据不同的环境要求进行调整。

接下来，我们需要告诉 configtxgen 工具在哪里寻找它需要的 configtx.yaml 文件，我们将告诉它查看当前的工作目录：

```
$ FABRIC_CFG_PATH=$PWD
```

调用 configtxgen 工具创建 orderer 创世纪区块，如下所示：

```
$ ../bin/configtxgen -profile TwoOrgsOrdererGenesis -channelID byfn-sys-channel
-outputBlock ./channel-artifacts/genesis.block
```

在终端中可以看到的输出，如下所示：

```
2018-12-21 16:32:19.441 CST [common.tools.configtxgen] main -> INFO 001 Loading
configuration
2018-12-21 16:32:19.664 CST [common.tools.configtxgen] doOutputBlock -> INFO 006
Generating genesis block
2018-12-21 16:32:19.665 CST [common.tools.configtxgen] doOutputBlock -> INFO 007
Writing genesis block
```

创建通道配置交易：

```
$ ../bin/configtxgen -profile TwoOrgsChannel \
-outputCreateChannelTx ./channel-artifacts/channel.tx -channelID $CHANNEL_NAME
```

在终端中可以看到的输出，如下所示：

```
2018-12-21 16:38:29.854 CST [common.tools.configtxgen] main -> INFO 001 Loading
configuration
2018-12-21 16:38:29.891 CST [common.tools.configtxgen] doOutputChannelCreateTx ->
INFO 005 Generating new channel configtx
2018-12-21 16:38:29.935 CST [common.tools.configtxgen] doOutputChannelCreateTx ->
INFO 006 Writing new channel tx
```

在构建的通道上为 Org1 定义锚节点：

```
$ ../bin/configtxgen -profile TwoOrgsChannel -outputAnchorPeersUpdate \
./channel-artifacts/Org1MSPanchors.tx -channelID $CHANNEL_NAME -asOrg Org1MSP
```

在同一个通道上为 Org2 定义锚节点：

```
$ ../bin/configtxgen -profile TwoOrgsChannel -outputAnchorPeersUpdate \
./channel-artifacts/Org2MSPanchors.tx -channelID $CHANNEL_NAME -asOrg Org2MSP
```

注意

configtxgen 工具生成的四个工件默认保存在 fabric-samples/first-network/channel-artifacts 目录下，这个目录是下载 fabric-samples 后原装存在的，如果不存在或者无意中将其删除了，则需要手动创建，否则执行 configtxgen 过程中会因找不目录而创建失败。

上文使用 configtxgen 工具根据 configtx.yaml 配置文件完成通道配置交易的创建，读者可以自行修改 configtx.yaml 文件创建不同的通道配置交易，在反复实验的过程中加深对整个 Fabric 网络的理解。

3.3.3 启动网络

注意

如果在前面运行 byfn.sh 示例，请确保在继续运行之前已经关闭了测试网络./byfn.sh down。

docker-compose-cli.yaml 文件引用以前下载的镜像，并使用之前生成的 genesis.block 启动 orderer。

```
$ docker-compose -f docker-compose-cli.yaml up -d
```

如果希望查看网络启动的实时日志，则不要加上-d 标志。我们将使用 docker exec 命令进入 CLI 容器：

```
$ docker exec -it cli bash
```

如果成功，应该会看到以下内容：

```
root@0702b961819e:/opt/gopath/src/github.com/hyperledger/fabric/peer#
```

> **注意**
>
> 对于这些手动命令的其余部分，必须保留在 CLI 容器内执行。

3.3.4　CLI 容器命令

> **注意**
>
> 如果不希望对默认节点 peer0.org1.example.com 运行 CLI 容器命令，请替换四个环境变量中 peer0 或 org1 的值。现在不需要做任何改变，就是通过 peer0.org1.example.com 节点运行的。

```
# peer0.org1 的环境变量
CORE_PEER_MSPCONFIGPATH=/opt/gopath/src/github.com/hyperledger/fabric/peer/crypto/
peerOrganizations/org1.example.com/users/Admin@org1.example.com/msp
CORE_PEER_ADDRESS=peer0.org1.example.com:7051
CORE_PEER_LOCALMSPID="Org1MSP"
CORE_PEER_TLS_ROOTCERT_FILE=/opt/gopath/src/github.com/hyperledger/fabric/peer/c
rypto/peerOrganizations/org1.example.com/peers/peer0.org1.example.com/tls/ca.crt
```

peer0.org1 创建通道

在 CLI 容器中手动执行创建通道操作，如下所示：

```
$ CHANNEL_NAME=mychannel
$  ORDERER_CA=/opt/gopath/src/github.com/hyperledger/fabric/peer/crypto/ordererOrg
anizations/example.com/orderers/orderer.example.com/msp/tlscacerts/tlsca.example.
com-cert.pem
$ peer channel create -o orderer.example.com:7050 -c $CHANNEL_NAME -f ./channel-
artifacts/channel.tx --tls --cafile $ORDERER_CA
```

通过-c 标志指定通道的名称为$CHANNEL_NAME，通道名称必须全部小写，长度小于 250 个字符，并与正则表达式[a-z][a-z0-9.-]*匹配；通过-f 标志指定通道配置交易 channel.tx，其包含了指定的配置信息，channel.tx 文件被挂载到 CLI 容器内的

channel-artifacts 目录中，这里可用相对路径；通过--tls --cafile 指示 ORDERER_CA 根证书的路径，要求节点验证 TLS 握手。

peer channel create 返回一个创世纪区块，我们将使用该创世纪区块加入通道，如果没有对默认通道名称进行任何修改，那么该命令将返回一个名为 mychannel.block 的文件。

peer0.org1 加入通道

将 peer0.org1.example.com 加入 mychannel 通道，如下所示：

```
# 默认情况下，只加入 peer0.org1.example.com
# mychannel.block 由先前的命令 peer channel create 返回
# 如果你没有改变通道的名字，你将加入 mychannel.block
# 如果你创建了一个不同的通道名字，那么你需要传入适当的 *.block
$ peer channel join -b mychannel.block
```

peer0.org1 更新通道

以下命令是通道更新（channel update），我们在通道的创世纪区块上添加了额外的配置信息，但没有修改创世纪区块 genesis.block，只是简单地将增量添加到定义锚节点的链中。执行更新通道定义，将 Org1 的 peer0.org1.example.com 定义为锚节点：

```
$ peer channel update -o orderer.example.com:7050 -c $CHANNEL_NAME -f ./channel-artifacts/Org1MSPanchors.tx --tls --cafile $ORDERER_CA
```

peer0.org1 安装链码

应用程序通过链码与区块链账本进行交互。因此，需要在每个将要执行背书的 peer 节点上安装链码，之后才能在通道上实例化链码。首先，在 Org1 的 peer0 上安装 Go 链码实例，这些命令将指定的源代码放到 peer 节点的文件系统中。每个链码名称和版本只能安装一个版本的源码，该源码会存在于链码名称和版本的上下文的 peer 文件系统中。类似地，实例化的链码容器将反映 peer 上已安装的任何语言，如下所示：

```
# 安装 Go 链码，对于 Go 链码-p 将从$GOPATH/src 中获取相对路径
$ peer chaincode install -n mycc -v 1.0 -p github.com/chaincode/chaincode_example02/go/
```

> **注意**
>
> 我们利用一个简单存证的链码，学习如何书写自己的链码，有关链码更多的教程请参考第 4 章。

peer0.org2 加入通道

我们可以根据需要，对上文环境变量部分中使用的四个环境变量进行适当更改，从而使其他 peer 节点加入通道。下面我们仅仅加入 peer0.org2.example.com，而不是加入每

个 peer 节点，这样就可以在我们的通道中适当地更新锚节点的定义了。我们需要覆盖CLI 容器中默认的环境变量，完整的设置如下：

```
# peer0.org2 的环境变量
$ CORE_PEER_MSPCONFIGPATH=/opt/gopath/src/github.com/hyperledger/fabric/peer/crypto/peerOrganizations/org2.example.com/users/Admin@org2.example.com/msp
$ CORE_PEER_ADDRESS=peer0.org2.example.com:7051
$ CORE_PEER_LOCALMSPID="Org2MSP"
$ CORE_PEER_TLS_ROOTCERT_FILE=/opt/gopath/src/github.com/hyperledger/fabric/peer/crypto/peerOrganizations/org2.example.com/peers/peer0.org2.example.com/tls/ca.crt
```

设置这些环境变量之后，只需再次发出 peer channel join 命令，CLI 容器就将代表 peer0.org2.example.com 执行加入 mychannel 通道的命令。

```
$ peer channel join -b mychannel.block
```

> **①注意**
>
> mychannel.block 是在上面 peer0.org1 创建通道时保存在 CLI 容器内的，peer0.org2 也存在于相同的 CLI 容器，所以能直接使用。如果 peer0.org1 和 peer0.org2 不在同一个 CLI 容器，可以有两个解决方案：第一个就是把 mychannel.block 复制过去；第二个就是使用通道提取 peer channel fetch oldest mychannel.block -o orderer.example.com:7050 -c $CHANNEL_NAME --tls --cafile $ORDERER_CA。需要注意的是，只有管理员用户 Admin 或有读取权限的用户 User（可以在 configtx.yaml 预定义策略规则中设置），才能使用通道提取的节点。

peer0.org2 更新通道

现在更新通道定义，将 Org2 的 peer0.org2.example.com 定义为锚节点，仍旧使用相同的环境变量作为这个调用（peer channel update）的上下文。

```
$ peer channel update -o orderer.example.com:7050 -c $CHANNEL_NAME -f ./channel-artifacts/Org2MSPanchors.tx --tls --cafile $ORDERER_CA
```

peer0.org2 安装链码

```
# 安装 Go 链码，对于 Go 链码-p 的作用是从$GOPATH/src 获取相对路径
$ peer chaincode install -n mycc -v 1.0 -p github.com/chaincode/chaincode_example02/go/
```

peer0.org1 实例化链码

> **①注意**
>
> 之前最后是使用 peer0.org2.example.com 运行 CLI 命令的，因此现在使用 peer0.org1.example.com 运行 CLI 命令，就需要替换四个环境变量中的值：

```
# peer0.org1 的环境变量
$  CORE_PEER_MSPCONFIGPATH=/opt/gopath/src/github.com/hyperledger/fabric/peer/cry
pto/peerOrganizations/org1.example.com/users/Admin@org1.example.com/msp
$ CORE_PEER_ADDRESS=peer0.org1.example.com:7051
$ CORE_PEER_LOCALMSPID="Org1MSP"
$ CORE_PEER_TLS_ROOTCERT_FILE=/opt/gopath/src/github.com/hyperledger/fabric/peer/
crypto/peerOrganizations/org1.example.com/peers/peer0.org1.example.com/tls/ca.crt
```

设置好环境变量之后，应在通道上实例化链码，为链码设置背书策略，在目标节点上启动链码容器。需要注意的是，-P 参数是我们的策略，在该策略中，我们针对要验证的链码指定交易所需的背书级别。在下面的命令中应注意到指定的策略为-P "AND('Org1MSP.peer', 'Org2MSP.peer')"。这意味着我们需要一个属于 Org1 和 Org2 的 peer 的“背书”（即两个背书）。如果将语法更改为 OR，那么只需要一个背书。

```
$ peer chaincode instantiate -o orderer.example.com:7050 --tls --cafile $ORDERER_CA
\
-C $CHANNEL_NAME -n mycc -v 1.0 -c '{"Args":["init","a", "100", "b","200"]}' \
-P "AND('Org1MSP.peer','Org2MSP.peer')"
```

如果希望其他 peer 也可以和账本进行交互，那么需要将它们连接到通道，并将链码源代码的相同名称、版本和语言安装到相应的 peer 节点的文件系统中。某个 peer 尝试与特定的链码交互，就会为它们启动一个链码容器。

> **⊕注意**
>
> 如果链码的实例化是在 CLI 的 peer0.org1.example.com 环境上下文进行的，就会生成一个命名为 dev-peer0.org1.example.com-mycc-1.0 的容器（使用 docker ps 查看），链码在这个容器中运行。任何安装（peer chaincode install）链码的 peer，在被调用时都会检查是否生成了链码容器，如果没有生成，则首先生成。另外，peer chaincode instantiate 只能实例化一次，不管是在哪一个 peer 中进行的，都只能实例化一次。实例化的节点必须是管理员用户 Admin。

Query（查询）

查询 a 的值，确保是否正确实例化了链码并写入状态数据库。查询语法如下：

```
$ peer chaincode query -C $CHANNEL_NAME -n mycc -c '{"Args":["query","a"]}'
100
```

由该语法可以看出：如果返回了 100，则说明正确安装和实例化了链码，并且没有进行任何交易。

Invoke（调用）

从 a 移动 10 到 b，这个交易将创建一个新块并更新状态 DB。调用语法如下所示：

```
$ PEER0_ORG1_CA=/opt/gopath/src/github.com/hyperledger/fabric/peer/crypto/peerOrg
anizations/org1.example.com/peers/peer0.org1.example.com/tls/ca.crt
$ PEER0_ORG2_CA=/opt/gopath/src/github.com/hyperledger/fabric/peer/crypto/peerOrg
anizations/org2.example.com/peers/peer0.org2.example.com/tls/ca.crt
$ peer chaincode invoke -o orderer.example.com:7050 --tls --cafile $ORDERER_CA \
-C $CHANNEL_NAME -n mycc --peerAddresses peer0.org1.example.com:7051 \
--tlsRootCertFiles $PEER0_ORG1_CA --peerAddresses peer0.org2.example.com:7051 \
--tlsRootCertFiles $PEER0_ORG2_CA -c '{"Args":["invoke","a","b","10"]}'
```

这个交易需要 peer0.org1.example.com:7051 和 peer0.org2.example.com:7051 两个节点背书，多个节点的背书由--peerAddresses 标志指定。

> **注意**
>
> 之前在实例化时生成了一个名称为 dev-peer0.org1.example.com-mycc-1.0 的链码容器。在这次交易过程中，产生了一个名称为 dev-peer0.org2.example.com-mycc-1.0 的链码容器。

Query（查询）

确认之前的调用是否正确执行。在前面的 Invoke 调用中 a 减去了 10。因此，对 a 的查询应该返回 90。查询语法如下所示：

```
$ peer chaincode query -C $CHANNEL_NAME -n mycc -c '{"Args":["query","a"]}'
90
```

由该语法可以看出：如果返回值为 90，则说明之前的交易正确。

peer1.org2 加入通道

将第三个 peer 加入通道，即 Org2 中的 peer1，修改以下四个环境变量：

```
# Org2 中 peer1 的环境变量
$ CORE_PEER_MSPCONFIGPATH=/opt/gopath/src/github.com/hyperledger/fabric/peer/cryp
to/peerOrganizations/org2.example.com/users/Admin@org2.example.com/msp
$ CORE_PEER_ADDRESS=peer1.org2.example.com:7051
$ CORE_PEER_LOCALMSPID="Org2MSP"
$ CORE_PEER_TLS_ROOTCERT_FILE=/opt/gopath/src/github.com/hyperledger/fabric/peer/
crypto/peerOrganizations/org2.example.com/peers/peer1.org2.example.com/tls/ca.crt
```

环境变量设置之后，下面执行加入通道的命令：

```
$ peer channel join -b mychannel.block
```

peer1.org2 安装链码

现在安装 Go 链码到 Org2 的 peer1 上，这些命令将指定的源码风格放到文件系统中。

```
# 安装 Go 链码，对于 Go 链码，-p 的作用是从$GOPATH/src 获取相对路径
$ peer chaincode install -n mycc -v 1.0 -p github.com/chaincode/chaincode_example02/
```

```
go/
```

Query（查询）

查询语法如下所示：

```
$ peer chaincode query -C $CHANNEL_NAME -n mycc -c '{"Args":["query","a"]}'
90
```

由该语法可以看出：如果返回值为90，则说明之前的交易正确。

> **注意**
>
> 之前已经存在 dev-peer0.org1.example.com-mycc-1.0 和 dev-peer0.org2.example.com-mycc-1.0 的两个链码容器了。在这次查询过程中，产生了一个名称为 dev-peer1.org2.example.com-mycc-1.0 的链码容器。

查看链码日志

检查每个链码容器，以查看针对每个容器执行的独立交易。每个容器的组合输出如下：

```
$ docker logs dev-peer0.org1.example.com-mycc-1.0
ex02 Init
Aval = 100, Bval = 200
ex02 Invoke
Query Response:{"Name":"a","Amount":"100"}
ex02 Invoke
Aval = 90, Bval = 210
ex02 Invoke
Query Response:{"Name":"a","Amount":"90"}

$ docker logs dev-peer0.org2.example.com-mycc-1.0
ex02 Invoke
Aval = 90, Bval = 210

$ docker logs dev-peer1.org2.example.com-mycc-1.0
ex02 Invoke
Query Response:{"Name":"a","Amount":"90"}
```

3.4 数据持久性

如果需要数据持久保存，可以将 docker-host 中的目录挂载到容器中的相关目录中。例如，可以在 docker-compose-base.yaml 文件的 peer 容器中增加：

```
volumes:
 - /var/hyperledger/peer0:/var/hyperledger/production
```

3.5 出错处理

如果出错，可以使用以下命令删除工件、密码、容器和链码镜像：

```
$ ./byfn.sh down
```

然后重新启动：

```
$ ./byfn.sh up
```

执行过程中可能会遇到卡顿或未知错误，其原因可能是内存不足。此时可以适当增加内存，多次反复执行命令，一般都能得到正确的结果。

第 4 章

Chaincode

根据官方定义，链码（Chaincode）相当于智能合约，用于处理由网络成员同意的业务逻辑，如更新或查询提案交易中的账本。给定适当的权限，链码可以访问在同一通道或不同通道中的另一个链码的状态。若被调用的链码位于不同的通道上，则只允许读取查询，不参与后续提交阶段的状态验证检查。

链码程序可以有 Go、node.js 或 Java 语言多种实现方式，需要实现指定接口。链码程序编译成独立的应用程序后运行在一个安全的 Docker 容器中，与 peer 隔离，从而实现业务逻辑与数据的分离。

上述给出的均是用户链码的相关定义，事实上 Fabric 还有另外一种链码类型称为系统链码，系统链码用于定义整个通道的操作参数，分为配置系统链码（Configuration System Chaincode，CSCC）、背书管理系统链码（Endorsement System Chaincode，ESCC）、生命周期系统链码（Lifecycle System Chaincode，LSCC）、查询系统链码（Query System Chaincode，QSCC）、验证系统链码（Verification System Chaincode，VSCC）五种类型。系统链码主要运行在 peer 节点内，只有 Go 语言一种实现方式，在 peer 节点启动时完成部署和注册。

本章将分别对用户链码和系统链码展开讲解，同时阐述 Fabric 网络的整体架构，为后续章节的理解奠定基础。

4.1 Chaincode 接口

下面我们研究 Chaincode 的具体实现过程，并介绍 Chaincode Shim API 中每个方法的用途。Chaincode 接口的定义如下：

```
## [core/chaincode/shim/interfaces.go]
type Chaincode interface {
	Init(stub ChaincodeStubInterface) pb.Response
	Invoke(stub ChaincodeStubInterface) pb.Response
}
```

Chaincode 接口比较简单，只有两个方法，即 Init 和 Invoke。Init 用于初始化链码，Invoke 是真正的业务逻辑实现。要自定义用户链码，只需要实现这两种方法即可，Chaincode 示例如下：

```
type SimpleChaincode struct {
}
func (t *SimpleChaincode) Init(stub shim.ChaincodeStubInterface) pb.Response {
	return shim.Success(nil)
}
func (t *SimpleChaincode) Invoke(stub shim.ChaincodeStubInterface) pb.Response {
	return shim.Success(nil)
}
func main() {
	shim.Start(new(SimpleChaincode))
}
```

首先，定义一个结构，如 SimpleChaincode{}结构，实现 Init 和 Invoke 方法；其次，写一个 main 函数，调用 shim.Start(new(SimpleChaincode))启动链码，最重要的是将定义的 SimpleChaincode 结构初始化后作为参数传给 start 函数。

这部分代码没有实现任何功能，只是建立了一个 Chaincode 框架，可以根据需要在这个框架中添加代码实现所需的功能。我们发现，这两个函数（Init 和 Invoke）传进来的参数和返回的结构是固定的。

返回结构 pb.Response 的定义如下：

```
## [protos/peer/proposal_response.pb.go]
type Response struct {
	// 返回状态代码，应该与 HTTP 状态代码一样
	Status int32 `protobuf:"varint,1,opt,name=status" json:"status,omitempty"`
	// 返回与状态代码相关联的消息
	Message string `protobuf:"bytes,2,opt,name=message" json:"message,omitempty"`
	// 返回相关的元数据
	Payload []byte `protobuf:"bytes,3,opt,name=payload,proto3" json:"payload,omi
```

```
tempty"`
}
```

状态代码应与 HTTP 状态代码一样，如 200 代表 OK，403 代表 Forbidden（拒绝访问），500 代表 ERROR（错误）。除此之外，也可以返回自定义的状态代码，但要能够被请求识别。重点关注传入参数 shim.ChaincodeStubInterface 的定义，其包含一系列接口函数，如下所示：

```
## [core/chaincode/shim/interfaces.go]
type ChaincodeStubInterface interface {
    GetArgs() [][]byte
    GetStringArgs() []string
    GetFunctionAndParameters() (string, []string)
    GetArgsSlice() ([]byte, error)
    GetTxID() string
    GetChannelID() string
    InvokeChaincode(chaincodeName string, args [][]byte, channel string) pb.Response
    GetState(key string) ([]byte, error)
    PutState(key string, value []byte) error
    DelState(key string) error
    SetStateValidationParameter(key string, ep []byte) error
    GetStateValidationParameter(key string) ([]byte, error)
    GetStateByRange(startKey, endKey string) (StateQueryIteratorInterface, error)
    GetStateByRangeWithPagination(startKey, endKey string, pageSize int32,
        bookmark string) (StateQueryIteratorInterface, *pb.QueryResponseMetadata,
error)
    GetStateByPartialCompositeKey(objectType string, keys []string) (StateQuery
IteratorInterface, error)
    GetStateByPartialCompositeKeyWithPagination(objectType string, keys []string,
        pageSize int32, bookmark string) (StateQueryIteratorInterface, *pb.Query
ResponseMetadata, error)
    CreateCompositeKey(objectType string, attributes []string) (string, error)
    SplitCompositeKey(compositeKey string) (string, []string, error)
    GetQueryResult(query string) (StateQueryIteratorInterface, error)
    GetQueryResultWithPagination(query string, pageSize int32,
        bookmark string) (StateQueryIteratorInterface, *pb.QueryResponseMetadata,
error)
    GetHistoryForKey(key string) (HistoryQueryIteratorInterface, error)
    GetPrivateData(collection, key string) ([]byte, error)
    PutPrivateData(collection string, key string, value []byte) error
    DelPrivateData(collection, key string) error
    SetPrivateDataValidationParameter(collection, key string, ep []byte) error
    GetPrivateDataValidationParameter(collection, key string) ([]byte, error)
    GetPrivateDataByRange(collection, startKey, endKey string) (StateQueryIterator
Interface, error)
   GetPrivateDataByPartialCompositeKey(collection, objectType string, keys []string)
(StateQueryIteratorInterface, error)
    GetPrivateDataQueryResult(collection, query string) (StateQueryIteratorInter
```

```
face, error)
    GetCreator() ([]byte, error)
    GetTransient() (map[string][]byte, error)
    GetBinding() ([]byte, error)
    GetDecorations() map[string][]byte
    GetSignedProposal() (*pb.SignedProposal, error)
    GetTxTimestamp() (*timestamp.Timestamp, error)
    SetEvent(name string, payload []byte) error
}
```

GetArgs() [][]byte

获得参数 byte 的二维数组的代码如下所示：

```
# 例如，提交：
$ peer chaincode invoke -o orderer.example.com:7050 -C mychannel -n mycc \
--peerAddresses peer0.org1.example.com:7051 -c '{"Args":["invoke","move","a","b",
"10"]}'
# GetArgs() 返回如下代码，即 invoke move a b 10 的 ASCII 码表示：
[[105 110 118 111 107 101] [109 111 118 101] [97] [98] [49 48]]
```

GetStringArgs() []string

获得参数字符串数组的代码如下所示：

```
# 例如，提交：
$ peer chaincode invoke -o orderer.example.com:7050 -C mychannel -n mycc \
--peerAddresses peer0.org1.example.com:7051 -c '{"Args":["invoke","move","a","b",
"10"]}'
# GetStringArgs() 返回如下代码：
[invoke move a b 10]
```

GetFunctionAndParameters() (string, []string)

获得函数名称及参数字符串数组的代码如下所示：

```
# 例如，提交：
$ peer chaincode invoke -o orderer.example.com:7050 -C mychannel -n mycc \
--peerAddresses peer0.org1.example.com:7051 -c '{"Args":["invoke","move","a","b",
"10"]}'
# GetFunctionAndParameters() 返回如下代码：
invoke [move a b 10]
```

GetArgsSlice() ([]byte, error)

获得参数 byte 数组的代码如下所示：

```
# 例如，提交：
$ peer chaincode invoke -o orderer.example.com:7050 -C mychannel -n mycc \
--peerAddresses peer0.org1.example.com:7051 -c '{"Args":["invoke","move","a","b",
```

```
"10"]}'
# GetArgsSlice() 返回如下代码：
[105 110 118 111 107 101 109 111 118 101 97 98 49 48]
```

GetTxID() string

获得交易 ID：获得交易提案 TxID，TxID 对于每个交易和每个客户端都是唯一的。

```
# 例如，提交：
$ peer chaincode invoke -o orderer.example.com:7050 -C mychannel -n mycc \
--peerAddresses peer0.org1.example.com:7051 -c '{"Args":["invoke","move","a","b",
"10"]}'
# GetTxID() 返回如下代码：
bdd905798636cf68e6db3726cdbfae0439c27f23d6781c242587aaea3157aa60
```

GetChannelID() string

获得通道 ID 的代码如下所示：

```
# 例如，提交：
$ peer chaincode invoke -o orderer.example.com:7050 -C mychannel -n mycc \
--peerAddresses peer0.org1.example.com:7051 -c '{"Args":["invoke","move","a","b",
"10"]}'
# GetChannelID() 返回如下代码：
mychannel
```

InvokeChaincode(chaincodeName string, args [][]byte, channel string) pb.Response

调用链码：使用相同的交易上下文，本地调用指定 Chaincode 的 Invoke 方法，也就是说，当前 Chaincode 调用另一个 Chaincode，但不会新建一个交易信息。

若被调用的 Chaincode 在相同的通道，则只是简单地将被调用 Chaincode 的读集和写集应用到当前调用的交易中。

若被调用的 Chaincode 在不同的通道，则被调用的 Chaincode 只是简单地将响应返回给发起调用的 Chaincode，不会将它自己的读集和写集应用到交易上，被调用的 Chaincode 的任何 PutState 都不会对账本产生任何影响，类似于一个查询行为，不会在后续的提交阶段参与状态验证。

InvokeChaincode 函数的第二个参数是 byte 的二维数组，[common/util/utils.go]提供了两个简便函数来构造该参数，如下所示：

```
func ToChaincodeArgs(args ...string) [][]byte
func ArrayToChaincodeArgs(args []string) [][]byte
```

本地 ChaincodeName=mycc ChannelID=mychannel 被 ChaincodeName=youcc ChannelID = youchannel 调用。Chaincode 类似代码可以这样写：

```
args := ToChaincodeArgs("invoke", "a", "b", "10")
stub.InvokeChaincode(youcc, args, youchannel)
```

GetState(key string) ([]byte, error)

获得状态：返回账本中指定 key 的值，而 GetState 不读取写集中的数据（还没有被提交到账本的数据）。换句话说，GetState 不考虑被 PutState 修改但没有被提交的数据。如果 key 没有在状态数据库中，则返回（nil，nil）。

Chaincode 类似代码可以这样写：

```
stub.GetState("a")
```

PutState(key string, value []byte) error

保存状态：放置指定的 key 和 value 到交易的写集中作为一个写数据的提案。交易只有验证完成并成功提交后，PutState 才会影响账本。为了避免组合键的范围查询发生冲突，key 一定不能为空字符或者由空字符（0x00）开始。

Chaincode 类似代码可以这样写：

```
stub.PutState("a", []byte("100"))
```

DelState(key string) error

删除状态：在交易提案的写集中记录被删除的指定 key。当交易通过验证并成功提交时，这个 key 和它的 value 会从账本中被删除。

Chaincode 类似代码可以这样写：

```
stub.DelState("a")
```

SetStateValidationParameter(key string, ep []byte) error

设置状态验证参数：根据键（如"Pub"）保存背书策略。

Chaincode 类似代码可以这样写：

```
stub.SetStateValidationParameter("pub", epBytes)
```

GetStateValidationParameter(key string) ([]byte, error)

获得状态验证参数：根据键（如"Pub"）获得背书策略。

Chaincode 类似代码可以这样写：

```
stub.GetStateValidationParameter("pub")
```

GetStateByRange(startKey, endKey string) (StateQueryIteratorInterface, error)

通过范围获取状态：返回一个状态查询迭代器，调用该迭代器的 Next()返回一个包含 Namespace、Key、Value 的结构 KV{}。迭代器可以用于迭代从 startKey（包括）到 endKey

（不包括）的所有 keys。然而，如果从 startKey 到 endKey 的数量大于 totalQueryLimit:100 000（在 core.yaml 中定义），迭代器将不能获取所有 keys（结果会被 totalQueryLimit 截断），迭代器按照词法将顺序返回 keys。需要注意的是，startKey 和 endKey 可以为空字符串，这意味着会从开始到结束的 keys 都查询出来。查询在验证阶段会重新执行以确保结果集从交易背书后没有被改变（幻读检测）。

例如，startKey = 'CAR0'，endKey = 'CAR999'，查询 CAR0 到 CAR999 中的每一个 CAR，总共 1 000 CARs 返回，假设每个 CAR 都存在。

Chaincode 类似代码可以这样写：

```
resultsIterator, _ := stub.GetStateByRange('CAR0', 'CAR999')
defer resultsIterator.Close() # 使用结束后关闭
for resultsIterator.HasNext() {
    queryResponse, _ := resultsIterator.Next()
    fmt.Println(queryResponse.Key, queryResponse.Value)
}
```

GetStateByRangeWithPagination(startKey, endKey string, pageSize int32, bookmark string) (StateQueryIteratorInterface, *pb.QueryResponseMetadata, error)

通过分页按范围获取状态：返回一个状态查询迭代器和查询响应元数据，调用该迭代器的 Next()返回一个包含 Namespace、Key、Value 的结构 KV{}。查询响应元数据包含 FetchedRecordsCount（获取记录计数）和 bookmark（书签）。迭代器可以用于迭代从 startKey（包括）到 endKey（不包括）的所有 keys。

如果 bookmark 等于空的字符串（不是 nil），则返回 startKey（包括）到 endKey（不包括）的 keys，keys 的数量等于 pageSize。

```
# 例如，提交：
$ peer chaincode invoke -o orderer.example.com:7050 -C mychannel -n mycc \
--peerAddresses peer0.org1.example.com:7051 \
-c '{"Args":["keysByPage","marble001","marble011","2",""]}'
# stub.GetStateByRangeWithPagination("marble001", "marble011", 2, "") 返回如下代码：
{"bookmark":"marble003","keys":["marble001","marble002"]}
```

如果 bookmark 不等于空，则返回 bookmark（包括）到 endKey（不包括）的 keys，keys 的数量等于 pageSize。

```
# 例如，提交：
$ peer chaincode invoke -o orderer.example.com:7050 -C mychannel -n mycc \
--peerAddresses peer0.org1.example.com:7051 \
-c '{"Args":["keysByPage","marble001","marble011","2","marble005"]}'
# stub.GetStateByRangeWithPagination("marble001", "marble011", 2, "marble005") 返回
如下代码：
{"bookmark":"marble007","keys":["marble005","marble006"]}
```

如果参数不合理，则查到的结果可能不是你想要的。

```
# 例如，提交：
$ peer chaincode invoke -o orderer.example.com:7050 -C mychannel -n mycc \
--peerAddresses peer0.org1.example.com:7051 \
-c '{"Args":["keysByPage","marble001","marble011","2","marble0010"]}'
# stub.GetStateByRangeWithPagination("marble001", "marble011", 2, "marble0010") 返回如下代码：
{"bookmark":"marble004","keys":["marble002","marble003"]}
```

GetStateByPartialCompositeKey(objectType string, keys []string) (StateQueryIteratorInterface, error)

通过部分复合键获取状态：返回一个状态查询迭代器，调用该迭代器的 Next()返回一个包含 Namespace、Key、Value 的结构 KV{}。然而，如果查询结果集中 keys 的数量大于 totalQueryLimit:100 000（在 core.yaml 中定义），则这个迭代器不能获取结果集中所有的 keys（结果被 totalQueryLimit 限制）。objectType 和 keys 期望只有有效的 utf8 字符串，而不应该包含 U+0000（空字节）及 U+10FFFF（最大和未分配代码点）。查询在验证阶段会被重新执行以确保结果集自从交易背书后没有被改变（幻读检测）。

```
# 例如，已经：stub.PutState(" marble set-1 red ", value) 和
# stub.PutState(" marble set-1 blue ", value)
# stub.GetStateByPartialCompositeKey("marble", []string{"set-1"}) 返回代码如下所示：
" marble set-1 red " 和 " marble set-1 blue "
```

GetStateByPartialCompositeKeyWithPagination(objectType string, keys []string, pageSize int32, bookmark string) (StateQueryIteratorInterface, *pb.QueryResponseMetadata, error)

使用分页通过部分复合键获取状态：返回一个状态查询迭代器和查询响应元数据，调用该迭代器的 Next()返回一个包含 Namespace、Key、Value 的结构 KV{}。查询响应元数据包含 FetchedRecordsCount（获取记录计数）和 bookmark（书签）。查询字符串位于底层状态数据库的原生语法中。需要注意的是，只有当 bookmark 代表查询结果（ResponseMetadata）的一个优先页时才可以设置，否则 bookmark 必须设为空字符。objectType 和 keys 期望只有有效的 utf8 字符串，而不应该包含 U+0000（空字节）及 U+10FFFF（最大和未分配代码点）。这个调用仅支持在一个只读交易中。

CreateCompositeKey(objectType string, attributes []string) (string, error)

创建复合键：结合给定的 attributes 形成一个复合键。objectType 和 attributes 期望只有有效的 utf8 字符串，而不应该包含 U+0000（空字节）及 U+10FFFF（最大和未分配代码点）。生成的复合键可在 PutState()中被用作 key。

```
# 例如 objectType="marble", attributes[0]= "set-1", attributes[1]= "red"
# stub.CreateCompositeKey(objectType, attributes)返回代码如下所示:
" marble set-1 red "
```

组合原理："\x00" "marble" " " "set-1" " " "red"，加起来为" marble set-1 red "。

SplitCompositeKey(compositeKey string) (string, []string, error)

拆分复合键：将指定的复合键分割为组合键形成的属性。将字符" "作为分隔。

```
# 例如 compositeKey=" marble set-1 red "
# stub.SplitCompositeKey(compositeKey)返回代码如下所示:
marble [set-1 red]
```

GetQueryResult(query string) (StateQueryIteratorInterface, error)

获取查询结果（仅支持 couchdb）：返回一个状态查询迭代器，调用该迭代器的 Next()返回一个包含 Namespace、Key、Value 的结构 KV{}。然而，如果查询结果集中 keys 的数量大于 totalQueryLimit:100 000（在 core.yaml 中定义），这个迭代器不能获取结果集中所有的 keys（结果被 totalQueryLimit 限制）。查询在验证阶段不会重新执行，不会检测幻影读取。也就是说，其他提交的交易可能已经添加、更新或删除影响结果集的 keys，并且在验证/提交时也不会被检测到。因此，易受此影响的应用程序不应该将 GetQueryResult 用作更新账本交易的一部分，并且应该将其限制为只读（read-only）链码操作。

GetQueryResultWithPagination(query string, pageSize int32, bookmark string) (StateQueryIteratorInterface, *pb.QueryResponseMetadata, error)

使用分页获取查询结果（仅支持 couchdb）：返回一个状态查询迭代器和查询响应元数据，调用该迭代器的 Next()返回一个包含 Namespace、Key、Value 的结构 KV{}。查询响应元数据包含 FetchedRecordsCount（获取记录计数）和 bookmark（书签）。查询字符串位于底层状态数据库的原生语法中。注意，只有当 bookmark 代表查询结果（ResponseMetadata）的一个优先页时可以设置，否则 bookmark 必须设为空字符。这个调用仅支持在一个只读交易中。

GetHistoryForKey(key string) (HistoryQueryIteratorInterface, error)

获得键值的历史记录：返回一个历史查询迭代器，调用该迭代器的 Next()返回一个包含 TxID、Value、Timestamp、IsDelete 的结构 KeyModification{}。GetHistoryForKey 要求配置 core.yaml->ledger.history.enableHistoryDatabase 设为 true。查询在验证阶段不会重新执行，不会检测幻影读取。也就是说，其他提交的交易可能已经同时更新了 key，影响了结果集，并且在验证/提交时不会检测到。因此，易受此影响的应用程序不应该将

GetHistoryForKey 作为更新账本交易的一部分，并且应该将其限制为只读（read-only）链码操作。

```
# 例如，提交：
$ peer chaincode invoke -o orderer.example.com:7050 -C mychannel -n mycc \
--peerAddresses peer0.org1.example.com:7051 \
-c '{"Args":["history","marble012"]}'
stub.GetHistoryForKey("marble012")
# 返回代码如下所示：
{"c5c2879c92f5af1d4dd52a0fd100a373d287b144caaa1e4c06d8c4d395a0d3fd"]}
```

GetPrivateData(collection, key string) ([]byte, error)

获得私有数据：从指定的 collection 中返回指定 key 的 value，而 GetPrivateData 不会提交到 collection 中的私有写集中读取数据。换句话说，GetPrivateData 不考虑被 PutPrivateData 更改但尚未提交的数据。

```
# 例如
stub.PutPrivateData("coll1", "key1", []byte("pvt_value1"))
stub.GetPrivateData("coll1", "key1")
# 返回代码如下所示：
[112 118 116 95 118 97 108 117 101 49]
```

PutPrivateData(collection string, key string, value []byte) error

保存私有数据：将指定的“key”和“value”放入交易的私有写集中。注意，只有私有写集的哈希进入交易提案响应（发送到发出交易的客户端），并且实际的私有写集只是临时存储。PutPrivateData 不会影响“collection”，直到交易被验证和成功提交。简单的 keys 不能是空字符串，并且不能以空字符（0x00）开头，以避免范围查询与复合键冲突，复合键在内部将 0x00 作为复合键名称空间的前缀。

```
# 例如
stub.PutPrivateData("coll1", "key1", []byte("pvt_value1"))
```

DelPrivateData(collection, key string) error

删除私有数据：记录要在交易的私有写集中删除指定的“key”。注意，只有私有写集的哈希进入交易提案响应（发送到发出交易的客户端），并且实际的私有写集只是临时存储。在交易被验证和成功提交时，“key”及其值将从集合中删除。

```
# 例如
stub.DelPrivateData("coll1", "key1")
```

SetPrivateDataValidationParameter(collection, key string, ep []byte) error

设置私有数据验证参数：保存背书策略。

```
# 例如
stub.SetPrivateDataValidationParameter("col", "priv", epBytes)
```

GetPrivateDataValidationParameter(collection, key string) ([]byte, error)

获取私有数据验证参数：返回背书策略。

```
# 例如
stub.GetPrivateDataValidationParameter("col", "priv")
```

GetPrivateDataByRange(collection, startKey, endKey string) (StateQueryIterator Interface, error)

按范围获取私有数据：返回一个状态查询迭代器，调用该迭代器的 Next()返回一个包含 Namespace、Key、Value 的结构 KV{}。这个迭代器可以用于迭代从 startKey（包括）到 endKey（不包括）的所有 keys，迭代器按照词法顺序返回 keys。注意，startKey 和 endKey 可以为空字符串，这意味着会从开始到结束的 keys 都查询出来。查询在验证阶段会重新执行以确保结果集自从交易背书后没有被改变（幻读检测）。

```
# 例如
stub.GetPrivateDataByRange("c1", "pmarble001", "pmarble011")
```

GetPrivateDataByPartialCompositeKey(collection, objectType string, attributes []string) (StateQueryIteratorInterface, error)

通过部分复合键获取私有数据：返回一个状态查询迭代器，调用该迭代器的 Next() 返回一个包含 Namespace、Key、Value 的结构 KV{}。objectType 和 attributes 实际上被转换为 startKey 和 endKey，然后执行查询。查询在验证阶段会重新执行，以确保结果集自从交易背书后没有被改变（幻读检测）。

GetPrivateDataQueryResult(collection, query string) (StateQueryIteratorInterface, error)

获得私有数据查询结果集（仅支持 couchdb）：返回一个状态查询迭代器，调用该迭代器的 Next()返回一个包含 Namespace、Key、Value 的结构 KV{}。查询在验证阶段不会重新执行，不会检测幻影读取。也就是说，其他提交的交易可能已经添加、更新或删除影响结果集的 keys，并且在验证/提交时也不会被检测到。因此，易受此影响的应用程序不应该将 GetPrivateDataQueryResult 作为更新账本交易的一部分，并且应该将其限制为只读（read-only）链码操作。

GetCreator() ([]byte, error)

获得签名者：返回 SignatureHeader{}结构的成员 Creator。

GetTransient() (map[string][]byte, error)

获得临时数据：返回 ChaincodeProposalPayload{}结构的成员 TransientMap，它是一个数据映射集合，可以用于包含数据（如加密原料），也可以用于实现某种形式的应用级保密性。这个成员的内容应该从交易中省略并且从账本排除。

GetBinding() ([]byte, error)

获得绑定的数据：返回哈希 SignatureHeader{}结构的成员 Nonce、Creator 和 ChannelHeader{}结构的成员 Epoch。

```
# 例如 stub.GetBinding() 返回代码如下所示：
[207 130 93 221 89 231 115 13 188 100 75 44 223 42 77 247 125 11 77 230 102 150 249
188 40 217 235 230 61 2 119 38]
```

GetDecorations() map[string][]byte

获得装饰数据：返回 ChaincodeInput{}结构成员 Decorations。客户端除了传递参数数组 Args[][]byte 外，还可以传递额外的数据映射集合 Decorations map[string][]byte。

GetSignedProposal() (*pb.SignedProposal, error)

获得签名提案：返回 SignedProposal{}结构。

GetTxTimestamp() (*timestamp.Timestamp, error)

获得交易时间戳：返回 ChannelHeader{}结构的成员 Timestamp。

```
# 例如 stub.GetTxTimestamp() 返回代码如下所示：
seconds:1545998696 nanos:975563600
```

SetEvent(name string, payload []byte) error

设置事件：注意事件名称不能为空。将 name 和 payload 放到 ChaincodeEvent{}结构中，然后在调用（Init 或 Invoke）结束返回时，会将 ChaincodeEvent{}作为 ChaincodeMessage{}结构的 ChaincodeEvent 返回给 peer 节点。

```
# 例如
stub.SetEvent("evtsender", []byte("event payload"))
```

ChaincodeStubInterface 接口函数的介绍到此结束，下面将通过具体实例介绍链码的实现方式。

4.2 Chaincode 实现

首先定义一个结构，用于实现接口的方法在 4.1 节中已有介绍，定义如下所示：

```
## [examples/chaincode/go/example02/chaincode.go]
type SimpleChaincode struct {
}
```

```
## [examples/chaincode/go/example02/chaincode.go]
func (t *SimpleChaincode) Init(stub shim.ChaincodeStubInterface) pb.Response {
    fmt.Println("ex02 Init") // 打印出来，说明已成功进入 Init 函数，用作测试观察
    _, args := stub.GetFunctionAndParameters() // 获得参数字符串数组
    var A, B string                            // 定义变量(用户名)
    var Aval, Bval int                         // 资产持有(数额)
    var err error
    if len(args) != 4 { // 固定 4 个参数["A","100","B","200"]
        return shim.Error("Incorrect number of arguments. Expecting 4")
    }
    A = args[0]                          // 第一个参数 "a"
    Aval, err = strconv.Atoi(args[1]) // 第二个参数字符串转换成 int 类型，也就是 A 的值为 100
    B = args[2]                          // 第三个参数 "b"
    Bval, err = strconv.Atoi(args[3]) // 第四个参数字符串转换成 int 类型，也就是 B 的值为 200
    fmt.Printf("Aval = %d, Bval = %d\n", Aval, Bval)    // 打印显示，用作测试观察
    err = stub.PutState(A, []byte(strconv.Itoa(Aval))) // 将 A 的值保存到状态数据库
    if err != nil {
        return shim.Error(err.Error())
    }
    err = stub.PutState(B, []byte(strconv.Itoa(Bval))) // 将 B 的值保存到状态数据库
    if err != nil {
        return shim.Error(err.Error())
    }
    return shim.Success(nil)                            // 返回成功 Status: 200
}
```

使用 Init 对 Chaincode 进行初始化，定义了四个变量，A 和 B 用于存储交易双方（a 和 b），Aval 和 Bval 用于存储 a 与 b 的值，然后使用 PutState 将 a、b 及它们的值写入账本。

```
## [examples/chaincode/go/example02/chaincode.go]
func (t *SimpleChaincode) Invoke(stub shim.ChaincodeStubInterface) pb.Response {
    fmt.Println("ex02 Invoke")
    function, args := stub.GetFunctionAndParameters()  // 获取函数名和参数字符串数组
    if function == "invoke" {                           // 交易流程
        return t.invoke(stub, args)
    } else if function == "delete" {                    // 删除流程
        return t.delete(stub, args)
    } else if function == "query" {                     // 查询流程
        return t.query(stub, args)
```

```
    }
    return shim.Error("Invalid invoke function name. Expecting \"invoke\" \"delete\"
\"query\"")
}
```

Invoke 根据参数函数名提供了三个流程走向，即 invoke、delete、query，其分别能实现交易、删除和查询用户的功能。

```
## [examples/chaincode/go/example02/chaincode.go]
func (t *SimpleChaincode) invoke(stub shim.ChaincodeStubInterface, args []string)
pb.Response {
    var A, B string                                    // Entities
    var Aval, Bval int                                 // Asset holdings
    var X int                                          // Transaction value
    var err error
    // 检查参数
    if len(args) != 3 {
        return shim.Error("Incorrect number of arguments. Expecting 3")
    }

   // 参数字符串数组 ["a","b","10"]
    A = args[0]                                        // 第一个参数 "a"
    B = args[1]                                        // 第二个参数 "b"

    Avalbytes, err := stub.GetState(A)                 // 从账本中获取 A 的值
    if err != nil {
        return shim.Error("Failed to get state")
    }
    if Avalbytes == nil {
        return shim.Error("Entity not found")
    }
    Aval, _ = strconv.Atoi(string(Avalbytes))          // 把Avalbytes 转换成 int 类型

    Bvalbytes, err := stub.GetState(B)                 // 从账本中获取 B 的值
    if err != nil {
        return shim.Error("Failed to get state")
    }
    if Bvalbytes == nil {
        return shim.Error("Entity not found")
    }
    Bval, _ = strconv.Atoi(string(Bvalbytes))          // 把Bvalbytes 转换成 int 类型

    X, err = strconv.Atoi(args[2]) // 把第三个参数 "10" 转换成 int 类型 10
    if err != nil {
        return shim.Error("Invalid transaction amount, expecting a integer value")
    }
    Aval = Aval - X                                    // A 的值减去 10
    Bval = Bval + X                                    // B 的值加上 10
    fmt.Printf("Aval = %d, Bval = %d\n", Aval, Bval)
```

```
    err = stub.PutState(A, []byte(strconv.Itoa(Aval))) // 将 A 的值保存到状态数据库
    if err != nil {
        return shim.Error(err.Error())
    }

    err = stub.PutState(B, []byte(strconv.Itoa(Bval))) // 将 B 的值保存到状态数据库
    if err != nil {
        return shim.Error(err.Error())
    }
    return shim.Success(nil)
}
```

invoke 可实现 A 向 B 支付 X，最后把它们改变的值保存到状态数据库。

```
## [examples/chaincode/go/example02/chaincode.go]
func (t *SimpleChaincode) delete(stub shim.ChaincodeStubInterface, args []string)
pb.Response {
    if len(args) != 1 {
        return shim.Error("Incorrect number of arguments. Expecting 1")
    }
    A := args[0]                 // 第一个参数
    err := stub.DelState(A) // 从账本中删除 A 用户
    if err != nil {
        return shim.Error("Failed to delete state")
    }
    return shim.Success(nil)
}
```

delete 可实现从账本状态中删除用户。

```
## [examples/chaincode/go/example02/chaincode.go]
func (t *SimpleChaincode) query(stub shim.ChaincodeStubInterface, args []string)
pb.Response {
    var A string                          // Entities
    var err error
    if len(args) != 1 {
        return shim.Error("Incorrect number of arguments. Expecting name of the person
to query")
    }
  A = args[0]                             // 第一个参数
  Avalbytes, err := stub.GetState(A) // 从账本中获取 A 的值
    if err != nil {
        jsonResp := "{\"Error\":\"Failed to get state for " + A + "\"}"
        return shim.Error(jsonResp)
    }
    if Avalbytes == nil {
        jsonResp := "{\"Error\":\"Nil amount for " + A + "\"}"
        return shim.Error(jsonResp)
    }
```

```
    jsonResp := "{\"Name\":\"" + A + "\",\"Amount\":\"" + string(Avalbytes) + "\"}"
    fmt.Printf("Query Response:%s\n", jsonResp)
  return shim.Success(Avalbytes)        // 成功返回 A 的值
}
```

query 可实现查询用户的状态。

完整的交易过程的流程图如图 4-1 所示。

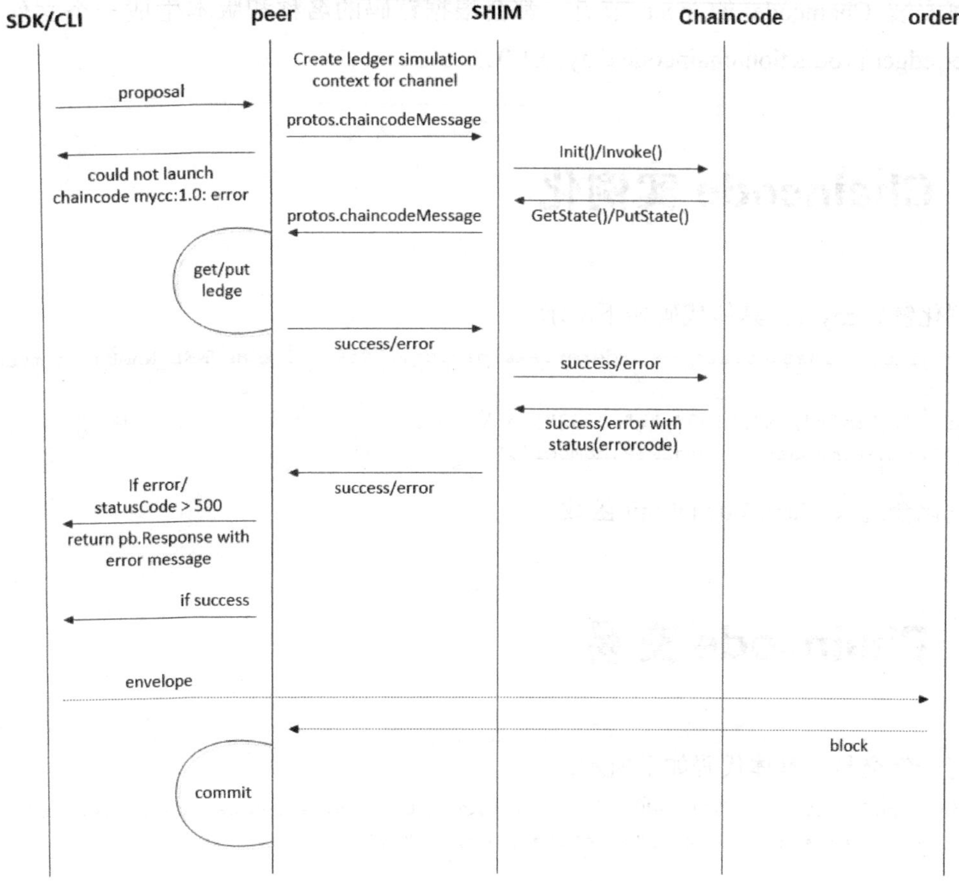

图 4-1　交易流程图

交易从 SDK 开始的，SDK 将交易信息，如'{"Args":["invoke","move","a","b","10"]}'（a 给 b 10 元），打包成一个交易提案 proposal 发送给 peer，peer 在 channel 中创建一个账本模拟上下文，调用 Chaincode 对交易进行模拟计算，计算过程中会从 peer 的账本中进行读取和写入，peer 会将成功或失败的信息发送给 Chaincode，Chaincode 经过一些计算后以错误码的形式将成功或者失败返回给 peer，如果错误码大于 500，那么 peer 就发送错误信息给 SDK；否则就将结果信息返回给 SDK。SDK 将结果信息发送给 orderer 进行打包，最后形成区块后发送给 peer，peer 验证无误后将其提交到账本。

4.3 Chaincode 安装

安装链码 mycc：

```
$ peer chaincode install -n mycc -v 1.0 -l golang \
-p github.com/hyperledger/fabric/examples/chaincode/go/example02/cmd
```

任何安装 Chaincode 的 peer 节点，都会根据链码的名称和版本生成一个文件：/var/hyperledger/production/chaincodes/mycc.1.0。

4.4 Chaincode 实例化

实例化链码 mycc，具体代码如下所示：

```
$ peer chaincode instantiate -o orderer.example.com:7050  -C %CHANNEL_NAME% -n mycc
-v 1.0 \
-c '{"Args":["init","a","100","b","200"]}' \
-P "OR('Org1MSP.member', 'Org2MSP.member')"
```

实例化会进入 Chaincode 的 Init 函数。

4.5 Chaincode 交易

执行一笔交易，具体代码如下所示：

```
$ peer chaincode invoke -C %CHANNEL_NAME% -n mycc --peerAddresses peer0.org1.example.
com:7051 -c '{"Args":["invoke","move","a","b","10"]}'
```

交易会进入 Chaincode 的 Invoke 函数的 invoke 流程。

4.6 Chaincode 查询

查询 a 的状态，具体代码如下所示：

```
$ peer chaincode query -C %CHANNEL_NAME% -n mycc -c '{"Args":["invoke","query","a"]}'
```

查询会进入 Chaincode 的 Invoke 函数的 query 流程。

第 5 章 区块链加密算法

区块链是分布式数据存储、点对点传输、共识机制、加密算法等计算机技术的新型应用模式，具有去中心化、信息不可篡改、开放性和匿名性等特点，近几年来得到广泛发展和应用。区块链中组织之间、节点之间通信都是需要进行加密的，用于保证交易信息的安全性。一旦其加密算法被破解，区块链的信息安全性就会受到威胁，其信息不可被篡改的特性也就不复存在。因此，在区块链的研发和实际应用中，加密技术至关重要。

5.1 RSA 加密算法

RSA 是较早的公钥密码学系统之一，被广泛应用于安全数据传输。在这种加密系统中，公钥是公开的，私钥是不公开的，也被称为非对称加密。在 RSA 中，这种非对称是基于两个大素数乘积的因式分解非常困难，即因式分解问题。RSA 是由 Ron Rivest、Adi Shamir 和 Leonard Adleman 的姓氏的首字母组成的，Leonard Adleman 于 1978 年首次公开描述了此算法。

5.1.1 相关的数论知识

（1）质数：对于一个大于 1 的自然数 p，除了 1 和它本身之外没有其他因数（即约数），则称 p 为质数，又可称为素数。

（2）互质：如果两个整数p和q的最大公约数为1，则称p和q互质，记为$\gcd(p,q)=1$。

（3）同余式：设m是一个给定的正整数，p和q为整数，如果p和q分别除以m得到的余数相同，则称p和q对模m同余，记为$p\equiv q(\bmod m)$，这个式子称为模m的同余式。同余也常表示为$p=q+km$。

（4）同余式的运算性质主要包括以下几点：① 如果$a\equiv b(\bmod m)$，$c\equiv d(\bmod m)$，则有$ac\equiv bd(\bmod m)$，特别有$ka\equiv kb(\bmod m)$，其中k为任意的整数。② 如果$a\equiv b(\bmod m)$，d为a、b、m的公因数，则有$(a/d)\equiv(b/d)(\bmod m)$。特别有$a^m\equiv b^m(\bmod m)$，其中$m$为正整数。③ 如果$ka\equiv kb(\bmod m)$，并且$k$和$m$互质，则有$a\equiv b(\bmod m)$。（此为同余式的消去定律。）

（5）欧拉函数：对于正整数n，小于n并且与n互质的正整数的个数，记作$\phi(n)$，则有$\phi(n)=n\left(1-\frac{1}{p_1}\right)\left(1-\frac{1}{p_2}\right)\cdots\left(1-\frac{1}{p_r}\right)$，其中，$p_1,p_2,\cdots,p_r$为$n$的所有质因数。特别是，如果正整数$n$只有两个质因数$p$和$q$，则有

$$\phi(n)=n\left(1-\frac{1}{p}\right)\left(1-\frac{1}{q}\right)=n\times\frac{p-1}{p}\times\frac{q-1}{q}=(p-1)(q-1)$$

（6）欧拉定理：如果正整数a和n互质，也就是$\gcd(a,n)=1$，则$a^{\phi(n)}\equiv 1(\bmod n)$。

（7）费马小定理：假如p是质数，且$\gcd(a,p)=1$，那么$a^{p-1}\equiv 1(\bmod p)$。若p为质数，则有欧拉函数有$\phi(n)=p\left(1-\frac{1}{p}\right)=1-p$。也就是说，费马小定理其实是欧拉函数的一种特殊情况。

（8）模反元素：假设a和n为正整数，并且彼此互质，那么一定能够找到整数b，使得$ab-1$能够被n整除，也就是说ab除以n的余数是1，b就是a的模反元素。公式为$ab\equiv 1(\bmod n)$。

另外，通过欧拉定理可以证明模反元素是一定存在的：$a^{\phi(n)}=a\times a^{\phi(n)-1}\equiv 1(\bmod n)$。

5.1.2 RSA 原理

RSA 算法包括公钥和私钥。公钥是对所有人公开的，用于加密消息。使用公钥加密的消息只能使用对应的私钥才能解密。RSA 算法的密钥生成过程如下。

（1）随机选两个不同的大质数p和q，为了安全起见，它们的大小应该相似，但长度应该相差几个数字，这使因式分解更加困难。

（2）计算 $n = pq$，其中 n 是公钥和私钥的模数。

（3）计算欧拉函数 $\phi(n) = (p-1)(q-1)$。

（4）选择一个整数 e 满足 $1 < e < \phi(n)$，并且 e 和 $\phi(n)$ 互质，即满足 $\gcd(e, \phi(n)) = 1$。

（5）计算 d 使其满足等式 $de \equiv 1(\bmod \phi(n))$，也就是对某些 k 值使 $de = 1 + k\phi(n)$ 成立。

（6）从而生成公钥（e,n）和私钥（d,n）。

5.1.3　加密过程

如果 B 想给 A 发送消息，首先 A 把自己的公钥（e,n）发给 B，但私钥 d 仅 A 自己保存。假如 B 想给 A 发送的信息为 M。首先，他通过一定的算法将消息 M 变成一个小于 n 的数字 m。其次，他计算出对应的密文 c，也就是 $c = m^e \bmod n$。这个过程可以通过平方求幂的方法快速实现。最后，B 就将密文 c 发送给 A。

5.1.4　解密过程

A 收到密文 c 后，通过他的私钥 d 并使用公式 $m = c^d \bmod n$，即满足等式 $m \equiv m^{ed} \bmod n$，解密得到消息 m，该式的正确性将在下文予以证明。

5.1.5　RSA 正确性证明

RSA 的正确性证明基于费马小定理，5.1.1 小节中有介绍：假如 p 是质数，且 $\gcd(a, p) = 1$，那么 $a^{p-1} \equiv 1(\bmod p)$。

证明对于任意整数 m，当 p 和 q 为互质的质数，并且 e 和 d 满足 $ed \equiv 1 \bmod \phi(n)$ 时，等式 $(m^e)^d \equiv m(\bmod n) = m(\bmod pq)$ 成立。

根据欧拉定理有 $\phi(n) = (p-1)(q-1)$，则有 $ed \equiv 1 \bmod \phi(n) = 1 \bmod((p-1)(q-1))$，也就是总能找到整数 h 和 j 使 $ed - 1 = k(p-1)(q-1) = h(p-1) = j(q-1)$ 成立。

要验证 m^{ed} 和 m 对 pq 取模是否相等，可验证它们分别对 p 和 q 取模是否相等。为了验证 $m^{ed} = m(\bmod p)$，可以分两种情况进行讨论。

（1）如果 $m = 0(\bmod p)$，则 m 是 p 的倍数，这样 m^{ed} 也是 p 的倍数，$m^{ed} \equiv 0 \equiv m(\bmod p)$。

（2）如果 $m \neq 0(\bmod p)$，则 $m^{ed} = m^{ed-1}m = m^{h(p-1)}m = (m^{p-1})^h m = 1^h m = m(\bmod p)$，根

据费马小定理，可得 $m^{p-1} \bmod p$ 等于 1。

同理，可以证明得到 $m^{ed}=m(\bmod q)$，从而也可得到 $(m^e)^d \equiv m(\bmod pq) = m(\bmod n)$。

5.1.6 具体实例

本小节列举的是一个 RSA 加密解密的实例。为方便计算，本例中使用人为地选择很小的参数值，实际应用中可以使用 OpenSSL 生成和校验所使用的密钥对。

选取两个质数 p 和 q:

$$p = 3，q = 11$$

计算模数:

$$N = p \times q = 3 \times 11 = 33$$

计算欧拉公式:

$$L = (p-1) \times (q-1) = (3-1) \times (11-1) = 2 \times 10 = 20$$

选取整数 E，使 $1 < E < L$，E 和 L 互为质数，E 和 L 的最大公约数等于 1。

$$E = 7$$

得到公钥:

$$公钥 = (E, N) = (7, 33)$$

计算整数 D，使 $1 < D < L$，D 和 L 互为质数，D 和 L 的最大公约数等于 1。

$$E \times D \% L = 1$$

$$7 \times D \% 20 = 1$$

$$D = 3$$

得到私钥:

$$私钥 = (D, N) = (3, 33)$$

加密:

$$Z = X \wedge D \% N = 8 \wedge 3 \% 33 = 512 \% 33 = 17$$

解密:

$$Y = Z \wedge E \% N = 17 \wedge 7 \% 33 = 410\,338\,673 \% 33 = 8$$

5.1.7　数字签名

假设 A 使用 B 的公钥向 B 发送加密消息。在消息中，A 可以声称自己是 A，但是 B 无法验证消息是否来自 A，因为任何人都可以使用 B 的公钥向其发送加密消息。为了验证消息的来源，可以使用 RSA 对消息进行签名。

如果 A 向 B 发送一条签名消息，他可以使用自己的私钥做这件事。首先 A 需要对消息进行哈希，假设得到 h，那么签名消息可以表示为 $c = h^d \bmod n$（类似于解密的过程），并将其作为“签名”附加到消息上。当 B 收到签名的消息时，使用公式 $c^e \bmod n = h^{e \times d} \bmod n$（类似于加密的过程）进行签名验证，并将得到的值与消息的实际哈希值进行比较，如果两者相同，B 就知道消息的发送者掌握了 A 的私钥，而且从那以后消息没有被篡改过。数字签名流程如图 5-1 所示。

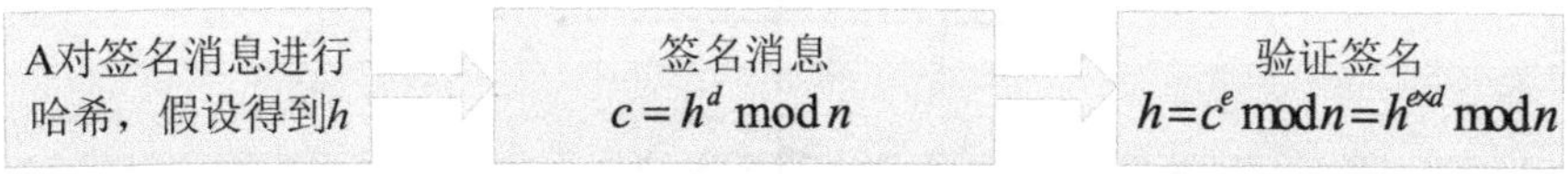

图 5-1　数字签名流程

其验证过程如下所示。

设消息的哈希为 h=5，利用上文例子中计算得到的各变量值，即 e=7，d=3，n=33，计算签名及验证签名。

签名：

$$c = h^d \bmod n = 5^3 \bmod 33 = 26$$

验证签名：

$$c^e \bmod n = 26^7 \bmod 33 = 5 = h$$

5.2　椭圆曲线加密算法

椭圆曲线加密算法（ECC）是一种基于有限域上椭圆曲线代数运算的公钥加密算法。与 RSA 算法相比，ECC 加密算法的优点是安全性更高，其使用更短的密钥就可以实现与 RSA 算法同等甚至更高的安全性，并且 ECC 处理速度更快，占用空间更少，密钥破解更加困难；其缺点是设计比较困难，实现相对复杂。总体来说，ECC 的优势更加明显。

5.2.1 椭圆曲线

密码学将椭圆曲线的定义简化为 $y^2=x^3+ax+b$，其中 a 和 b 是系数，需要满足 $4a^3+27b^2\neq 0$（该式是为了排除奇异曲线的情况）。除此之外，还需要定义一个无穷远点，并用 0 表示。由此，可以得到 ECC 加密算法中椭圆曲线的定义：

$$\left\{(x,y)\in R^2 \mid y^2=x^3+ax+b,4a^3+27b^2\neq 0\right\}\bigcup\{0\}$$

虽然当系数 a 和 b 取不同值时得到椭圆曲线的形状也不相同，但是可以很容易地看出并加以验证，椭圆曲线是关于 x 轴对称的，如图 5-2 所示。

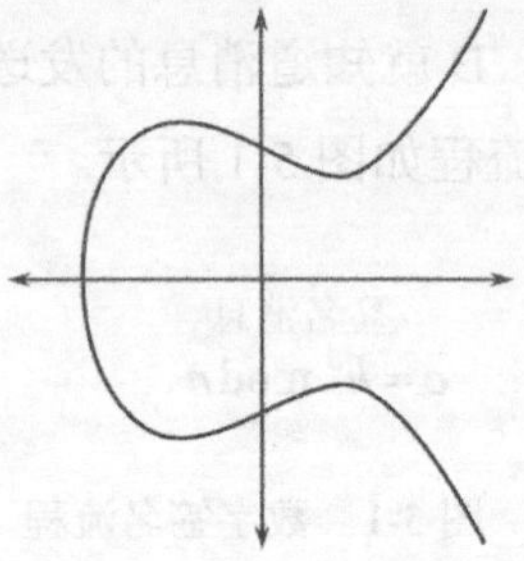

图 5-2　$y^2=x^3-x+1$

5.2.2 群

数学中的群是指定义的一种二元运算所组成的一个集合，该二元运算被称为加法，并用符号“+”表示。为了使集合 G 成为一个群，必须要定义加法，并要求其满足以下四个性质。

（1）封闭性：如果 a 和 b 属于集合 G，则 $a+b$ 也属于集合 G。

（2）结合律：$(a+b)+c=a+(b+c)$。

（3）存在单位元 0 使 $a+0=0+a=a$。

（4）每一个元素都存在一个逆元，也就是对于任意一个 a 都存在一个 b 使 $a+b=0$。

如果我们再增加一个性质，即

（5）交换律：$a+b=b+a$。

如果符合这五个性质，那么这个群就称为阿贝尔群（Abelian）。

联想我们熟知的集合，整数集合 **Z** 就是一个群，同时它也是阿贝尔群。而自然数集合 **N** 由于不满足第四个性质，因此它不是群。群的概念是很有用的，因为如果能够证明这四个性质是成立的，就可以得到一些其他的性质。例如，单位元是唯一的，同时逆元也是唯一的，也就是对于任意 a，只存在唯一的 b 使 $a+b=0$。群的这些性质在椭圆曲线加密中是十分重要的。

5.2.3 椭圆曲线上的群公理

我们可以在椭圆曲线上定义一个群，使之满足以下几点。

（1）群的元素为椭圆曲线上的所有点。

（2）单位元为椭圆曲线的无穷远点 0。

（3）一个点 P 的逆元是其关于 x 轴对称的点。

（4）加法的定义：对于曲线上处于同一直线并且非零的三个点 P、Q、R，它们的加法为 $P+Q+R=0$。

最后一条规则，我们只是规定了同一直线上的三个点，并没有要求它们的顺序，也就是说定义的这个群的加法是满足交换律的，因此，这三个点创建了一个阿贝尔群。如何在已知椭圆曲线两点的情况下求得它们的和？这就需要用到椭圆曲线上的加法。

5.2.4 椭圆曲线上的加法

上文定义的阿贝尔群中有 $P+Q+R=0$，也就有 $P+Q=-R$，因此，该方程也就让我们推导出一个几何方法来计算两点之间的和：通过椭圆上的两点 P 和 Q 做一条直线与曲线相交于第三个点 R，取该点的逆元 $-R$，则它就是 P 与 Q 的和，也就是图 5-3（a）中点 R 关于 x 轴对称的点，其他特殊的相交情况定义如图 5-3（b）、图 5-3（c）、图 5-3（d）所示。

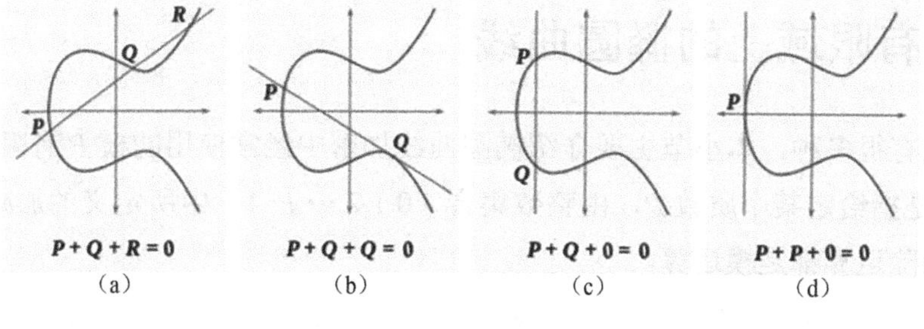

图 5-3 椭圆曲线加法定义

由此也就定义了 $P+Q$ 及 $2Q$ 的运算，也就是说，已知椭圆曲线上 P 和 Q 两点的坐标，

就可以得到 $P+Q$ 的坐标为 $-R$，图 5-3（b）中已知一点 Q 的坐标就可以得到 $2Q$ 的坐标为 $-P$，以此类推就可以得到 $3Q$（即 $Q+2Q$），$4Q$……

设 P、Q 和 R 的坐标分别为

$$P=(x_P,y_P),\ Q=(x_Q,y_Q),\ R=(x_R,y_R)$$

由于已知直线上的两个点 P 和 Q，那么就可以求出直线的方程，而 P、Q、R 三点就是该直线与椭圆曲线所组成的方程组的三个解，求解的过程比较复杂，但是基于此可以得到求取 R 点坐标的等式：

$$x_R = k^2 - x_P - x_Q$$

$$y_R = y_P + k(x_R - x_P)$$

其中：

$$k=\frac{y_Q-y_P}{x_Q-x_P}$$

$$P+Q=-R=(x_R,-y_R)$$

其中，k 值为 P、Q 两点所确定直线的斜率，如果 P 和 Q 相等，那么也就有 $x_P=x_Q$，我们不能用上面的方法求得直线的斜率，而是通过下面这个公式：

$$k=\frac{3x_p{}^2+a}{2y_P}$$

由此可知，如果已知曲线上的一点 P，就可以根据公式求得 $2P=P+P$，同理可以求得 $3P=2P+P$，以此类推，通过多次椭圆曲线加法就可以求得 kP。但是已知 kP 想要推导出已经经过多次加法运算的初始 P 点是非常困难的，这也是 ECC 中的数学难题。

上面讨论的椭圆曲线的加法是实数域的、连续的，而密码学中要求是不连续的有限个点，因此需要引入有限域的椭圆曲线。

5.2.5 有限域上的椭圆曲线

有限域有很多种，本小节主要介绍椭圆曲线加密中经常使用的模 P 有限域，表示为 GF(P)，它是指给定某个质数 P，由整数集合（0,1,2,⋯,P−1）中所定义的加减乘除运算，其中加减乘除运算都是模运算。

加法和乘法

模 P 有限域上的加法和乘法也称模加法和模乘法，它们与我们熟知的整数的加法和

乘法类似，不同的是，当运算的结果超出范围时，要将运算结果对质数 P 取模。例如，GF(9)在集合（0,1,2,…,8）上的加法和乘法运算如下：

$$2+3=5\bmod 9=5$$
$$7+8=15\bmod 9=6$$
$$2\times 3=6\bmod 9=6$$
$$3\times 4=12\bmod 9=3$$

减法

a 减 b，实际上也就是 a 加$-b$。

$$2-4=2+(-4)=2+5=7\bmod 9=7$$

除法

除法相对比较复杂，如 1/2mod9，若设其结果为 x，即 x=1/2mod9，也就是找到满足方程 $2x=1\bmod 9=1+9k$ 的 x 的值。当 k=1 时 x=5，当 k 取其他值时 x 也会随之变化，但对 9 取模后一定还是 5，所以 1/2mod9=5。

对于椭圆曲线 $y^2=x^3+ax+b$ 在有限域上 GF(P)的表示为 $y^2=x^3+ax+b\ (\bmod P)$，如果有两个点 P（$x1,y1$），Q（$x2,y2$），那么可以得到第三个点的坐标 $R(x,y)$。

椭圆曲线 $y^2=x^3-7x+10$ 在 GF(97)上的图形，如图 5-4 所示。

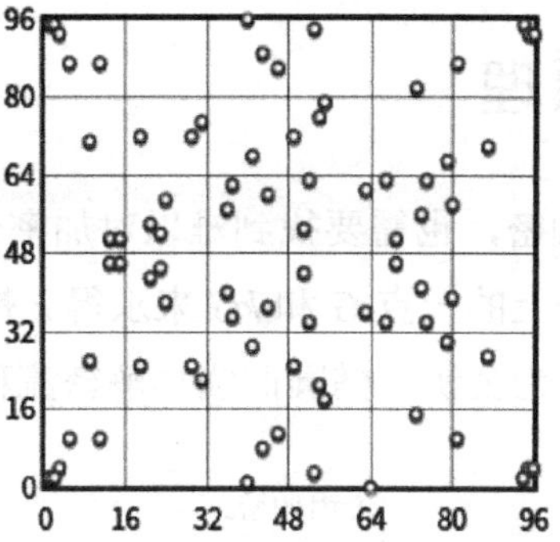

图 5-4　椭圆曲线 $y^2=x^3-7x+10$ 在 GF(97)上的图形

5.2.6　具体实例

本小节列举的是一个有限域上的椭圆曲线加法实例，实现在已知椭圆曲线上一点 P，通过上面介绍的公式计算得到 kP。

已知椭圆曲线 $y^2=x^3+x+1$ 在有限域 GF(23)上的两个点为 $P(3,10)$和 $Q(9,7)$，因此可

以求得 $P+Q(x1,y1)$和 $2P(x2,y2)$的坐标值。

$P+Q$：

$$k=\frac{7-10}{9-3}=\frac{-3}{6}=-\frac{1}{2}\bmod 23$$

即 $2k=-1\bmod 23$， $2k=23x-1$。当 x 取值为 1 时，k 为最小值 11，故得到 $k=11$。

$$x1=\left(11^2-3-9\right)\bmod 23=109\bmod 23=17$$

$$y1=\left(11\times(3-17)-10\right)\bmod 23=-164\bmod 23=20$$

所以 $P+Q=(17,20)$。

$2P$：

$$k=\frac{3\times3^2+1}{2\times10}=\frac{28}{20}=\frac{7}{5}\bmod 23$$

即 $5k=23x+7$，得到 $k=6$。

$$x2=\left(6^2-3-3\right)\bmod 23=30\bmod 23=7$$

$$y2=\left(6\times(3-7)-10\right)\bmod 23=-34\bmod 23=12$$

所以 $2P=(7,12)$。

得到 $2P$ 的坐标后，就可以采取类似方法得到 kP 的坐标。

5.2.7 ECC 加密原理

基于椭圆曲线进行信息加密，也需要找到难以对加密信息进行破解的难题。而在椭圆曲线加密中，通过已知曲线上的一点 G 和 kG 来求得 k 是非常困难的，此为 ECC 所依据的难题。这里 k 为私钥，K 为公钥。椭圆曲线加解密流程如图 5-5 所示。

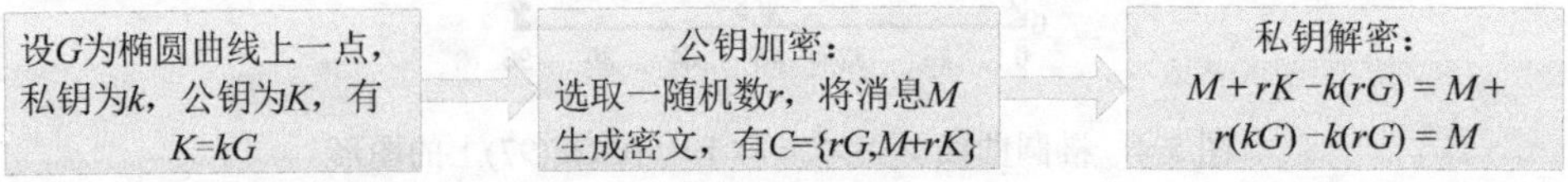

图 5-5 椭圆曲线加解密流程

5.2.8 ECC 签名原理

椭圆曲线签名算法，即 ECDSA，其原理如下：设 G 为椭圆曲线上一点，私钥为 k，公钥为 K，满足 $K=kG$。

椭圆曲线私钥签名流程，如图 5-6 所示。

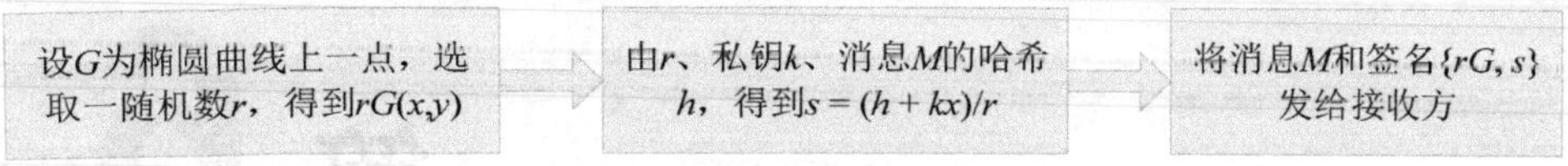

图 5-6　椭圆曲线私钥签名流程

椭圆曲线公钥验签流程，如图 5-7 所示。

图 5-7　椭圆曲线公钥验签流程

公钥验签原理如下：

$$hG/s + xK/s = hG/s + x(kG)/s = (h+xk)G/s= r(h+xk)G/(h+kx) = rG$$

第6章 MSP

与其他公有链系统相比，Hyperledger Fabric 最大的一个区别就是存在私有和许可，其网络中不允许有未知身份的成员参与，成员需要提供身份证明且通过身份验证才允许参与活动。这种私有和许可的特性带来的好处如下：一方面网络中的成员彼此之间存在一定的信任，区块链可以使用崩溃容错（CFT）或拜占庭容错（BFT）这类更倾向于技术层面的共识协议；而不需要使用工作量证明（POW）这类耗费昂贵计算力，需以激励刺激成员参与，最终达成共识的策略。另一方面参与成员在网络中进行的一系列行为均不可篡改后被记录在链中，成员的不完全匿名性使成员的违法行为可究，这在某种程度上降低了成员恶性行为的风险。

在 Hyperledger Fabric 网络中，身份证明由 PKI 系统提供，身份验证则由 MSP 完成。PKI 为网络中的各个组织、网络组件及终端用户或客户端应用程序生成相关联的加密证书，通过信任链提供身份验证。MSP 通过识别区块链网络中的可信根 CA 和中介 CA，来定义信任域成员；MSP 不仅能列举出谁是网络参与者或者通道成员，还可以识别出成员在组织中扮演的角色，从而设置成员的访问权限。

启动 MSP 服务的前提条件在于组织及组织中的成员都已配置好身份信息，那这些身份信息是在什么时候由谁配置的？configtxgen 工具根据 configtx.yaml 文件为组织及组织中的节点配置 MSP 目录，每个 MSP 目录都包括三个部分，即 cacerts、admincerts 及 tlscacerts，也就是 CA 根证书、管理员证书和 TLS 根证书。其中，还包括两个可选的部分，即 intermediatecerts 中间人证书和组织单元信息 OU。MSP 服务的相关配置则是在 core.yaml 文件中读取的。

通常 MSP 和组织之间是一对一的映射关系，但若想对组织中的不同通道成员赋予不同的访问权限，可在组织中设立不同部门，每个部门定义一个 MSP，MSP 必须包括 CA 根证书、中间人证书和管理员证书，各个 MSP 之间的证书路径不可重叠，即使用不同的中间人证书管理不同的部门。

本章先通过整体架构图介绍成员关系服务的启动配置过程，再从 MSP 接口定义开始，详细讲解 MSP 如何通过 BCCSP（Blockchain Cryptographic Service Provider，区块链加密提供者）服务进行实例化，完成证书关联和身份有效性检查操作。

6.1　整体架构

bccspmsp 如图 6-1 所示。

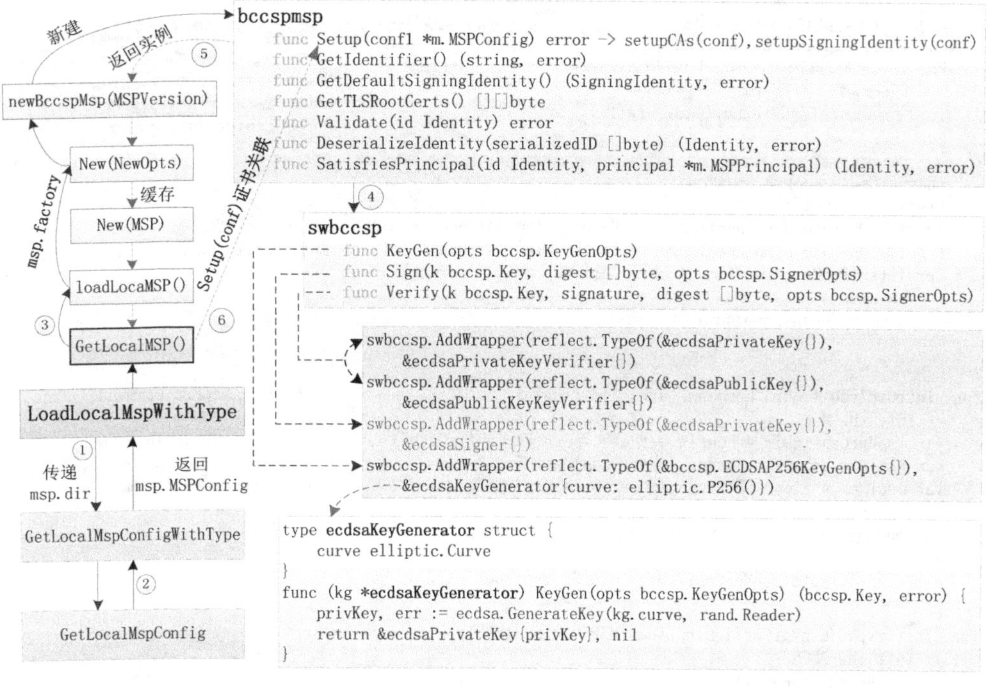

图 6-1　bccspmsp

MSP 是在 msp/mgmt/mgmt.go 目录下的 LoadLocalMspWithType 函数中进行初始化的，包括三个大分支：一是调用 GetLocalMspConfigWithType 函数获得配置信息 msp.MSP Config；二是调用 GetLocalMsp()函数获得实现 MSP 接口的 bccspmsp 结构；三是调用 MSP 接口的 Setup 方法完成证书的关联操作。

从下面看 LoadLocalMspWithType 函数的代码会更加清晰：

```
## [msp/mgmt/mgmt.go]
func LoadLocalMspWithType(dir string, bccspConfig *factory.FactoryOpts, mspID, mspType
string) error {
    if mspID == "" { // mspID 不能为空字符串
        return errors.New("the local MSP must have an ID")
    }
    // 获得配置信息 msp.MSPConfig
    conf, err := msp.GetLocalMspConfigWithType(dir, bccspConfig, mspID, mspType)
    if err != nil {
        return err
    }
    // 获得本地 MSP，然后调用 Setup 进行证书关联
    return GetLocalMSP().Setup(conf)
}
```

图 6-2 追溯了 LoadLocalMspWithType 函数的源头。

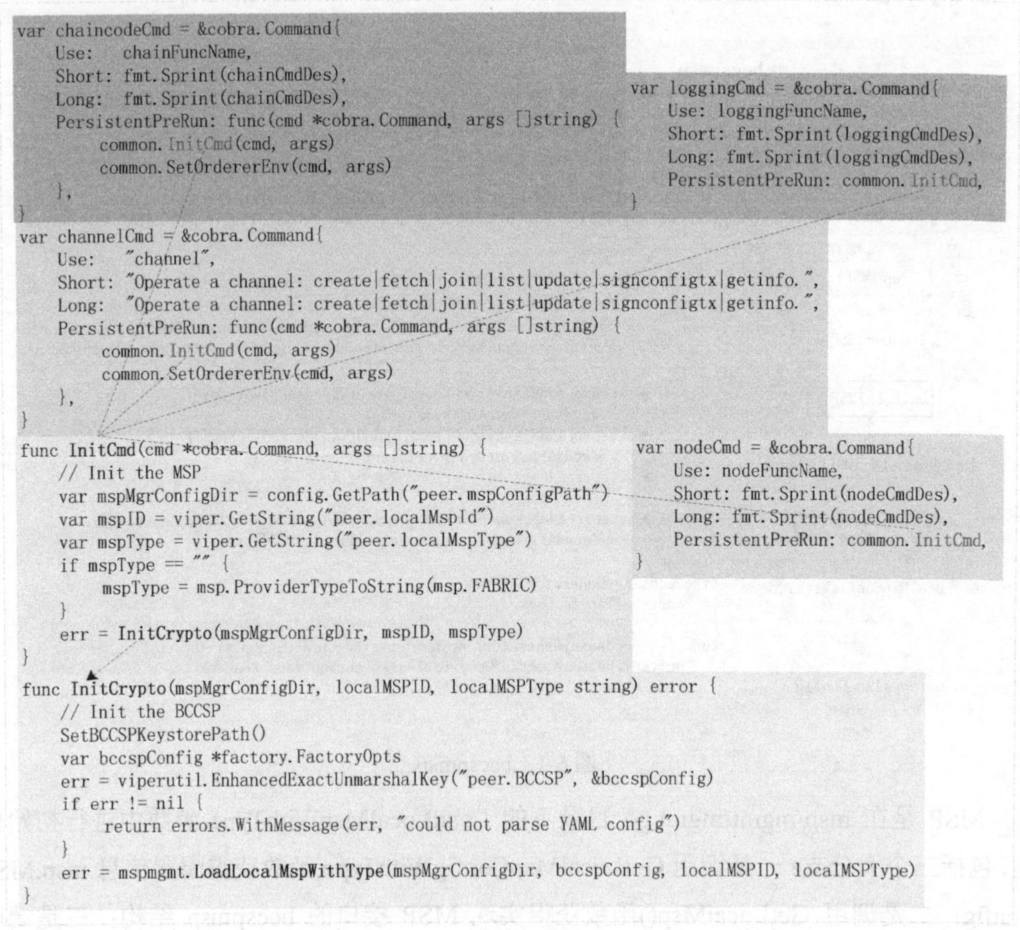

图 6-2 LocalMspConfigWithType

本地 MSP 建好之后就可以使用，GetLocalMSP()函数返回本地 MSP。至于 MSP 有什么功能，提供了什么接口方法，下文将对其展开叙述。

6.2 MSP 概述

查看 MSP 接口的定义：

```
## [msp/msp.go]
type MSP interface {
    // 身份反序列化接口
    IdentityDeserializer
    // 根据配置信息设置 MSP 实例
    Setup(config *msp.MSPConfig) error
    // 返回这个 MSP 的版本
    GetVersion() MSPVersion
    // 返回提供者类型
    GetType() ProviderType
    // 返回提供者标识符
    GetIdentifier() (string, error)
    // 返回与所提供标识符对应的签名身份
    GetSigningIdentity(identifier *IdentityIdentifier) (SigningIdentity, error)
    // 返回默认签名身份
    GetDefaultSigningIdentity() (SigningIdentity, error)
    // 返回此 MSP 的 TLS 根证书
    GetTLSRootCerts() [][]byte
    // 返回此 MSP 的 TLS 中间根证书
    GetTLSIntermediateCerts() [][]byte
    // 检查提供的身份是否有效
    Validate(id Identity) error
    // 检查 id 与 principal 中提供的描述是否匹配。如果 principal 是序列化的身份，检查过程可能涉
及字节对字节比较，或者可能需要 MSP 验证
    SatisfiesPrincipal(id Identity, principal *msp.MSPPrincipal) error
}
```

MSP 接口中第一个成员就包含 IdentityDeserializer 接口：

```
type IdentityDeserializer interface {
    // 反序列化身份
    DeserializeIdentity(serializedIdentity []byte) (Identity, error)
    // 检查给定身份是否可以反序列化为其特定于提供者的形式
    IsWellFormed(identity *msp.SerializedIdentity) error
}
```

IdentityDeserializer 接口有两种方法，为什么不直接放到 MSP 接口中？这样既整齐又好看。其原因是 IdentityDeserializer 接口也是被 MSP 管理器（mspManagerImpl 结构）

实现了，如 IsWellFormed 也是转而调用 bccspmsp 结构的 IsWellFormed。所以，MSP 接口和 IdentityDeserializer 接口进行了分离。

```
type MSPManager interface {
    // 身份反序列化接口
    IdentityDeserializer
    // 初始化管理器内部结构并保存 MSPs 列表
    Setup(msps []MSP) error
    // 获得保存的 MSPs 列表
    GetMSPs() (map[string]MSP, error)
}
```

在 MSP 接口中，需要着重注意以下几个成员。

（1）IdentityDeserializer 身份反序列化。

（2）Setup 证书关联。

（3）Validate 身份有效性检查。

（4）SatisfiesPrincipal 校验给定身份与 identity 与 principal 中提供的描述是否匹配。

这几点将在下文逐点展开介绍。其他以 Get 开头的函数均是返回实现 MSP 接口中的结构定义的相关成员参数。bccspmsp 实现了 MSP 接口，如下所示：

```
## [msp/mspimpl.go]
type bccspmsp struct {
    // 有 3 个版本：MSPv1_0、MSPv1_1、MSPv1_3
    version MSPVersion
    // 下面 3 个函数指针用于根据 MSP 版本来改变 MSP 的行为
    internalSetupFunc mspSetupFuncType
    internalValidateIdentityOusFunc validateIdentityOUsFuncType
    internalSatisfiesPrincipalInternalFunc satisfiesPrincipalInternalFuncType
    // 根证书列表
    rootCerts []Identity
    // 中间根证书列表
    intermediateCerts []Identity
    // TLS 根证书列表
    tlsRootCerts [][]byte
    // TLS 中间根证书列表
    tlsIntermediateCerts [][]byte
    // 对应于转换为字符串的证书的原材料(用 DER 表示)，true 表示证书是证书树的内部节点
    certificationTreeInternalNodesMap map[string]bool
    // 签名身份列表
    signer SigningIdentity
    // 管理身份列表
    admins []Identity
    // BCCSP
    bccsp bccsp.BCCSP
    // MSP 的提供者名称
```

```
    name string
    // MSP 成员的验证选项
    opts *x509.VerifyOptions
    // 证书撤销列表
    CRL []*pkix.CertificateList
    // 组织单位标识
    ouIdentifiers map[string][][]byte
    // 加密配置
    cryptoConfig *m.FabricCryptoConfig
    // 是否启用组织单位标识
    ouEnforcement bool
    // clients 组织单位标识、peers 组织单位标识
    clientOU, peerOU *OUIdentifier
}
```

结构体包括一系列证书列表，如 rootCerts、intermediateCerts、admins、CRL、tlsRootCerts、tlsIntermediateCerts，证书使用 x509 格式标准。

（1）根证书列表 rootCerts：通常证书包括三个部分，即用户信息、用户公钥、证书签发者对证书的签名。要判断证书的真伪，可使用证书签发者的公钥验证签名。但如何知道证书签发者的可靠性呢？同样，我们也需要验证这个证书签发者的公钥证书，不断地往上回溯，最终形成一条证书链，证书链的终结者就是根证书。根证书是一类特殊的证书，或者是未签名的公钥证书，或者是自签名证书，若证书存在于根证书列表中，则表示证书是可信的，由该证书签发的一系列证书也都是可信的。

（2）中间证书列表 intermediateCerts：中间证书并不是一定要存在的，通过根证书可以直接签发证书。但使用中间证书的好处就是减少根证书的暴露，增强根证书的安全性。一个中间证书被暴露，只会影响到这个中间证书签发的证书，其他证书特别是根证书仍然是安全的。

（3）管理员证书列表 admins：与普通证书相比，管理员证书拥有可以修改 MSP 配置的权限，即可以修改 MSP 对应的根证书和中间证书，通常要求管理员证书必须与根证书和中间人证书不同。

（4）证书撤销列表 CRL：当合法的证书被撤销时，其就会被加入撤销列表中。

（5）TLS 根证书 tlsRootCerts：TLS 的根证书列表，需要将 core.yaml 中的 peer.tls.enabled 设置为开启状态，即设置为 true。

（6）TLS 中间证书 tlsIntermediateCerts：与 intermediateCerts 一样，是一个可选项。

BCCSP 是组成 bccspmsp 结构最重要的成员。BCCSP 封装了 Fabric 中用到的一系列加密标准和算法，包括密钥生成 KeyGen、导入 KeyImport、加密 Encrypt、解密 Decrypt、哈希 Hash、签名 Sign、校验 Verify，其目前支持 SW 和 PKCS11 两种实现方式。SW（the software-based implementation of the BCCSP），即基于软件的 BCCSP 实现，是 BCCSP 的默认实现方式，实现了 aes、rsa、ecdsa、sha256、elliptic、x509 证书等一系列密码学算法，密钥（私钥）存放在 keystore 中。pkcs11（Public-Key Cryptography Standards）仅支持 ecdsa、rsa、aes 算法，其密钥存放在 pkcs11 通过 pin 口令保护的数据库或者硬件设备（如 U 盾之类）上。后续章节仅详细介绍如何利用 BCCSP 的 SW 实现方式实例化 CSP 结构体。

6.3 BCCSP

首先查看 BCCSP 接口定义：

```
## [bccsp/bccsp.go]
type BCCSP interface {
    // 密钥生成
    KeyGen(opts KeyGenOpts) (k Key, err error)
    // 密钥派生
    KeyDeriv(k Key, opts KeyDerivOpts) (dk Key, err error)
    // 密钥导入
    KeyImport(raw interface{}, opts KeyImportOpts) (k Key, err error)
    // 获取密钥
    GetKey(ski []byte) (k Key, err error)
    // 哈希 msg
    Hash(msg []byte, opts HashOpts) (hash []byte, err error)
    // 获取哈希
    GetHash(opts HashOpts) (h hash.Hash, err error)
    // 签名
    Sign(k Key, digest []byte, opts SignerOpts) (signature []byte, err error)
    // 校验签名
    Verify(k Key, signature, digest []byte, opts SignerOpts) (valid bool, err error)
    // 加密
    Encrypt(k Key, plaintext []byte, opts EncrypterOpts) (ciphertext []byte, err error)
    // 解密
    Decrypt(k Key, ciphertext []byte, opts DecrypterOpts) (plaintext []byte, err error)
}
```

这里调用 newBccspMsp 函数进行 BCCSP 实例化操作，传入参数 version 表示 MSP 版本。选择的 MSP 的版本不同，MSP 关联证书、身份有效性检查、身份与 principal 中提供描述的匹配检查的方式会有所不同。函数返回结果是 bccspmsp 结构，bccspmsp 结构是实现 MSP 接口的方法。

```
## [msp/mspimpl.go]
func newBccspMsp(version MSPVersion) (MSP, error) {
```

```
    // 从工厂中获得默认区块链加密服务提供者
    bccsp := factory.GetDefault()
    theMsp := &bccspmsp{}
    theMsp.version = version
    theMsp.bccsp = bccsp // CSP 结构实例
    switch version {       // 根据不同的版本，设置不同的内部函数
    case MSPv1_0:
        // 证书关联
        theMsp.internalSetupFunc = theMsp.setupV1
        // 检查身份的组织单元是否与此 MSP 识别的那些组织单元兼容，这意味着交集不是空的
        theMsp.internalValidateIdentityOusFunc = theMsp.validateIdentityOUsV1
        // 根据 principal 验证 identity
        theMsp.internalSatisfiesPrincipalInternalFunc =
theMsp.satisfiesPrincipalInternalPreV13
    case MSPv1_1:
        theMsp.internalSetupFunc = theMsp.setupV11
        theMsp.internalValidateIdentityOusFunc = theMsp.validateIdentityOUsV11
        theMsp.internalSatisfiesPrincipalInternalFunc =
theMsp.satisfiesPrincipalInternalPreV13
    case MSPv1_3:
        theMsp.internalSetupFunc = theMsp.setupV11
        theMsp.internalValidateIdentityOusFunc = theMsp.validateIdentityOUsV11
        theMsp.internalSatisfiesPrincipalInternalFunc =
theMsp.satisfiesPrincipalInternalV13
    default:
        return nil, errors.Errorf("Invalid MSP version [%v]", version)
    }
    return theMsp, nil
}
```

newBccspMsp 函数开头通过调用 factory.GetDefault()获得默认的 bccsp。

```
## [bccsp/factory/factory.go]
func GetDefault() bccsp.BCCSP {
    if defaultBCCSP == nil {
        bootBCCSPInitOnce.Do(func() {
            var err error
            f := &SWFactory{}
            bootBCCSP, err = f.Get(GetDefaultOpts())
        })
        return bootBCCSP
    }
    return defaultBCCSP
}
```

fabric 中提供 BCCSPFactory 接口的两种实现方式为 SW 和 pkcs11。当 defaultBCCSP 为空时，强制只调用一次 bootBCCSPInitOnce 进行一些可选项配置，使用 SW 实现方式。无论哪一种方式都必须实现 BCCSPFactor 接口：

```
## [bccsp/factory/factory.go]
```

```
type BCCSPFactory interface {
    // 返回工厂名称，如 "SW"
    Name() string
    // 根据 opts 返回 BCCSP 实例
    Get(opts *FactoryOpts) (bccsp.BCCSP, error)
}
```

从bootBCCSPInitOnce中调用BCCSPFactory接口的Get函数，传入参数是GetDefaultOpts()函数的返回值 FactoryOpts 结构体，该结构体有一些默认初始值，包括生产者名称为 SW、哈希家族为 SHA2、安全层级为 256、临时属性 Ephemeral 为 true。

```
##[bccsp/factory/opts.go]
func GetDefaultOpts() *FactoryOpts {
    return &FactoryOpts{
            ProviderName: "SW",
            SwOpts: &SwOpts{
            HashFamily: "SHA2",
            SecLevel: 256,
            Ephemeral: true,
        },
    }
}
```

接下来查看 SWFactory 的 Get 函数实现。代码首先根据上面设置的临时属性 Ephemeral 决定存储密钥的方法，若 Ephemeral 为 true，则通过 NewDummyKeyStore 虚拟存储密钥，即密钥实际上并不被加载或存储；若 FileKeystore 存储路径不为空，则使用文件方式存储密钥，密钥始终存在硬盘中不会丢失，存储路径由 FileKeystore.KeyStore Path 指定；若 InmemKeystore 不为空，则将密钥存放于内存中，系统关闭则密钥丢失。最后根据安全等级、哈希家族和新建的私钥存储目录，调用 NewWithParams 函数新建 BCCSP。

```
## [bccsp/factory/swfactory.go]
func (f *SWFactory) Get(config *FactoryOpts) (bccsp.BCCSP, error) {
    swOpts := config.SwOpts
    var ks bccsp.KeyStore
    if swOpts.Ephemeral == true {
        ks = sw.NewDummyKeyStore()
    } else if swOpts.FileKeystore != nil {
        // 设置私钥路径
        fks, err := sw.NewFileBasedKeyStore(nil, swOpts.FileKeystore.KeyStorePath,
false)
        ks = fks
    } else if swOpts.InmemKeystore != nil {
        ks = sw.NewInMemoryKeyStore()
    } else {
        ks = sw.NewDummyKeyStore()
    }
```

```
    // 根据安全等级(256)、哈希家族(SHA2)和私钥路径新建 BCCSP
    return sw.NewWithParams(swOpts.SecLevel, swOpts.HashFamily, ks)
}
```

查看 NewWithParams 函数，首先调用 New 函数返回一个加密服务提供者 CSP 结构体，输入参数为私钥存储路径。

```
## [bccsp/sw/new.go]
func NewWithParams(securityLevel int, hashFamily string, keyStore bccsp.KeyStore)
(bccsp.BCCSP, error) {
    // 新建加密服务提供者
    swbccsp, err := New(keyStore)
    // 设置加密者
    swbccsp.AddWrapper(reflect.TypeOf(&aesPrivateKey{}), &aescbcpkcs7Encryptor{})
    // 设置解密者
    swbccsp.AddWrapper(reflect.TypeOf(&aesPrivateKey{}), &aescbcpkcs7Decryptor{})
    // 设置签名者
    swbccsp.AddWrapper(reflect.TypeOf(&ecdsaPrivateKey{}), &ecdsaSigner{})
    // 设置检验者
    swbccsp.AddWrapper(reflect.TypeOf(&ecdsaPrivateKey{}), &ecdsaPrivateKeyVerifier{})
    swbccsp.AddWrapper(reflect.TypeOf(&ecdsaPublicKey{}), &ecdsaPublicKeyKeyVerifier{})
    // 设置哈希者
    swbccsp.AddWrapper(reflect.TypeOf(&bccsp.SHA256Opts{}), &hasher{hash: sha256.New})
    // 设置密钥生成者
    swbccsp.AddWrapper(reflect.TypeOf(&bccsp.ECDSAP256KeyGenOpts{}), &ecdsaKeyGenerator
{curve: elliptic.P256()})
    // 设置密钥派生者
    swbccsp.AddWrapper(reflect.TypeOf(&ecdsaPrivateKey{}), &ecdsaPrivateKeyKeyDeriver{})
    swbccsp.AddWrapper(reflect.TypeOf(&ecdsaPublicKey{}), &ecdsaPublicKeyKeyDeriver{})
    // 设置密钥导入者
    swbccsp.AddWrapper(reflect.TypeOf(&bccsp.ECDSAPrivateKeyImportOpts{}),
&ecdsaPrivateKeyImportOptsKeyImporter{})
    swbccsp.AddWrapper(reflect.TypeOf(&bccsp.ECDSAGoPublicKeyImportOpts{}),
&ecdsaGoPublicKeyImportOptsKeyImporter{})
    // 返回加密服务提供者
    return swbccsp, nil
}
```

加密服务提供者由 8 个集合组成，分别为加密者 encryptors、解密者 decryptors、签名者 signers、检验者 verifiers、哈希者 hashers、密钥生成者 keyGenerators、密钥派生者 keyDerivers 和密钥导入者 keyImporters。

```
## [bccsp/sw/impl.go]
func New(keyStore bccsp.KeyStore) (*CSP, error) {
    // 加密者集合
    encryptors := make(map[reflect.Type]Encryptor)
    // 解密者集合
    decryptors := make(map[reflect.Type]Decryptor)
    // 签名者集合
```

```
    signers := make(map[reflect.Type]Signer)
    // 检验者集合
    verifiers := make(map[reflect.Type]Verifier)
    // 哈希者集合
    hashers := make(map[reflect.Type]Hasher)
    // 密钥生成者集合
    keyGenerators := make(map[reflect.Type]KeyGenerator)
    // 密钥派生者集合
    keyDerivers := make(map[reflect.Type]KeyDeriver)
    // 密钥导入者集合
    keyImporters := make(map[reflect.Type]KeyImporter)
    // 加密服务提供者结构
    csp := &CSP{keyStore,
        keyGenerators, keyDerivers, keyImporters, encryptors,
        decryptors, signers, verifiers, hashers}
    return csp, nil
}
```

New 函数就是创建不同类型的提供者集合，value 决定保存什么样的集合，以 keyGenerator 集合为例，保存的是实现了 KeyGenerator 接口的结构：

```
## [bccsp/sw/internals.go]
type KeyGenerator interface {
    KeyGen(opts bccsp.KeyGenOpts) (k bccsp.Key, err error)
}
```

这就是说只要实现了 KeyGenerator 接口的结构，都可以保存到 keyGenerator 集合。所有的集合最后都封装到 CSP 结构中，CSP 就是作为加密服务提供者（cryptographic service provider）身份返回的。

CSP 提供了一个添加包装器 AddWrapper 函数，并用其来保存 8 种类型的结构。

```
## [bccsp/sw/impl.go]
func (csp *CSP) AddWrapper(t reflect.Type, w interface{}) error {
    switch dt := w.(type) {             // 获得接口类型
    case KeyGenerator:
        csp.keyGenerators[t] = dt      // 放进密钥生成者集合
    case KeyImporter:
        csp.keyImporters[t] = dt       // 放进密钥导入者集合
    case KeyDeriver:
        csp.keyDerivers[t] = dt        // 放进密钥派生者集合
    case Encryptor:
        csp.encryptors[t] = dt         // 放进加密者集合
    case Decryptor:
        csp.decryptors[t] = dt         // 放进解密者集合
    case Signer:
        csp.signers[t] = dt            // 放进签名者集合
    case Verifier:
        csp.verifiers[t] = dt          // 放进检验者集合
    case Hasher:
```

```
        csp.hashers[t] = dt              // 放进哈希者集合
    }
    return nil
}
```

添加包装器就是根据不同的接口类型将不同的结构放到相应的集合中。8 种类型集合分别可以保存多个相同的加密算法。

以 NewWithParams 函数为例进行说明：

```
swbccsp.AddWrapper(reflect.TypeOf(&bccsp.ECDSAP256KeyGenOpts{}),&ecdsaKeyGenerato
r{curve: elliptic.P256()})
```

那么：

```
key = reflect.TypeOf(&bccsp.ECDSAP256KeyGenOpts{})
value = &ecdsaKeyGenerator{curve: elliptic.P256()}
```

查看 ecdsaKeyGenerator 结构定义：

```
## [bccsp/sw/keygen.go]
type ecdsaKeyGenerator struct {
    curve elliptic.Curve
}
func (kg *ecdsaKeyGenerator) KeyGen(opts bccsp.KeyGenOpts) (bccsp.Key, error) {
    privKey, err := ecdsa.GenerateKey(kg.curve, rand.Reader)
    if err != nil {
        return nil, fmt.Errorf("Failed generating ECDSA key for [%v]: [%s]", kg.curve,
err)
    }
    return &ecdsaPrivateKey{privKey}, nil
}
```

ecdsaKeyGenerator 结构提供了 KeyGen 函数，也就是说，ecdsaKeyGenerator 结构实现了 KeyGenerator 接口，那么调用 AddWrapper 函数后，应该将其放在 keyGenerators 集合下。这样之后使用过程就非常简单了。

根据：

```
key = reflect.TypeOf(&bccsp.ECDSAP256KeyGenOpts{})
```

可知：

```
value = keyGenerator
```

然后：

```
keyGenerator.KeyGen(opts)
```

这样即可生成密钥。加密服务提供者 CSP 结构中就有 KeyGen 函数，其使用过程如下所示：

```
## [bccsp/sw/impl.go]
func (csp *CSP) KeyGen(opts bccsp.KeyGenOpts) (k bccsp.Key, err error) {
```

```
    // 校验参数
    if opts == nil {
        return nil, errors.New("Invalid Opts parameter. It must not be nil.")
    }
    // 根据参数类型取得密钥生产者
    keyGenerator, found := csp.keyGenerators[reflect.TypeOf(opts)]
    if !found {             // 找不到
        return nil, errors.Errorf("Unsupported 'KeyGenOpts' provided [%v]", opts)
    }
    // 生成密钥
    k, err = keyGenerator.KeyGen(opts)
    if err != nil {         // 生成出错
        return nil, errors.Wrapf(err, "Failed generating key with opts [%v]", opts)
    }
    // 不是短暂保存
    if !opts.Ephemeral() {
        // 保存密钥
        err = csp.ks.StoreKey(k)
        if err != nil {  // 保存失败
            return nil, errors.Wrapf(err, "Failed storing key [%s]", opts.Algorithm())
        }
    }
    return k, nil
}
```

csp.keyGenerators 预先装好了相应的密钥生成者，取得密钥生成者之后就调用 KeyGen 函数生成密钥。

查看 bccsp.KeyGenOpts 参数的定义：

```
## [bccsp/bccsp.go]
type KeyGenOpts interface {
    // 算法标识符，如 "ECDSAP256"
    Algorithm() string
    // 是否是短暂保存
    Ephemeral() bool
}
```

例如，ECDSAP256KeyGenOpts 结构就实现了 KeyGenOpts 接口，它能作为 KeyGen 函数参数传递进来，最后生成的就是椭圆曲线 P256 密钥。加密服务提供者 CSP 结构封装了所有 Fabric 可用的加密算法，如果要增加不同种类的算法，也是通过这样的形式添加进来，首先是工厂模式 factory 决定不同种类的加密服务提供者 CSP，不同的加密服务提供者 CSP 决定了提供什么样的加密算法，所有加密算法被模块化封装到 bccspmsp 结构中，从这个结构的名称“bccspmsp”可以看到这样的模块化关系：加密服务提供者—成员关系服务提供者（Blockchain Cryptographic Service Provider Membership Service Provider）。

6.4 Setup（证书关联）

bccspmsp 结构建立之后，首先要调用 Setup 函数进行证书关联。这是因为 bccspmsp 只是一个框架模型，尽管成员 bccsp 能提供众多的算法支持，但仍不能满足已生成证书的情况，这就需要加载本地证书（peer 节点 MSP 目录），并将其和 bccspmsp 结构关联起来，从而更好地提供有关的证书服务，如身份反序列化、签名、验证等功能。bccspmsp 就是这样的模块化关系有机结合：加密服务提供者—成员关系服务提供者。

```
## [msp/mspimpl.go]
func (msp *bccspmsp) Setup(conf1 *m.MSPConfig) error {
    if conf1 == nil {
        return errors.New("Setup error: nil conf reference")
    }
    conf := &m.FabricMSPConfig{}
    err := proto.Unmarshal(conf1.Config, conf)
    if err != nil {
        return errors.Wrap(err, "failed unmarshalling fabric msp config")
    }
    // MSP 实例名称
    msp.name = conf.Name
    // 调用内部函数建立
    return msp.internalSetupFunc(conf)
}
```

msp.internalSetupFunc 内部函数是由 newBccspMsp 函数根据不同的 MSP 版本赋值的，这里是以 MSPv1_0 版本为例对其进行讲解的。

```
## [msp/mspimplsetup.go]
func (msp *bccspmsp) setupV1(conf1 *m.FabricMSPConfig) error {
    err := msp.preSetupV1(conf1) // 前建立
    if err != nil {
        return err
    }
    err = msp.postSetupV1(conf1) // 后建立
    if err != nil {
        return err
    }
    return nil
}
```

setupV1 函数分别用 preSetupV1 函数和 postSetupV1 函数两部分完成工作。preSetupV1 函数实际是根据 MSPConfig 配置文件设置 bccspmsp 结构成员的；postSetupV1 函数则是对管理员证书进行合法性检查的。下面先对两个函数进行展示，然后对其内容进行讲解。

```
## [msp/mspimplsetup.go]
func (msp *bccspmsp) preSetupV1(conf *m.FabricMSPConfig) error {
    //建立加密选项，默认设置签名哈希家族为 SHA2，身份认证哈希家族为 SHA256
    if err := msp.setupCrypto(conf); err != nil {
        return err
    }
    // 建立根证书和中间证书
    if err := msp.setupCAs(conf); err != nil {
        return err
    }
    // 建立管理员证书
    if err := msp.setupAdmins(conf); err != nil {
        return err
    }
    // 完成建立根证书和中间证书
    if err := msp.finalizeSetupCAs(conf); err != nil {
        return err
    }
    // 建立签名身份
    if err := msp.setupSigningIdentity(conf); err != nil {
        return err
    }
    // 建立 TLS 根证书和中间证书
    if err := msp.setupTLSCAs(conf); err != nil {
        return err
    }
    return nil
}
```

如果 preSetupV1 函数建立失败，就不会调用到 postSetupV1 函数。

```
func (msp *bccspmsp) postSetupV1(conf *m.FabricMSPConfig) error {
    // 确保管理员也是有效的成员，这样，当验证一个管理 MSP principal 时，我们可以简单地检查证书
的精确匹配性
    for i, admin := range msp.admins {
        err := admin.Validate()
        if err != nil {
            return errors.WithMessage(err, fmt.Sprintf("admin %d is invalid", i))
        }
    }
    return nil
}
```

preSetupV1 函数所包含的调用都是值得详细讲解的，下面用几个小节分开论述。

6.4.1 setupCAs（建立根证书和中间证书列表）

setupCAs 函数除了建立证书列表之外还可进行证书审查，具体代码如下所示：

```
## [msp/mspimplsetup.go]
func (msp *bccspmsp) setupCAs(conf *m.FabricMSPConfig) error {
    // 制作并填写一套 CA 证书
    if len(conf.RootCerts) == 0 {
        return errors.New("expected at least one CA certificate")
    }
    // 使用根和中间证书预创建验证选项。这样证书审查才起作用（利用 getValidityOptsForCert 函数
进行审查）
    // 审查也应用于根 CA 和中间 CA 证书。审查完成后，使用已审查的证书重新创建 msp.opts
    msp.opts = &x509.VerifyOptions{Roots: x509.NewCertPool(), Intermediates: x509.
NewCertPool()}
    for _, v := range conf.RootCerts {
        cert, err := msp.getCertFromPem(v)
        if err != nil {
            return err
        }
        msp.opts.Roots.AddCert(cert)
    }
    for _, v := range conf.IntermediateCerts {
        cert, err := msp.getCertFromPem(v)
        if err != nil {
            return err
        }
        msp.opts.Intermediates.AddCert(cert)
    }
    // 加载根 CA 和中间 CA 标识，当创建标识时，其证书将被审查
    msp.rootCerts = make([]Identity, len(conf.RootCerts))
    for i, trustedCert := range conf.RootCerts {
        id, _, err := msp.getIdentityFromConf(trustedCert)
        if err != nil {
            return err
        }
        msp.rootCerts[i] = id
    }
    // 制作并填写一套中间证书（如有）
    msp.intermediateCerts = make([]Identity, len(conf.IntermediateCerts))
    for i, trustedCert := range conf.IntermediateCerts {
        id, _, err := msp.getIdentityFromConf(trustedCert)
        if err != nil {
            return err
        }
        msp.intermediateCerts[i] = id
    }
    // 根 CA 和中间 CA 证书已审查(利用 getIdentityFromConf 函数进行审查),可以重新导入 msp.opts
    msp.opts = &x509.VerifyOptions{Roots: x509.NewCertPool(), Intermediates: x509.
NewCertPool()}
    for _, id := range msp.rootCerts {
        msp.opts.Roots.AddCert(id.(*identity).cert)
    }
```

```
    for _, id := range msp.intermediateCerts {
        msp.opts.Intermediates.AddCert(id.(*identity).cert)
    }
    return nil
}
```

setupCAs 函数，主要包括三个方面的操作：第一，预初始化 msp.opts 成员，主要是建立根证书池和中间人证书池，此时存放在池里的证书是没有经过检查的，并不一定有效；第二，检查使用 ECDSA 签名的证书是否属于唯一的证书链，Fabric 并不支持多证书链，检查过程（getIdentityFromConf 函数）需要用到 msp.opts（参考 getValidityOptsForCert 函数），这也是需要进行预初始化的原因；第三，检查证书的签名是否在椭圆曲线的阶群范围内，若不是根据当前签名，则需要生成阶群范围内的新签名，并生成新的证书文件。检查结束后，生成证书对应的身份证明，将身份证明存储到根证书列表和中间人证书列表中；经过第二步的检查之后可知存放在根证书列表和中间人证书列表中的证书都是合法的，重新建立 msp.opts 的根证书池和中间人证书池，存放经过检查的所有合法证书。

opts 预初始化

```
##[crypto/x509/verify.go]
type VerifyOptions struct {
    DNSName string
    Intermediates *CertPool
    Roots *CertPool
    CurrentTime time.Time
    KeyUsages []ExtKeyUsage
}
```

opts 实际上是一个 x509.VerifyOptions 结构体，对该结构体的两个成员 Intermediates 和 Roots 进行初始化，即中间人证书池和根证书池。首先遍历配置文件中的根证书，通过 getCertFromPem 函数，调用 x509.ParseCertificate 函数解析证书，如果证书存在的情况下调用 AddCert 函数添加证书到根证书池中。同理，完成中间人证书池的初始化。

```
func (msp *bccspmsp) getCertFromPem(idBytes []byte) (*x509.Certificate, error) {
    if idBytes == nil {
        return nil, errors.New("getCertFromPem error: nil idBytes")
    }
    // 解码 pem 字节
    pemCert, _ := pem.Decode(idBytes)
    if pemCert == nil {
        return nil, errors.Errorf("getCertFromPem error: could not decode pem bytes
[%v]", idBytes)
    }
    // 解析成 x509 证书
    var cert *x509.Certificate
    cert, err := x509.ParseCertificate(pemCert.Bytes)
```

```
    if err != nil {
        return nil, errors.Wrap(err, "getCertFromPem error: failed to parse x509
cert")
    }
    return cert, nil
}
```

证书审查

首先初始化 rootCerts，遍历配置的根证书列表 conf.RootCerts，调用 getIdentityFromConf 函数对每个证书进行检查。

```
func (msp *bccspmsp) getIdentityFromConf(idBytes []byte) (Identity, bccsp.Key, error) {
    // 获得证书
    cert, err := msp.getCertFromPem(idBytes)
    if err != nil {
        return nil, nil, err
    }
    // 以正确的格式获取公钥
    certPubK, err := msp.bccsp.KeyImport(cert, &bccsp.X509PublicKeyImportOpts
{Temporary: true})
    // 新建身份
    mspId, err := newIdentity(cert, certPubK, msp)
    if err != nil {
        return nil, nil, err
    }
    return mspId, certPubK, nil
}
```

上面的代码首先通过 getCertFromPem 函数获取证书，调用 msp.bccsp.KeyImport 获得公钥，最后调用 newIdentity 函数新建身份。

```
func newIdentity(cert *x509.Certificate, pk bccsp.Key, msp *bccspmsp) (Identity, error) {
    if mspIdentityLogger.IsEnabledFor(zapcore.DebugLevel) {
        mspIdentityLogger.Debugf("Creating identity instance for cert %s",
certToPEM(cert))
    }
    // 证书审查
    cert, err := msp.sanitizeCert(cert)
    if err != nil {
        return nil, err
    }
    // 哈希选项
    hashOpt, err := bccsp.GetHashOpt(msp.cryptoConfig.IdentityIdentifierHashFunction)
    if err != nil {
        return nil, errors.WithMessage(err, "failed getting hash function options")
    }
    // 哈希摘要
    digest, err := msp.bccsp.Hash(cert.Raw, hashOpt)
    if err != nil {
```

```
        return nil, errors.WithMessage(err, "failed hashing raw certificate to
compute the id of the IdentityIdentifier")
    }
    id := &IdentityIdentifier{ // 身份标识
        Mspid: msp.name,
        Id: hex.EncodeToString(digest)}
    // 封装身份结构，由 id、x509 证书、公钥和 msp 组成
    return &identity{id: id, cert: cert, pk: pk, msp: msp}, nil
}
```

newIdentity 函数主要完成两个操作：一个是证书的审查 msp.sanitizeCert(cert)；另一个是身份的生成，也就是封装 identity 结构。IdentityIdentifier 结构体包括两个成员：一个是 Mspid，也就是 MSP 名称；另一个是 Id，也就是证书的哈希值。

```
func (msp *bccspmsp) sanitizeCert(cert *x509.Certificate) (*x509.Certificate, error) {
    if isECDSASignedCert(cert) { // 是否是 ECDSA 签名算法
        // 查找父证书以执行检查
        var parentCert *x509.Certificate
        chain, err := msp.getUniqueValidationChain(cert, msp.getValidityOptsForCert
(cert))
        if err != nil {
            return nil, err
        }
        // 在这一点，证书可能是根 CA 证书或中间 CA 证书
        // 证书是根 CA 证书
        if cert.IsCA && len(chain) == 1 {
            parentCert = cert
        } else {
            parentCert = chain[1]
        }
        // 检查
        cert, err = sanitizeECDSASignedCert(cert, parentCert)
        if err != nil {
            return nil, err
        }   }
   return cert, nil、
}
```

利用 sanitizeCert 函数进行证书审查，首先调用 isECDSASignedCert 函数检查证书是否是 ECDSA 签名算法：

```
func isECDSASignedCert(cert *x509.Certificate) bool {
    return cert.SignatureAlgorithm == x509.ECDSAWithSHA1 ||
        cert.SignatureAlgorithm == x509.ECDSAWithSHA256 ||
        cert.SignatureAlgorithm == x509.ECDSAWithSHA384 ||
        cert.SignatureAlgorithm == x509.ECDSAWithSHA512
}
```

证书若不是 ECDSA 签名算法，则直接返回证书；若是 ECDSA 签名算法，则调用

getUniqueValidationChain 函数判断证书是否属于单一证书链。若证书属于多条证书链，就无法判断谁签发这个证书，成员的身份不明；如果 getUniqueValidationChain 函数返回结果是一条证书链，则证书链中的第一个元素是当前证书，最后一个元素是根证书。若已知证书本身是根证书或返回链长为 1，证明当前证书是根证书，其父证书是本身；若不是，则父证书是链中的第二个元素，链元素从 0 开始编号。最后调用 sanitizeECDSASignedCert 函数检查证书签名是否在阶群范围内，若不是则重新生成签名。

```
func (msp *bccspmsp) getUniqueValidationChain(cert *x509.Certificate, opts x509.
VerifyOptions) ([]*x509.Certificate, error) {
    // setupCAs 函数中已经建立了 msp.opts
    if msp.opts == nil {
        return nil, errors.New("the supplied identity has no verify options")
    }
    validationChains, err := cert.Verify(opts) // 证书验证
    // 只支持一个验证链；如果有多个验证链，那么可能不知道谁拥有该身份
    if len(validationChains) != 1 {
        return nil, errors.Errorf("this MSP only supports a single validation chain,
got %d", len(validationChains))
    }
    return validationChains[0], nil
}
```

getUniqueValidationChain 函数如何判断证书是否属于单一证书链？其首先调用 cert.Verify(opts)函数，这也是预处理 opts（setupCAs 函数中已经建立了 msp.opts）的原因，cert.Verify(opts)成功的情况下返回结果可能是一条或多条证书链。Fabric 只支持单一证书链，所以这里对返回结果的证书长度做检查，若长度大于 1，报错返回；否则返回第一条证书链。

检查签名证书的签名是否在 low-S 中。如果在，则其与父证书的公钥相对应。如果签名不在 low-S 中，则生成一个新证书，签名在 low-S 中。

```
func sanitizeECDSASignedCert(cert *x509.Certificate, parentCert *x509.Certificate)
(*x509.Certificate, error) {
    if cert == nil {
        return nil, errors.New("certificate must be different from nil")
    }
    if parentCert == nil {
        return nil, errors.New("parent certificate must be different from nil")
    }
    // 获得签名
    expectedSig, err := utils.SignatureToLowS(parentCert.PublicKey.(*ecdsa.Public
Key), cert.Signature)
    if err != nil {
        return nil, err
    }
```

```
    // 如果 sig == cert.Signature，则直接返回
    if bytes.Equal(cert.Signature, expectedSig) {
        return cert, nil
    }
    // 否则，使用新签名创建新证书

    // 1. Unmarshal cert.Raw 新建证书
    var newCert certificate
    newCert, err = certFromX509Cert(cert)
    if err != nil {
        return nil, err
    }
    // 2. 改变签名
    newCert.SignatureValue = asn1.BitString{Bytes: expectedSig, BitLength: len
(expectedSig) * 8}
    // 3. marshal 新证书
    newCert.Raw = nil // 必须 nill
    newRaw, err := asn1.Marshal(newCert)
    if err != nil {
        return nil, errors.Wrap(err, "marshalling of the certificate failed")
    }
    // 4. 解析 newRaw 得到 x509 证书
    return x509.ParseCertificate(newRaw)
}
```

sanitizeECDSASignedCert 函数，首先调用 SignatureToLowS 函数生成在椭圆曲线阶群范围内的证书签名，Fabric 当前使用的阶群有 224、256、384、521，做此规定是出于效率方面的考虑。若证书签名本身已经在阶群范围内，则直接返回原证书签名，不需要进行后续操作；若证书签名是新生成的，则需要使用该签名重新生成新的证书。

证书审查完毕之后，将证书的身份证明写入证书列表中。以上代码解析以根证书为例，中间人证书的操作与根证书完全一致。

重新生成 msp.opts

与第一次遍历配置文件中的所有根证书和中间人证书不同，这次填充根证书池 msp.opts.Roots 和中间人证书池 msp.opts.Intermediates 遍历的是存放在根证书列表 msp.rootCerts 与中间人证书列表 msp.intermediateCerts 中经过检查的合法证书，并将遍历得到的证书通过 AddCert 函数存放到证书池中。

6.4.2 setupAdmins（建立管理员证书列表）

setupAdmins 函数除了建立证书列表之外还可以进行证书审查，具体代码如下所示：

```
func (msp *bccspmsp) setupAdmins(conf *m.FabricMSPConfig) error {
```

```
    msp.admins = make([]Identity, len(conf.Admins))
    for i, admCert := range conf.Admins {
        id, _, err := msp.getIdentityFromConf(admCert)
        msp.admins[i] = id
    }
    return nil
}
```

建立管理员证书列表的过程比较简单，通过遍历配置的管理员列表 conf.Admins，调用 getIdentityFromConf 函数生成证书对应的身份 id，并将其存放到管理员证书列表 msp.admins 中。

6.4.3 setupCRLs（建立撤销证书）

默认示例中，撤销证书列表并不提供，建立撤销证书的代码如下所示：

```
func (msp *bccspmsp) setupCRLs(conf *m.FabricMSPConfig) error {
    // 建立 CRL （如果存在）
    msp.CRL = make([]*pkix.CertificateList, len(conf.RevocationList))
    for i, crlbytes := range conf.RevocationList {
        crl, err := x509.ParseCRL(crlbytes)
        if err != nil {
            return errors.Wrap(err, "could not parse RevocationList")
        }
        // 以便稍后验证时，我们可以根据要验证的证书链查找 CRL
        msp.CRL[i] = crl
    }
    return nil
}
```

这里通过遍历配置的撤销列表 conf.RevocationList 获得撤销证书字节内容，调用 x509.ParseCRL 函数从给定字段解析出 crl，并将 crl 存放到撤销证书列表 msp.CRL 中。

6.4.4 finalizeSetupCAs（建立证书树内部节点映射列表）

默认示例中，中间证书并不提供，建立证书树内部节点映射列表的代码，如下所示：

```
func (msp *bccspmsp) finalizeSetupCAs() error {
    // 确保我们的 CA 格式正确并且有效
    for _, id := range append(append([]Identity{}, msp.rootCerts...), msp.intermedia
teCerts...) {
        // 判断是否是 CA 证书
        if !id.(*identity).cert.IsCA {
            return errors.Errorf("CA Certificate did not have the CA attribute,
(SN: %x)", id.(*identity).cert.SerialNumber)
        }
```

```
        // 获得证书的 SKI
        if _, err := getSubjectKeyIdentifierFromCert(id.(*identity).cert); err !=
nil {
            return errors.WithMessage(err, fmt.Sprintf("CA Certificate problem
with Subject Key Identifier extension, (SN: %x)", id.(*identity).cert.SerialNumber))
        }
        // 验证身份
        if err := msp.validateCAIdentity(id.(*identity)); err != nil {
            return errors.WithMessage(err, fmt.Sprintf("CA Certificate is not valid,
(SN: %s)", id.(*identity).cert.SerialNumber))
        }
    }

    // 填充 certificationTreeInternalNodesMap 来标记认证树的内部节点
    msp.certificationTreeInternalNodesMap = make(map[string]bool)
    for _, id := range append([]Identity{}, msp.intermediateCerts...) {
        chain, err := msp.getUniqueValidationChain(id.(*identity).cert, msp.get
ValidityOptsForCert(id.(*identity).cert))
        if err != nil {
            return errors.WithMessage(err, fmt.Sprintf("failed getting validation
chain, (SN: %s)", id.(*identity).cert.SerialNumber))
        }

        // 因为chain[0]是id.(*identity).id所以不将它加入计算
        for i := 1; i < len(chain); i++ {
            msp.certificationTreeInternalNodesMap[string(chain[i].Raw)] = true
        }
    }

    return nil
}
```

finalizeSetupCAs 函数首先遍历所有的根证书 msp.rootCerts 和中间人证书 msp.intermediateCerts，检查证书格式是否合法，若证书是根证书 IsCA，那么必须有主题密钥标识（Subject Key Identity，SKI）。SKI 是通过公钥和私钥生成的证书的唯一标识符，通过 SKI 可以在密钥存储库中获取对应的私钥或公钥。另外，证书所在证书链必须是唯一的，validateCAIdentity 函数内部还调用 validateIdentityAgainstChain 函数判断证书是否在撤销列表 msp.CRL 中。若校验通过，则遍历所有的中间人证书 msp.intermediateCerts，获取中间人证书对应证书链，并将该中间人证书的父节点作为key保存在 msp.certificationTreeInternalNodesMap 列表中，value 值为 true。

6.4.5 newSigningIdentity（建立签名身份列表）

newSigningIdentity 在 getSigningIdentity FromConf 函数中被调用，具体代码如下

所示：

```
func newSigningIdentity(cert *x509.Certificate, pk bccsp.Key, signer crypto.Signer,
msp *bccspmsp) (SigningIdentity, error) {
    mspId, err := newIdentity(cert, pk, msp)
    if err != nil {
        return nil, err
    }
    return &signingidentity{identity: *mspId.(*identity), signer: signer}, nil
}
```

newSigningIdentity 函数通过调用 newIdentity 函数新建身份证明，最后返回签名身份 signingidentity 结构。

setupSigningIdentity 函数用于新建签名身份，实现 SigningIdentity 接口，该接口包含身份 Identity 接口，事实上在建立根证书、中间人证书列表、管理员证书列表时也会用到身份接口，只是尚未展开介绍。

签名身份接口的定义：

```
type SigningIdentity interface {
    // 身份接口
    Identity
    // 签名
    Sign(msg []byte) ([]byte, error)
    // 返回身份接口
    GetPublicVersion() Identity
}
```

身份接口的定义：和身份接口的定义，以及实现签名身份接口的对应结构体。

```
type Identity interface {
    // 返回身份过期的时间。如果返回的时间为零值，则意味着身份不会过期，或者其到期时间未知
    ExpiresAt() time.Time
    // 返回标识符 identity.id
    GetIdentifier() *IdentityIdentifier
    // 返回 MSP 标识符 identity.id.Mspid
    GetMSPIdentifier() string
    // 验证 identity.msp.Validate(id)
    Validate() error
    // 获得组织单元身份
    GetOrganizationalUnits() []*OUIdentifier
    // 是否是匿名身份
    Anonymous() bool
    // 验证
    Verify(msg []byte, sig []byte) error
    // 序列化
    Serialize() ([]byte, error)
    // 检查身份是否与 principal 中提供的描述匹配。如果 principal 是序列化的身份，
    // 检查过程可能涉及字节对字节比较，或者可能需要 MSP 验证
```

```
    SatisfiesPrincipal(principal *msp.MSPPrincipal) error
}
```

实现签名身份接口的结构：

```
type signingidentity struct {
    identity
    signer crypto.Signer
}
```

向上追溯 newSigningIdentity 函数，其在 getSigningIdentityFromConf 函数中被调用，函数的传入参数是配置的签名身份 conf.SigningIdentity。

```
## [msp/mspimpl.go]
func (msp *bccspmsp) getSigningIdentityFromConf(sidInfo *m.SigningIdentityInfo)
(SigningIdentity, error) {
    if sidInfo == nil {
        return nil, errors.New("getIdentityFromBytes error: nil sidInfo")
    }
    // 获得身份
    idPub, pubKey, err := msp.getIdentityFromConf(sidInfo.PublicSigner)
    if err != nil {
        return nil, err
    }
    // 获得私钥
    privKey, err := msp.bccsp.GetKey(pubKey.SKI())
    // 不太安全：如果 BCCSP 找不到密钥，则尝试从 KeyInfo 导入私钥
    if err != nil {
        // 私钥签名必须存在
        if sidInfo.PrivateSigner == nil || sidInfo.PrivateSigner.KeyMaterial == nil {
            return nil, errors.New("KeyMaterial not found in SigningIdentityInfo")
        }
        // 解码
        pemKey, _ := pem.Decode(sidInfo.PrivateSigner.KeyMaterial)
        // 导入私钥
        privKey, err = msp.bccsp.KeyImport(pemKey.Bytes,
&bccsp.ECDSAPrivateKeyImportOpts{Temporary: true})
        if err != nil {
            return nil, errors.WithMessage(err, "getIdentityFromBytes error: Failed
to import EC private key")
        }
    }
    // 新建加密签名者
    peerSigner, err := signer.New(msp.bccsp, privKey)
    if err != nil {
        return nil, errors.WithMessage(err, "getIdentityFromBytes error: Failed
initializing bccspCryptoSigner")
    }
    // 新建签名身份
    return newSigningIdentity(idPub.(*identity).cert, idPub.(*identity).pk, peerSigner,
```

```
msp)
}
```

该代码首先调用 getIdentityFromConf 函数获取证书公钥和证书身份。获取公钥之后，先从 keystore 中查找是否存储了对应的私钥，如果 BCCSP 找不到密钥，则尝试从 KeyInfo 导入私钥。然后 signer.New 根据私钥生成签名 peerSigner，将证书 idPub.(*identity).cert、证书公钥 idPub.(*identity).PK、签名 peerSigner、MSP 作为参数传入 newSigningIdentity 函数。

下文将对签名身份接口中几个比较重要的函数进行介绍。

6.4.6 Sign（签名）

签名过程比较简单，其流程主要为对消息进行摘要，然后对摘要进行签名，具体代码如下所示：

```
func (id *signingidentity) Sign(msg []byte) ([]byte, error) {
    // 哈希选项
    hashOpt, err := id.getHashOpt(id.msp.cryptoConfig.SignatureHashFamily)
    if err != nil {
        return nil, errors.WithMessage(err, "failed getting hash function options")
    }
    // 哈希摘要
    digest, err := id.msp.bccsp.Hash(msg, hashOpt)
    if err != nil {
        return nil, errors.WithMessage(err, "failed computing digest")
    }
    // 签名
    return id.signer.Sign(rand.Reader, digest, nil)
}
```

签名过程比较简单：对消息进行摘要，然后对摘要进行签名。

6.4.7 Verify（验证）

Verify 函数被用于验证签名是否合法，首先生成 msg 哈希值，将公钥、签名、msg 哈希值，并将其传入 bccsp.Verify 函数。Fabric 默认使用 SW 方式实例化 bccsp 接口，因此应进入 bccsp/sw/impl.go 查看对应的 Verify 函数实现。

```
func (id *identity) Verify(msg []byte, sig []byte) error {
    // 哈希选项
    hashOpt, err := id.getHashOpt(id.msp.cryptoConfig.SignatureHashFamily)
    if err != nil {
        return errors.WithMessage(err, "failed getting hash function options")
    }
    // 哈希摘要
```

```
    digest, err := id.msp.bccsp.Hash(msg, hashOpt)
    if err != nil {
        return errors.WithMessage(err, "failed computing digest")
    }
    // 验证摘要
    valid, err := id.msp.bccsp.Verify(id.pk, sig, digest, nil)
    if err != nil {
        return errors.WithMessage(err, "could not determine the validity of the
signature")
    } else if !valid {
        return errors.New("The signature is invalid")
    }
    return nil
}
```

SW 验证，如下所示：

```
## [bccsp/sw/impl.go]
func (csp *CSP) Verify(k bccsp.Key, signature, digest []byte, opts bccsp.SignerOpts)
(valid bool, err error) {
    // 验证参数
    if k == nil {
        return false, errors.New("Invalid Key. It must not be nil.")
    }
    if len(signature) == 0 {
        return false, errors.New("Invalid signature. Cannot be empty.")
    }
    if len(digest) == 0 {
        return false, errors.New("Invalid digest. Cannot be empty.")
    }
    // 获得验证结构
    verifier, found := csp.Verifiers[reflect.TypeOf(k)]
    if !found {
        return false, errors.Errorf("Unsupported 'VerifyKey' provided [%v]", k)
    }
    // 执行验证
    valid, err = verifier.Verify(k, signature, digest, opts)
    if err != nil {
        return false, errors.Wrapf(err, "Failed verifing with opts [%v]", opts)
    }
    return
}
```

需要注意的是，验证使用的是证书的公钥 id.pk。

6.4.8 Serialize（序列化）

通过序列化函数可以将特定对象转化为字节，具体代码如下所示：

```
## [msp/identities.go]
func (id *identity) Serialize() ([]byte, error) {
    // 编码
    pb := &pem.Block{Bytes: id.cert.Raw, Type: "CERTIFICATE"}
    pemBytes := pem.EncodeToMemory(pb)
    if pemBytes == nil {
        return nil, errors.New("encoding of identity failed")
    }
    // 序列化
    sId := &msp.SerializedIdentity{Mspid: id.id.Mspid, IdBytes: pemBytes}
    idBytes, err := proto.Marshal(sId)
    if err != nil {
        return nil, errors.Wrapf(err, "could not marshal a SerializedIdentity structure for identity %s", id.id)
    }
    // 返回
    return idBytes, nil
}
```

将身份证书 id.cert 和身份 id.Mspid 关联，然后序列化（编码 Marshal）。仅序列化（Unmarshal 解码）过程则是调用反序列化身份 DeserializeIdentity 函数。

6.4.9 DeserializeIdentity（反序列化）

反序列化身份就是将字节序列转换为身份证明。

```
## [msp/mspimpl.go]
func (msp *bccspmsp) DeserializeIdentity(serializedID []byte) (Identity, error) {
    sId := &m.SerializedIdentity{}
    err := proto.Unmarshal(serializedID, sId)
    if err != nil {
        return nil, errors.Wrap(err, "could not deserialize a SerializedIdentity")
    }
    if sId.Mspid != msp.name { // 检查名称
        return nil, errors.Errorf("expected MSP ID %s, received %s", msp.name, sId.Mspid)
    }
    return msp.deserializeIdentityInternal(sId.IdBytes)
}
```

反序列化身份内部函数，需要调用 newIdentity 函数新建身份证明。

```
## [msp/mspimpl.go]
func (msp *bccspmsp) deserializeIdentityInternal(serializedIdentity []byte) (Identity, error) {
    bl, _ := pem.Decode(serializedIdentity)
    if bl == nil {
        return nil, errors.New("could not decode the PEM structure")
    }
```

```
    cert, err := x509.ParseCertificate(bl.Bytes)
    if err != nil {
        return nil, errors.Wrap(err, "parseCertificate failed")
    }
    pub, err := msp.bccsp.KeyImport(cert, &bccsp.X509PublicKeyImportOpts{Temporary:
true})
    if err != nil {
        return nil, errors.WithMessage(err, "failed to import certificate's public
key")
    }
    return newIdentity(cert, pub, msp)
}
```

其中，bl.Bytes 就是 Serialize 函数中的 id.cert.Raw。最后用 newIdentity 重新建立身份。

6.4.10 Validate（校验身份）

只校验类型为*identity：

```
## [msp/mspimpl.go]
func (msp *bccspmsp) Validate(id Identity) error {
    switch id := id.(type) {
    case *identity:
        return msp.validateIdentity(id)
    default:
        return errors.New("identity type not recognized")
    }
}
```

验证身份：

```
## [msp/mspimplvalidate.go]
func (msp *bccspmsp) validateIdentity(id *identity) error {
    // 获得有效证书链
    validationChain, err := msp.getCertificationChainForBCCSPIdentity(id)
    if err != nil {
        return errors.WithMessage(err, "could not obtain certification chain")
    }
    // 检查 id 证书是否被撤销
    err = msp.validateIdentityAgainstChain(id, validationChain)
    if err != nil {
        return errors.WithMessage(err, "could not validate identity against certification
chain")
    }
    // 是否在 MSP 的组织单元标识列表中
    err = msp.internalValidateIdentityOusFunc(id)
    if err != nil {
        return errors.WithMessage(err, "could not validate identity's OUs")
    }
```

```
    return nil
}
```

上段代码调用 getCertificationChainForBCCSPIdentity 函数获取待有效的证书链，再调用 validateIdentityAgainstChain 函数验证对应的身份证书是否被撤销，最后调用 internalValidateIdentityOusFunc 函数验证身份的组织单元信息是否合法。

下面查看 getCertificationChainForBCCSPIdentity 函数，判断 id 对应证书是否是根证书，根证书不能直接作为身份证明使用，若不是根证书，则调用 getValidationChain 函数获取有效证书链。

```
## [msp/mspimpl.go]
func (msp *bccspmsp) getCertificationChainForBCCSPIdentity(id *identity) ([]*x509.
Certificate, error) {
    if id == nil {
        return nil, errors.New("Invalid bccsp identity. Must be different from nil.")
    }
    // 我们希望有一个有效的 VerifyOptions 实例，实际上 msp.opts 应该在 setupCAs 函数中建立
    if msp.opts == nil {
        return nil, errors.New("Invalid msp instance")
    }
   if id.cert.IsCA {
       // 具有基本约束的 X509 证书，证书颁发机构(根证书)等于 true 不能用作身份
       return nil, errors.New("An X509 certificate with Basic Constraint: " +
           "Certificate Authority equals true cannot be used as an identity")
   }
   return msp.getValidationChain(id.cert, false)
}
```

获得有效链：

```
## [msp/mspimpl.go]
func (msp *bccspmsp) getValidationChain(cert *x509.Certificate, isIntermediateChain
bool) ([]*x509.Certificate, error) {
    // 获得单一校验证书链
    validationChain, err := msp.getUniqueValidationChain(cert,
        msp.getValidityOptsForCert(cert))
    if err != nil {
        return nil, errors.WithMessage(err, "failed getting validation chain")
    }
    // 链条长度至少为 2
    if len(validationChain) < 2 {
        return nil, errors.Errorf("expected a chain of length at least 2, got %d",
len(validationChain))
    }
    // 检查父级是否是证书树的叶子。如果验证中间链，则第一个证书将是父级
    parentPosition := 1
    if isIntermediateChain {
        parentPosition = 0
```

```
    }
    // 在 finalizeSetupCAs 函数中建立 certificationTreeInternalNodesMap
    if msp.certificationTreeInternalNodesMap[string(validationChain[parentPosition].
Raw)] {
        return nil, errors.Errorf("invalid validation chain. Parent certificate
should be a leaf of the certification tree [%v]", cert.Raw)
    }
    return validationChain, nil
}
```

回到 validateIdentity 函数，再查看 validateIdentityAgainstChain 函数：

```
## [msp/mspimplvalidate.go]
func (msp *bccspmsp) validateIdentityAgainstChain(id *identity, validationChain
[]*x509.Certificate) error {
   return msp.validateCertAgainstChain(id.cert, validationChain)
}
```

直接调用 validateCertAgainstChain 函数：

```
## [msp/mspimplvalidate.go]
func (msp *bccspmsp) validateCertAgainstChain(cert *x509.Certificate, validationChain
[]*x509.Certificate) error {
    // 在这里，我们知道这个身份是有效的，现在我们必须检查它是否被撤销了

    // 识别签署此证书的 CA 的 SKI (subject key identifier)
    SKI, err := getSubjectKeyIdentifierFromCert(validationChain[1])
    if err != nil {
        return errors.WithMessage(err, "could not obtain Subject Key Identifier for
signer cert")
    }
    // 检查我们拥有的某个 CRL 是否将该证书的 SKI 作为其 aki
    for _, crl := range msp.CRL {
        // 获得 aki (Authority Key Identifier)
        aki, err := getAuthorityKeyIdentifierFromCrl(crl)
         if err != nil {
              return errors.WithMessage(err, "could not obtain Authority Key Identifier
 for crl")
         }
        // 比较是否相等，检查签名我们的证书的 SKI 是否与任何 CRL 的 aki 匹配
        if bytes.Equal(aki, SKI) {
            // 我们有一个 CRL，检查序列号是否被撤销
            for _, rc := range crl.TBSCertList.RevokedCertificates {
                if rc.SerialNumber.Cmp(cert.SerialNumber) == 0 {
                    // 我们找到了一个 CRL，其 aki 与签署正在验证的证书的 CA（根或中间）的
                    // ski 匹配。作为预防措施，我们验证所述 CA 也是该 CRL 的签名者
                    err = validationChain[1].CheckCRLSignature(crl)
                    if err != nil {
                        // 签署正在验证的证书的 CA 证书没有签署候选 CRL - 跳过
                        continue
                    }
```

```
                    // 一个 CRL 还包括一个撤销时间，这样 CA 就可以说
                    // "这个证书将从这个时间开始被撤销"，
                    // 但是这里我们假设撤销从提交和使用 MSP 配置的时间起立即生效，
                    // 这样我们就不会使用这个字段
                    return errors.New("The certificate has been revoked")
                }
            }
        }
    }
    return nil
}
```

回到 validateIdentity 函数，最后再查看 internalValidateIdentityOusFunc 函数。该函数的实现方式由传入的 MSP 版本决定，这里仍以 MSPV1.0 版本为例进行讲解，则对应的实现为 validateIdentityOUsV1 函数。

```
## [msp/mspimplvalidate.go]
func (msp *bccspmsp) validateIdentityOUsV1(id *identity) error {
    if len(msp.ouIdentifiers) > 0 {
        found := false
        for _, OU := range id.GetOrganizationalUnits() {
            certificationIDs, exists := msp.ouIdentifiers[OU.OrganizationalUnitI
dentifier]
            if exists {
                for _, certificationID := range certificationIDs {
                    if bytes.Equal(certificationID, OU.CertifiersIdentifier) {
                        found = true
                        break
                    }
                }
            }
        }
        if !found {
            if len(id.GetOrganizationalUnits()) == 0 {
                return errors.New("the identity certificate does not
                    contain an Organizational Unit (OU)")
            }
            return errors.Errorf("none of the identity's organizational units [%v]
                are in MSP %s", id.GetOrganizationalUnits(), msp.name)        }
    }
    return nil
}
```

该代码首先判断证书的组织单元标识列表 msp.ouIdentifiers，若大于 0，则获取 id 的组织单元；若组织单元存在，则继续判断组织单元是否存在于 MSP 的组织单元标识列表中。如果不存在，则返回指定的错误信息。

6.4.11 SatisfiesPrincipal（检查规则）

检查身份（第一个参数）是否符合给定的规则（第二个参数），具体代码如下所示：

```
## [msp/mspimpl.go]
func (msp *bccspmsp) SatisfiesPrincipal(id Identity, principal *m.MSPPrincipal) error {
    // 收集规则
    principals, err := collectPrincipals(principal, msp.GetVersion())
    if err != nil {
        return err
    }
    for _, principal := range principals {
        err = msp.internalSatisfiesPrincipalInternalFunc(id, principal)
        if err != nil {
            return err
        }
    }
    return nil
}
```

函数的传入参数除了 id 之外，还有一个 MSPPrincipal 结构体，查看其定义如下所示：

```
## [protos/msp/msp_principal.pb.go]
type MSPPrincipal struct {
    PrincipalClassification MSPPrincipal_Classification
    Principal               []byte
}
```

这个结构有两个成员：第一个成员表示类型，第二个成员为承载类型的容器。类型有以下五类，这里类型的作用是指定成员 Principal 的实现结构。

```
## [protos/msp/msp_principal.pb.go]
const (
    MSPPrincipal_ROLE MSPPrincipal_Classification = 0
    MSPPrincipal_ORGANIZATION_UNIT MSPPrincipal_Classification = 1
    MSPPrincipal_IDENTITY MSPPrincipal_Classification = 2
    MSPPrincipal_ANONYMITY MSPPrincipal_Classification = 3
    MSPPrincipal_COMBINED MSPPrincipal_Classification = 4
)
```

例如，假设 MSPPrincipal 结构的 PrincipalClassification 是 MSPPrincipal_ROLE 类型，则 Principal 就是指向结构 MSPRole：

```
## [protos/msp/msp_principal.pb.go]
type MSPRole struct {
    MspIdentifier string
    Role          MSPRole_MSPRoleType
}
## [protos/msp/msp_principal.pb.go]
const (
```

```
    MSPRole_MEMBER MSPRole_MSPRoleType = 0
    MSPRole_ADMIN  MSPRole_MSPRoleType = 1
    MSPRole_CLIENT MSPRole_MSPRoleType = 2
    MSPRole_PEER   MSPRole_MSPRoleType = 3
)
```

SatisfiesPrincipal 函数主要用于验证给定的身份与规则中描述的类型是否匹配，代码首先调用 CollectPrincipals 函数收集规则，具体代码如下所示：

```
## [msp/mspimpl.go]
func collectPrincipals(principal *m.MSPPrincipal, mspVersion MSPVersion) ([]*m.
MSPPrincipal, error) {
    switch principal.PrincipalClassification {
    case m.MSPPrincipal_COMBINED:
        // 不支持 MSP v1.0 或 v1.1 版本
        if mspVersion <= MSPv1_1 {
            return nil, errors.Errorf("invalid principal type %d", int32(principal.
PrincipalClassification))
        }
        // 解码
        principals := &m.CombinedPrincipal{}
        err := proto.Unmarshal(principal.Principal, principals)
        if err != nil {
            return nil, errors.Wrap(err, "could not unmarshal CombinedPrincipal
from principal")
        }
        // 虽然解码成功，但还需要检查是否有规则
        if len(principals.Principals) == 0 {
            return nil, errors.New("No principals in CombinedPrincipal")
        }
        // 递归调用
        var principalsSlice []*m.MSPPrincipal
        for _, cp := range principals.Principals {
            internalSlice, err := collectPrincipals(cp, mspVersion)
            if err != nil {
                return nil, err
            }
            principalsSlice = append(principalsSlice, internalSlice...)
        }
        // 收集完成
        return principalsSlice, nil
    default:
        return []*m.MSPPrincipal{principal}, nil
    }
}
```

collectPrincipals 函数实际上是一个递归函数，对于组合策略，递归调用 collectPrincipals 函数直到规则是单个规则为止，并将解析出的规则写入 principalsSlice 列表。

internalSatisfiesPrincipalInternalFunc 函数检查给定身份是否与收集到的所有规则匹配，如果不匹配则提示报错。对收集到的规则进行内部检查，internalSatisfiesPrincipalInternal func 函数也是由 MSP 的版本决定实现方式的，但目前不同 MSP 版本的实现方式前两个都是一样的，都是调用 satisfiesPrincipalInternalPreV13 函数进行检查。根据规则类型是角色、身份还是组织单元，代码采用的不同的方式进行检查。当类型是角色时，由于角色本身又有四种类型，其包括管理员、普通成员、客户端、peer，不同类型角色的校验方式又有所不同，普通成员只需要校验身份是否合法；管理员则需判断是否在管理员列表中；若角色是客户端则需强制执行 peer 角色的校验过程；peer 角色不仅要校验身份是否合法，还需要判断是否在组织单元列表中。当类型为身份时，逐字节比较身份和策略是否一致，若一致，则继续检查身份的合法性。当类型为组织单元时，校验身份合法性后，还需要校验身份是否在组织单元列表中。

```
## [msp/mspimpl.go]
func (msp *bccspmsp) satisfiesPrincipalInternalPreV13(id Identity, principal *m.
MSPPrincipal) error {
    switch principal.PrincipalClassification {
    case m.MSPPrincipal_ROLE:
        mspRole := &m.MSPRole{}
        err := proto.Unmarshal(principal.Principal, mspRole)
        if err != nil {
            return errors.Wrap(err, "could not unmarshal MSPRole from principal")
        }
        // 检查名称
        if mspRole.MspIdentifier != msp.name {
            return errors.Errorf("the identity is a member of a different MSP
(expected %s, got %s)", mspRole.MspIdentifier, id.GetMSPIdentifier())
        }
        // 校验不同的角色
        switch mspRole.Role {
        case m.MSPRole_MEMBER:
            // 校验身份
            return msp.Validate(id)
        case m.MSPRole_ADMIN:
            for _, admincert := range msp.admins {
                // 逐字节比较证书
                if bytes.Equal(id.(*identity).cert.Raw, admincert.(*identity).cert.
Raw) {
                    // 不需要检查管理员身份是否有效，因为在安装时已经检查过了
                    return nil
                }
            }
            return errors.New("This identity is not an admin")
        case m.MSPRole_CLIENT:
            fallthrough
```

```
        case m.MSPRole_PEER:
            // 校验身份
            if err := msp.Validate(id); err != nil {
                return err
            }
            // 检查身份是否属于组织单位
            if err := msp.hasOURole(id, mspRole.Role); err != nil {
                return err
            }
            return nil
        default:
            return errors.Errorf("invalid MSP role type %d", int32(mspRole.Role))
        }
    case m.MSPPrincipal_IDENTITY:
        // 身份进行反序列化
        principalId, err := msp.DeserializeIdentity(principal.Principal)
        if err != nil {
            return errors.WithMessage(err, "invalid identity principal, not a
certificate")
        }
        // 逐字节比较证书
        if bytes.Equal(id.(*identity).cert.Raw, principalId.(*identity).cert.Raw) {
          // 校验身份
            return principalId.Validate()
        }
        return errors.New("The identities do not match")
    case m.MSPPrincipal_ORGANIZATION_UNIT:
        // 组织单元
        OU := &m.OrganizationUnit{}
        err := proto.Unmarshal(principal.Principal, OU)
        if err != nil {
            return errors.Wrap(err, "could not unmarshal OrganizationUnit from
principal")
        }
        // 检查名称
        if OU.MspIdentifier != msp.name {
            return errors.Errorf("the identity is a member of a different MSP
(expected %s, got %s)", OU.MspIdentifier, id.GetMSPIdentifier())
        }
        // 验证
        err = msp.Validate(id)
        if err != nil {
            return err
        }
        // 只要一个匹配即可
        for _, ou := range id.GetOrganizationalUnits() {
            if ou.OrganizationalUnitIdentifier == OU.OrganizationalUnitIdentifier &&
                bytes.Equal(ou.CertifiersIdentifier, OU.CertifiersIdentifier) {
                return nil
```

```
                }
            }
            // 都不匹配，返回错误
            return errors.New("The identities do not match")
        default:
            return errors.Errorf("invalid principal type %d", int32(principal.Principal
Classification))
        }
}
```

进行通道加入和链码安装时，MSP 必须是管理员角色，peer channel join 和 peer chaincode install，检查规则只需要比较证书即可，因为管理员证书在创建 MSP 过程中就已经设置好了，并且进行了正确的验证。core.yaml => peer.mspConfigPath 设置管理员的 MSP，如果是普通用户的 MSP，则无法加入通道，也无法链码安装，同时 core.yaml => peer.localMspId 也要设置正确。检查策略的过程是在 CheckPolicyNoChannel 函数进行的。

6.4.12 setupTLSCAs（建立 TLS 根证书和中间证书列表）

以 TLS 根证书为例，遍历配置文件中的 TLS 根证书，通过 getCertFromPem 函数获取对应的证书，并将其写入根证书列表和 TLS 根证书列表，同时将其添加到 opts 的根证书池中。TLS 根证书和中间证书列表建立完毕后，检查根证书列表和中间人证书列表证书格式是否正确，操作过程与建立证书树内部节点映射列表时的检查方式应一致。

```
## [msp/mspimplsetup.go]
func (msp *bccspmsp) setupTLSCAs(conf *m.FabricMSPConfig) error {
    // 验证选项，新建根证书池和中间证书池
    opts := &x509.VerifyOptions{Roots: x509.NewCertPool(), Intermediates: x509.
NewCertPool()}
    // 加载 TLS 根 CA 证书和中间 CA 证书
    msp.tlsRootCerts = make([][]byte, len(conf.TlsRootCerts))
    rootCerts := make([]*x509.Certificate, len(conf.TlsRootCerts))
    for i, trustedCert := range conf.TlsRootCerts {
        cert, err := msp.getCertFromPem(trustedCert)
        if err != nil {
            return err
        }
        // 保存 TLS 根证书
        rootCerts[i] = cert
        msp.tlsRootCerts[i] = trustedCert
        opts.Roots.AddCert(cert)
    }
    // 如果存在中间证书
    msp.tlsIntermediateCerts = make([][]byte, len(conf.TlsIntermediateCerts))
    intermediateCerts := make([]*x509.Certificate, len(conf.TlsIntermediateCerts))
    for i, trustedCert := range conf.TlsIntermediateCerts {
```

```
        cert, err := msp.getCertFromPem(trustedCert)
        if err != nil {
            return err
        }
        // 保证 TLS 中间证书
        intermediateCerts[i] = cert
        msp.tlsIntermediateCerts[i] = trustedCert
        opts.Intermediates.AddCert(cert)
    }
    // 确保 CA 证书格式正确并且有效
    for _, cert := range append(append([]*x509.Certificate{}, rootCerts...),
intermediateCerts...) {
        if cert == nil {
            continue
        }
        // 是否是 CA 证书
        if !cert.IsCA {
            return errors.Errorf("CA Certificate did not have the CA attribute,
(SN: %x)", cert.SerialNumber)
        }
        // 获得证书的 SKI
        if _, err := getSubjectKeyIdentifierFromCert(cert); err != nil {
            return errors.WithMessage(err, fmt.Sprintf("CA Certificate problem
with Subject Key Identifier extension, (SN: %x)", cert.SerialNumber))
        }
        // 验证 TLS 证书身份
        if err := msp.validateTLSCAIdentity(cert, opts); err != nil {
            return errors.WithMessage(err, fmt.Sprintf("CA Certificate is not valid,
(SN: %s)", cert.SerialNumber))
        }
    }
    // 成功
    return nil
}
```

6.4.13　setupOUs（建立组织单元列表）

遍历配置文件中的组织单元，获取组织单元证书的身份证明，遍历该组织单元证书列表，判断身份证明是否已经在列表中，若不存在则将其添加到组织单元列表中。

```
## [msp/mspimplsetup.go]
func (msp *bccspmsp) setupOUs(conf *m.FabricMSPConfig) error {
    msp.ouIdentifiers = make(map[string][][]byte)
    for _, ou := range conf.OrganizationalUnitIdentifiers {
        certifiersIdentifier, err := msp.getCertifiersIdentifier(ou.Certificate)
        if err != nil {
            return errors.WithMessage(err, fmt.Sprintf("failed getting certificate
for [%v]", ou))
```

```
        }
        found := false
        for _, id := range msp.ouIdentifiers[ou.OrganizationalUnitIdentifier] {
            if bytes.Equal(id, certifiersIdentifier) {
                mspLogger.Warningf("Duplicate found in ou identifiers [%s, %v]",
ou.OrganizationalUnitIdentifier, id)
                found = true
                break
            }
        }
        if !found {
            msp.ouIdentifiers[ou.OrganizationalUnitIdentifier] = append(
                msp.ouIdentifiers[ou.OrganizationalUnitIdentifier],
                certifiersIdentifier,
            )
        }
    }
    return nil
}
```

6.5 签名策略

commit peer 节点在收到 orderer 投递的区块，且更改自身交易状态之前，需要根据事先定义的签名策略验证交易是否满足，如果交易不满足签名策略，则交易不会提交到账本。

签名策略通常包括两个部分：一是主体 principal，定义了期望的签名来源，这里的 principal 就是 MSPPrincipal 结构体中定义的成员之一。principal 有四种角色定义，即 admin、member、peer 和 client，签名策略中只支持 admin 和 member 两种；二是门槛 thshold gate，门槛是一个字符串表达式，该表达式有两个参数，分别是背书数量 *t* 和主体 *n*，该表达式的含义是从 *n* 个主体中获取 *t* 个背书，如 T(2, 'A', 'B', 'C') 表示需要从'A' 'B' 'C'三个主体中得到任意 2 个背书节点的背书。表达式支持嵌套表达模式，如 T(1, 'A', T(2, 'B', 'C')) ，里层 T(2, 'B', 'C')表示需要得到'B'和'C'两个节点的背书，外层 T(1, 'A', T(2, 'B', 'C')) 表示要么得到'A'节点的背书满足策略，要么同时得到'B'和'C'两个节点的背书才满足策略。本节主要介绍签名策略是如何用代码实现封装和编译的。

6.5.1 签名策略定义

签名策略的结构定义中，成员 Type 是一个 isSignaturePolicy_Type 接口类型。

```
## [protos/common/policies.pb.go]
```

```
type SignaturePolicy struct {
    Type isSignaturePolicy_Type `protobuf_oneof:"Type"`
}
```

isSignaturePolicy_Type 接口包括一个成员函数 isSignaturePolicy_Type()，如下所示：

```
## [protos/common/policies.pb.go]
type isSignaturePolicy_Type interface {
    isSignaturePolicy_Type()
}
```

实现这个接口的有以下两个结构，即 SignaturePolicy_SignedBy 和 SignaturePolicy_NOutOf_。通常参与背书的主体被存放在 MSPPrincipal 列表中，SignedBy 表示主体在列表中的下标，实现 isSignaturePolicy_Type 接口的结构如下所示：

```
## [protos/common/policies.pb.go]
type SignaturePolicy_SignedBy struct {
    SignedBy int32 `protobuf:"varint,1,opt,name=signed_by,json=signedBy,oneof"`
}
type SignaturePolicy_NOutOf_ struct {
    NOutOf *SignaturePolicy_NOutOf `protobuf:"bytes,2,opt,name=n_out_of,json=nOutOf,
oneof"`
}
```

NoutOf 结构中，N 为背书数量，即 Rules 数组中有 N 个满足，则签名策略成立。Rules 为 SignaturePolicy 结构数组，如果这个数组中的某个类型是 SignaturePolicy_NOutOf_结构，则是递归形式，递归过程的结束条件是遇到类型是 SignaturePolicy_SignedBy 结构。SignaturePolicy_NOutOf_结构的成员结构如下所示：

```
## [protos/common/policies.pb.go]
type SignaturePolicy_NOutOf struct {
    N                    int32
    Rules                []*SignaturePolicy
}
```

Type 类型为 SignaturePolicy_SignedBy 结构的签名策略如下所示：

```
## [common/cauthdsl/cauthdsl_builder.go]
func SignedBy(index int32) *cb.SignaturePolicy {
    return &cb.SignaturePolicy{
        Type: &cb.SignaturePolicy_SignedBy{
            SignedBy: index,
        },
    }
}
```

Type 类型为 SignaturePolicy_NOutOf_结构的签名策略如下所示：

```
## [common/cauthdsl/cauthdsl_builder.go]
func NOutOf(n int32, policies []*cb.SignaturePolicy) *cb.SignaturePolicy {
    return &cb.SignaturePolicy{
```

```
        Type: &cb.SignaturePolicy_NOutOf_{
            NOutOf: &cb.SignaturePolicy_NOutOf{
                N:      n,
                Rules: policies,
            },
        },
    }
}
```

6.5.2 签名策略封装

签名策略的封装结构体中，Identities 为主体列表，Rule 为规则：

```
## [protos/common/policies.pb.go]
type SignaturePolicyEnvelope struct {
    Version             int32
    Rule                *SignaturePolicy
    Identities           []*msp.MSPPrincipal
}
```

通常情况下，链码使用 EXPR(E[, E…])的语法方式实例化签名策略，EXPR 是指 AND 或 OR；E 既可以直接是主体 principle，也可以是嵌套的另一个 EXPR。策略字符串最简单的两种表示形式如下：

"OR('Org1MSP.member', 'Org2MSP.member')"

"AND('Org1MSP.member', 'Org2MSP.member')"

如果用代码方式表示这两种签名策略，则 MSPPrincipal 列表包括两个主体，其名称分别为 Org1MSP、Org2MSP，主体角色都是 MSPRole_MEMBER 普通成员。

```
MSPPrincipal{
    PrincipalClassification: MSPPrincipal_ROLE,
    Principal: &MSPRole{MspIdentifier: "Org1MSP", Role: MSPRole_MEMBER }
}
MSPPrincipal{
    PrincipalClassification: MSPPrincipal_ROLE,
    Principal: &MSPRole{MspIdentifier: "Org2MSP", Role: MSPRole_MEMBER }
}
```

定义第一个签名策略：Rules 中封装了两个 SignaturePolicy_SignedBy 结构体，SignedBy 为 0 表示主体 Org1MSP；SignedBy 为 1 表示主体 Org2MSP；N 值为 1，表示得到 Org1MSP 或 Org2MSP 其中一个主体的背书即可满足策略。结构具体如下所示：

```
SignaturePolicy{
    Type: &SignaturePolicy_NOutOf_{
        NOutOf: &SignaturePolicy_NOutOf{
            N:     1,
```

```
            Rules:
                SignaturePolicy{
                    Type: &SignaturePolicy_SignedBy{
                        SignedBy: 0,
                    },
                SignaturePolicy{
                    Type: &SignaturePolicy_SignedBy{
                        SignedBy: 1,
                    },
                },
            }
        }
    }
}
```

定义第二个签名策略：与第一个签名策略相比，唯一不同之处在于 N 的值，这里 N 值为 2，表示得到 Org1MSP 和 Org2MSP 中两个主体的背书才满足策略。结构具体如下所示：

```
SignaturePolicy{
    Type: &SignaturePolicy_NOutOf_{
        NOutOf: &SignaturePolicy_NOutOf{
            N:    2,
            Rules:
                SignaturePolicy{
                    Type: &SignaturePolicy_SignedBy{
                        SignedBy: 0,
                    },
                SignaturePolicy{
                    Type: &SignaturePolicy_SignedBy{
                        SignedBy: 1,
                    },
                },
            }
        }
    }
}
```

[common/cauthdsl/cauthdsl_builder.go] 源码文件提供了一些轻巧的函数，如 SignedByMspMember、SignedByMspPeer、SignedByMspAdmin 等，用于填充 SignaturePolicy 结构。

6.5.3 策略编译

compile 是一个相对较难理解的函数，理解时需要一些耐心。该代码首先判断策略的类型，如果是 SignaturePolicy_SignedBy 结构的策略，则直接进行检查，检查完毕后返回一个匿名函数；如果是 SignaturePolicy_NOutOf_结构的签名策略，则表示策略中存在嵌套策略，需要递归调用 compile 函数进行检查。策略的检查包括以下几个步骤：首先，检查主体是否在主体列表中；其次，判断策略是否已经被检查过，已经检查的策略不再检查，反序列化主体身份，调用 SatisfiesPrincipal 函数检查主体身份与规则中描述的是否匹配；最后，调用 Verify 函数验证签名是否合法，检查通过后，设置该策略为已经检查过，下次不需要再检查。

```
## [common/cauthdsl/cauthdsl.go]
func compile(policy *cb.SignaturePolicy, identities []*mb.MSPPrincipal,
deserializer msp.IdentityDeserializer) (func([]*cb.SignedData, []bool) bool, error) {
    if policy == nil { // 策略不能为 nil
        return nil, fmt.Errorf("Empty policy element")
    }
    // 检查策略类型
    switch t := policy.Type.(type) {
    // compile 第一次进入是这个类型
    case *cb.SignaturePolicy_NOutOf_:
        // 用于保存策略函数数组
        policies := make([]func([]*cb.SignedData, []bool) bool, len(t.NOutOf.Rules))
        // 遍历所有策略
        for i, policy := range t.NOutOf.Rules {
            // 递归调用
            compiledPolicy, err := compile(policy, identities, deserializer)
            if err != nil {
                return nil, err
            }
            // 保存检查函数
            policies[i] = compiledPolicy
        }
        // 返回匿名函数，注意这里不执行，还附带了 policies 数组，这个数组装的也是函数
        return func(signedData []*cb.SignedData, used []bool) bool {
            // 当这个函数被调用时...
            verified := int32(0)
            _used := make([]bool, len(used))
            // 遍历数组中的函数
            for _, policy := range policies {
                copy(_used, used)
                // 调用数组中的函数
                if policy(signedData, _used) {
                    // 验证通过
                    verified++
                    copy(used, _used)
                }
            }
            // 所有函数都验证完毕，比较 N 值
            return verified >= t.NOutOf.N
        }, nil
```

```
    // compile 递归第二次进入是这个类型
    case *cb.SignaturePolicy_SignedBy:
        // 值不能小于 0，不能大于等于主体规则的数量
        if t.SignedBy < 0 || t.SignedBy >= int32(len(identities)) {
            return nil, fmt.Errorf("identity index out of range, requested %v, but
identies length is %d", t.SignedBy, len(identities))
        }
        // 通过索引取得主体规则
        signedByID := identities[t.SignedBy]
        // 返回匿名函数，注意这里不执行，还附带了主体规则 signedByID
        return func(signedData []*cb.SignedData, used []bool) bool {
            // 当这个函数被调用时...
            for i, sd := range signedData {
                // 签名数据是否已经检查过，是否已经满足某个策略
                if used[i] {
                    continue
                }
                // 反序列化身份
                identity, err := deserializer.DeserializeIdentity(sd.Identity)
                if err != nil {
                    continue
                }
                // 检查主体规则
                err = identity.SatisfiesPrincipal(signedByID)
                if err != nil {
                    continue
                }
                // 验证数据
                err = identity.Verify(sd.Data, sd.Signature)
                if err != nil {
                    continue
                }
                // 检验已经通过，设置为真值，下一个策略不需要再验证
                used[i] = true
                return true
            }
            return false
        }, nil
    default:
        return nil, fmt.Errorf("Unknown type: %T:%v", t, t)
    }
}
```

编译完毕之后得到的是一个匿名函数：func(signedData []*cb.SignedData, used []bool) bool。可以用这个匿名函数验证签名数据 SignedData 数组是否符合预定义的签名策略，如果参数 SignedData 数组某一个已经满足签名策略，那么下次可不用再检查。

①注意

填充签名数据 SignedData 结构可以从背书 Endorsement 结构转化而来，从而实现背书签名的验证过程。

打开 core.yaml 设置 peer.mspConfigPath，配置 MSP 目录，从：

```
peer
    mspConfigPath: crypto-config/peerOrganizations/org1.example.com/
                   users/Admin@org1.example.com/msp
```

改为如下形式：

```
peer
    mspConfigPath: crypto-config/peerOrganizations/org1.example.com/
                   users/User1@org1.example.com/msp
```

然后执行链码查询：

```
$ peer chaincode query -C %CHANNEL_NAME% -n mycc -c '{"Args":["invoke","query","a"]}'
Error: error endorsing query: rpc error: code = Unknown desc = Failed evaluating policy
on signed data during check policy on channel [mychannel] with policy
[/Channel/Application/Writers]: [Failed to reach implicit threshold of 1 sub-policies,
required 1 remaining] - proposal response: <nil>
```

如果发现出错的信息，这是因为在创建通道时设置了组织策略：

```
## [configtx.yaml]
Organizations:
   - &Org1
      Name: Org1MSP
      ID: Org1MSP
      MSPDir: crypto-config/peerOrganizations/org1.example.com/msp
      # 策略在配置树的这个级别定义策略集。对于组织策略，其规范路径通常是 /Channel/<Application|
Orderer>/<OrgName>/<PolicyName>
      Policies:
         Readers:
            Type: Signature
            Rule: "OR('Org1MSP.admin', 'Org1MSP.peer', 'Org1MSP.client')"
         Writers:
            Type: Signature
            Rule: "OR('Org1MSP.admin', 'Org1MSP.client')"
         Admins:
            Type: Signature
            Rule: "OR('Org1MSP.admin')"
```

此时将 Writers 规则改为"OR('Org1MSP.admin', 'Org1MSP.client', 'Org1MSP.member')"，这样重新执行查询就不会有问题。命令行代码如下所示：

```
$ peer chaincode query -C %CHANNEL_NAME% -n mycc -c '{"Args":["invoke","query","a"]}'
90
```

User1@org1.example.com 属于组织的 member。core.yaml->peer.mspConfigPath 指定了 peer 节点是什么身份，然后将这样的身份和 configtx.yaml 的通道配置策略进行关联。

configtx.yaml 策略规则是在 configtxgen 工具创建通道文件时封装的。configtxgen 工具的封装函数如下：

```
## [common/tools/configtxgen/encoder/encoder.go]
func addPolicies(cg *cb.ConfigGroup, policyMap map[string]*genesisconfig.Policy,
modPolicy string) error {
    for policyName, policy := range policyMap {
        switch policy.Type {
        case ImplicitMetaPolicyType:
            imp, err := policies.ImplicitMetaFromString(policy.Rule)
            if err != nil {
                return errors.Wrapf(err, "invalid implicit meta policy rule '%s'",
policy.Rule)
            }
            cg.Policies[policyName] = &cb.ConfigPolicy{
                ModPolicy: modPolicy,
                Policy: &cb.Policy{
                    Type:  int32(cb.Policy_IMPLICIT_META),
                    Value: utils.MarshalOrPanic(imp),
                },
            }
        case SignaturePolicyType:
            sp, err := cauthdsl.FromString(policy.Rule)
            if err != nil {
                return errors.Wrapf(err, "invalid signature policy rule '%s'",
policy.Rule)
            }
            cg.Policies[policyName] = &cb.ConfigPolicy{
                ModPolicy: modPolicy,
                Policy: &cb.Policy{
                    Type:  int32(cb.Policy_SIGNATURE),
                    Value: utils.MarshalOrPanic(sp),
                },
            }
        default:
            return errors.Errorf("unknown policy type: %s", policy.Type)
        }
    }
    return nil
}
```

重点 cauthdsl.FromString(policy.Rule)，根据字符串创建 SignaturePolicyEnvelope 结构，最后封装进了 genesis.block。在使用时，NewPolicy 函数解码 data 获得 SignaturePolicy Envelope 结构，然后编译。具体代码如下所示：

```
## [common/cauthdsl/policy.go]
func (pr *provider) NewPolicy(data []byte) (policies.Policy, proto.Message, error) {
    sigPolicy := &cb.SignaturePolicyEnvelope{}
    if err := proto.Unmarshal(data, sigPolicy); err != nil { // 解码
        return nil, nil, fmt.Errorf("Error unmarshaling to SignaturePolicy: %s", err)
    }
    // 检查版本
    if sigPolicy.Version != 0 {
        return nil, nil, fmt.Errorf("This evaluator only understands messages of
version 0, but version was %d", sigPolicy.Version)
    }
    // 编译
    compiled, err := compile(sigPolicy.Rule, sigPolicy.Identities, pr.deserializer)
    if err != nil {
        return nil, nil, err
    }
    // 封装策略
    return &policy{
        evaluator:    compiled,
        deserializer: pr.deserializer,
    }, sigPolicy, nil
}
```

policy 结构提供了 Evaluate 函数，评估 signatureSet 签名是否满足策略。具体代码如下所示：

```
## [common/cauthdsl/policy.go]
func (p *policy) Evaluate(signatureSet []*cb.SignedData) error {
    if p == nil {
        return fmt.Errorf("No such policy")
    }
    idAndS := make([]IdentityAndSignature, len(signatureSet))
    for i, sd := range signatureSet {
        idAndS[i] = &deserializeAndVerify{
            signedData:   sd,
            deserializer: p.deserializer,
        }
    }
    // 评估
    ok := p.evaluator(deduplicate(idAndS), make([]bool, len(signatureSet)))
    if !ok {
        return errors.New("signature set did not satisfy policy")
    }
    return nil
}
```

第7章 账本管理

账本是 Fabric 网络中的一个重要概念，直观来说，账本的作用就是记录网络中发生的一系列交易信息。在 Fabric 网络中，多个得到确认、有序且不允许篡改的交易信息被打包成块，多个区块拼接成单链结构（Blockchain，区块链），包含所有交易信息的区块链也就是账本。

使用 peer node start 命令可启动 peer 节点服务。该命令在 Fabric 源码中对应执行的是 fabric/peer/node/start.go 文件中的 serve 函数，在函数的开头就调用 ledgermgmt.Initialize 进行账本的相关初始化操作。由此可知，建立账本环境是进行其他模块操作的基础，所以有必要对账本相关知识进行深刻理解。

本章主要讲解如何在 Fabric 网络中实现对账本的创建和管理。

7.1 账本关系

从账本管理器初始化开始，在 fabric/core/ledger/ledgermgmt/ledger_mgmt.go 文件中的开头定义了两个比较重要的变量：

```
// 打开的账本：根据名称 chainid，如 "mychannel"，保存打开的账本
var openedLedgers map[string]ledger.PeerLedger
// 账本提供者：账本数据目录的初始化
var ledgerProvider ledger.PeerLedgerProvider
```

该代码中 openedLedgers 是一个 map 映射；key 为通道名称；value 为账本。在 Fabric

网络中可以配置多条通道（Channel），每条通道各自维护有且只有一份账本，通道中的成员共同维护账本（每个成员均复制一份，使用 Gossip 协议最终达到各个账本数据一致），因此通道名称和账本数据是一一对应的。这里使用 openedLedgers 变量存放当前 Fabric 网络中处于打开状态的所有账本。

上述定义中还给出本章的第一个新名词，即账本提供者。有了账本提供者就能创建账本。根据不同的创世纪区块可以创建多个不同的账本，但账本提供者有且只能有一个。账本提供者本身又由账本管理器管理，账本提供者的新建及初始化在 ledgermgmt.Initialize 函数中实现，peer node start 的 serve 函数执行如下：

```
ledgermgmt.Initialize(
    &ledgermgmt.Initializer{
        CustomTxProcessors:              peer.ConfigTxProcessors,
        PlatformRegistry:                pr,
        DeployedChaincodeInfoProvider:  deployedCCInfoProvider,
        MembershipInfoProvider:          membershipInfoProvider,
        MetricsProvider:                 metricsProvider,
    },
)
```

初始化函数主要建立组成账本的各个数据库，其进行以下两部分操作：

（1）kvledger.NewProvider，新建账本提供者。

（2）provider.Initialize，账本提供者的初始化。

NewProvider 函数中建立（数据库名称和数据库存储位置）：

```
idStore
    位置：/var/hyperledger/production/ledgersData/ledgerProvider
ledgerStoreProvider
    blockStoreProvider
        位置：/var/hyperledger/production/ledgersData/chains/index
    pvtStoreProvider
        位置：/var/hyperledger/production/ledgersData/pvtdataStore
historydbProvider
    位置：/var/hyperledger/production/ledgersData/historyLeveldb
```

Initialize 函数中建立（数据库名称和数据库存储位置）：

```
configHistoryMgr
    位置：/var/hyperledger/production/ledgersData/configHistory
bookkeepingProvider
    位置：/var/hyperledger/production/ledgersData/bookkeeper
vdbProvider
    位置：/var/hyperledger/production/ledgersData/stateLeveldb
```

账本管理器使用 core/ledger/ledgerconfig/ledger_config.go 指定账本的 leveldb 目录，leveldb 目录的相对路径由 core.yaml->peer.fileSystemPath 进行指定。账本管理器初始化的

目的就是新建账本的 leveldb 目录，如果存在仅执行打开操作，那么原来的数据就不会被覆盖。账本管理器初始化完成之后即可进行操作。账本管理器提供 PeerLedgerProvider 接口供外部调用。除此之外，core/ledger/ledgermgmt/ledger_mgmt.go 还提供了四个全局函数供外部使用，具体如下：

```
func CreateLedger(genesisBlock *common.Block) (ledger.PeerLedger, error)
func OpenLedger(id string) (ledger.PeerLedger, error)
func GetLedgerIDs() ([]string, error)
func Close()
```

CreateLedger 和 OpenLedger 返回了实现 PeerLedger 接口的账本结构，PeerLedger 接口有大约 20 种方法。图 7-1 显示了账本提供者所依赖的接口和流程方向。

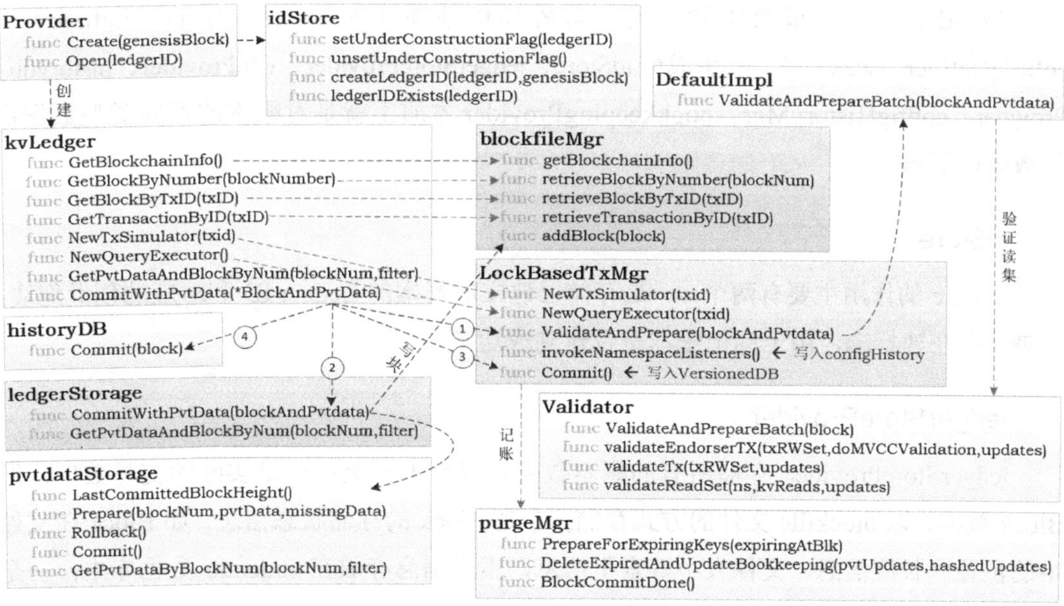

图 7-1 账本总概

账本提供者 Provider 根据 idStore 创建账本 kvLedger。外部函数根据 kvLedger 提供的接口进行调用，图 7-1 中的虚线头指示了接口流程的方向。

账本提供者的结构定义如下：

```
## [core/ledger/kvledger/kv_ledger_provider.go]
type Provider struct {
    // id 存储
    idStore             *idStore
    // 账本存储提供者
    ledgerStoreProvider *ledgerstorage.Provider
    // 版本数据库提供者
    vdbProvider         privacyenabledstate.DBProvider
    // 历史数据库提供者
```

```
    historydbProvider    historydb.HistoryDBProvider
    // 配置历史管理者
    configHistoryMgr     confighistory.Mgr
    // 状态监听器
    stateListeners       []ledger.StateListener
    // 记账提供者
    bookkeepingProvider bookkeeping.Provider
    // 初始化
    initializer          *ledger.Initializer
    // 监听 chaincode 事件并确定 peer 是否符合一个或多个现有私有数据集合的条件，并通知注册的监听器
    collElgNotifier *collElgNotifier
    // 度量状态
    stats *stats
}
```

Provider 结构体成员中除定义一些外部依赖项（如 stateListeners、initializer、collElgNotifier、stats）外，其余成员 idStore、ledgerStoreProvider、vdbProvider、historydb Provider、configHistoryMgr、bookkeepingProvider 本质上就是对账本的不同类型数据提供数据库服务。

idStore

idStore 的作用主要有两个：一是存储已建立的账本的 Ledger ID 和对应的创世纪块；二是保存在建标志，用于标记账本是否建立成功。

ledgerStoreProvider

ledgerStoreProvider 存储所有的账本数据，可分为三类：一是实际的交易数据，即 Block 数据，以 blockfile 文件的方式存储；二是 Block 的存储状态信息，如 Block 在文件中的位置、长度信息、文件大小等索引信息，索引信息存放在 indexdb 数据库中；三是私有数据，存放在 pvtdatastorage 数据库中。

vdbProvider

提及版本数据提供者 vdbProvider，需要引出本章的第二个新名词——世界状态（World State），即交易数据的最终状态（不保存交易记录，如最终状态 a 有 90、b 有 210，并不记录 a 给 b 10 的交易过程）。通过世界状态，可以很容易查询到最终状态信息，如某个账户余额多少，这类信息被存储在 VersionDB 数据库。

historydbProvider

historydbProvider 提供 historydb 数据库，顾名思义，该数据库是存储交易的历史数据明细的。

configHistoryMgr

configHistoryMgr 配置历史数据库，保存配置相关的信息。

bookkeepingProvider

私有数据除了本身数据之外，还有部分数据称为私有数据生存策略，包括区块生存时间和有效期编号，这类数据被存放在 bookeeperdb 中。

上述数据库，除了 Block 数据使用 Blockfile 方式存储，其余数据库都是基于 leveldb 的。leveldb 是谷歌公司自行研发的一个典型的 key-value 数据库，leveldb 最重要的特征是查询和保存速度快；但其缺点也非常明显，就是不支持富查询，对信息归类偏弱。另外，VesrsionDB 也可以通过 CouchDB 实现，CouchDB 可以支持比较丰富的查询方式，Fabric 账本默认使用 leveldb 保存，其保存方式是由 core.yaml->ledger.state.stateDatabase: goleveldb 设置的。

这里仅进行概略介绍，下文将结合代码对账本中每个数据库进行详细介绍，所以读者目前有所疑问也没有关系，继续阅读能够得到更深刻的理解。

账本的结构体定义如下所示：

```
## [core/ledger/kvledger/kv_ledger.go]
type kvLedger struct {
    // 账本 ID
    ledgerID                string
    // 区块存储
    blockStore              *ledgerstorage.Store
    // 交易管理者
    txtmgmt                 txmgr.TxMgr
    // 历史数据库
    historyDB               historydb.HistoryDB
    // 配置历史检索器
    configHistoryRetriever ledger.ConfigHistoryRetriever
    // 读写锁
    blockAPIsRWLock         *sync.RWMutex
    // 账本状态
    stats *ledgerStats
}
```

账本由账本提供者创建，kvLedger 结构中定义的成员实现也应来自账本提供者。

openedLedgers 和 ledgerProvider 在 ledger_mgmt.go 源码文件的定义都是小写字母开头，这意味着这些文件只能在 package ledgermgmt 内访问。因此，在 ledger_mgmt.go 源码文件中定义了若干可以供外部访问的公共函数，如 Initialize、CreateLedger、OpenLedger、GetLedgerIDs、Close，下文将对这几个函数的基本功能进行讲解。

7.2 账本管理概述

账本是 peer 节点最重要的构成部分，每一个 peer 节点都有一份账本，根据最终一致性原则，理论上每一份账本都是相同的（除非自己节点不联网）。

7.2.1 Initialize 初始化账本提供者

Initialize 初始化函数的主要功能是新建账本提供者。该函数的代码如下所示：

```
## [core/ledger/ledgermgmt/ledger_mgmt.go]
var once sync.Once
func Initialize(initializer *Initializer) {
    // 全局只执行一次
    once.Do(func() {
        initialize(initializer)
    })
}
```

上段代码中，Initialize 函数直接转调用内部函数 initialize，而使用 sync.Once 保证 initialize 函数即使在 Initialize 函数多次被调用也仅能被调用一次。

初始化账本提供者代码如下所示：

```
func initialize(initializer *Initializer) {
    initialized = true
    // 全局变量，map 集合，key = chainid, value = ledger，用于保存已打开的账本
    openedLedgers = make(map[string]ledger.PeerLedger)
    // 自定义交易处理器的初始化，位置 [core/ledger/customtx/custom_tx_processor.go]
    customtx.Initialize(initializer.CustomTxProcessors)
    // 链码事件管理器的初始化，位置 [core/ledger/cceventmgmt/mgr.go]
    cceventmgmt.Initialize(initializer.PlatformRegistry)
    // 增加状态监听器
    finalStateListeners := addListenerForCCEventsHandler([]ledger.StateListener{})
    // 新建账本提供者
    provider, err := kvledger.NewProvider()
    if err != nil {
        panic(errors.WithMessage(err, "Error in instantiating ledger provider"))
    }
    // 账本提供者的初始化
    provider.Initialize(&ledger.Initializer{
        StateListeners:            finalStateListeners,
        // 部署链码信息提供者，未使用
        DeployedChaincodeInfoProvider: initializer.DeployedChaincodeInfoProvider,
        // 成员关系信息提供者，未使用
        MembershipInfoProvider:        initializer.MembershipInfoProvider,
        // 性能分析提供者
```

```
        MetricsProvider:                   initializer.MetricsProvider,
    })
    // 全局变量，用于同文件内的函数使用 CreateLedger()、OpenLedger()、GetLedgerIDs()、
Close()
    ledgerProvider = provider
}
```

initialize 函数首先对前面定义的 openedLedgers 全局变量进行初始化，分配空间，接下来主要完成三个操作：一是初始化账本提供者所需的所有外部依赖项；二是调用 kvledger.NewProvider 函数创建账本提供者；三是对新建的账本提供者做初始化操作。下面分别对这三个操作做详细介绍。

外部依赖项初始化

账本提供者需要的所有外部依赖项包括自定义交易处理器、链码事件管理器和状态监听器。调用自定义交易处理器和链码事件管理器各自的 Initialize 函数初始化 CustomTxProcessors 和 PlatformRegistry。调用 addListenerForCCEventsHandler 增加 LSCC 状态监听器，给状态监听器 finalStateListeners 赋值。

initialize 参数如下所示：

```
## [core/ledger/ledgermgmt/ledger_mgmt.go]
type Initializer struct {
    // 自定义交易处理器
    CustomTxProcessors              customtx.Processors
    // 链码平台注册
    PlatformRegistry               *platforms.Registry
    // 部署链码信息提供者，未使用
    DeployedChaincodeInfoProvider ledger.DeployedChaincodeInfoProvider
    // 成员关系信息提供者，未使用
    MembershipInfoProvider          ledger.MembershipInfoProvider
    // 度量性能监控提供者
    MetricsProvider metrics.Provider
}
```

CustomTxProcessors 和 PlatformRegistry 是 Initializer 结构体的两个成员变量。

（1）自定义交易处理器 CustomTxProcessors。

自定义交易处理器，是用来维护自定义交易类型和与其对应的交易处理器之间关联的。customtx.Processors 定义如下所示：

```
## [core/ledger/customtx/custom_tx_processor.go]
type Processors map[common.HeaderType]Processor
```

类型 Processors 是一个 map 集合，key 为 common.HeaderType 类型，HeaderType 表示交易的类型，value 为 Processor 接口。Processor 接口定义如下所示：

```
## [core/ledger/customtx/interface.go]
type Processor interface {
    GenerateSimulationResults(txEnvelop *common.Envelope, simulator ledger.TxSimulator,
initializingLedger bool) error
}
```

配置交易处理器 type configtxProcessor struct {}实现了 Processor 接口的 GenerateSimulationResults 方法。该方法的主要功能是通过解析参数 txEnvelop 获取配置信息 config，通过配置信息来获取交易真实内容读写集，并将读写集保存到模拟器 simulator 中。GenerateSimulationResults 函数只能处理 HeaderType_CONFIG，即配置类型的交易。配置类型的交易没有准备好的读写集，需要在这里进行模拟保存。生成模拟交易集，如下所示：

```
## [core/peer/configtx_processor.go]
func  (tp  *configtxProcessor)  GenerateSimulationResults(txEnv  *common.Envelope,
simulator ledger.TxSimulator, initializingLedger bool) error {
    payload := utils.UnmarshalPayloadOrPanic(txEnv.Payload)
    channelHdr := utils.UnmarshalChannelHeaderOrPanic(payload.Header.ChannelHeader)
    txType := common.HeaderType(channelHdr.GetType())// 获取交易类型
    switch txType {
    case common.HeaderType_CONFIG:
        return processChannelConfigTx(chainid, txEnv, simulator)
    default:
        return fmt.Errorf("tx type [%s] is not expected", txType)
    }
}
```

处理通道配置交易类型，具体代码如下所示：

```
func  processChannelConfigTx(chainid  string,  txEnv  *common.Envelope,  simulator
ledger.TxSimulator) error {
    configEnvelope := &common.ConfigEnvelope{}
    if _, err := utils.UnmarshalEnvelopeOfType(txEnv, common.HeaderType_CONFIG,
configEnvelope); err != nil {
        return err
    }
    // 值(value)
    channelConfig := configEnvelope.Config
    // 键(key) channelConfigKey = "resourcesconfigtx.CHANNEL_CONFIG_KEY"
    if err := persistConf(simulator, channelConfigKey, channelConfig); err != nil {
        return err
    }
    if channelConfig == nil {
        return fmt.Errorf("Channel config found nil")
    }
    return nil
}
```

保存到模拟器，具体代码如下所示：

```
func persistConf(simulator ledger.TxSimulator, key string, config *common.Config)
error {
    serializedConfig, err := serialize(config)
    if err != nil {
        return err
    }
    // 保存到模拟器，命名空间 peerNamespace = ""
    return simulator.SetState(peerNamespace, key, serializedConfig)
}
```

（2）链码平台注册 platforms.Registry。

链码平台用来处理链码（Chaincode）的注册过程，platforms.Registry 接口定义如下所示：

```
## [core/chaincode/platforms/platforms.go]
type Platform interface {
    // 返回链码名称，如 "golang""node""car""java"
    Name() string
    // 校验链码路径
    ValidatePath(path string) error
    // 校验链码源码
    ValidateCodePackage(code []byte) error
    // 读取链码源码
    GetDeploymentPayload(path string) ([]byte, error)
    // 生成 docker 文件
    GenerateDockerfile() (string, error)
    // 执行 docker build
    GenerateDockerBuild(path string, code []byte, tw *tar.Writer) error
    // 获取元数据提供者
    GetMetadataProvider(code []byte) MetadataProvider
}
```

上述函数接口均在 core/chaincode/platforms/golang/platform.go 文件中实现，属于 golang 语言平台实现的函数。在进行链码操作时会调用到上述函数。

例如，安装 Go 语言的链码，如下所示：

```
## [fabric-samples/first-network/scripts/utils.sh]
installChaincode () {
    peer chaincode install -n mycc -v 1.0 -p github.com/hyperledger/fabric/examples/
chaincode/go/example02/cmd >&log.txt
}
```

会调用 golang 平台的函数，如下所示：

```
## [core/chaincode/platforms/golang/platform.go]
func (goPlatform *Platform) ValidatePath(rawPath string) error
func (goPlatform *Platform) GetDeploymentPayload(path string) ([]byte, error)
func (goPlatform *Platform) GetMetadataProvider(code []byte) platforms.MetadataProvider
```

实例化 Go 语言的链码，如下所示：

```
## [fabric-samples/first-network/scripts/utils.sh]
instantiateChaincode () {
    peer chaincode instantiate -o orderer.example.com:7050 --tls --cafile $ORDERER_CA
-C $CHANNEL_NAME -n mycc -v 1.0 -c '{"Args":["init","a","100","b","200"]}' -P "AND
('Org1MSP.peer','Org2MSP.peer')" >&log.txt
}
```

会调用 golang 平台的函数，如下所示：

```
## [core/chaincode/platforms/golang/platform.go]
func (goPlatform *Platform) ValidateCodePackage(code []byte) error
func (goPlatform *Platform) GetMetadataProvider(code []byte) platforms.MetadataProvider
```

（3）状态监听器。

当状态发生变化时，状态监听器会进行数据更新，每个区块只能执行一次状态更新操作，且该操作只能在区块提交之前执行，若更新操作失败，区块提交操作将被终止。状态监听器还支持客户自定义代码，用于在注册侦听器的特定命名空间时根据状态的变化执行附加内容。StateListener 接口定义如下所示：

```
## [core/ledger/ledger_interface.go]
type StateListener interface {
    // 状态监听器命名空间，如 "lscc"
    InterestedInNamespaces() []string
    // 处理状态更新
    HandleStateUpdates(trigger *StateUpdateTrigger) error
    // 状态提交完成，目前暂时没实现
    StateCommitDone(channelID string)
}
```

处理状态更新操作的函数传入的参数是 StateUpdateTrigger，StateUpdateTrigger 的定义如下所示：

```
## [core/ledger/ledger_interface.go]
type StateUpdateTrigger struct {
    LedgerID                      string
    // 状态更新
    StateUpdates                  StateUpdates
    // 提交区块编号
    CommittingBlockNum            uint64
    // 提交状态查询执行器
    CommittedStateQueryExecutor SimpleQueryExecutor
    // 后提交查询执行器
    PostCommitQueryExecutor       SimpleQueryExecutor
}
// 状态更新的类型是集合
type StateUpdates map[string]interface{}
```

SimpleQueryExecutor 接口的定义如下所示：

```
## [core/ledger/ledger_interface.go]
type SimpleQueryExecutor interface {
    // 根据命名空间和键，获取值
    GetState(namespace string, key string) ([]byte, error)
    // 根据命名空间、开始键、结束键，获取结果迭代器
    GetStateRangeScanIterator(namespace string, startKey string, endKey string)
        (commonledger.ResultsIterator, error)
}
```

GetStateRangeScanIterator 返回结果集迭代接口，如下所示：

```
## [common/ledger/ledger_interface.go]
type ResultsIterator interface {
    Next() (QueryResult, error)
    Close()
}
type QueryResult interface{}
```

新建账本提供者

账本提供者的建立是通过调用 kvledger.NewProvider 函数来实现的，该函数返回结果是一个实现 ledger.PeerLedgerProvider 接口的 Provider 结构，具体如下所示：

```
## [core/ledger/ledgermgmt/ledger_mgmt.go]
provider, err := kvledger.NewProvider()
```

PeerLedgerProvider 接口中声明了账本提供者允许外部调用的所有函数，提供账本提供者自身初始化、创建账本、打开账本、判断账本是否存在、列举所有账本 ID 及关闭账本等一系列功能。具体结构如下所示：

```
## [core/ledger/ledger_interface.go]
type PeerLedgerProvider interface {
    // 初始化：初始化账本提供者
    Initialize(initializer *Initializer)
    // 创建：根据创世纪区块创建账本，保证账本的创建和提交创世纪区块的过程是原子行为
    Create(genesisBlock *common.Block) (PeerLedger, error)
    // 打开：根据账本 ID，如 "mychannel"，打开一个已经创建的账本
    Open(ledgerID string) (PeerLedger, error)
    // 存在：根据账本 ID，如 "mychannel"，确定账本是否存在
    Exists(ledgerID string) (bool, error)
    // 列出：列出所有账本的 ID，返回值如 "mychannel",
    List() ([]string, error)
    // 关闭：关闭账本提供者
    Close()
}
```

Provider 结构在上文已经进行了介绍，在 NewProvider 函数中主要是初始化结构体中包含的一系列数据库，具体结构如下所示：

```
## [core/ledger/kvledger/kv_ledger_provider.go]
type Provider struct {
    // id 存储
    idStore              *idStore
    // 账本存储提供者
    ledgerStoreProvider *ledgerstorage.Provider
    // 版本数据库提供者
    vdbProvider          privacyenabledstate.DBProvider
    // 历史数据库提供者
    historydbProvider    historydb.HistoryDBProvider
    // 配置历史管理者
    configHistoryMgr     confighistory.Mgr
    // 状态监听器
    stateListeners       []ledger.StateListener
    // 记账提供者
    bookkeepingProvider bookkeeping.Provider
    // 初始化
    initializer          *ledger.Initializer
}
```

如下是 NewProvider 函数的代码实现，注释中注明了每个数据库的存储位置，以及保存的 key-value 键值对分别是什么内容：

```
## [core/ledger/kvledger/kv_ledger_provider.go]
func NewProvider() (ledger.PeerLedgerProvider, error) {
    // 位置 /var/hyperledger/production/ledgersData/ledgerProvider
    // 保存 key = ledgerID, value = genesisBlock
    idStore := openIDStore(ledgerconfig.GetLedgerProviderPath())

    // 位置 /var/hyperledger/production/ledgersData/chains/index
    // 保存 key = "BlockNum", value = fileLocPointer{}
    // 保存 key = "BlockHash", value = fileLocPointer{}
    // 保存 key = "TxID", value = fileLocPointer{}

    // 位置 /var/hyperledger/production/ledgersData/pvtdataStore
    // 保存 key = dataKey{}, value = CollectionPvtReadWriteSet{}
    // 保存 key = expiryKey{}, value = ExpiryData{}
    // 保存 key = missingDataKey{}, value = BitSet{}
    ledgerStoreProvider := ledgerstorage.NewProvider()

    // 位置 /var/hyperledger/production/ledgersData/historyLeveldb
    // 保存 key = "lscc" + "mycc" + 1 (blockNo) + 0 (tranNo), emptyValue = []byte{}
    // 保存 key = "lscc" + " mycc~collection" + 1 (blockNo) + 0 (tranNo), emptyValue = 
[]byte{}
    // 保存 key = "mycc" + "a" + 1 (blockNo) + 0 (tranNo), emptyValue = []byte{}
    // 保存 key = "mycc" + "b" + 1 (blockNo)+ 0 (tranNo), emptyValue = []byte{}
    // 保存 savePointKey = []byte{0x00}, value = Height{blockNum, TxNum}
    historydbProvider := historyleveldb.NewHistoryDBProvider()
    // 提供者结构
```

```
    provider := &Provider{idStore, ledgerStoreProvider,
                nil, historydbProvider, nil, nil, nil, nil, nil, nil}
    return provider, nil
}
```

除 idStore 数据库直接通过调用 leveldb 相关函数进行初始化处，其他数据库均通过调用各自的 Provider 接口完成初始化工作（这些数据库最后只是调用 leveldb 函数做了封装）。这里暂时不展开阐述，下文将针对每一类数据库进行具体介绍。

初始化账本提供者

账本提供者的初始化操作，是通过传入一个初始化 Initializer 结构，封装账本提供者需要的所有外部依赖项，调用账本提供者自身的初始化函数 Initialize 来实现的，具体如下所示：

```
## [core/ledger/ledgermgmt/ledger_mgmt.go]
   // 账本提供者的初始化
    provider.Initialize(&ledger.Initializer{
         StateListeners:                   finalStateListeners,
         // 部署链码信息提供者，未使用
         DeployedChaincodeInfoProvider: initializer.DeployedChaincodeInfoProvider,
         // 成员关系信息提供者，未使用
         MembershipInfoProvider:          initializer.MembershipInfoProvider,
    })
```

该初始化函数保存了账本提供者的依赖项，同时创建了配置历史管理器，最后通过 recoverUnderConstructionLedger 函数恢复在建账本，具体如下所示：

```
## [core/ledger/kvledger/kv_ledger_provider.go]
func (provider *Provider) Initialize(initializer *ledger.Initializer) error {
    var err error

    // 位置 /var/hyperledger/production/ledgersData/configHistory
    // 保存 key = "lscc" + "mycc~collection" + 1 (blockNum), value = configInfo
    configHistoryMgr := confighistory.NewMgr(initializer.DeployedChaincodeInfo
Provider)
    collElgNotifier := &collElgNotifier{
        initializer.DeployedChaincodeInfoProvider,
        initializer.MembershipInfoProvider,
        make(map[string]collElgListener),
    }
    stateListeners := initializer.StateListeners
    stateListeners = append(stateListeners, collElgNotifier)
    stateListeners = append(stateListeners, configHistoryMgr)

    provider.initializer = initializer
    provider.configHistoryMgr = configHistoryMgr
    provider.stateListeners = stateListeners
```

```
    provider.collElgNotifier = collElgNotifier

    // 位置 /var/hyperledger/production/ledgersData/bookkeeper
    // 保存 key = expiryInfoKey{expiryBlk, committingBlk}, value = PvtdataKeys{}
    provider.bookkeepingProvider = bookkeeping.NewProvider()

    // VersionedDB
    // 位置 /var/hyperledger/production/ledgersData/stateLeveldb
    // 保存 key = "mycc" + "a", value = VersionedValue{}
    // 保存 key = "mycc" + "b", value = VersionedValue{}
    // 保存 key = "lscc" + "mycc", value = VersionedValue{}
    // 保存 key = "lscc" + "mycc~collection", value = VersionedValue{}
    // 保存 savePointKey = []byte{0x00}, value = Height{blockNum, TxNum}
    provider.vdbProvider, err = privacyenabledstate.NewCommonStorageDBProvider(
        provider.bookkeepingProvider, initializer.MetricsProvider)
    if err != nil {
        return err
    }
    provider.stats = newStats(initializer.MetricsProvider)
    provider.recoverUnderConstructionLedger() // 恢复在建账本
    return nil
}
```

（1）配置历史管理器。

调用 confighistory.NewMgr 返回的配置历史管理器本质上是一个 mgr 结构，建立一个配置历史数据库，如下所示：

```
## [core/ledger/confighistory/mgr.go]
func NewMgr() Mgr {
    return newMgr(dbPath())
}
func newMgr(dbPath string) Mgr {
    return &mgr{newDBProvider(dbPath)}
}
```

mgr 结构是实现 StateListener 接口的一个最重要函数，用于处理私有数据状态更新，如下所示：

```
## [core/ledger/confighistory/mgr.go]
func (m *mgr) HandleStateUpdates(trigger *ledger.StateUpdateTrigger) error {
    updatedCCs, err := m.ccInfoProvider.UpdatedChaincodes(
        convertToKVWrites(trigger.StateUpdates))
    if err != nil {
        return err
    }
    if len(updatedCCs) == 0 {
        return nil
    }
    updatedCollConfigs := map[string]*common.CollectionConfigPackage{}
```

```
    for _, cc := range updatedCCs {
        ccInfo, err := m.ccInfoProvider.ChaincodeInfo(
            cc.Name, trigger.PostCommitQueryExecutor)
        if err != nil {
            return err
        }
        if ccInfo.CollectionConfigPkg == nil {
            continue
        }
        updatedCollConfigs[ccInfo.Name] = ccInfo.CollectionConfigPkg
    }
    if len(updatedCollConfigs) == 0 {
        return nil
    }
    // 准备批次
    batch := prepareDBBatch(trigger.StateUpdates, trigger.CommittingBlockNum)
    if err != nil {
        return err
    }
    dbHandle := m.dbProvider.getDB(trigger.LedgerID)
    return dbHandle.writeBatch(batch, true)
}
```

准备批次，具体如下所示：

```
func prepareDBBatch(chaincodeCollConfigs map[string]*common.CollectionConfigPackage,
committingBlockNum uint64) (*batch, error) {
    batch := newBatch()
    for ccName, collConfig := range chaincodeCollConfigs {
        key := constructCollectionConfigKey(ccName)
        var configBytes []byte
        var err error
        if configBytes, err = proto.Marshal(collConfig); err != nil {
            return nil, errors.WithStack(err)
        }
        batch.add(collectionConfigNamespace, key, committingBlockNum, configBytes)
    }
    return batch, nil
}
```

（2）恢复在建账本。

调用 CreateLedger 函数创建账本通常需要一定的时间，在建立账本的过程中有可能发生意外情况，如系统崩溃等，从而导致创建账本失败。账本创建成功需要完成两个步骤：一是区块存储提供者成功创建账本，二是在账本中成功写入创世纪块。意外情况有可能发生在这两个步骤成功之前的任何时候，这使账本在系统中可能残留部分数据，如果不对这些数据做清除或恢复可能导致重新创建账本失败。可以通过 recoverUnderConstructionLedger 函数对在建账本进行恢复操作。在建标志被存放在

idStore 数据库中，并且在 CreateLedger 函数创建账本失败时被写入。具体代码如下所示：

```
## [core/ledger/kvledger/kv_ledger_provider.go]
func (provider *Provider) recoverUnderConstructionLedger() {
    // 取得在建标志
    ledgerID, err := provider.idStore.getUnderConstructionFlag()
    if ledgerID == "" {
        // 没发现在建账本，退出恢复
        return
    }
    // 发现在建账本，打开内部函数
    ledger, err := provider.openInternal(ledgerID)
    // 取得区块链信息
    bcInfo, err := ledger.GetBlockchainInfo()
    ledger.Close()
    // 检查区块链高度
    switch bcInfo.Height {
    // 区块链高度为 0，说明创世纪区块没有提交，账本还没有建立
    case 0:
        panicOnErr(provider.runCleanup(ledgerID),
                    "Error while running cleanup for ledger id [%s]", ledgerID)
        panicOnErr(provider.idStore.unsetUnderConstructionFlag(),
                    "Error while unsetting under construction flag")
    // 区块链高度为 1，说明创世纪区块已经提交，账本已经建立
    case 1:
        // 取得创世纪区块
        genesisBlock, err := ledger.GetBlockByNumber(0)
        // 保存账本，key = ledgerID, value = genesisBlock，清除在建标志
        panicOnErr(provider.idStore.createLedgerID(ledgerID, genesisBlock),
                    "Error while adding ledgerID [%s] to created list", ledgerID)
    default:
        // 数据不一致，无法恢复
        panic(errors.Errorf(
            "data inconsistency: under construction flag is set for ledger [%s]
            while the height of the blockchain is [%d]",
            ledgerID, bcInfo.Height))
    }
    return
}
```

账本创建不成功分为两种情况：一是区块链的高度为 1，这表示创世纪块已写入账本（编号为 0），这时可以尝试恢复在建账本，先获取创世纪块信息，建立 ledger ID；再写入 idStore 数据库中，恢复在建账本成功；最后清除在建标志。二是区块链高度为 0，创世纪块还没有写入账本，这时账本不能算已经建立，可以先通过 runCleanup 函数直接清除建立账本过程中可能建立的 blockstorage、statedb 和 historydb 数据库，再清除在建标志。

7.2.2 CreateLedger 创建账本

根据创世纪区块创建账本，账本创建动作实际上是通过调用账本提供者的 Create 成员函数实现的。

```
## [core/ledger/ledgermgmt/ledger_mgmt.go]
func CreateLedger(genesisBlock *common.Block) (ledger.PeerLedger, error) {
    // 从创世纪区块中获得 chainid，如 "mychannel"
    id, err := utils.GetChainIDFromBlock(genesisBlock)
    if err != nil {
        return nil, err
    }
    // 创建账本
    l, err := ledgerProvider.Create(genesisBlock)
    if err != nil {
        return nil, err
    }
    // chainid 和 ledger 关联，账本执行关闭操作时根据 chainid 将账本从已打开的账本中删除
    l = wrapLedger(id, l)
    // 保存已打开的账本，key = chainid，value = ledger
    openedLedgers[id] = l
    // 返回账本 ledger
    return l, nil
}
```

Create 函数首先根据创世纪块获取 ChainID 作为 ledger ID，根据 ledger ID 在 idStore 数据库中查找账本，若账本已经存在，则直接返回不再创建。在创建账本之前，先要在 idStore 数据库中保存在建标志，设置在建标志是为了在创建账本失败后，系统重启时决定是否需要进行账本恢复操作。然后调用 openInternal 函数完成账本的创建，再将创世纪块写入新建的账本，区块编号为 0。完成上述两个操作之后，表示账本创建成功，将账本 ID 保存到 idStore 数据库中，同时擦除先前设置的在建标志，如下所示：

```
## [core/ledger/kvledger/kv_ledger_provider.go]
func (provider *Provider) Create(genesisBlock *common.Block) (ledger.PeerLedger,
error) {
    // 从创世纪区块中获得 ledgerID，如 "mychannel"
    ledgerID, err := utils.GetChainIDFromBlock(genesisBlock)
    // 位置 /var/hyperledger/production/ledgersData/ledgerProvider
    // 从 idStore 查找 key = ledgerID 是否存在，如果存在 value = genesisBlock
    exists, err := provider.idStore.ledgerIDExists(ledgerID)
    // 如果存在，则返回不再执行创建
    if exists {
        return nil, ErrLedgerIDExists
    }
    // 在 idStore 中保存在建标志 key = "underConstructionLedgerKey", value = "mychannel"
    // 保存在建标志，是因为下面要建立账本，然而在创建成功后，会删除这个在建标志
```

```
    if err = provider.idStore.setUnderConstructionFlag(ledgerID); err != nil {
        return nil, err
    }
    // 打开内部
    lgr, err := provider.openInternal(ledgerID)
    if err != nil {
        // 创建失败，清除在建标志
        panicOnErr(provider.idStore.unsetUnderConstructionFlag(),
                                    "Error while unsetting under construction flag")
        return nil, err
    }
    // 位置 /var/hyperledger/production/ledgersData/chains/chains/mychannel/blockfile_
000000
    // 保存创世纪块，这是账本保存的第一区块，编号为 0
    if err := lgr.CommitWithPvtData(&ledger.BlockAndPvtData{
        Block: genesisBlock,
    }); err != nil {
        lgr.Close()
        return nil, err
    }
    // 保存账本 key = ledgerID, value = genesisBlock，同时清除在建标志
    panicOnErr(provider.idStore.createLedgerID(ledgerID, genesisBlock),
                                                    "Error while marking ledger as
created")
    return lgr, nil
}
```

openInternal 函数应先获取 blockStore、VersionedDB、historyDB 数据库操作句柄，再通过 newKVLedger 建立账本，返回结果是 ledger.PeerLedger 结构体，具体如下所示：

```
## [core/ledger/kvledger/kv_ledger_provider.go]
func (provider *Provider) openInternal(ledgerID string) (ledger.PeerLedger, error) {
    // 位置 /var/hyperledger/production/ledgersData/chains/index
    // 位置 /var/hyperledger/production/ledgersData/chains/chains/mychannel
    blockStore, err := provider.ledgerStoreProvider.Open(ledgerID)
    if err != nil {
        return nil, err
    }
    provider.collElgNotifier.registerListener(ledgerID, blockStore)

    // VersionedDB
    // 位置 /var/hyperledger/production/ledgersData/stateLeveldb
    // 位置 /var/hyperledger/production/ledgersData/bookkeeper
    vDB, err := provider.vdbProvider.GetDBHandle(ledgerID)
    if err != nil {
        return nil, err
    }
    // 位置 /var/hyperledger/production/ledgersData/historyLeveldb
    historyDB, err := provider.historydbProvider.GetDBHandle(ledgerID)
```

```
    if err != nil {
        return nil, err
    }
    // 封装(id store, blockstore, state database, history database)
    l, err := newKVLedger(ledgerID, blockStore, vDB, historyDB, provider.config
HistoryMgr,
        provider.stateListeners, provider.bookkeepingProvider,
        provider.initializer.DeployedChaincodeInfoProvider)
    if err != nil {
        return nil, err
    }
    return l, nil
}
```

该代码中的 newKVLedger 是一个非常重要的函数，能真正实现账本的创建。先对各个数据库有比较充分的了解，这样才能更好地对该函数进行理解，下文将对该函数做具体分析。

保存创世纪块是通过调用账本本身的接口 CommitWithPvtData 函数实现的。账本在被账本提供者创建之后，使用者就可以根据账本接口提供的方法使用账本，如根据 txID 返回已处理的交易（GetTransactionByID 函数）、根据区块哈希返回对应区块（GetBlockByHash 函数）、提交区块和与之相应的私有数据（CommitWithPvtData 函数）等，具体如下所示：

```
## [core/ledger/ledger_interface.go]
type PeerLedger interface {
    // 公共账本接口，有 4 个方法
    commonledger.Ledger
    // 根据 txID 返回已处理的交易
    GetTransactionByID(txID string) (*peer.ProcessedTransaction, error)
    // 根据区块哈希返回区块
    GetBlockByHash(blockHash []byte) (*common.Block, error)
    // 根据 txID 返回区块
    GetBlockByTxID(txID string) (*common.Block, error)
    // 根据 txID 返回交易验证码(有效, 无效, ...)
    GetTxValidationCodeByTxID(txID string) (peer.TxValidationCode, error)
    // 根据 txID 新建模似器
    NewTxSimulator(txid string) (TxSimulator, error)
    // 新建查询器
    NewQueryExecutor() (QueryExecutor, error)
    // 新建历史查询器
    NewHistoryQueryExecutor() (HistoryQueryExecutor, error)
    // 根据区块高度和过滤集返回区块和与之相应的私有数据
    GetPvtDataAndBlockByNum(blockNum uint64, filter PvtNsCollFilter) (*BlockAndPvtData,
error)
    // 根据区块高度和过滤集返回私有数据
    GetPvtDataByNum(blockNum uint64, filter PvtNsCollFilter) ([]*TxPvtData, error)
```

```
    // 提交区块和与之相应的私有数据
    CommitWithPvtData(blockAndPvtdata *BlockAndPvtData) error
    // 未实现
    PurgePrivateData(maxBlockNumToRetain uint64) error
    // 未实现
    PrivateDataMinBlockNum() (uint64, error)
    // 未实现
    Prune(policy commonledger.PrunePolicy) error
    // 返回配置历史收集器
    GetConfigHistoryRetriever() (ConfigHistoryRetriever, error)
    // 未实现
    CommitPvtData(blockPvtData []*BlockPvtData) ([]*PvtdataHashMismatch, error)
    // 未实现
    GetMissingPvtDataTracker() (MissingPvtDataTracker, error)
}
```

7.2.3 OpenLedger 打开账本

根据 Ledger ID 可以打开对应的账本，如下所示：

```
## [core/ledger/ledgermgmt/ledger_mgmt.go]
func OpenLedger(id string) (ledger.PeerLedger, error) {
    // 首先根据 chainid 查找是否打开过
    l, ok := openedLedgers[id]
    if ok {
        return nil, ErrLedgerAlreadyOpened
    }
    // 根据 chainid 打开账本
    l, err := ledgerProvider.Open(id)
    if err != nil {
        return nil, err
    }
    // chainid 和 ledger 关联，在账本关闭操作时根据 chainid 从已打开的账本中删除相应的账本
    l = wrapLedger(id, l)
    // 根据 chainid 保存已打开的账本
    openedLedgers[id] = l
    // 返回账本
    return l, nil
}
```

本章开头介绍的全局变量 openedLedgers 就是用于保存已打开的账本的。OpenLedger 函数先根据 Ledger ID 查找该 openedLedgers 映射，若查找成功，则表示该账本已经被打开，函数直接返回，不再重复打开账本。若账本还没有打开，则调用账本提供者的 Open 函数执行账本打开操作，操作完成后将该账本保存在 openedLedgers 中，表示账本已经被打开。

账本提供者的 Open 函数的执行过程如下：首先在 idStore 数据库中根据 ledgerID 查找账本是否存在，若不存在，则直接返回；若存在，则调用 openInternal 函数打开账本，获取 blockStore、vDB、historyDB 后再创建 kvLedger。由此可知，通过 CreateLedger 和 OpenLedger 都能创建账本，两者的区别在于，OpenLedger 会同时将账本加入已打开账本队列中。

```
## [core/ledger/kvledger/kv_ledger_provider.go]
func (provider *Provider) Open(ledgerID string) (ledger.PeerLedger, error) {
    // 位置 /var/hyperledger/production/ledgersData/ledgerProvider
    // 从 idStore 查找 key = ledgerID 是否存在，如果存在 value = genesisBlock
    exists, err := provider.idStore.ledgerIDExists(ledgerID)
    if err != nil {
        return nil, err
    }
    // 如果不存在就返回
    if !exists {
        return nil, ErrNonExistingLedgerID
    }
    // 若存在，打开内部
    return provider.openInternal(ledgerID)
}
```

7.2.4 GetLedgerIDs 获取账本 ID

GetLedgerIDs 函数的作用就是列举已经创建的所有账本，通过调用账本提供者的 List 函数实现。List 函数本身则通过 idStore 数据库的接口函数 getAllLedgerIds 实现，即获取 idStore 数据库迭代器进行遍历，返回合法的账本 ledger ID。具体代码如下所示：

```
## [core/ledger/ledgermgmt/ledger_mgmt.go]
func GetLedgerIDs() ([]string, error) {
    return ledgerProvider.List()
}
## [core/ledger/kvledger/kv_ledger_provider.go]
func (provider *Provider) List() ([]string, error) {
    // 位置 /var/hyperledger/production/ledgersData/ledgerProvider
    return provider.idStore.getAllLedgerIds()
}
```

7.2.5 Close 关闭账本

关闭账本包括关闭所有打开的账本，以及关闭账本提供者本身所有数据库和管理者。关闭账本通过调用账本提供者的 Close 函数实现，具体代码如下所示：

```
## [core/ledger/ledgermgmt/ledger_mgmt.go]
```

```
func Close() {
    for _, l := range openedLedgers {
        l.(*closableLedger).closeWithoutLock()
    }
    ledgerProvider.Close()
    openedLedgers = nil
}
```

账本提供者关闭，如下所示：

```
## [core/ledger/kvledger/kv_ledger_provider.go]
func (provider *Provider) Close() {
    provider.idStore.close()
    provider.ledgerStoreProvider.Close()
    provider.vdbProvider.Close()
    provider.historydbProvider.Close()
    provider.bookkeepingProvider.Close()
    provider.configHistoryMgr.Close()
}
```

首先，遍历 openedLedgers 队列，将所有打开的账本通过账本本身接口函数 Close 关闭，同时将其从 openedLedgers 队列中删除。其次，调用账本提供者的 Close 函数关闭 idStore、ledgerStoreProvider 等。

7.3　账本 ID 存储 idStore

在调用 NewProvider 函数初始化账本提供者时，可通过 openIDStore 函数实现 idStore 数据库的初始化，如下所示：

```
## [core/ledger/kvledger/kv_ledger_provider.go]
func openIDStore(path string) *idStore {
    // 位置 /var/hyperledger/production/ledgersData/ledgerProvider
    db := leveldbhelper.CreateDB(&leveldbhelper.Conf{DBPath: path})
    db.Open()
    return &idStore{db}
}
```

openIDStore 函数非常简单，就是利用 leveldb 创建函数 CreateDB，从而直接建立一个 leveldb 数据库。idStore 提供如下接口函数供外部调用。

（1）ledgerIDExists。

该函数用于在创建账本时判断账本是否存在，在初始化账本提供者的[core/ledger/kvledger/kv_ledger_provider.go]->Create 函数中被调用，如下所示：

```
## [core/ledger/kvledger/kv_ledger_provider.go]
```

```
func (s *idStore) ledgerIDExists(ledgerID string) (bool, error) {
    key := s.encodeLedgerKey(ledgerID)
    val := []byte{}
    err := error(nil)
    if val, err = s.db.Get(key); err != nil {
        return false, err
    }
    return val != nil, nil
}
```

（2）setUnderConstructionFlag、getUnderConstructionFlag、unsetUnderConstructionFlag。

这三个函数是和在建标识操作相关的函数，其作用分别是设置在建标识、获取在建标志、清除在建标志，这几个函数在初始化账本提供者的恢复在建账本函数[core/ledger/kvledger/kv_ledger_provider.go]->recoverUnderConstructionLedger 和初始化账本提供者的[core/ledger/kvledger/kv_ledger_provider.go]->Create 函数中被调用，如下所示：

```
## [core/ledger/kvledger/kv_ledger_provider.go]
func (s *idStore) setUnderConstructionFlag(ledgerID string) error {
   return s.db.Put(underConstructionLedgerKey, []byte(ledgerID), true)
}
func (s *idStore) unsetUnderConstructionFlag() error {
   return s.db.Delete(underConstructionLedgerKey, true)
}
func (s *idStore) getUnderConstructionFlag() (string, error) {
   val, err := s.db.Get(underConstructionLedgerKey)
}
```

（3）createLedgerID。

该函数的作用是将账本写入 idStore 数据库中，写入成功后删除在建标志。这里使用 leveldb 的 batch 结构提高 leveldb 的写入性能。该函数在 [core/ledger/kvledger/kv_ledger_provider.go]->Create 函数账本初始化中被调用，如下所示：

```
## [core/ledger/kvledger/kv_ledger_provider.go]
func (s *idStore) createLedgerID(ledgerID string, gb *common.Block) error {
    key := s.encodeLedgerKey(ledgerID)
    var val []byte
    var err error
    if val, err = proto.Marshal(gb); err != nil {
        return err
    }
    // 检查 ledgerID 是否已经创建
    if val, err = s.db.Get(key); err != nil {
        return err
    }
    if val != nil {
        return ErrLedgerIDExists
    }
```

```
    batch := &leveldb.Batch{}
    // 保存创世纪区块
    batch.Put(key, val)
    // 删除在建账本标识
    batch.Delete(underConstructionLedgerKey)
    // 批量写入
    return s.db.WriteBatch(batch, true)
}
```

（4）getAllLedgerIds。

该函数返回当前 idStore 数据库中所有合法的账本 ledger ID，并将其提供给 [core/ledger/kvledger/kv_ledger_provider.go]->List 函数使用。

```
func (s *idStore) getAllLedgerIds() ([]string, error) {
    var ids []string
    itr := s.db.GetIterator(nil, nil)
    defer itr.Release()
    itr.First()
    for itr.Valid() {
        if bytes.Equal(itr.Key(), underConstructionLedgerKey) {
            continue
        }
        id := string(s.decodeLedgerID(itr.Key()))
        ids = append(ids, id)
        itr.Next()
    }
    return ids, nil
}
```

idStore 数据库使用 leveldb 方式实现，是典型的 key-value 结构。存储在建标志时，key 值为固定串“underConstructionLedgerKey”，对应的 value 值是 ledgerID。在建标志在 idStore 数据库中不一定存在，只有账本创建异常时才存在。存储账本信息时，key 值是 ledgerID，对应的 value 是账本的创世纪块 genesisBlock；当账本被创建时，则对应会在 idStore 数据库中存入一条对应的数据。

7.4 账本存储提供者 ledgerStoreProvider

在初始化账本提供者的 NewProvider 函数中，通过调用 ledgerstorage.NewProvider 创建账本存储提供者 ledgerStoreProvider，如下所示：

```
## [core/ledger/kvledger/kv_ledger_provider.go]
func NewProvider() (ledger.PeerLedgerProvider, error) {
    ...
```

```
    // 位置 /var/hyperledger/production/ledgersData/chains/index
    // 保存 key = "BlockNum", value = fileLocPointer{}
    // 保存 key = "BlockHash", value = fileLocPointer{}
    // 保存 key = "TxID", value = fileLocPointer{}

    // 位置 /var/hyperledger/production/ledgersData/pvtdataStore
    // 保存 key = dataKey{}, value = CollectionPvtReadWriteSet{}
    // 保存 key = expiryKey{}, value = ExpiryData{}
    // 保存 key = missingDataKey{}, value = BitSet{}
    ledgerStoreProvider := ledgerstorage.NewProvider()
    ...
}
```

ledgerstorage.NewProvider 函数如下所示：

```
##[core/ledger/ledgerstorage/store.go]
func NewProvider() *Provider {
    // 初始化区块存储
    attrsToIndex := []blkstorage.IndexableAttr{
        blkstorage.IndexableAttrBlockHash,
        blkstorage.IndexableAttrBlockNum,
        blkstorage.IndexableAttrTxID,
        blkstorage.IndexableAttrBlockNumTranNum,
        blkstorage.IndexableAttrBlockTxID,
        blkstorage.IndexableAttrTxValidationCode,
    }
    indexConfig := &blkstorage.IndexConfig{AttrsToIndex: attrsToIndex}
    // 位置 /var/hyperledger/production/ledgersData/chains/index
    // 大小 64 * 1024 * 1024
    blockStoreProvider := fsblkstorage.NewProvider(
        fsblkstorage.NewConf(ledgerconfig.GetBlockStorePath(),
ledgerconfig.GetMaxBlockfileSize()),
        indexConfig)
    // 位置 /var/hyperledger/production/ledgersData/pvtdataStore
    pvtStoreProvider := pvtdatastorage.NewProvider()
    return &Provider{blockStoreProvider, pvtStoreProvider}
}
```

账本存储提供者由两部分组成：区块存储提供者 blockStoreProvider 和私有数据存储提供者 pvtdataStoreProvider。在该函数中分别调用这两个提供者的 NewProvider 函数进行初始化，返回结果是一个 Provider 类型的结构体和对应的接口函数，该结构体定义如下所示：

```
type Provider struct {
    blkStoreProvider blkstorage.BlockStoreProvider
    pvtdataStoreProvider pvtdatastorage.Provider
}
```

结构体包括 blkStoreProvider 和 pvtdataStoreProvider 两个服务提供者。其中，blkStore Provider 提供 Block 主体数据和存储状态信息的相关存储结构；pvtdataStoreProvider 提供

Block 私有数据的存储。

账本存储提供者 Provider 结构提供 Open(ledgerid string)打开数据库句柄；函数中 blkStoreProvider 提供 OpenBlockStore 函数打开区块存储数据库，pvtdataStoreProvider 提供 OpenStore 函数打开私有数据存储数据库，如下所示：

```
## [core/ledger/ledgerstorage/store.go]
func (p *Provider) Open(ledgerid string) (*Store, error) {
    // 据据 ledgerid 获得区块存储数据库句柄
    if blockStore, err = p.blkStoreProvider.OpenBlockStore(ledgerid); err != nil {
        return nil, err
    }
    // 据据 ledgerid 获得私有数据存储数据库句柄
    if pvtdataStore, err = p.pvtdataStoreProvider.OpenStore(ledgerid); err != nil {
        return nil, err
    }
    // 封装区块存储提供者和私有数据存储提供者
    store := &Store{blockStore, pvtdataStore, &sync.RWMutex{}}
    if err := store.init(); err != nil {
        return nil, err
    }
    return store, nil
}
```

下面介绍区块数据存储提供者 blkStoreProvider 和私有数据存储提供者 pvtStoreProvider。

7.4.1 区块数据存储提供者 blkStoreProvider

查看 blockStoreProvider 的 NewProvider 函数，传入的参数有两个：第一个参数 conf 指定了块数据库存储服务对象所使用的路径和存储文件的大小，通过代码追溯可知其路径为/var/hyperledger/production/ledgersData/chains/index，大小为 64MB；第二个参数 indexConfig 是 Block 的存储状态信息，表示在 indexdb 中要存储的键值，在这里通过硬编码方式定义。如下所示：

```
## [common/ledger/blkstorage/fsblkstorage/fs_blockstore_provider.go]
func NewProvider(conf *Conf, indexConfig *blkstorage.IndexConfig)
 blkstorage.BlockStoreProvider {
    // 位置 /var/hyperledger/production/ledgersData/chains
    p := leveldbhelper.NewProvider(&leveldbhelper.Conf{DBPath: conf.getIndexDir()})
    return &FsBlockstoreProvider{conf, indexConfig, p}
}
```

返回结果是一个 FsBlockstoreProvider 结构体及其对应的接口，结构体定义如下所示：

```
## [common/ledger/blkstorage/fsblkstorage/fs_blockstore_provider.go]
type FsBlockstoreProvider struct {
    conf *Conf
```

```
    indexConfig *blkstorage.IndexConfig
    leveldbProvider *leveldbhelper.Provider
}
```

FsBlockstoreProvider 结构提供了 OpenBlockStore(ledgerid string)函数打开区块存储句柄，在 ledgerStoreProvider.Open 函数中调用了该函数，具体代码如下所示：

```
## [common/ledger/blkstorage/fsblkstorage/fs_blockstore_provider.go]
func (p *FsBlockstoreProvider) OpenBlockStore(ledgerid string) (blkstorage.BlockStore,
error) {
    indexStoreHandle := p.leveldbProvider.GetDBHandle(ledgerid)
    return newFsBlockStore(ledgerid, p.conf, p.indexConfig, indexStoreHandle), nil
}
```

函数返回的结构必须实现 blkstorage.BlockStore 接口，如下所示：

```
## [common/ledger/blkstorage/blockstorage.go]
type BlockStore interface {
    // 增加区块
    AddBlock(block *common.Block) error
    // 获得区块链信息(区块的高度，当前区块的哈希，前一区块的哈希)
    GetBlockchainInfo() (*common.BlockchainInfo, error)
    // 根据开始区块高度返回区块迭代器
    RetrieveBlocks(startNum uint64) (ledger.ResultsIterator, error)
    // 根据区块哈希返回区块
    RetrieveBlockByHash(blockHash []byte) (*common.Block, error)
    // 根据区块高度返回区块
    RetrieveBlockByNumber(blockNum uint64) (*common.Block, error)
    // 根据交易 ID 返回交易信息
    RetrieveTxByID(txID string) (*common.Envelope, error)
    // 根据区块高度和交易序号返回一条交易信息
    RetrieveTxByBlockNumTranNum(blockNum uint64, tranNum uint64) (*common.Envelope,
error)
    // 根据交易 ID 返回区块
    RetrieveBlockByTxID(txID string) (*common.Block, error)
    // 根据交易 ID 返回交易验证码(有效，无效，...)
    RetrieveTxValidationCodeByTxID(txID string) (peer.TxValidationCode, error)
    // 关闭
    Shutdown()
}
```

对应的结构体是 fsBlockStore，结构体如下所示：

```
## [common/ledger/blkstorage/fsblkstorage/fs_blockstore.go]
type fsBlockStore struct {
    id      string
    conf    *Conf
    // 区块文件管理者
    fileMgr *blockfileMgr
}
```

fsBlockStore 包括三个成员：第一个成员 id 即 ledgerID；第二个成员 conf 指定了 Block 数

据的存储路径和所在的存储文件的大小，通过代码追溯可知路径为/var/hyperledger/production/ledgersData/chains/index，大小为64MB；第三个成员 blockfileMgr 是区块文件管理者。

fsBlockStore 通过 newFsBlockStore 函数构造，如下所示：

```
## [common/ledger/blkstorage/fsblkstorage/fs_blockstore.go]
func newFsBlockStore(id string, conf *Conf, indexConfig *blkstorage.IndexConfig,
    dbHandle *leveldbhelper.DBHandle) *fsBlockStore {
    return &fsBlockStore{id, conf, newBlockfileMgr(id, conf, indexConfig, dbHandle)}
}
```

为了封装 fsBlockStore 结构，结构成员 id 和 conf 直接对应参数 id 和 conf，fileMgr 通过 newBlockfileMgr 函数构造，需要着重查看区块文件管理者参数。首先查看 blockfileMgr 的定义，定义如下所示：

```
## [common/ledger/blkstorage/fsblkstorage/blockfile_mgr.go]
type blockfileMgr struct {
    //Block 所在存储路径的根目录，不存在的情况下会自动创建
    rootDir            string
    conf               *Conf
    db                 *leveldbhelper.DBHandle
    index              index
    // 检查点信息
    cpInfo             *checkpointInfo
    cpInfoCond         *sync.Cond
    // 区块文件写作器
    currentFileWriter  *blockfileWriter
    bcInfo             atomic.Value
}
```

newBlockfileMgr 函数用来构造区块文件管理器，该函数主要做了以下几方面工作。

（1）检查区块链文件存储目录 rootDir 是否存在，若不存在，则创建该路径。

（2）构造区块文件管理器 blockfileMgr。

（3）从 indexdb 中获取最新检查点信息，键值为“blkMgrInfoKey”。若检查点信息不存在，则扫描文件系统 blockfile，获取后缀编号最大的文件构造检查点（区块文件命名方式为“blockfile_” + cpInfo.latestFileChunkSuffixNum），并将其存储到 index 数据库中。检查点信息包括最新区块文件后缀编号、最新区块文件大小、是否空链、最后一块区块编号四个域。第一次创建账本时还没有任何区块文件，所以检查点信息默认为（0,0,true,0）。若检查点信息存在，则根据当前区块文件信息对 index 库中保存的检查点信息进行更新。

（4）为当前区块新建区块文件写作器。

（5）新建索引写作器，要求必须存在 transaction id，返回结果是 blockIdxInfo 结构体，包括区块编号、区块哈希、文件指针、偏移量、区块元数据。

（6）更新区块文件管理器的检查点信息、当前区块文件写作器、检查点事件变量。

（7）更新区块文件管理器的区块链信息到 index 数据库中，当区块链为空时，默认初始化为长度 0，当前区块哈希，上一个区块哈希为空；若区块链不为空，获取最后一个区块的头信息，从中读取当前区块哈希和上一个区块哈希，链长为检查点最后区块编号+1。

检查点结构体如下所示：

```
## [common/ledger/blkstorage/fsblkstorage/blockfile_mgr.go]
type checkpointInfo struct {
	latestFileChunkSuffixNum int
	latestFileChunksize int
	isChainEmpty bool
	lastBlockNumber uint64
}
```

区块索引信息结构体如下所示：

```
## [common/ledger/blkstorage/fsblkstorage/blockindex.go]
type blockIdxInfo struct {
	blockNum uint64
	blockHash []byte
	flp *fileLocPointer
	txOffsets []*txindexInfo
	metadata *common.BlockMetadata
}
```

新建区块文件管理器如下所示：

```
## [common/ledger/blkstorage/fsblkstorage/blockfile_mgr.go]
func newBlockfileMgr(id string, conf *Conf, indexConfig *blkstorage.IndexConfig,
indexStore *leveldbhelper.DBHandle) *blockfileMgr {
	// 位置 /var/hyperledger/production/ledgersData/chains/chains/mychannel
	// 保存 blockLength + blockBytes
	rootDir := conf.getLedgerBlockDir(id)
	// 根目录如果不存在就创建
	_, err := util.CreateDirIfMissing(rootDir)
	if err != nil {
		panic(fmt.Sprintf("Error creating block storage root dir [%s]: %s", rootDir, err))
	}
	// conf.blockStorageDir = /var/hyperledger/production/ledgersData/chains
	// conf.maxBlockfileSize = 64mb
	// indexStore.dbName = “mychannel”
	// indexStore.db = /var/hyperledger/production/ledgersData/chains/index
	//构造 blockfileMgr
	mgr := &blockfileMgr{rootDir: rootDir, conf: conf, db: indexStore}

	// 位置 /var/hyperledger/production/ledgersData/chains/index
	// 从 index 库中获取最新检查点信息 blkMgrInfoKey = []byte("blkMgrInfo")
	cpInfo, err := mgr.loadCurrentInfo()
```

```
    if err != nil {
        panic(fmt.Sprintf("Could not get block file info for current block file from
db: %s", err))
    }
    //第一次创建账本或 index 被删除
    if cpInfo == nil {
        // 位置 /var/hyperledger/production/ledgersData/chains/chains/mychannel/
blockfile_
        // 获取区块文件 blockfile_fileNum(最大后缀编号)构建检查点信息，返回 checkpointInfo{}
        if cpInfo, err = constructCheckpointInfoFromBlockFiles(rootDir); err != nil {
            panic(fmt.Sprintf("Could not build checkpoint info from block files: %s", err))
        }
    } else {
        // 位置 /var/hyperledger/production/ledgersData/chains/chains/mychannel/
blockfile_
        // 根据 cpInfo.latestFileChunkSuffixNum 指定的区块文件同步检查点信息
        syncCPInfoFromFS(rootDir, cpInfo)
    }
    // 位置 /var/hyperledger/production/ledgersData/chains/index
    // 保存检查点信息 blkMgrInfoKey = []byte("blkMgrInfo"), value = cpInfo 到 index 数据库
    err = mgr.saveCurrentInfo(cpInfo, true)
    if err != nil {
        panic(fmt.Sprintf("Could not save next block file info to db: %s", err))
    }
    // 位置创建当前区块文件写作器，每一个文件由 blockfile_ + cpInfo.latestFileChunkSuffixNum
组合
    // 位置 /var/hyperledger/production/ledgersData/chains/chains/mychannel/blockfile_
000000
    // 位置 /var/hyperledger/production/ledgersData/chains/chains/mychannel/blockfile_
000001
    // 位置 /var/hyperledger/production/ledgersData/chains/chains/mychannel/blockfile_
000002
    // 位置 /var/hyperledger/production/ledgersData/chains/chains/mychannel/blockfile_
...
    // 每一个区块文件对应不同的写作器 blockfileWriter 结构
    currentFileWriter, err := newBlockfileWriter(deriveBlockfilePath(rootDir,
                                        cpInfo.latestFileChunkSuffixNum))
    if err != nil {
        panic(fmt.Sprintf("Could not open writer to current file: %s", err))
    }
    // 截断文件，区块文件 blockfile_不能超过 cpInfo.latestFileChunksize
    err = currentFileWriter.truncateFile(cpInfo.latestFileChunksize)
    if err != nil {
        panic(fmt.Sprintf("Could not truncate current file to known size in db: %s", err))
    }
    // 创建索引写作器，根据 indexConfig 过滤条件来储存区块索引信息
    // 过滤条件是 indexConfig.AttrsToIndex 如果存在"BlockTxID"或"TxValidationCode"
    // 那么必须存在"TxID"，否则创建失败
    // indexStore.dbName = "mychannel"
```

```
    // indexStore.db = /var/hyperledger/production/ledgersData/chains/index
    if mgr.index, err = newBlockIndex(indexConfig, indexStore); err != nil {
        panic(fmt.Sprintf("error in block index: %s", err))
    }
    // 保存 cpInfo 和 currentFileWriter
    mgr.cpInfo = cpInfo // 检查点信息在 updateCheckpoint()更新
    mgr.currentFileWriter = currentFileWriter // 当前区块文件写作器在 moveToNextFile()更新
    // 创建一个检查点条件(事件)变量，用于多协程的等待或通知，保持数据同步
    // 检查点信息 updateCheckpoint()在更新，使用同步锁
    mgr.cpInfoCond = sync.NewCond(&sync.Mutex{})
    // 初始化区块链信息
    bcInfo := &common.BlockchainInfo{
        Height:           0,   // 区块高度
        CurrentBlockHash: nil,
        PreviousBlockHash: nil}
    if !cpInfo.isChainEmpty { // 如果区块链不为空
        // 同步索引
        mgr.syncIndex()
        // 从最后一个区块获取
        lastBlockHeader, err := mgr.retrieveBlockHeaderByNumber(cpInfo.lastBlockNumber)
        if err != nil {
            panic(fmt.Sprintf("Could not retrieve header of the last block form
file: %s", err))
        }
        lastBlockHash := lastBlockHeader.Hash()
        previousBlockHash := lastBlockHeader.PreviousHash
        // 更新区块链信息
        bcInfo = &common.BlockchainInfo{
            Height:           cpInfo.lastBlockNumber + 1, // 区块高度
            CurrentBlockHash: lastBlockHash,
            PreviousBlockHash: previousBlockHash}
    }
    // 区块链信息指针保存在 mgr.bcInfo，但不保存到文件
    mgr.bcInfo.Store(bcInfo)
    return mgr
}
```

根据上述代码，需要再着重讲解两部分内容：一是索引写作器的创建过程；二是文件写作器保存区块文件的过程。

（1）索引写作器的创建过程。

我们主要看 indexBlock 函数的实现，通过这个函数可以明白 newBlockfileMgr 函数传入参数 indexConfig 的作用。indexConfig 通过 newBlockIndex 函数转换成 indexItemsMap。

```
## [common/ledger/blkstorage/fsblkstorage/blockindex.go]
func (index *blockIndex) indexBlock(blockIdxInfo *blockIdxInfo) error {
    if len(index.indexItemsMap) == 0 {
        return nil
```

```
    }
    flp := blockIdxInfo.flp
    txOffsets := blockIdxInfo.txOffsets
    // 指向block的文件位置指针
    flpBytes, err := flp.marshal()
    if err != nil {
        return err
    }
    //Index1 - 根据blockHash储存flpBytes
    if _, ok := index.indexItemsMap[blkstorage.IndexableAttrBlockHash]; ok {
        batch.Put(constructBlockHashKey(blockIdxInfo.blockHash), flpBytes)
    }
    //Index2 - 根据blockNum储存flpBytes
    if _, ok := index.indexItemsMap[blkstorage.IndexableAttrBlockNum]; ok {
        batch.Put(constructBlockNumKey(blockIdxInfo.blockNum), flpBytes)
    }
    //Index3 - 根据txoffset.txID储存txFlpBytes
    if _, ok := index.indexItemsMap[blkstorage.IndexableAttrTxID]; ok {
        if err = index.markDuplicateTxids(blockIdxInfo); err != nil {
            return errors.WithMessage(err, "error detecting duplicate txids")
        }
        for _, txoffset := range txOffsets {
            if txoffset.isDuplicate { // do not overwrite txid entry in the index -
FAB-8557
                continue
            }
            txFlp := newFileLocationPointer(flp.fileSuffixNum, flp.offset, txoffset.loc)
            txFlpBytes, marshalErr := txFlp.marshal()
            if marshalErr != nil {
                return marshalErr
            }
            batch.Put(constructTxIDKey(txoffset.txID), txFlpBytes)
        }
    }
    //Index4 - 根据blockNum和txIterator储存txFlpBytes
    if _, ok := index.indexItemsMap[blkstorage.IndexableAttrBlockNumTranNum]; ok {
        for txIterator, txoffset := range txOffsets {
            txFlp   :=   newFileLocationPointer(flp.fileSuffixNum,   flp.offset,
txoffset.loc)
            txFlpBytes, marshalErr := txFlp.marshal()
            if marshalErr != nil {
                return marshalErr
            }
            batch.Put(constructBlockNumTranNumKey(blockIdxInfo.blockNum,
uint64(txIterator)), txFlpBytes)
        }
    }
    // Index5 -根据txoffset.txID储存flpBytes
    if _, ok := index.indexItemsMap[blkstorage.IndexableAttrBlockTxID]; ok {
```

```
        for _, txoffset := range txOffsets {
            if txoffset.isDuplicate { // do not overwrite txid entry in the index -
FAB-8557
                continue
            }
            batch.Put(constructBlockTxIDKey(txoffset.txID), flpBytes)
        }
    }
    // Index6 - 根据 txoffset.txID 储存 idx
    if _, ok := index.indexItemsMap[blkstorage.IndexableAttrTxValidationCode]; ok {
        for idx, txoffset := range txOffsets {
            if txoffset.isDuplicate { // do not overwrite txid entry in the index -
FAB-8557
                continue
            }
            batch.Put(constructTxValidationCodeIDKey(txoffset.txID),
[]byte{byte(txsfltr.Flag(idx))})
        }
    }
    // 根据"indexCheckpointKey"储存 blockNum
    batch.Put(indexCheckpointKey, encodeBlockNum(blockIdxInfo.blockNum))
    // 批量写入
    if err := index.db.WriteBatch(batch, true); err != nil {
        return err
    }
    return nil
}
```

储存到 indexdb 的键值都是结构位置指针 fileLocPointer，包括文件后缀编号（fileSuffixNum）、偏移（offset）、字节长度（bytesLength）。blockfileMgr 结构提供了函数 fetchBlock(lp *fileLocPointer)获取区块（common.Block），fetchTransactionEnvelope(lp * fileLocPointer) 获取交易信息（common.Envelope）。

（2）文件写作器保存区块文件的过程。

当前文件写作器 mgr.currentFileWriter 在函数 addBlock(block *common.Block)中被调用，用于保存区块，并将区块存储到文件系统中。假如文件名是 blockfile_000000，先写入区块长度 blockLength，然后写入区块内容 blockBytes。如果 blockfile_000000 大于 64MB 就创建新的文件 blockfile_000001（自然数顺序），也相应地创建新的 mgr.currentFileWriter，创建过程可以查阅 moveToNextFile 函数。addBlock 函数如下所示：

```
## [common/ledger/blkstorage/fsblkstorage/blockfile_mgr.go]
func (mgr *blockfileMgr) addBlock(block *common.Block) error {
    // 检查区块高度，高度必须等于 mgr.bcInfo 高度
    if block.Header.Number != mgr.getBlockchainInfo().Height {
        return errors.Errorf(
            "block number should have been %d but was %d",
```

```
            mgr.getBlockchainInfo().Height, block.Header.Number,
        )
    }
    if !bytes.Equal(block.Header.PreviousHash, bcInfo.CurrentBlockHash) {
        return errors.Errorf(
            "unexpected Previous block hash. Expected PreviousHash = [%x], PreviousHash
referred in the latest block= [%x]",
            bcInfo.CurrentBlockHash, block.Header.PreviousHash,
        )
    }
    // 序列化区块，返回区块 Bytes 和 serializedBlockInfo(包含每一条交易的相关信息)
    blockBytes, info, err := serializeBlock(block)
    if err != nil {
        return errors.WithMessage(err, "error serializing block")
    }
    blockHash := block.Header.Hash()
    // 获取每个交易在区块中开始的位置/偏移，以及区块结束的位置
    // 当前偏移为 0
    txOffsets := info.txOffsets
    // 区块长度 11972 字节
    currentOffset := mgr.cpInfo.latestFileChunksize
    // 长度 2 字节，计算的是 11972 这个数字需要用几字节来储存
    blockBytesLen := len(blockBytes)
    blockBytesEncodedLen := proto.EncodeVarint(uint64(blockBytesLen))
    // 加起来总共 11974 字节
    totalBytesToAppend := blockBytesLen + len(blockBytesEncodedLen)
    // 确定是否需要启动新文件，因为此区块的大小超过当前文件中剩余的空间量
    // mgr.conf.maxBlockfileSize = 64MB
    if currentOffset+totalBytesToAppend > mgr.conf.maxBlockfileSize {
        mgr.moveToNextFile()
        currentOffset = 0
    }
    // 追加区块长度，实际储存到文件
    // 位置 /var/hyperledger/production/ledgersData/chains/chains/mychannel/blockfile_
000000
    err = mgr.currentFileWriter.append(blockBytesEncodedLen, false)
    if err == nil {// 检查是否追加成功，十分重要
        // 追加区块字节
        err = mgr.currentFileWriter.append(blockBytes, true)
    }
    if err != nil {
        truncateErr := mgr.currentFileWriter.truncateFile(mgr.cpInfo.latestFile
Chunksize)
        if truncateErr != nil {
            panic(fmt.Sprintf("Could not truncate current file to known size after
an error during block append: %s", err))
        }
        return errors.WithMessage(err, "error appending block to file")
    }
```

```
    // 增加区块后更新检查点信息
    currentCPInfo := mgr.cpInfo
    newCPInfo := &checkpointInfo{
        // currentCPInfo.latestFileChunkSuffixNum = 0，文件名仍然是 blockfile_000000
        latestFileChunkSuffixNum: currentCPInfo.latestFileChunkSuffixNum,
        // currentCPInfo.latestFileChunksize = 11974
        latestFileChunksize:     currentCPInfo.latestFileChunksize + totalBytes
ToAppend,
        isChainEmpty:            false,
        lastBlockNumber:         block.Header.Number}
    // 检查点信息储存到数据库，储存位置 /var/hyperledger/production/ledgersData/chains/
index
    if err = mgr.saveCurrentInfo(newCPInfo, false); err != nil {
        truncateErr := mgr.currentFileWriter.truncateFile(currentCPInfo.latest
FileChunksize)
        if truncateErr != nil {
            panic(fmt.Sprintf("Error in truncating current file to known size after
an error in saving checkpoint info: %s", err))
        }
        return errors.WithMessage(err, "error saving current file info to db")
    }
    // 增加区块后创建文件位置指针
    blockFLP := &fileLocPointer{fileSuffixNum: newCPInfo.latestFileChunkSuffixNum}
    blockFLP.offset = currentOffset
    // 移位 txOffset
    for _, txOffset := range txOffsets {
        txOffset.loc.offset += len(blockBytesEncodedLen)
    }
    // index 储存到数据库，储存位置 /var/hyperledger/production/ledgersData/chains/index
    if err = mgr.index.indexBlock(&blockIdxInfo{
        blockNum: block.Header.Number, blockHash: blockHash,
        flp: blockFLP, txOffsets: txOffsets, metadata: block.Metadata}); err != nil {
        return err
    }
    // 更新检查点信息，保存在 mgr.cpInfo
    mgr.updateCheckpoint(newCPInfo)
    // 更新区块链信息，保存在 mgr.bcInfo，高度 + 1
    mgr.updateBlockchainInfo(blockHash, block)
    return nil
}
```

7.4.2　私有数据储存提供者 pvtStoreProvider

私有数据存储提供者 pvtStoreProvider 通过下面的 NewProvider()函数进行初始化，返回结果 provider 是一个 leveldb 数据库，如下所示：

```
## [core/ledger/pvtdatastorage/store_impl.go]
func NewProvider() Provider {
```

```
    dbPath := ledgerconfig.GetPvtdataStorePath()
    dbProvider := leveldbhelper.NewProvider(&leveldbhelper.Conf{DBPath: dbPath})
    return &provider{dbProvider: dbProvider}
}
```

provider 结构通过提供 OpenStore(ledgerid string)获得存储 store 结构，在 ledgerStore Provider.Open 函数中调用了该函数，如下所示：

```
## [core/ledger/pvtdatastorage/store_impl.go]
func (p *provider) OpenStore(ledgerid string) (Store, error) {
    dbHandle := p.dbProvider.GetDBHandle(ledgerid)
    s := &store{db: dbHandle, ledgerid: ledgerid}
    if err := s.initState(); err != nil {
        return nil, err
    }
    return s, nil
}
```

函数返回的结构必须实现 Store 接口（由返回参数列表可知），而 store 结构实现了 Store 接口，store 结构的定义如下所示：

```
## [core/ledger/pvtdatastorage/store_impl.go]
type store struct {
    db        *leveldbhelper.DBHandle
    ledgerid  string
    // 私有数据生存策略
    btlPolicy pvtdatapolicy.BTLPolicy
    isEmpty            bool
    lastCommittedBlock uint64
    batchPending       bool
    purgerLock         sync.Mutex
    collElgProcSync *collElgProcSync
    isLastUpdatedOldBlocksSet bool
}
```

着重查看成员私有数据生存策略。对于一些非常敏感的私有数据，如个人信息等，要求在网络上不能长期保留，因此这里定义私有数据生存策略，以块为时间单位，决定当前块私有数据在生成多少个区块之后，信息从网络上过时，不再提供查询。

以下是 BTLPolicy 接口，私有数据生存策略数据存储在 bookeeper 数据库中：

```
## [core/ledger/pvtdatapolicy/btlpolicy.go]
type BTLPolicy interface {
    // 根据 namespace 和 collection 获得 BlockToLive
    GetBTL(ns string, coll string) (uint64, error)
    // 根据 namespace、collection 和 committingBlock 获得有效期区块编号
    GetExpiringBlock(namesapce string,collection string,committingBlock uint64)
(uint64,error)
}
```

BTLPolicy 接口包括两个接口函数，GetBTL 函数的作用是传入参数 namespace 集合名称和 collection，返回某个区块私有数据有效生存期，若设置 Blocktolive 为 100，则表示在生成 100 个新的区块之后，该私有数据过期；若设置 Blocktolive 为 0，则表示私有数据永不过期，长期保存在网络上。

GetExpiringBlock 函数除传入 namespace 和 collection 之外，还传入参数 committingBlock，即当前提交的区块编号，返回结果是区块的过期编号，即生成哪个编号的区块，当前提交的区块就会过期。区块过期的计算公式为 committingBlock+BlockToLive+1。例如，当前提交的区块编号是 2，区块的 BlockToLive 是 3，过期编号就是 2 + 3 + 1 = 6。当提交区块（committing block）编号为 6 时，之前提交的区块编号为 2 的私有数据将被清除。

Blocktolive 是通过私有数据策略配置文件 collection_config.json 文件配置的，如下所示：

```
[
  {
    "name": "simplecollection",  --集合名称
    "policy": "OR('Org1MSP.member', 'Org2MSP.member')",  --背书策略
    "requiredPeerCount": 0,  --Gossip 传递数量
    "maxPeerCount": 2,        --最大传递数量，不能小于 requiredPeerCount
    "blockToLive":3           --区块生存时间，如果需要永久保存，则设置为 0
  }
]
```

LSCCBasedBTLPolicy 结构体实现 BTLPolicy 接口，从 lscc 命名空间加载 BTL 策略。该结构体如下所示：

```
type LSCCBasedBTLPolicy struct {
        collectionStore privdata.CollectionStore
        cache map[btlkey]uint64
}       lock sync.Mutex
```

Store 接口还提供如下函数接口：

```
## [core/ledger/pvtdatastorage/store.go]
type Store interface {
    // 初始化
    Init(btlPolicy pvtdatapolicy.BTLPolicy)
    // 初始化最后一次提交的区块编号，key = lastCommittedBlkkey，value = blockNum
    InitLastCommittedBlock(blockNum uint64) error
    // 根据区块编号和过滤条件获取私有数据
   GetPvtDataByBlockNum(blockNum uint64, filter ledger.PvtNsCollFilter) ([]*ledger.
TxPvtData, error)
    // 从最近区块获得丢失的私有数据信息
   GetMissingPvtDataInfoForMostRecentBlocks(maxBlock int) (ledger.MissingPvtDataInfo,
```

```
error)
    // 准备私有数据
    Prepare(blockNum uint64, pvtData []*ledger.TxPvtData, missing *ledger.Missing
PrivateDataList) error
    // 提交私有数据
    Commit() error
    // 回滚私有数据
    Rollback() error
    //当 peer 节点允许接收集合的数据时，通知存储结构
   ProcessCollsEligibilityEnabled(committingBlk uint64, nsCollMap map[string][]string)
 error
    //提交旧区块的私有数据
    CommitPvtDataOfOldBlocks(blocksPvtData map[uint64][]*ledger.TxPvtData) error
    //返回 lastUpdatedOldBlocksList 区块列表中的私有数据
    GetLastUpdatedOldBlocksPvtData() (map[uint64][]*ledger.TxPvtData, error)
    //移植存储实体中的 lastUpdatedOldBlocksList 区块列表
    ResetLastUpdatedOldBlocksList() error
    // 如果 store 还没有提交任何区块，则返回 true
    IsEmpty() (bool, error)
    // 返回最后提交的区块高度
    LastCommittedBlockHeight() (uint64, error)
    // 是否 store 有批次待处理？
    HasPendingBatch() (bool, error)
    // 关闭 store
    Shutdown()
}
```

下面重点讲解以下几个函数。

（1）Prepare 函数。

Prepare 函数用于准备私有数据，包括三类数据：一是未过期私有数据，二是未过期丢失私有数据，三是过期私有数据及过期丢失私有数据。具体代码如下所示：

```
## [core/ledger/pvtdatastorage/store_impl.go]
func (s *store) Prepare(blockNum uint64, pvtData []*ledger.TxPvtData,
missingData *ledger.MissingPrivateDataList) error {
    if s.batchPending {
        return &ErrIllegalCall{`A pending batch exists as as result of last invoke to
            "Prepare" call. Invoke "Commit" or "Rollback" on the pending batch before
            invoking "Prepare" function`}
    }
    expectedBlockNum := s.nextBlockNum()
    if expectedBlockNum != blockNum {
        return &ErrIllegalArgs{fmt.Sprintf("Expected block number=%d,
                            recived block number=%d", expectedBlockNum, blockNum)}
    }
    batch := leveldbhelper.NewUpdateBatch()
    var err error
    var keyBytes, valBytes []byte
```

```
    // 准备三类私有数据，返回结果存放在 dataEntries、expiryEntries、missingDataEntries
    // 三个 map 映射中
    storeEntries, err := prepareStoreEntries(blockNum, pvtData, s.btlPolicy, missing
Data)
    if err != nil {
        return err
    }
    for _, dataEntry := range storeEntries.dataEntries {
        keyBytes = encodeDataKey(dataEntry.key)
        if valBytes, err = encodeDataValue(dataEntry.value); err != nil {
            return err
        }
        batch.Put(keyBytes, valBytes)
    }
    // 对映射结构数据进行加密
    for _, expiryEntry := range storeEntries.expiryEntries {
        keyBytes = encodeExpiryKey(expiryEntry.key)
        if valBytes, err = encodeExpiryValue(expiryEntry.value); err != nil {
            return err
        }
        batch.Put(keyBytes, valBytes)
    }
    for missingDataKey, missingDataValue := range storeEntries.missingDataEntries {
        keyBytes = encodeMissingDataKey(&missingDataKey)
        if valBytes, err = encodeMissingDataValue(missingDataValue); err != nil {
            return err
        }
        batch.Put(keyBytes, valBytes)
    }
    batch.Put(pendingCommitKey, emptyValue)
    if err := s.db.WriteBatch(batch, true); err != nil {
        return err
    }
    s.batchPending = true
    return nil
}
```

数据准备好之后并不会直接被提交，会根据后面是调用 Commit 函数还是 Rollback 函数，来决定是提交数据还是回滚数据。

（2）提交私有数据 Commit。

读取 batch 中的缓存数据进行写入，写入成功后清除 batch 缓存，具体代码如下所示：

```
## [core/ledger/pvtdatastorage/store_impl.go]
func (s *store) Commit() error {
    if !s.batchPending {
        return &ErrIllegalCall{"No pending batch to commit"}
```

```
    }
    committingBlockNum := s.nextBlockNum()
    batch := leveldbhelper.NewUpdateBatch()
    batch.Delete(pendingCommitKey)
    batch.Put(lastCommittedBlkkey,
encodeLastCommittedBlockVal(committingBlockNum))
    if err := s.db.WriteBatch(batch, true); err != nil {
        return err
    }
    s.batchPending = false
    s.isEmpty = false
    s.lastCommittedBlock = committingBlockNum
    // 按计划执行清除操作
    s.performPurgeIfScheduled(committingBlockNum)
    return nil
}
```

（3）回滚私有数据 Rollback。

不提交 batch 缓存数据，直接清除缓存，具体代码如下所示：

```
## [core/ledger/pvtdatastorage/store_impl.go]
func (s *store) Rollback() error {
    if !s.batchPending {
        return &ErrIllegalCall{"No pending batch to rollback"}
    }
    blkNum := s.nextBlockNum()
    batch := leveldbhelper.NewUpdateBatch()
    itr := s.db.GetIterator(datakeyRange(blkNum))
    for itr.Next() {
        batch.Delete(itr.Key())
    }
    itr.Release()
    itr = s.db.GetIterator(eligibleMissingdatakeyRange(blkNum))
    for itr.Next() {
        batch.Delete(itr.Key())
    }
    itr.Release()
    batch.Delete(pendingCommitKey)
    if err := s.db.WriteBatch(batch, true); err != nil {
        return err
    }
    s.batchPending = false
    return nil
}
```

（4）存储私有数据和增加区块 CommitWithPvtData 函数。

先存储（Prepare）私有数据；然后增加区块（AddBlock），如果增加成功，确认提交（Commit）私有数据，否则回滚（Rollback）私有数据，具体代码如下所示：

```
## [core/ledger/ledgerstorage/store.go]
func (s *Store) CommitWithPvtData(blockAndPvtdata *ledger.BlockAndPvtData) error {
    blockNum := blockAndPvtdata.Block.Header.Number
    pvtBlkStoreHt, err := s.pvtdataStore.LastCommittedBlockHeight()
    if err != nil {
        return err
    }
    writtenToPvtStore := false
    if pvtBlkStoreHt < blockNum+1 { // 私有数据存储完整性检查不允许重写私有数据
        var pvtdata []*ledger.TxPvtData
        validTxPvtData,validTxMissingPvtData=constructValidTxPvtDataAndMissingData
(blockAndPvtdata)
        if err := s.pvtdataStore.Prepare(blockAndPvtdata.Block.Header.Number,
                pvtdata, missingDataList); err != nil {
            return err
        }
        writtenToPvtStore = true
    }
    // 增加区块
    if err := s.AddBlock(blockAndPvtdata.Block); err != nil {
        // 回滚私有数据
        s.pvtdataStore.Rollback()
        return err
    }
    if writtenToPvtStore {
        // 确认提交私有数据
        return s.pvtdataStore.Commit()
    }
    return nil
}
```

7.5　记账提供者 bookkeepingProvider

记账提供者 bookkeepingProvider 通过下面的 NewProvider 函数进行初始化：

```
## [core/ledger/kvledger/kv_ledger_provider.go]
func (provider *Provider) Initialize(initializer *ledger.Initializer) error {
    // 位置 /var/hyperledger/production/ledgersData/bookkeeper
    // 保存 key = expiryInfoKey{expiryBlk, committingBlk}, value = PvtdataKeys{}
    provider.bookkeepingProvider = bookkeeping.NewProvider()
}
```

NewProvider 函数如下所示：

```
## [core/ledger/kvledger/bookkeeping/provider.go]
func NewProvider() Provider {
    // 位置 /var/hyperledger/production/ledgersData/bookkeeper
```

```
    dbProvider := leveldbhelper.NewProvider(&leveldbhelper.Conf{DBPath:
        getInternalBookkeeperPath()})
    return &provider{dbProvider: dbProvider}
}
func (provider *provider) GetDBHandle(ledgerID string, cat Category) *leveldbhelper.
DBHandle {   // 根据 ledgerID 和类型获得数据库句柄
    return provider.dbProvider.GetDBHandle(fmt.Sprintf(ledgerID+"/%d", cat))
}
```

NewProvider 返回的结构 provider 提供了 GetDBHandle 函数：

```
func (provider *provider) GetDBHandle(ledgerID string, cat Category)
// 根据 ledgerID 和类型获得数据库句柄
*leveldbhelper.DBHandle {
    return provider.dbProvider.GetDBHandle(fmt.Sprintf(ledgerID+"/%d", cat))
}
```

7.6 版本数据库提供者 vdbProvider

版本数据库提供者 vdbProvider 通过下面的 privacyenabledstate.NewCommonStorageDBProvider 函数进行初始化，传入参数记账提供者 bookkeepingProvider，具体如下所示：

```
## [core/ledger/kvledger/kv_ledger_provider.go]
func (provider *Provider) Initialize(initializer *ledger.Initializer) error {
    // VersionedDB
    // 位置 /var/hyperledger/production/ledgersData/stateLeveldb
    // 保存 key = "mycc" + "a", value = VersionedValue{}
    // 保存 key = "mycc" + "b", value = VersionedValue{}
    // 保存 key = "lscc" + "mycc", value = VersionedValue{}
    // 保存 key = "lscc" + "mycc~collection", value = VersionedValue{}
    // 保存 savePointKey = []byte{0x00}, value = Height{blockNum, TxNum}
    provider.vdbProvider, err = privacyenabledstate.NewCommonStorageDBProvider(
        provider.bookkeepingProvider, initializer.MetricsProvider)
}
```

查看 NewCommonStorageDBProvider 函数，版本数据库有两种实现方式：一是 leveldb 数据库，二是 couchdb 数据库。使用哪种方式实现由 core.yaml->ledger.state.stateDatabase: goleveldb 决定，默认使用 leveldb 数据库。

```
## [core/ledger/kvledger/txmgmt/privacyenabledstate/common_storage_db.go]
func NewCommonStorageDBProvider(bookkeeperProvider bookkeeping.Provider) (DBProvider,
error) {
    // 如果使用 couchdb 数据库
    if ledgerconfig.IsCouchDBEnabled() {
        if vdbProvider, err = statecouchdb.NewVersionedDBProvider(); err != nil {
            return nil, err
```

```
        }
    } else {
        // 位置 /var/hyperledger/production/ledgersData/stateLeveldb
        vdbProvider = stateleveldb.NewVersionedDBProvider()
    }
    // 封装了版本数据库提供者和记账提供者
    return &CommonStorageDBProvider{vdbProvider, bookkeeperProvider}, nil
}
```

其返回结果是一个 CommonStorageDBProvider 结构体，封装了 vdbProvider 和 bookkeepingProvider 两个数据库服务提供者，定义如下所示：

```
## [core/ledger/kvledger/txmgmt/privacyenabledstate/common_storage_db.go]
type CommonStorageDBProvider struct {
        statedb.VersionedDBProvider
        bookkeepingProvider bookkeeping.Provider
}
```

CommonStorageDBProvider 结构提供 GetDBHandle(id string)函数打开数据库句柄，具体如下所示：

```
## [core/ledger/kvledger/txmgmt/privacyenabledstate/common_storage_db.go]
func (p *CommonStorageDBProvider) GetDBHandle(id string) (DB, error) {
    // 根据 id 获得版本数据库句柄
    vdb, err := p.VersionedDBProvider.GetDBHandle(id)
    if err != nil {
        return nil, err
    }
    // 根据 id 获得记账数据库句柄
    bookkeeper := p.bookkeepingProvider.GetDBHandle(id,
        bookkeeping.MetadataPresenceIndicator)
    // 新建元数据提示，目的是用于缓存
    metadataHint := newMetadataHint(bookkeeper)
    // 封装版本数据库句柄和记账数据库句柄
    return NewCommonStorageDB(vdb, id, metadataHint)
}
func  NewCommonStorageDB(vdb  statedb.VersionedDB,  ledgerid  string,  metadataHint
*metadataHint) (DB, error) {
    return &CommonStorageDB{vdb, metadataHint}, nil
}
```

GetDBHandle 函数结果返回 CommonStorageDB 结构体，该结构体定义如下：

```
## [core/ledger/kvledger/txmgmt/privacyenabledstate/common_storage_db.go]
type CommonStorageDB struct {
        statedb.VersionedDB
        metadataHint *metadataHint
}
```

CommonStorage 实现 DB 接口，能同时保存公有和私有的数据。CommonStorageDB

{vdb, metadataHint}实现的以 Get 为前缀的函数，大多数是调用 vdb（实现了 statedb.VersionedDB 接口）的函数返回结果，然后进行封装的，下面仅讲解应用隐私感知更新函数：

```
## [core/ledger/kvledger/txmgmt/privacyenabledstate/common_storage_db.go]
func (s *CommonStorageDB) ApplyPrivacyAwareUpdates(updates *UpdateBatch, height
*version.Height) error {
    // 合并 public db 和 private db
    combinedUpdates := updates.PubUpdates
    addPvtUpdates(combinedUpdates, updates.PvtUpdates)
    addHashedUpdates(combinedUpdates, updates.HashUpdates, !s.BytesKeySuppoted())
    s.metadataHint.setMetadataUsedFlag(updates)
    // 应用更新
    return s.VersionedDB.ApplyUpdates(combinedUpdates.UpdateBatch, height)
}
```

应用更新，将数据保存到版本数据库 versionedDB，如下所示：

```
## [core/ledger/kvledger/txmgmt/statedb/stateleveldb/stateleveldb.go]
func (vdb *versionedDB) ApplyUpdates(batch *statedb.UpdateBatch, height *version.
Height) error {
    dbBatch := leveldbhelper.NewUpdateBatch()
    namespaces := batch.GetUpdatedNamespaces()
    for _, ns := range namespaces {
        updates := batch.GetUpdates(ns)
        for k, vv := range updates {
            compositeKey := constructCompositeKey(ns, k)
            // 如果值为空，则删除键
            if vv.Value == nil {
                dbBatch.Delete(compositeKey)
            } else {
                encodedVal, err := encodeValue(vv)
                if err != nil {
                    return err
                }
                dbBatch.Put(compositeKey, encodedVal)
            }
        }
    }
    if height != nil {
        dbBatch.Put(savePointKey, height.ToBytes())
    }
    // 位置 /var/hyperledger/production/ledgersData/stateLeveldb
    if err := vdb.db.WriteBatch(dbBatch, true); err != nil {
        return err
    }
    return nil
}
```

7.7　历史数据库提供者 historydbProvider

历史数据库提供者 historydbProvider 通过下面的 NewHistoryDBProvider 函数进行初始化，其返回结果 provider 也是一个 leveldb 数据库。

```
    // 位置 /var/hyperledger/production/ledgersData/historyLeveldb
    // 保存 key = "lscc" + "mycc" + 1 (blockNo) + 0 (tranNo), emptyValue = []byte{}
    // 保存 key = "lscc" + " mycc~collection" + 1 (blockNo) + 0 (tranNo), emptyValue =
[]byte{}
    // 保存 key = "mycc" + "a" + 1 (blockNo) + 0 (tranNo), emptyValue = []byte{}
    // 保存 key = "mycc" + "b" + 1 (blockNo)+ 0 (tranNo), emptyValue = []byte{}
    // 保存 savePointKey = []byte{0x00}, value = Height{blockNum, TxNum}
        historydbProvider := historyleveldb.NewHistoryDBProvider()
```

historydb.HistoryDB 接口定义如下所示：

```
## [core/ledger/kvledger/history/historydb/historydb.go]
type HistoryDB interface {
    // 新建历史查询执行器
    NewHistoryQueryExecutor(blockStore blkstorage.BlockStore) (ledger.HistoryQuery
Executor, error)
    // 提交区块
    Commit(block *common.Block) error
    // 获得最后保存点
    GetLastSavepoint() (*version.Height, error)
    // 检查是否恢复
    ShouldRecover(lastAvailableBlock uint64) (bool, uint64, error)
    // 提交丢失的区块
    CommitLostBlock(blockAndPvtdata *ledger.BlockAndPvtData) error
}
```

寻找实现了 HistoryDB 接口的结构 struct，根据方法名称搜索工程源码，找到了全部实现这些方法的结构：

```
## [core/ledger/kvledger/history/historydb/historyleveldb/historyleveldb.go]
type historyDB struct {
    db     *leveldbhelper.DBHandle
    dbName string
}
```

NewHistoryDBProvider 函数如下所示：

```
## [core/ledger/kvledger/history/historydb/historyleveldb/historyleveldb.go]
func NewHistoryDBProvider() *HistoryDBProvider {
    // 位置 /var/hyperledger/production/ledgersData/historyLeveldb
    dbPath := ledgerconfig.GetHistoryLevelDBPath()
    dbProvider := leveldbhelper.NewProvider(&leveldbhelper.Conf{DBPath: dbPath})
    return &HistoryDBProvider{dbProvider}
}
```

HistoryDBProvider 结构提供了 GetDBHandle(dbName string)函数打开数据库句柄。返回结果必须实现 historydb.HistoryDB 接口。返回结果如下所示：

```
func (provider *HistoryDBProvider) GetDBHandle(dbName string) (historydb.HistoryDB,
error) {
    // 返回的结构必须实现 historydb.HistoryDB 接口
    return newHistoryDB(provider.dbProvider.GetDBHandle(dbName), dbName), nil
}
func newHistoryDB(db *leveldbhelper.DBHandle, dbName string) *historyDB {
    return &historyDB{db, dbName}
}
```

historydb.HistoryDB 接口提供如下函数。

（1）提交区块 Commit。

检查当前提交区块中的每条交易，获取交易合法标志，对于不合法的交易不将其保存到历史数据库中。读取合法交易的读写集，并写入 dbBatch 缓存中。区块编号和合法交易条数作为保存点也被添加到 dbBatch 缓存中，若后面需要恢复数据就需要用到该保存点。最后将缓存信息真正写入数据库，完成区块的提交。

```
## [core/ledger/kvledger/history/historydb/historyleveldb.go]
func (historyDB *historyDB) Commit(block *common.Block) error {
    blockNo := block.Header.Number
    // 开始为 0
    var tranNo uint64
    dbBatch := leveldbhelper.NewUpdateBatch()
    txsFilter :=util.TxValidationFlags
                    (block.Metadata.Metadata[common.BlockMetadataIndex_TRANSACTIO
NS_FILTER])
    // 检查一个区块中的每条交易
    for _, envBytes := range block.Data.Data {
        // 如果交易被标志为无效，不保存
        if txsFilter.IsInvalid(int(tranNo)) {
            tranNo++
            continue
        }
        env, err := putils.GetEnvelopeFromBlock(envBytes)
        if err != nil {
            return err
        }
        payload, err := putils.GetPayload(env)
        if err != nil {
            return err
        }
        chdr, err := putils.UnmarshalChannelHeader(payload.Header.ChannelHeader)
        if err != nil {
            return err
        }
```

```
        if common.HeaderType(chdr.Type) == common.HeaderType_ENDORSER_TRANSACTION {
            // 从信封消息中提取操作
            respPayload, err := putils.GetActionFromEnvelope(envBytes)
            if err != nil {
                return err
            }
            //准备从交易中提取读写集
            txRWSet := &rwsetutil.TxRwSet{}
            // 从操作中获取结果，然后解组
            // 它使用自定义解组进入交易读写集
            if err = txRWSet.FromProtoBytes(respPayload.Results); err != nil {
                return err
            }
            // 遍历读写集
            for _, nsRWSet := range txRWSet.NsRwSets {
                ns := nsRWSet.NameSpace
                for _, kvWrite := range nsRWSet.KvRwSet.Writes {
                    writeKey := kvWrite.Key
                    // 组合键，形式 ns~key~blockNo~tranNo
                    compositeHistoryKey := historydb.ConstructCompositeHistoryKey
                                    (ns, writeKey, blockNo, tranNo)
                    // 不保存 value，但 Put()不允许 nil，因此用一个空值[]byte{}代替
                    dbBatch.Put(compositeHistoryKey, emptyValue)
                }
            }
        } else {
        tranNo++
    }
    // 为了恢复，添加保存点
    height := version.NewHeight(blockNo, tranNo)
    dbBatch.Put(savePointKey, height.ToBytes())
    // 保存
    if err := historyDB.db.WriteBatch(dbBatch, true); err != nil {
        return err
    }
    return nil
}
```

（2）获取最后保存点 GetLastSavepoint。

从 historydb 中获取保存点，该函数在 ShouldRecover 函数中被调用，如下所示：

```
## [core/ledger/kvledger/history/historydb/historyleveldb.go]
func (historyDB *historyDB) GetLastSavepoint() (*version.Height, error) {
    versionBytes, err := historyDB.db.Get(savePointKey)
    if err != nil || versionBytes == nil {
        return nil, err
    }
    height, _ := version.NewHeightFromBytes(versionBytes)
    return height, nil
}
```

（3）是否应该恢复 ShouldRecover。

调用 GetLastSavepoint 函数获取最后保存点，判断保存点中的区块编号与最后一个可用区块编号是否一致，返回一个 bool 值，同时返回区块编号+1 及 nil，具体如下所示：

```
## [core/ledger/kvledger/history/historydb/historyleveldb.go]
func (historyDB *historyDB) ShouldRecover(lastAvailableBlock uint64) (bool, uint64,
error) {
    if !ledgerconfig.IsHistoryDBEnabled() {
        return false, 0, nil
    }
    savepoint, err := historyDB.GetLastSavepoint()
    if err != nil {
        return false, 0, err
    }
    if savepoint == nil {
        return true, 0, nil
    }
    return savepoint.BlockNum != lastAvailableBlock, savepoint.BlockNum + 1, nil
}
```

（4）提交丢失的区块 CommitLostBlock。

调用 Commit 函数提交丢失区块，如下所示：

```
## [core/ledger/kvledger/history/historydb/historyleveldb.go]
func (historyDB *historyDB) CommitLostBlock(blockAndPvtdata *ledger.BlockAndPvtData)
error {
    block := blockAndPvtdata.Block
    if err := historyDB.Commit(block); err != nil {
        return err
    }
    return nil
}
```

7.8 建立账本 newKVLedger

建立账本函数主要完成以下几方面工作。

（1）在状态监听器列表中添加两个监听器，配置历史监听器和链码生命周期事件监听器。其中，配置历史监听器在初始化账本提供者时创建；链码生命周期事件监听器在链码初始化时创建。

（2）初始化 kvLedger 结构体，参数来自新建账本提供者时建立的数据库。

（3）初始化私有数据生存策略，构造 LSCCBasedBTLPolicy 实例。

（4）初始化交易管理器。

（5）根据私有数据生存策略初始化区块数据存储。

（6）同步历史数据库和版本数据库。

建立账本对应代码如下所示：

```
## [core/ledger/kvledger/kv_ledger.go]
func newKVLedger(
    ledgerID string,
    blockStore *ledgerstorage.Store,
    versionedDB privacyenabledstate.DB,
    historyDB historydb.HistoryDB,
    configHistoryMgr confighistory.Mgr,
    stateListeners []ledger.StateListener,
    bookkeeperProvider bookkeeping.Provider,
    ccInfoProvider ledger.DeployedChaincodeInfoProvider) (*kvLedger, error) {
    // 账本结构，实现 PeerLedger 接口
    l := &kvLedger{ledgerID: ledgerID, blockStore: blockStore, historyDB: historyDB,
blockAPIsRWLock: &sync.RWMutex{}}
    // 获取 chaincode 生命周期事件监听器
    ccEventListener := versionedDB.GetChaincodeEventListener()
    //根据 ledgerID 注册 chaincode 生命周期事件监听器以便在特定链码事件到达时被调用
    if ccEventListener != nil {
        cceventmgmt.GetMgr().Register(ledgerID, ccEventListener)
    }
    // 创建私有数据策略
    btlPolicy=pvtdatapolicy.ConstructBTLPolicy(&collectionInfoRetriever{l,
ccInfoProvider})
    // 设置 l.txtmgmt
    if err :=l.initTxMgr(versionedDB,stateListeners,btlPolicy,bookkeeperProvider);
err!=nil {
        return nil, err
    }
    l.initBlockStore(btlPolicy)
    // 恢复 state DB 和 history DB ，通过重新提交最后一个有效区块
    if err := l.recoverDBs(); err != nil {
        panic(errors.WithMessage(err, "error during state DB recovery"))
    }
    l.configHistoryRetriever = configHistoryMgr.GetRetriever(ledgerID, l)
    info, err := l.GetBlockchainInfo()
    if err != nil {
        return nil, err
    }
    // 用当前高度初始化 stats
    stats.updateBlockchainHeight(info.Height)
    l.stats = stats
    return l, nil
}
```

7.8.1 初始化交易管理器

newKVLedger 调用 initTxMgr 函数初始化交易管理器，initTxMgr 代码如下所示：

```
## [core/ledger/kvledger/kv_ledger.go]
func (l *kvLedger) initTxMgr(versionedDB privacyenabledstate.DB,
stateListeners []ledger.StateListener,btlPolicy pvtdatapolicy.BTLPolicy,
bookkeeperProvider bookkeeping.Provider) error {
    var err error
    l.txtmgmt, err = lockbasedtxmgr.NewLockBasedTxMgr(l.ledgerID,
                        versionedDB, stateListeners, btlPolicy, bookkeeperProvider)
    return err
}
```

交易管理器由 lockbasedtxmgr.NewLockBasedTxMgr 函数构造，返回结果是一个 LockBasedTxMgr 结构体，结构体定义如下所示：

```
type LockBasedTxMgr struct {
    ledgerid string
    db privacyenabledstate.DB                    // statedb 数据库
    pvtdataPurgeMgr *pvtdataPurgeMgr             // 私有数据清除管理器
    validator validator.Validator                // 验证器
    stateListeners []ledger.StateListener        // 状态监听器
    ccInfoProvider ledger.DeployedChaincodeInfoProvider
    commitRWLock sync.RWMutex
    oldBlockCommit sync.Mutex
    current *current
    lastCommittedBlockNum uint64
}
```

查看 NewLockBasedTxMgr 函数，通过 pvtstatepurgemgmt.InstantiatePurgeMgr 函数创建私有数据清除管理器，通过 valimpl.NewStatebasedValidator 函数创建交易验证器，再根据传入的参数 ledgerID、statedb 操作句柄、状态监听器构造 LockBasedTxMgr，具体代码如下所示：

```
## [core/ledger/kvledger/txmgmt/txmgr/lockbasedtxmgr/lockbased_txmgr.go]
func NewLockBasedTxMgr(ledgerid string, db privacyenabledstate.DB,
stateListeners []ledger.StateListener, btlPolicy pvtdatapolicy.BTLPolicy,
bookkeepingProvider bookkeeping.Provider) (*LockBasedTxMgr, error) {
    db.Open()
    // db 数据库文件位置 /var/hyperledger/production/ledgersData/stateLeveldb
    txmgr := &LockBasedTxMgr{ledgerid: ledgerid, db: db, stateListeners: state
Listeners}
    // 创建私有数据清除管理器
    pvtstatePurgeMgr, err := pvtstatepurgemgmt.InstantiatePurgeMgr(ledgerid, db,
btlPolicy, bookkeepingProvider)
    if err != nil {
```

```
        return nil, err
    }
    txmgr.pvtdataPurgeMgr = &pvtdataPurgeMgr{pvtstatePurgeMgr, false}
    //创建交易验证器
    txmgr.validator = valimpl.NewStatebasedValidator(txmgr, db)
    return txmgr, nil
}
```

LockBasedTxMgr 结构还提供了以下函数完成交易相关处理。

（1）验证和准备批处理 ValidateAndPrepare。

验证和准备批处理主要完成两项工作：一是使用验证器验证交易的读写集，确认交易是否有效；二是在交易有效的情况下，将交易写集中的数据写入数据升级包中，为 Commit 函数提交这批数据做好准备。

ValidateAndPrepare 函数如下所示：

```
## [core/ledger/kvledger/txmgmt/txmgr/lockbasedtxmgr/lockbased_txmgr.go]
func (txmgr *LockBasedTxMgr) ValidateAndPrepare(blockAndPvtdata *ledger.BlockAndPvtData,
doMVCCValidation bool) error {
    block := blockAndPvtdata.Block
    // 等待 txmgr.pvtdataPurgeMgr.PrepareForExpiringKeys()执行完毕
    txmgr.pvtdataPurgeMgr.WaitForPrepareToFinish()
    // 验证和准备批处理
    batch, err := txmgr.validator.ValidateAndPrepareBatch(blockAndPvtdata, doMVCCV
alidation)
    if err != nil {
        txmgr.reset()
        return err
    }
    // 封装
    txmgr.current = &current{block: block, batch: batch}
    // 调用命名空间监听器
    if err := txmgr.invokeNamespaceListeners(); err != nil {
        txmgr.reset()
        return err
    }
    return nil
}
```

（2）调用命名空间监听器处理状态更新 invokeNamespaceListeners，其代码如下所示：

```
## [core/ledger/kvledger/txmgmt/txmgr/lockbasedtxmgr/lockbased_txmgr.go]
func (txmgr *LockBasedTxMgr) invokeNamespaceListeners() error {
    for _, listener := range txmgr.stateListeners {
        // 提取状态更新，从 txmgr.current.batch 封装 ledger.StateUpdates 结构
        stateUpdatesForListener := extractStateUpdates(txmgr.current.batch,
```

```
                        listener.InterestedInNamespaces())
        if len(stateUpdatesForListener) == 0 {
            continue
        }
        // 封装状态更新触发器结构
        trigger := &ledger.StateUpdateTrigger{
            LedgerID:                    txmgr.ledgerid,
            StateUpdates:                stateUpdatesForListener,
            CommittingBlockNum:          txmgr.current.blockNum(),
            CommittedStateQueryExecutor: committedStateQueryExecuter,
            PostCommitQueryExecutor:     postCommitQueryExecuter,
        }
        // 处理状态更新，共注册两个监听器，KVLedgerLSCCStateListener 结构和 mgr 结构
        if err := listener.HandleStateUpdates(trigger); err != nil {
            return err
        }
    }
    return nil
}
```

（3）提交。

Commit 函数是交易管理者向 statedb 提供交易数据，真正写入 statedb。提交代码如下所示：

```
## [core/ledger/kvledger/txmgmt/txmgr/lockbasedtxmgr/lockbased_txmgr.go]
func (txmgr *LockBasedTxMgr) Commit() error {
    //  只用一次
    if !txmgr.pvtdataPurgeMgr.usedOnce {
        txmgr.pvtdataPurgeMgr.PrepareForExpiringKeys(txmgr.current.blockNum())
        txmgr.pvtdataPurgeMgr.usedOnce = true
    }
    // 准备失效的键，以便下一个区块提交时清除
    defer func() {
        txmgr.clearCache()
        txmgr.pvtdataPurgeMgr.PrepareForExpiringKeys(txmgr.current.blockNum() + 1)
        txmgr.reset()
    }()
    // 在 ValidateAndPrepare()设置 txmgr.current
    if txmgr.current == nil {
        panic("validateAndPrepare() method should have been called before calling
commit()")
    }
    // 删除过期键和更新记账账本
    if err := txmgr.pvtdataPurgeMgr.DeleteExpiredAndUpdateBookkeeping(
        txmgr.current.batch.PvtUpdates, txmgr.current.batch.HashUpdates); err !=
nil {
        return err
    }
    // 提交高度
```

```
    commitHeight := version.NewHeight(txmgr.current.blockNum(), txmgr.current.
maxTxNumber())
    // 应用更新
    if err := txmgr.db.ApplyPrivacyAwareUpdates(txmgr.current.batch, commitHeight);
err != nil {
        return err
    }
    // 区块提交完毕，按计划清除过期键
    if err := txmgr.pvtdataPurgeMgr.BlockCommitDone(); err != nil {
        return err
    }
    // 通知监听器，状态更新完毕
    txmgr.updateStateListeners()
    return nil
}
```

7.8.2　实例化私有数据清除管理器

填充 purgeMgr 结构：

```
## [core/ledger/kvledger/txmgmt/pvtstatepurgemgmt/purge_mgr.go]
func  InstantiatePurgeMgr(ledgerid  string,  db  privacyenabledstate.DB,  btlPolicy
pvtdatapolicy.BTLPolicy, bookkeepingProvider bookkeeping.Provider) (PurgeMgr, error) {
    return &purgeMgr{
        btlPolicy: btlPolicy, // 私有数据生存期策略
        db:        db, // 位置 /var/hyperledger/production/ledgersData/stateLeveldb
        // 创建有效期管理器
        expKeeper: newExpiryKeeper(ledgerid, bookkeepingProvider),
        lock:      &sync.Mutex{},
        waitGrp:   &sync.WaitGroup{},
    }, nil
}
```

返回的结构必须实现 PurgeMgr 接口，其定义如下所示：

```
## [core/ledger/kvledger/txmgmt/pvtstatepurgemgmt/purge_mgr.go]
type PurgeMgr interface {
    // 预先准备清除过期信息
    PrepareForExpiringKeys(expiringAtBlk uint64)
    // 等待 PrepareForExpiringKeys 执行完成
    WaitForPrepareToFinish()
    // 删除到期信息和更新记账
    DeleteExpiredAndUpdateBookkeeping(
        pvtUpdates *privacyenabledstate.PvtUpdateBatch,
        hashedUpdates *privacyenabledstate.HashedUpdateBatch) error
    //更新 bookkeeper 数据库中现有过期实体
    UpdateBookkeepingForPvtDataOfOldBlocks(pvtUpdates *privacyenabledstate.PvtUpdate
Batch) error
    // 清除之前计划需要清除的信息
```

```
    BlockCommitDone() error
}
```

purgeMgr 结构的实现主要包括以下几个函数。

（1）预先准备清除过期信息。

PrepareForExpiringKeys 函数根据当前提交区块编号，从 bookeeeperdb 中获取已过期的区块信息，并检查该区块中是否存在等会需要更新的键值，若需要，则从清除数据中剔除，具体代码如下所示：

```
## [core/ledger/kvledger/txmgmt/pvtstatepurgemgmt/purge_mgr.go]
func (p *purgeMgr) PrepareForExpiringKeys(expiringAtBlk uint64) {
    p.waitGrp.Add(1)
    go func() {
        p.lock.Lock()
        defer p.waitGrp.Done()
        defer p.lock.Unlock()
        p.workingset = p.prepareWorkingsetFor(expiringAtBlk)
    }()
    p.waitGrp.Wait()
}
```

创建 go 协程收集过期信息，使用 lock 和 waitGrp，协程内调用 prepareWorkingsetFor 函数完成收集工作。expiringAtBlk 就是当前需要提交的区块编号，假如当前值为 6，且私有数据区块生存期 blocktolive = 3，那么获取的过期区块编号 expiringAtBlk-blocktolive - 1 = 6 - 3 - 1 = 2。

完成清除过程代码如下所示：

```
## [core/ledger/kvledger/txmgmt/pvtstatepurgemgmt/purge_mgr.go]
func (p *purgeMgr) prepareWorkingsetFor(expiringAtBlk uint64) *workingset {
    workingset := &workingset{expiringBlk: expiringAtBlk}
    // 从记账账本中获取过期区块信息
    expiryInfo, err := p.expKeeper.retrieve(expiringAtBlk)
    if err != nil {
        workingset.err = err
        return workingset
    }
    // 转换成 map 集合
    toPurge := transformToExpiryInfoMap(expiryInfo)
    // 仅用于 couchdb
    p.preloadCommittedVersionsInCache(toPurge)
    var expiryInfoKeysToClear []*expiryInfoKey
    if len(toPurge) == 0 {
        return workingset
    }
    // 遍历需要清除的到期信息
    for purgeEntryK, purgeEntryV := range toPurge {
```

```
        // 需要清除的到期键
        expiryInfoKeysToClear = append(expiryInfoKeysToClear, &expiryInfoKey
{committingBlk: purgeEntryV.committingBlock, expiryBlk: expiringAtBlk})
        // 从数据库中取得版本
        currentVersion, err := p.db.GetKeyHashVersion(purgeEntryK.Namespace,
purgeEntryK.CollectionName, []byte(purgeEntryK.KeyHash))
        if err != nil {
            workingset.err = err
            return workingset
        }
        // 比较区块编号
        if sameVersion(currentVersion, purgeEntryV.committingBlock) {
            // 相同
            continue
        }
        if purgeEntryV.key != "" {
            // 取得私有数据
            committedPvtVerVal, err := p.db.GetPrivateData(purgeEntryK.Namespace,
purgeEntryK.CollectionName, purgeEntryV.key)
            if err != nil {
                workingset.err = err
                return workingset
            }
            // 根据取得的私有数据比较区块编号
            if sameVersionFromVal(committedPvtVerVal, purgeEntryV.committingBlock) {
                // 相同
                purgeEntryV.purgeKeyOnly = true
                continue
            }
        }
        // 到达此处，键哈希和私有数据键(如果存在)在稍后的区块更新，因此从当前清除列表中删除
        delete(toPurge, purgeEntryK)
    }
    // 键从状态账本中清除
    workingset.toPurge = toPurge
    // 键从记账账本中清除
    workingset.toClearFromSchedule = expiryInfoKeysToClear
    return workingset
}
```

（2）删除到期信息和更新记账的代码如下所示：

```
## [core/ledger/kvledger/txmgmt/pvtstatepurgemgmt/purge_mgr.go]
func (p *purgeMgr) DeleteExpiredAndUpdateBookkeeping(
   pvtUpdates *privacyenabledstate.PvtUpdateBatch,
   hashedUpdates *privacyenabledstate.HashedUpdateBatch) error {
    if p.workingset.err != nil {
        return p.workingset.err
    }
    // 根据 blocktolive 计算有效期信息
```

```
    listExpiryInfo, err := buildExpirySchedule(p.btlPolicy, pvtUpdates, hashedUpdates)
    if err != nil {
        return err
    }
    // p.workingset.toPurge 在 prepareWorkingsetFor()中设置
    for compositeHashedKey, keyAndVersion := range p.workingset.toPurge {
        ns := compositeHashedKey.Namespace
        coll := compositeHashedKey.CollectionName
        keyHash := []byte(compositeHashedKey.KeyHash)
        key := keyAndVersion.key
        purgeKeyOnly := keyAndVersion.purgeKeyOnly
        // 判断哈希更新批次是否包含需要清除的键
        hashUpdated := hashedUpdates.Contains(ns, coll, keyHash)
        // 判断私有数据批次更新是否包含需要清除的键
        pvtKeyUpdated := pvtUpdates.Contains(ns, coll, key)
        // 创建有效期交易版本
        expiringTxVersion := version.NewHeight(p.workingset.expiringBlk, math.
MaxUint64)
        if !hashUpdated && !purgeKeyOnly {
            // 不包含，删除
            hashedUpdates.Delete(ns, coll, keyHash, expiringTxVersion)
        }
        if key != "" && !pvtKeyUpdated {
            // 不包含，删除
            pvtUpdates.Delete(ns, coll, key, expiringTxVersion)
        }
    }
    // 记账
    return p.expKeeper.updateBookkeeping(listExpiryInfo, nil)
}
```

中间一段代码可能有点绕，这是因为对于每一个被选择需要删除的键，应该检查当前的提交区块，如果当前区块正好有关该键需要更新，那么不应该删除该键，否则可能会将删除键增加到当前更新批次中。

（3）清除之前计划需要清除的信息，具体代码如下所示：

```
## [core/ledger/kvledger/txmgmt/pvtstatepurgemgmt/purge_mgr.go]
func (p *purgeMgr) BlockCommitDone() error {
    defer func() { p.workingset = nil }()
    return p.expKeeper.updateBookkeeping(nil, p.workingset.toClearFromSchedule)
}
```

7.8.3 新建有效期记账管理器

填充 expKeeper 结构：

```
## [core/ledger/kvledger/txmgmt/pvtstatepurgemgmt/expiry_keeper.go]
```

```
func newExpiryKeeper(ledgerid string, provider bookkeeping.Provider) expiryKeeper {
    return &expKeeper{provider.GetDBHandle(ledgerid, bookkeeping.PvtdataExpiry)}
}
```

返回的结构必须实现 expiryKeeper 接口，其定义如下所示：

```
## [core/ledger/kvledger/txmgmt/pvtstatepurgemgmt/expiry_keeper.go]
type expiryKeeper interface {
    // 更新记账账本，保存有效期信息和删除到期信息
    updateBookkeeping(toTrack []*expiryInfo, toClear []*expiryInfoKey) error
    // 取回过期信息，根据给定的区块编号检索
    retrieve(expiringAtBlkNum uint64) ([]*expiryInfo, error)
    //根据给定的 expiryInfo 返回对应的 expiryInfo
    retrieveByExpiryKey(expiryKey *expiryInfoKey) (*expiryInfo, error)
}
```

接口的定义方法的名称开头是小写字母，说明实现此接口的结构函数仅限于在[core/ledger/kvledger/txmgmt/pvtstatepurgemgmt]包内使用，expKeeper 结构实现的函数主要包括以下几个。

（1）更新记账账本。

获取需要更新的更新集，将需要清除的过期信息从数据库中剔除，具体代码如下所示：

```
## [core/ledger/kvledger/txmgmt/pvtstatepurgemgmt/expiry_keeper.go]
func (ek *expKeeper) updateBookkeeping(toTrack []*expiryInfo, toClear []*expiryInfoKey)
error {
    updateBatch := leveldbhelper.NewUpdateBatch()
    // 如果存在需要跟踪的有效期信息
    for _, expinfo := range toTrack {
        k, v, err := encodeKV(expinfo)
        if err != nil {
            return err
        }
        // 记账
        updateBatch.Put(k, v)
    }
    // 如果存在到期的信息
    for _, expinfokey := range toClear {
        // 清除
        updateBatch.Delete(encodeExpiryInfoKey(expinfokey))
    }
    return ek.db.WriteBatch(updateBatch, true)
}
```

两个参数结构的定义，expiryInfoKey 包含两个参数，即当前提交区块编号和到期区块编号，如下所示：

```
type expiryInfoKey struct {
```

```
    committingBlk uint64 // 当前提交区块编号
    expiryBlk     uint64 // 到期区块编号
}
```

expiryInfo 封装 expiryInfoKey（有效期信息键）和 PvtdataKeys［私有数据键（键和键的哈希）]：

```
type expiryInfo struct {
    expiryInfoKey *expiryInfoKey
    pvtdataKeys   *PvtdataKeys
}
```

最后记账的key-value键值对的内容为key = expiryInfoKey{}，value = PvtdataKeys{}。

（2）取值函数。

根据 startKey 和 endKey 读取一定范围内的交易信息并返回，这里不是直接将范围内的交易数据打包返回给调用者，而是返回一个包含该交易数据范围信息的迭代器，调用者使用迭代器的 Next()函数一个个抽取读值，避免了读取的交易数据过大和效率低下的问题。

获取交易信息函数，如下所示：

```
## [core/ledger/kvledger/txmgmt/pvtstatepurgemgmt/expiry_keeper.go]
func (ek *expKeeper) retrieve(expiringAtBlkNum uint64) ([]*expiryInfo, error) {
    // 开始检索，从有效期区块编号
    startKey := encodeExpiryInfoKey(&expiryInfoKey{expiryBlk: expiringAtBlkNum,
committingBlk: 0})
    // 结束检索，从有效期区块编号 + 1
    endKey := encodeExpiryInfoKey(&expiryInfoKey{expiryBlk: expiringAtBlkNum + 1,
committingBlk: 0})
    // 数据库检索
    itr := ek.db.GetIterator(startKey, endKey)
    defer itr.Release()
    // 循环检查迭代器
    var listExpinfo []*expiryInfo
    for itr.Next() {
        // 解码
        expinfo, err := decodeExpiryInfo(itr.Key(), itr.Value())
        if err != nil {
            return nil, err
        }
        // 获得有效期信息
        listExpinfo = append(listExpinfo, expinfo)
    }
    return listExpinfo, nil
}
```

7.8.4 创建验证管理器

构造一个内部管理基于状态的验证器，同时处理与特定验证方案无关的任务，如解析区块和处理私有数据。

创建验证管理器代码，如下所示：

```
## [core/ledger/kvledger/txmgmt/validator/valimpl/default_impl.go]
func NewStatebasedValidator(txmgr txmgr.TxMgr, db privacyenabledstate.DB) validator.
Validator{
    return &DefaultImpl{txmgr, db, statebasedval.NewValidator(db)}
}
## [core/ledger/kvledger/txmgmt/validator/statebasedval/state_based_validator.go]
func NewValidator(db privacyenabledstate.DB) *Validator {
    return &Validator{db}
}
```

DefaultImpl 和 Validator 实现相同的 ValidateAndPrepareBatch 接口，如下所示。对最新提交状态的交易进行验证和在同一区块内处理有效交易。

```
## [core/ledger/kvledger/txmgmt/validator/validator.go]
type Validator interface {
    ValidateAndPrepareBatch(blockAndPvtdata *ledger.BlockAndPvtData, doMVCCValidation
bool) (*privacyenabledstate.UpdateBatch, error)
}
```

DefaultImpl 结构实现的 ValidateAndPrepareBatch 函数，如下所示：

```
## [core/ledger/kvledger/txmgmt/validator/valimpl/default_impl.go]
func (impl *DefaultImpl) ValidateAndPrepareBatch(blockAndPvtdata *ledger.BlockAndPvtData,
    doMVCCValidation bool) (*privacyenabledstate.UpdateBatch, error) {
    // 校验 TxRwSet 的写集 KVWrite，把有效的交易封装到 internal.Block{txIndex, chdr.TxId,
txRWSet}
    if internalBlock, err = preprocessProtoBlock(impl.txmgr, impl.db.ValidateKeyValue,
 block, doMVCCValidation); err != nil {
        return nil, err
    }
    // 校验TxRwSet的读集KVRead,应用写集KVWrite,key/value封装到internal.PubAndHashUpdates
    if pubAndHashUpdates, err = impl.internalValidator.ValidateAndPrepareBatch
(internalBlock, doMVCCValidation); err != nil {
        return nil, err
    }
    // 校验私有数据 BlockPvtData，key/value 封装到 privacyenabledstate.PvtUpdateBatch 结构
    if pvtUpdates, err = validateAndPreparePvtBatch(internalBlock, impl.db,
 pubAndHashUpdates, blockAndPvtdata.BlockPvtData); err != nil {
        return nil, err
    }
    // 根据 internalBlock 设置交易有效标记 tx.ValidationCode，并将其保存在 block.Metadata.
Metadata
    postprocessProtoBlock(block, internalBlock)
```

```
    return &privacyenabledstate.UpdateBatch{
        PubUpdates:  pubAndHashUpdates.PubUpdates,
        HashUpdates: pubAndHashUpdates.HashUpdates,
        PvtUpdates:  pvtUpdates,
    }, nil
}
```

由此可以看到 DefaultImpl 实现的 ValidateAndPrepareBatch 函数，也调用了 Validator 实现的 ValidateAndPrepareBatch 函数。

Validator 结构提供了 ValidateAndPrepareBatch 函数，首先对读集进行了校验，校验通过之后应用写集 KVWrite，具体代码如下所示：

```
## [core/ledger/kvledger/txmgmt/validator/statebasedval/state_based_validator.go]
func (v *Validator) ValidateAndPrepareBatch(block *internal.Block, doMVCCValidation
bool) (*internal.PubAndHashUpdates, error) {
    if v.db.IsBulkOptimizable() {
        err := v.preLoadCommittedVersionOfRSet(block)
        if err != nil {
            return nil, err
        }
    }
    updates := internal.NewPubAndHashUpdates()
    for _, tx := range block.Txs {
        // 校验 KVRead
        if validationCode, err = v.validateEndorserTX(tx.RWSet, doMVCCValidation,
updates); err != nil {
            return nil, err
        }
        tx.ValidationCode = validationCode
        if validationCode == peer.TxValidationCode_VALID {
            committingTxHeight := version.NewHeight(block.Num, uint64(tx.IndexIn
Block))
            // 应用写集 KVWrite
            updates.ApplyWriteSet(tx.RWSet, committingTxHeight, v.db)
        }
    }
    return updates, nil
}
```

校验读集 KVRead 的过程如下：validateEndorserTX()->validateTx()-> validateReadSet()->validateKVRead()，前三个函数都比较简单，因此下面只讲述执行流程的最后一个函数 validateKVRead，该函数的具体代码如下所示：

```
## [core/ledger/kvledger/txmgmt/validator/statebasedval/state_based_validator.go]
func  (v  *Validator)  validateKVRead(ns  string,  kvRead  *kvrwset.KVRead,  updates
*privacyenabledstate.PubUpdateBatch) (bool, error) {
    // 在同一批交易中，检查 key 是否存在。在应用写集时 updates.ApplyWriteSet()保存了 key
    if updates.Exists(ns, kvRead.Key) {
```

```
        return false, nil
    }
    // 读取 key 版本
    committedVersion, err := v.db.GetVersion(ns, kvRead.Key)
    if err != nil {
        return false, err
    }
    // 比较版本，如果版本不相等，则交易无效
    if !version.AreSame(committedVersion, rwsetutil.NewVersion(kvRead.Version)) {
        return false, nil
    }
    return true, nil
}
```

应用写集 KVWrite：

```
## [core/ledger/kvledger/txmgmt/validator/internal/val.go]
func (u *PubAndHashUpdates) ApplyWriteSet(txRWSet *rwsetutil.TxRwSet, txHeight
*version.Height, db privacyenabledstate.DB) error {
    txops, err := prepareTxOps(txRWSet, txHeight, u, db)
    if err != nil {
        return err
    }
    for compositeKey, keyops := range txops {
        if compositeKey.coll == "" {
            ns, key := compositeKey.ns, compositeKey.key
            if keyops.isDelete() {
                // 删除
                u.PubUpdates.Delete(ns, key, txHeight)
            } else {
                // 写入
                u.PubUpdates.PutValAndMetadata(ns, key, keyops.value,
                    keyops.metadata, txHeight)
            }
        } else {
            ns, coll, keyHash := compositeKey.ns,
                compositeKey.coll, []byte(compositeKey.key)
            if keyops.isDelete() {
                // 删除
                u.HashUpdates.Delete(ns, coll, keyHash, txHeight)
            } else {
                // 写入
                u.HashUpdates.PutValHashAndMetadata(ns, coll, keyHash,
keyops.value, keyops.metadata, txHeight)
            }
        }
    }
    return nil
}
```

第 8 章 orderer

orderer 是 Fabric 网络中的排序节点，通过 Broadcast 接口接收客户端发送的交易，根据先来先服务的原则对交易进行排序，排序后的交易按照配置文件中预先设定好的规则打包成块，将块写入 orderer 本地账本中。peer 节点或客户端可通过 Deliver 接口消费该 orderer 账本数据，实现自身节点账本与 orderer 账本数据的同步。

orderer 节点的相关配置主要来源于 orderer.yaml 和 configtx.yaml 两个文件。orderer.yaml 文件中进行了一些常量设置，包括一些通用配置、文件账本存储位置配置、内存账本数量配置，以及 kafka 相关配置；configtx.yaml 文件主要是创建供 orderer 使用的创世纪块，以及设置打块的相关规则。

orderer 账本的实现方式有三种 LedgerType：一是文本账本 File Ledger，账本存储在文件上，同时建立存放在 LevelDB 数据库上的 Index 索引，提供高效查询；二是内存账本 RAM Ledger，账本存储在内存中，可以配置内存中能存储的账本大小，系统重启后账本清空，该种方式用于测试，不具备容错能力；三是 JSON Ledger，账本以 JSON 方式存放，也是用于测试，但能容错，且系统重启后不会清空。本章只讨论文本账本 File Ledger 的实现方式。

orderer 接受排序的交易主要有两种类型：一是普通交易，按照先来先服务原则和打块规则打块，打块规则在 configtx.yam 进行了默认设置，接收超过 10 个交易就会进行打块；接收的交易总字节超过 98MB 进行打块；某个交易字节大小超过 512KB 进行打块；每隔 2 秒进行一次打块。上述情况只要满足其中一种，打块操作就会执行。二是配置交易，用于创建或配置通道，这类交易都是单独成块的，因此需要注意的是，创世纪块也是单独成块的。

本章主要讲解两方面内容：一是 orderer 文本账本实现方式；二是 orderer 服务启动后完成的一系列工作，具体讲解排序服务的实现。

8.1　入口函数

package main 是 orderer 二进制文件的入口点，只调用 server.Main()函数。此 package 中不应包含其他功能，如下所示：

```
## [orderer/main.go]
func main() {
    server.Main()
}
```

main()函数的主要功能是初始化本地 MSP，然后直接转到 start 函数执行，如下所示：

```
## [orderer/common/server/main.go]
func Main() {
    fullCmd := kingpin.MustParse(app.Parse(os.Args[1:]))
    // "version" 命令
    if fullCmd == version.FullCommand() {
        fmt.Println(metadata.GetVersionInfo())
        return
    }
    // 加载本地配置文件
    conf, err := localconfig.Load()
    if err != nil {
        logger.Error("failed to parse config: ", err)
        os.Exit(1)
    }
    initializeLogging() // 初始化日志，两个变量 FABRIC_LOGGING_SPEC 和 FABRIC_LOGGING_FORMAT
    initializeLocalMsp(conf) // 初始化本地 MSP
    // 打印 TopLevel 结构信息
    prettyPrintStruct(conf)
    Start(fullCmd, conf)
}
```

start 函数主要完成四个部分的初始化，具体如下：

```
## [orderer/common/server/main.go]
func Start(cmd string, conf *localconfig.TopLevel) {
    bootstrapBlock := extractBootstrapBlock(conf)
    clusterType := isClusterType(bootstrapBlock)
```

```
    signer := localmsp.NewSigner() // 新建签名
    // 创建账本工厂
    lf, _ := createLedgerFactory(conf)
    // 群集配置
    clusterDialer := &cluster.PredicateDialer{}
    clusterConfig := initializeClusterConfig(conf)
    clusterDialer.SetConfig(clusterConfig)
    // 只有配备了最新配置块的群集才能复制
    if clusterType && conf.General.GenesisMethod == "file" {
        r := &replicationInitiator{
            logger:         logger,
            secOpts:        clusterConfig.SecOpts,
            bootstrapBlock: bootstrapBlock,
            conf:           conf,
            lf:             &ledgerFactory{lf},
            signer:         signer,
        }
        r.replicateIfNeeded()
    }
    // 新建操作系统，用于性能分析
    opsSystem := newOperationsSystem(conf.Operations, conf.Metrics)
    err := opsSystem.Start()
    if err != nil {
        logger.Panicf("failed to initialize operations subsystem: %s", err)
    }
    defer opsSystem.Stop()
    metricsProvider := opsSystem.Provider
    // 初始化服务配置
    serverConfig := initializeServerConfig(conf, metricsProvider)
    grpcServer := initializeGrpcServer(conf, serverConfig)
    caSupport := &comm.CASupport{
        AppRootCAsByChain:     make(map[string][][]byte),
        OrdererRootCAsByChain: make(map[string][][]byte),
        ClientRootCAs:         serverConfig.SecOpts.ClientRootCAs,
    }
    // TLS 回调
    tlsCallback := func(bundle *channelconfig.Bundle) {
        // 仅当需要相斥 TLS 或者 orderer 节点是集群的一部分时才需要这样做
        if grpcServer.MutualTLSRequired() || clusterType {
            logger.Debug("Executing callback to update root CAs")
            updateTrustedRoots(grpcServer, caSupport, bundle)
            if clusterType {
                updateClusterDialer(caSupport, clusterDialer, clusterConfig.
SecOpts.ServerRootCAs)
            }
        }
    }
```

```
    // 初始化多通道注册
    manager := initializeMultichannelRegistrar(bootstrapBlock, clusterDialer,
serverConfig, grpcServer, conf, signer, metricsProvider, lf, tlsCallback)
    mutualTLS := serverConfig.SecOpts.UseTLS && serverConfig.SecOpts.RequireClient
Cert
    // 新建原子广播服务
    server := NewServer(manager, metricsProvider,
        &conf.Debug, conf.General.Authentication.TimeWindow, mutualTLS)
    // 处理信号 CTRL+C 退出
    go handleSignals(addPlatformSignals(map[os.Signal]func(){
        syscall.SIGTERM: func() { grpcServer.Stop() },
    }))
    initializeProfilingService(conf)                                    // 初始化性能服务
    ab.RegisterAtomicBroadcastServer(grpcServer.Server(), server) // 注册原子广播服务
    grpcServer.Start()
}
```

（1）创建账本工厂，这里主要是通过 createLedgerFactory 函数构造 fileLedgerFactory 结构体，下文都是以该结构对应的接口及接口函数为基础展开具体介绍的。

（2）新建操作系统，用于性能分析。

（3）初始化多通道注册。

（4）新建原子广播服务。

8.2 总体描述

图 8-1 是基于 solo 模块共识的总体描述，通过该图，我们可以更加了解 orderer 服务启动之后完成的相关操作。HandleChain 函数是程序的入口，返回的结果是 Chain 接口，接口函数包括 start 函数、Order 函数、Configure 函数、main 函数。start 函数创建一个独立的协程 go ch.main 函数来循环处理通道的信息。根据通道信息类型，决定是进行普通信息处理，还是进行配置信息处理。在 WriteConfigBloc 函数中，检查通道头类型，如果是 HeaderType_ORDERER_TRANSACTION，调用 bw.registrar.newChain(newChannelConfig)创建新链，如 mychannel。

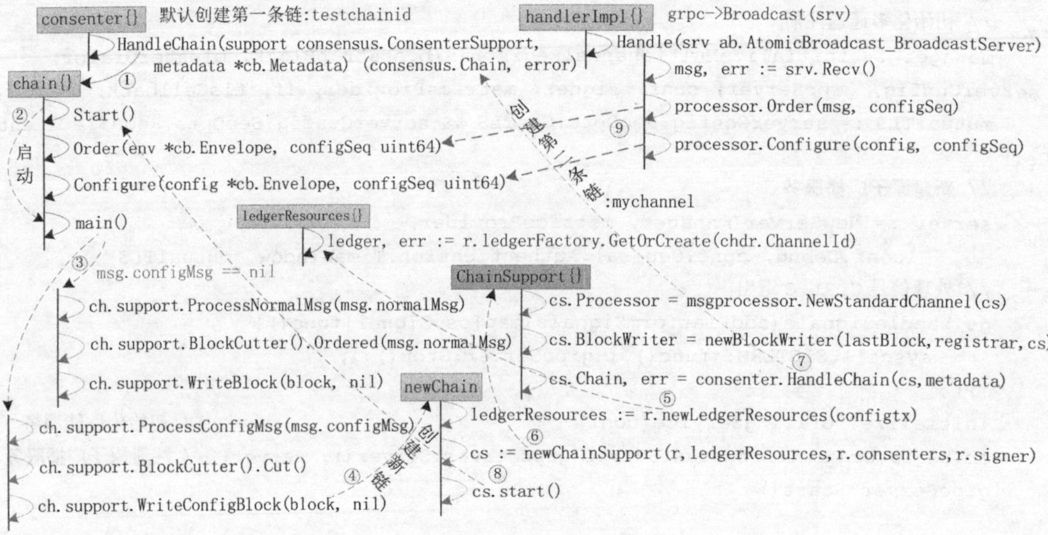

图 8-1　总体描述

8.3　账本工厂

orderer 文件账本实现方式是通过文件形式存储账本数据的，第 7 章中 peer 节点区块数据也是使用 leveldb 存储索引数据方式存储的。如果对第 7 章掌握得比较好，那么理解 orderer 账本会比较容易，如果对第 7 章内容尚不熟悉，建议大家在理解下面的代码时可以多翻阅第 7 章的内容帮助理解。

orderer 账本使用如下 Factory 接口进行封装，具体包括三个接口函数：① GetOrCreate 函数，其用于创建账本或获取存在的账本，返回结果是 ReadWriter 接口；② ChainIDs 函数，其用于返回账本工厂所有存在账本的 ChainIDs；③ Close 函数，该函数用于关闭账本工厂，释放资源。

```
## [common/ledger/blockledger/ledger.go]
type Factory interface {
    // 获得存在的账本(如果存在)或者创建账本(如果不存在)
    GetOrCreate(chainID string) (ReadWriter, error)
    // 返回账本工厂所有 ChainIDs
    ChainIDs() []string
    // 释放工厂获取的所有资源
    Close()
}
```

Factory 接口通过如下结构实现，封装了区块数据服务提供者 BlockStoreProvider、账本映射结构（键值为 ChainID，Value 值为 ReadWriter 接口）、读写锁：

```
## [common/ledger/blockledger/file/factory.go]
type fileLedgerFactory struct {
    // 区块存储提供者
    blkstorageProvider blkstorage.BlockStoreProvider
    ledgers            map[string]blockledger.ReadWriter
    mutex              sync.Mutex
}
```

上述结构实现的 GetOrCreate 函数的传入参数是 ChainID。根据 ChainID 检查账本列表 ledgers，判断账本是否已经存在，若存在，直接返回对应账本读写集；若不存在，首先调用区块服务提供者的 OpenBlockStore 函数打开区块存储，得到一个区块存储操纵句柄（该函数在第 7 章已经做了详细介绍，这里不再展开介绍），得到操作句柄后调用 NewFileLedger 函数新建账本，返回结果是账本读写集，并将其存储到账本列表 ledgers 中。具体代码如下所示：

```
## [common/ledger/blockledger/file/factory.go]
func (flf *fileLedgerFactory) GetOrCreate(chainID string) (blockledger.ReadWriter,
error) {
    key := chainID
    // 检查账本是否存在
    ledger, ok := flf.ledgers[key]
    if ok {
        return ledger, nil
    }
    // 打开区块存储
    blockStore, err := flf.blkstorageProvider.OpenBlockStore(key)
    if err != nil {
        return nil, err
    }
    // 新建账本
    ledger = NewFileLedger(blockStore)
    // 保存账本
    flf.ledgers[key] = ledger
    return ledger, nil
}
```

下面查看 NewFileLedger 函数，账本的创建过程就是实例化结构 FileLedger，将参数 blockStore 直接赋值给成员 blockStore，再创建一个信号通道，其返回结果为 ReadWriter 接口，具体如下所示：

```
## [common/ledger/blockledger/file/impl.go]
func NewFileLedger(blockStore FileLedgerBlockStore) *FileLedger {
    return &FileLedger{blockStore: blockStore, signal: make(chan struct{})}
}
```

ReadWriter 接口实际上是一个账本读写集，接口中又分别包含 Reader 接口和 Writer

接口，如下所示：

```
## [common/ledger/blockledger/ledger.go]
type ReadWriter interface {
    Reader
    Writer
}
type Reader interface {
    // 返回一个迭代器，由ab.SeekPosition消息指定，以及它的起始区块编号
    Iterator(startType *ab.SeekPosition) (Iterator, uint64)
    // 返回账本上的区块数
    Height() uint64
}
type Writer interface {
    // 将新的区块追加到账本中
    Append(block *cb.Block) error
}
```

实现 ReadWriter 接口的结构 FileLedger 如下所示：

```
## [common/ledger/blockledger/file/impl.go]
type FileLedger struct {
    blockStore FileLedgerBlockStore
    signal     chan struct{}
}
```

此结构实现的三个函数实际上都是调用 blockStore 提供的函数完成工作的。

迭代器代码如下所示：

```
## [common/ledger/blockledger/file/impl.go]
func (fl *FileLedger) Iterator(startPosition *ab.SeekPosition) (blockledger.Iterator,
uint64) {
    var startingBlockNumber uint64
    switch start := startPosition.Type.(type) {
    case *ab.SeekPosition_Oldest:
        startingBlockNumber = 0
    case *ab.SeekPosition_Newest:
        info, err := fl.blockStore.GetBlockchainInfo()
        if err != nil {
            logger.Panic(err)
        }
        newestBlockNumber := info.Height - 1
        startingBlockNumber = newestBlockNumber
    case *ab.SeekPosition_Specified:
        startingBlockNumber = start.Specified.Number
        height := fl.Height()
        if startingBlockNumber > height {
            return &blockledger.NotFoundErrorIterator{}, 0
        }
    default:
```

```
        return &blockledger.NotFoundErrorIterator{}, 0
    }
    iterator, err := fl.blockStore.RetrieveBlocks(startingBlockNumber)
    if err != nil {
        return &blockledger.NotFoundErrorIterator{}, 0
    }
    return &fileLedgerIterator{ledger: fl, blockNumber: startingBlockNumber,
commonIterator: iterator}, startingBlockNumber
}
```

区块高度代码如下所示：

```
func (fl *FileLedger) Height() uint64 {
    info, err := fl.blockStore.GetBlockchainInfo()
    if err != nil {
        logger.Panic(err)
    }
    return info.Height
}
```

追加区块代码如下所示：

```
func (fl *FileLedger) Append(block *cb.Block) error {
    err := fl.blockStore.AddBlock(block)
    if err == nil {
        close(fl.signal)
        fl.signal = make(chan struct{})
    }
    return err
}
```

参数 FileLedgerBlockStore 的定义如下所示：

```
## [common/ledger/blockledger/file/impl.go]
type FileLedgerBlockStore interface {
    AddBlock(block *cb.Block) error
    GetBlockchainInfo() (*cb.BlockchainInfo, error)
    RetrieveBlocks(startBlockNumber uint64) (ledger.ResultsIterator, error)
}
```

FileLedgerBlockStore 是一个接口，说明 NewFileLedger 函数传入的参数必须是实现此接口的结构。纵观 GetOrCreate 函数的内部实现过程，可以找到如下代码：

```
blockStore, err := flf.blkstorageProvider.OpenBlockStore(key)
```

这就是关键所在，OpenBlockStore(key)返回的肯定是实现 FileLedgerBlockStore 接口的结构，因此必须要找到赋值给 flf.blkstorageProvider 的地方，也就是在创建 fileLedger Factory 结构的地方，具体代码如下所示：

```
## [common/ledger/blockledger/file/factory.go]
```

```
func New(directory string) blockledger.Factory {
    return &fileLedgerFactory{
        blkstorageProvider: fsblkstorage.NewProvider(
            fsblkstorage.NewConf(directory, -1),
            &blkstorage.IndexConfig{
                AttrsToIndex:
[]blkstorage.IndexableAttr{blkstorage.IndexableAttrBlockNum}},
        ),
        ledgers: make(map[string]blockledger.ReadWriter),
    }
}
```

参数 directory 的值在配置文件中设置为/var/hyperledger/production/orderer。创建区块储存提供者 fsblkstorage.NewProvider 函数第 7 章已阐述，这里不再赘述。New 函数执行结束后创建了两个目录，分别是存放索引数据和账本数据的位置：/var/hyperledger/production/orderer/index，/var/hyperledger/production/orderer/chains。

通过 orderer start 命令启动 orderer 服务之后，会通过 initializeBootstrapChannel 函数调用 GetOrCreate 函数创建账本。initializeBootstrapChannel 函数只会执行一次，首先通过创世纪块获取 ChainID，其次将 ChainID 作为参数传入 GetOrCreate 函数查询或创建账本，最后将创世纪块存储到账本中。若 ChainID 是 testchainid，则存储位置具体为/var/hyperledger/production/orderer/chains/testchainid。

初始化启动通道的代码如下所示：

```
## [orderer/common/server/main.go]
func initializeBootstrapChannel(conf *localconfig.TopLevel, lf blockledger.Factory) {
    // 获取链 ID，例如 "testchainid"
    chainID, err := utils.GetChainIDFromBlock(genesisBlock)
    // 获取或创建账本
    gl, err := lf.GetOrCreate(chainID)
    // 保存创世纪区块
    err = gl.Append(genesisBlock)
}
```

8.4 共识接口

orderer 服务的共识操作有两种实现方式：一种是 solo 模式，仅用于测试；另一种是 kafka 模式，其本身依赖于 zookeeper 服务。实际应用中都是使用 kafka 模式。

共识接口的定义如下：只有一个成员函数，函数传入参数为 ConsenterSupport 接口和 cb.Metadata 结构体，返回结果是 Chain 接口。对应代码如下所示：

```
## [orderer/consensus/consensus.go]
type Consenter interface {
    HandleChain(support ConsenterSupport, metadata *cb.Metadata) (Chain, error)
}
```

参数 ConsenterSupport 的定义如下所示：

```
## [orderer/consensus/consensus.go]
type ConsenterSupport interface {
    // 本地签名
    crypto.LocalSigner
    // 信息处理器
    msgprocessor.Processor
    //验证区块签名
    VerifyBlockSignature([]*cb.SignedData, *cb.ConfigEnvelope) error
    // 返回此通道的区块切割助手
    BlockCutter() blockcutter.Receiver
    // 从通道的当前配置区块提供共享配置
    SharedConfig() channelconfig.Orderer
    // 获取消息列表，并根据提交给账本的最高块编号的区块创建下一个区块
    // 注意，在调用第二次该方法之前，必须调用 WriteBlock 或 WriteConfigBlock
    CreateNextBlock(messages []*cb.Envelope) *cb.Block
    //根据编号返回对应区块
    Block(number uint64) *cb.Block
    // 向账本提交一个区块
    WriteBlock(block *cb.Block, encodedMetadataValue []byte)
    // 向账本提交一个区块，并在内部应用配置更新
    WriteConfigBlock(block *cb.Block, encodedMetadataValue []byte)
    // 返回当前配置序列
    Sequence() uint64
    // 返回此支持与之关联的通道 ID
    ChainID() string
    // 返回与该通道关联的链中的区块数
    Height() uint64
}
```

（1）本地签名 LocalSigner。

本地签名是在初始化本地 MSP 之后，通过调用 localmsp.NewSigner 函数进行初始化的，主要实现 Sign 和 NewSignatureHeader 两个成员接口，对应代码如下所示：

```
## [common/crypto/signer.go]
type LocalSigner interface {
    SignatureHeaderMaker
    Signer
}
```

签名代码如下所示：

```
type Signer interface {
    Sign(message []byte) ([]byte, error)
}
```

新建签名头，代码如下所示：

```
type SignatureHeaderMaker interface {
    NewSignatureHeader() (*cb.SignatureHeader, error)
}
```

NewSignatureHeader 函数先调用 MSP 成员 GetDefaultSigningIdentity 函数获取默认签名身份，再调用 Serialize 函数将签名身份序列化为字节作为签名头的签名标识部分，直接调用 crypto.GetRandomNonce 函数生成随机串。Sign 在获取签名身份之后，调用签名身份的接口函数 Sign 对传入的 message 做签名后将结果返回。

新建本地签名代码，如下所示：

```
## [common/localmsp/signer.go]
func NewSigner() crypto.LocalSigner {
        return &mspSigner{}
}
```

新建签名头：

```
func (s *mspSigner) NewSignatureHeader() (*cb.SignatureHeader, error) {
    // 获得默认签名
    signer, err := mspmgmt.GetLocalMSP().GetDefaultSigningIdentity()
    if err != nil {
        return nil, fmt.Errorf("Failed getting MSP-based signer [%s]", err)
    }
    // 序列化签名
    creatorIdentityRaw, err := signer.Serialize()
    if err != nil {
        return nil, fmt.Errorf("Failed serializing creator public identity [%s]", err)
    }
    // 随机数
    nonce, err := crypto.GetRandomNonce()
    if err != nil {
        return nil, fmt.Errorf("Failed creating nonce [%s]", err)
    }
    // 创建签名头
    sh := &cb.SignatureHeader{}
    sh.Creator = creatorIdentityRaw
    sh.Nonce = nonce
    // 返回签名头结构
    return sh, nil
}
```

签名：

```
func (s *mspSigner) Sign(message []byte) ([]byte, error) {
    // 获得默认签名
    signer, err := mspmgmt.GetLocalMSP().GetDefaultSigningIdentity()
    if err != nil {
```

```
        return nil, fmt.Errorf("Failed getting MSP-based signer [%s]", err)
    }
    // 签名
    signature, err := signer.Sign(message)
    if err != nil {
        return nil, fmt.Errorf("Failed generating signature [%s]", err)
    }
    // 返回签名结果
    return signature, nil
}
```

（2）信息处理器 Processor。

信息处理器的作用是对从 Broadcast 接口中获取的信息进行分类，判断是配置交易还是普通交易，若是配置交易，则需要对应更新配置信息。Processor 接口如下所示：

```
## [orderer/common/msgprocessor/msgprocessor.go]
type Processor interface {
    // 检查消息头以确定需要进行哪种类型的处理
    ClassifyMsg(chdr *cb.ChannelHeader) Classification
    // 处理正常信息
    ProcessNormalMsg(env *cb.Envelope) (configSeq uint64, err error)
    // 处理配置更新信息
    ProcessConfigUpdateMsg(env *cb.Envelope) (config *cb.Envelope, configSeq uint64,
err error)
    // 处理配置信息
    ProcessConfigMsg(env *cb.Envelope) (*cb.Envelope, uint64, error)
}
```

（3）区块切割 blockcutter。

在获取一条条交易信息后，区块切割根据 config.yaml 配置文件事先规定好的打块规则将交易信息进行打包，最后将其提交到 committer 处写入账本中。

Receiver 接口用于实现区块切割，包括 Ordered 和 Cut 两个成员函数。Ordered 函数依次处理传入的交易消息，判断其是否满足打块规则，若满足，则调用 Cut 函数返回当前打包块，并重新建立一个新块。代码如下所示：

```
## [orderer/common/blockcutter/blockcutter.go]
type Receiver interface {
    Ordered(msg *cb.Envelope) (messageBatches [][]*cb.Envelope, pending bool)
    Cut() []*cb.Envelope
}
type receiver struct {
    //打块配置规则
    sharedConfigFetcher OrdererConfigFetcher
    //待处理区块数据
    pendingBatch []*cb.Envelope
    //待处理区块大小
```

```
    pendingBatchSizeBytes uint32
}
```

上述两个成员函数的执行过程如下所示：

```
## [orderer/common/blockcutter/blockcutter.go]
func  (r  *receiver)  Ordered(msg  *cb.Envelope)  (messageBatches  [][]*cb.Envelope,
pending bool) {
    if len(r.pendingBatch) == 0 {
        // 等待批处理开始时间
        r.PendingBatchStartTime = time.Now()
    }
    // 获得配置信息
    ordererConfig, ok := r.sharedConfigFetcher.OrdererConfig()
    if !ok {
        logger.Panicf("Could not retrieve orderer config to query batch parameters,
block cutting is not possible")
    }
    // 批次大小字段
    batchSize := ordererConfig.BatchSize()
    // 获取当前交易信息的字节大小 len(message.Payload) + len(message.Signature)
    messageSizeBytes := messageSizeBytes(msg)
    // 判断交易字节大小是否超过 configtx.yaml 配置的 PreferredMaxBytes 大小，默认值为 512KB
    if messageSizeBytes > batchSize.PreferredMaxBytes {
        // 若待处理的批次已经有交易信息，则创建信息批次，再为当前交易创建一个新批次
        if len(r.pendingBatch) > 0 {
            messageBatch := r.Cut()
            messageBatches = append(messageBatches, messageBatch)
        }
        // 若待处理中没有交易信息，则区块直接被当前交易使用
        messageBatches = append(messageBatches, []*cb.Envelope{msg})
        // 记录这批次没花时间就填好了
        r.Metrics.BlockFillDuration.With("channel", r.ChannelID).Observe(0)
        return
    }
    // 判断待处理信息字节大小加上当前交易信息字节大小后是否超过 PreferredMaxBytes: 512 KB
    messageWillOverflowBatchSizeBytes := r.pendingBatchSizeBytes+messageSizeBytes >
batchSize.PreferredMaxBytes
    // 若超过，则先将待处理批次交易进行收集，再在缓存中追加当前交易
    if messageWillOverflowBatchSizeBytes {
        messageBatch := r.Cut()
        r.PendingBatchStartTime = time.Now()
        messageBatches = append(messageBatches, messageBatch)
    }
    // 追加
    r.pendingBatch = append(r.pendingBatch, msg)
    r.pendingBatchSizeBytes += messageSizeBytes
    pending = true // 挂起
    // 判断待处理信息交易加上当前交易个数是否超过 configtx.yaml 的 MaxMessageCount: 10
    if uint32(len(r.pendingBatch)) >= batchSize.MaxMessageCount {
```

```
        messageBatch := r.Cut()
        messageBatches = append(messageBatches, messageBatch)
        pending = false
    }
    return
}
```

configtx.yaml 默认配置如下：

```
BatchTimeout: 2s
BatchSize:
    MaxMessageCount: 10
    AbsoluteMaxBytes: 10 MB
    PreferredMaxBytes: 512 KB
```

返回挂起交易信息数量：

```
func (r *receiver) Cut() []*cb.Envelope {
    r.Metrics.BlockFillDuration.With("channel", r.ChannelID).Observe(time.Since
(r.PendingBatchStartTime).Seconds())
    r.PendingBatchStartTime = time.Time{}
    batch := r.pendingBatch
    r.pendingBatch = nil
    r.pendingBatchSizeBytes = 0
    return batch
}
```

计算交易字节大小：

```
func messageSizeBytes(message *cb.Envelope) uint32 {
    return uint32(len(message.Payload) + len(message.Signature))
}
```

（4）链接口 Chain。

Consenter 接口中的 HandleChain 成员函数返回参数是一个 Chain 接口，接口定义如下所示，solo 模式和 kafka 模式都对应实现该接口成员函数。我们将在下面讨论具体模式时再看以下对应成员函数的实现方式：

```
## [orderer/consensus/consensus.go]
type Chain interface {
    // 排序
    Order(env *cb.Envelope, configSeq uint64) error
    // 配置
    Configure(config *cb.Envelope, configSeq uint64) error
    // 等待就绪
    WaitReady() error
    // 错误
    Errored() <-chan struct{}
    // 开启
    Start()
    // 暂停
```

```
    Halt()
}
```

8.4.1 solo 模式

solo 模式是用 consenter 结构表示的，此结构实现了 Consenter 接口的 HandleChain 方法，从而创建了 chain 结构，chain 结构实现了 Chain 接口的函数。solo 模式排序函数，如下所示：

```
## [orderer/consensus/solo/consensus.go]
func (ch *chain) Order(env *cb.Envelope, configSeq uint64) error {
    select {
    case ch.sendChan <- &message{
         configSeq: configSeq,
         normalMsg: env,
    }:
         return nil
    case <-ch.exitChan:
         return fmt.Errorf("Exiting")
    }
}
```

Order 函数将一个封包 env 和配置序号 configSeq 封装至信息 message 结构，然后将其放到链的发送通道 ch.sendChan。start 函数用于处理通道中的信息，通过创建一个独立的协程 go ch.main 函数来循环处理通道的信息。

入口函数，如下所示：

```
## [orderer/consensus/solo/consensus.go]
func (ch *chain) main() {
    var timer <-chan time.Time
    var err error
    for {
         seq := ch.support.Sequence()
         err = nil
         select {
         // 从链的发送通道获取信息
         case msg := <-ch.sendChan:
              // 如果不是配置信息
              if msg.configMsg == nil {
                   if msg.configSeq < seq {
                        // 处理正常信息
                        _, err = ch.support.ProcessNormalMsg(msg.normalMsg)
                        if err != nil {
                             continue
                        }
                   }
```

```
                // 获得批次数组
                batches, pending := ch.support.BlockCutter().Ordered(msg.normalMsg)
                for _, batch := range batches {
                    // 创建下一个区块
                    block := ch.support.CreateNextBlock(batch)
                    // 保存区块
                    ch.support.WriteBlock(block, nil)
                }
                switch {
                case timer != nil && !pending:
                    // 计时器已经在运行，但是没有消息挂起，停止计时器
                    timer = nil
                case timer == nil && pending:
                    // 计时器尚未运行，有消息挂起，所以启动它
                    timer = time.After(ch.support.SharedConfig().BatchTimeout())
                default:
                }
            } else {
                if msg.configSeq < seq {
                    // 处理配置信息
                    msg.configMsg, _, err = ch.support.ProcessConfigMsg(msg.
configMsg)
                    if err != nil {
                        continue
                    }
                }
                // 切割
                batch := ch.support.BlockCutter().Cut()
                if batch != nil {
                    // 创建下一个区块
                    block := ch.support.CreateNextBlock(batch)
                    // 保存配置区块
                    ch.support.WriteBlock(block, nil)
                }
                // 创建下一个区块
                block := ch.support.CreateNextBlock([]*cb.Envelope{msg.configMsg})
                // 保存配置区块
                ch.support.WriteConfigBlock(block, nil)
                timer = nil
            }
        case <-timer:
            // 清空时间
            timer = nil
            // 切割
            batch := ch.support.BlockCutter().Cut()
            if len(batch) == 0 {
                continue
            }
```

```
            // 创建下一个区块
            block := ch.support.CreateNextBlock(batch)
            // 保存配置区块
            ch.support.WriteBlock(block, nil)
        case <-ch.exitChan:
            return
        }
    }
}
```

main 函数循环处理两类通道信息：一是链的发送通道信息，首先判断通道信息是属于普通交易还是配置交易。对普通交易调用 ProcessNormalMsg 函数进行交易合法性校验，再通过 BlockCutter().Ordered 函数完成切片操作，之后调用 CreateNextBlock 函数根据当前账本的最高块编号的区块创建下一个区块，利用 WriteBlock 函数保存当前区块到账本中。对于配置交易调用 ProcessConfigMsg 函数更新当前网络配置，切片操作及写入账本操作与普通交易一致，但其将配置交易作为一个独立的区块直接写入账本中，不将其存于待处理区块中等待后续打块处理。二是来自时间通道的信息，这里主要是为了执行配置文件中的一个打块规则，即每隔 2 秒会自动执行打块操作，当检测到时间到了 2 秒时，进行切片操作，将区块写入账本。

8.4.2 kafka 模式

kafka 模式是用 consenterImpl 结构表示的，如下所示：

```
## [orderer/consensus/kafka/consenter.go]
type consenterImpl struct {
    brokerConfigVal *sarama.Config // 使用第三方库 github.com/Shopify/sarama
    tlsConfigVal localconfig.TLS
    retryOptionsVal localconfig.Retry
    kafkaVersionVal sarama.KafkaVersion
    topicDetailVal *sarama.TopicDetail
}
```

consenterImpl 结构实现了 Consenter 接口的 HandleChain 方法，从而创建了 chainImpl 结构，chainImpl 结构实现了 Chain 接口的函数，如下所示：

```
func  (consenter  *consenterImpl)  HandleChain(support  consensus.ConsenterSupport,
metadata *cb.Metadata) (consensus.Chain, error) {
    // 获取上次偏移量、上次原始偏移量、上次重新提交配置偏移量
    lastOffsetPersisted, lastOriginalOffsetProcessed, lastResubmittedConfigOffset :=
        getOffsets(metadata.Value, support.ChainID())
    return newChain(consenter, support, lastOffsetPersisted, lastOriginalOffsetProcessed,
lastResubmittedConfigOffset)
}
```

新建链：

```
func newChain(
    consenter commonConsenter,
    support consensus.ConsenterSupport,
    lastOffsetPersisted int64,
    lastOriginalOffsetProcessed int64,
    lastResubmittedConfigOffset int64,
) (*chainImpl, error) {
    lastCutBlockNumber := getLastCutBlockNumber(support.Height())
    doneReprocessingMsgInFlight := make(chan struct{})
    if lastResubmittedConfigOffset == 0 ||
        lastResubmittedConfigOffset <= lastOriginalOffsetProcessed {
        // 如果我们已经处理了重新提交的消息，请关闭通道以解除广播阻塞
        close(doneReprocessingMsgInFlight)
    }
    // 链
    return &chainImpl{
        consenter:                   consenter,
        ConsenterSupport:            support,
        channel:                     newChannel(support.ChainID(), defaultPartition),
        lastOffsetPersisted:         lastOffsetPersisted,
        lastOriginalOffsetProcessed: lastOriginalOffsetProcessed,
        lastResubmittedConfigOffset: lastResubmittedConfigOffset,
        lastCutBlockNumber:          lastCutBlockNumber,
        haltChan:                    make(chan struct{}),
        startChan:                   make(chan struct{}),
        doneReprocessingMsgInFlight: doneReprocessingMsgInFlight,
    }, nil
}
```

kafka 模式的一个重要函数——Order 函数如下所示：

```
## [orderer/consensus/kafka/chain.go]
func (chain *chainImpl) Order(env *cb.Envelope, configSeq uint64) error {
    return chain.order(env, configSeq, int64(0))
}
```

直接调用 chain.order 函数，调用 enqueue 函数将封包 env 封装为 kafka 信息，返回为真，则表示信息被接收：

```
## [orderer/consensus/kafka/chain.go]
func (chain *chainImpl) order(env *cb.Envelope, configSeq uint64, originalOffset int64)
error {
    marshaledEnv, err := utils.Marshal(env)
    if err != nil {
        return fmt.Errorf("cannot enqueue, unable to marshal envelope because = %s", err)
    }
    // 封装成 kafka 消息
    if !chain.enqueue(newNormalMessage(marshaledEnv, configSeq, originalOffset)) {
        return fmt.Errorf("cannot enqueue")
```

```
    }
    return nil
}
```

进一步调用 enqueue 函数：

```
## [orderer/consensus/kafka/chain.go]
func (chain *chainImpl) enqueue(kafkaMsg *ab.KafkaMessage) bool {
    select {
    case <-chain.startChan:     // 开始阶段已经完成
        select {
        case <-chain.haltChan: // 链已经停止，停在这里
            return false
        default: // The post path
            payload, err := utils.Marshal(kafkaMsg)
            if err != nil {
                return false
            }
            // 封装成 kafka 生产者信息
            message := newProducerMessage(chain.channel, payload)
            // 发送给 kafka
            if _, _, err = chain.producer.SendMessage(message); err != nil {
                return false
            }
            return true
        }
    default: // 还没有准备好
        return false
    }
}
```

下面主要是了解两个流程，虽然代码相对比较长，但中心思想比较简单：从 kafka 获得消息，然后打成区块。

从 kafka 获得消息：

```
## [orderer/consensus/kafka/chain.go]
func (chain *chainImpl) processMessagesToBlocks() ([]uint64, error) {
    counts := make([]uint64, 11)  // 用于度量性能测试
    msg := new(ab.KafkaMessage)
    defer func() {
        // 通知我们没有处理到块的消息
        close(chain.doneProcessingMessagesToBlocks)
    }()
    defer func() {                      // 当 Halt()被调用
        select {
        case <-chain.errorChan:  // 如果已经关闭，不要做任何事情
        default:
            close(chain.errorChan)
        }
    }()
```

```
    subscription := fmt.Sprintf("added subscription to %s/%d", chain.channel.topic(),
chain.channel.partition())
    var topicPartitionSubscriptionResumed <-chan string
    var deliverSessionTimer *time.Timer
    var deliverSessionTimedOut <-chan time.Time

    for {
        select {
        case <-chain.haltChan:
            counts[indexExitChanPass]++
            return counts, nil
        case kafkaErr := <-chain.channelConsumer.Errors():
            counts[indexRecvError]++
            select {
            case <-chain.errorChan: // 如果已经关闭，不要做任何事情
            default:
                switch kafkaErr.Err {
                case sarama.ErrOffsetOutOfRange:
                    // kafka 使用者将自动重试除 ErrOffsetOutOfRange 之外的所有错误
                    close(chain.errorChan)
                default:
                    if topicPartitionSubscriptionResumed == nil {
                        // 注册监听
                        topicPartitionSubscriptionResumed = saramaLogger.NewListener
(subscription)
                        // 启动会话超时计时器
                        deliverSessionTimer = time.NewTimer(chain.consenter.
retryOptions().NetworkTimeouts.ReadTimeout)
                        deliverSessionTimedOut = deliverSessionTimer.C
                    }
                }
            }
            select {
            case <-chain.errorChan: // 我们没有忽略错误
                // 通过 CONNECT 消息触发器使链再次可用
                go sendConnectMessage(chain.consenter.retryOptions(), chain.haltChan,
chain.producer, chain.channel)
            default: // 我们忽略了错误
            }
        case <-topicPartitionSubscriptionResumed:
            // 停止侦听订阅消息
            saramaLogger.RemoveListener(subscription, topicPartitionSubscription
Resumed)
            // 禁用订阅事件通道
            topicPartitionSubscriptionResumed = nil
            // 停止超时计时器
            if !deliverSessionTimer.Stop() {
                <-deliverSessionTimer.C
```

```
            }
        case <-deliverSessionTimedOut:
            // 停止侦听订阅消息
            saramaLogger.RemoveListener(subscription, topicPartitionSubscription
Resumed)
            // 禁用订阅事件通道
            topicPartitionSubscriptionResumed = nil
            close(chain.errorChan)
            // CONNECT 消息触发器使链再次可用
            go sendConnectMessage(chain.consenter.retryOptions(), chain.haltChan,
chain.producer, chain.channel)
        // 从 kafka 消费信息
        case in, ok := <-chain.channelConsumer.Messages():
            if !ok {
                return counts, nil
            }
            // 捕捉在注册事件侦听器之前错过主题订阅事件的可能性
            if topicPartitionSubscriptionResumed != nil {
                // 停止侦听订阅消息
                saramaLogger.RemoveListener(subscription, topicPartitionSubscription
Resumed)
                // 禁用订阅事件通道
                topicPartitionSubscriptionResumed = nil
                // 停止超时计时器
                if !deliverSessionTimer.Stop() {
                    <-deliverSessionTimer.C
                }
            }
            select {
            case <-chain.errorChan:                      // 如果这个通道关闭了...
                chain.errorChan = make(chan struct{})  // ...做一个新的
            default:
            }
            if err := proto.Unmarshal(in.Value, msg); err != nil {
                // 这不应该发生，它应该在入口被过滤
                counts[indexUnmarshalError]++
                continue
            } else {
                counts[indexRecvPass]++
            }
            switch msg.Type.(type) {
            case *ab.KafkaMessage_Connect:
                _ = chain.processConnect(chain.ChainID())
                counts[indexProcessConnectPass]++
            case *ab.KafkaMessage_TimeToCut:
                if err := chain.processTimeToCut(msg.GetTimeToCut(), in.Offset);
err != nil {
                    counts[indexProcessTimeToCutError]++
                    return counts, err // TODO 重新考虑我们是否应该在这一点上停止处理链
```

```
                }
                counts[indexProcessTimeToCutPass]++
            case *ab.KafkaMessage_Regular:
                if err := chain.processRegular(msg.GetRegular(), in.Offset); err !=
nil {
                    counts[indexProcessRegularError]++
                } else {
                    counts[indexProcessRegularPass]++
                }
            }
        case <-chain.timer:
            if err := sendTimeToCut(chain.producer, chain.channel, chain.last
CutBlockNumber+1, &chain.timer); err != nil {
                // 记录错误次数
                counts[indexSendTimeToCutError]++
            } else {
                counts[indexSendTimeToCutPass]++
            }
        }
    }
}
```

为了更清晰，缩减 processMessagesToBlocks 函数如下所示，以进行理解：

```
func (chain *chainImpl) processMessagesToBlocks() ([]uint64, error) {
    msg := new(ab.KafkaMessage)
    for {
        select {
        // 从 kafka 消费消息
        case in, ok := <-chain.channelConsumer.Messages():
            // 解码 kafka 消息
            if err := proto.Unmarshal(in.Value, msg); err != nil {
                counts[indexUnmarshalError]++
                continue
            } else {
                counts[indexRecvPass]++
            }
            switch msg.Type.(type) {
            case *ab.KafkaMessage_Regular:
                // 处理 kafka 消息
                if err := chain.processRegular(msg.GetRegular(), in.Offset); err !=
nil {
                    counts[indexProcessRegularError]++
                } else {
                    counts[indexProcessRegularPass]++
                }
            }
        }
    }
}
```

处理 kafka 消息：

```
## [orderer/consensus/kafka/chain.go]
func  (chain  *chainImpl)  processRegular(regularMessage  *ab.KafkaMessageRegular,
receivedOffset int64) error {
    // 当我们提交正常消息时，也使用`newOffset`更新`lastOriginalOffsetProcessed`
    // 调用方有责任根据以下规则推导出`newOffset`的正确值：
    // 1. 如果禁用了重新提交! chain.SharedConfig().Capabilities().Resubmission(),
    //    `newOffset`应该总是零
    // 2. 如果消息是在第一次传递时提交的，这意味着它没有被重新验证和排序，
    //    `newOffset`应该与当前的`lastOriginalOffsetProcessed`相同
    // 3. 如果消息被重新验证和重新排序，那么`newOffset`应该是 kafka 消息的
    //    `OriginalOffset`，这样也可以更新`lastOriginalOffsetProcessed`
    commitNormalMsg := func(message *cb.Envelope, newOffset int64) {
        // 排序消息，返回批次消息和是否是挂起状态
        batches, pending := chain.BlockCutter().Ordered(message)
        switch {
        case chain.timer != nil && !pending:
            // 计时器已经在运行，但是没有消息挂起，停止计时器
            chain.timer = nil
        case chain.timer == nil && pending:
            // 计时器尚未运行，有消息挂起，所以启动
            chain.timer = time.After(chain.SharedConfig().BatchTimeout())
        default:
            // 当出现以下情况，什么都不做：
            // 1. 计时器已经在运行，并且有消息等待处理
            // 2. 没有设置计时器，也没有消息挂起
        }
        // 批消息为空
        if len(batches) == 0 {
            // 如果没有批次消息需要切割，则仅更新`lastOriginalOffsetProcessed`,
            // 如果需要，则启动计时器并返回
            chain.lastOriginalOffsetProcessed = newOffset
            return
        }
        // 接收编移
        offset := receivedOffset
        if pending || len(batches) == 2 {
            // 如果最新的信封没有封装到第一批，
            // 接下来的 `LastOffsetPersisted` = `receivedOffset` - 1
            offset--
        } else {
            // 我们只切一个块，所以这里使用`newOffset`
            // 更新`lastOriginalOffsetProcessed`是安全的，然后把它封装到这个块中
            // 否则，如果我们切割两个块
            // 第一个应该使用当前`lastOriginalOffsetProcessed`
            // 第二个应该用`newOffset`，然后也使用`newOffset`
            // 更新`lastOriginalOffsetProcessed`
            chain.lastOriginalOffsetProcessed = newOffset
```

```
    }
    // 提交第一个区块
    block := chain.CreateNextBlock(batches[0])
    // 创建元数据
    metadata := utils.MarshalOrPanic(&ab.KafkaMetadata{
        LastOffsetPersisted:         offset, // receivedOffset - 1
        LastOriginalOffsetProcessed: chain.lastOriginalOffsetProcessed,
        LastResubmittedConfigOffset: chain.lastResubmittedConfigOffset,
    })
    // 保存区块
    chain.WriteBlock(block, metadata)
    // 最后切割区块数量加 1
    chain.lastCutBlockNumber++
    // 提交第二个区块，如果存在
    if len(batches) == 2 {
        chain.lastOriginalOffsetProcessed = newOffset
        offset++
        // 创建下一个区块
        block := chain.CreateNextBlock(batches[1])
        // 创建元数据
        metadata := utils.MarshalOrPanic(&ab.KafkaMetadata{
            LastOffsetPersisted:         offset,
            LastOriginalOffsetProcessed: newOffset,
            LastResubmittedConfigOffset: chain.lastResubmittedConfigOffset,
        })
        // 保存区块
        chain.WriteBlock(block, metadata)
        // 最后切割区块数量加 1
        chain.lastCutBlockNumber++
    }
}

// 当我们提交配置消息，我们也使用`newOffset`更新`lastOriginalOffsetProcessed`。
// 调用方有责任根据以下规则推导出`newOffset`的正确值:
// 1. 如果禁用了重新提交，chain.SharedConfig().Capabilities().Resubmission(),
//    `newOffset`应该总是零
// 2. 如果消息是在第一次传递时提交的，这意味着它没有被重新验证和排序，
//    `newOffset`应该与当前的`lastOriginalOffsetProcessed`相同
// 3. 如果消息被重新验证和重新排序，那么`newOffset`应该是 kafka 消息的
//    `OriginalOffset`，这样也可以更新`lastOriginalOffsetProcessed`
commitConfigMsg := func(message *cb.Envelope, newOffset int64) {
    batch := chain.BlockCutter().Cut()
    // 批消息不为空
    if batch != nil {
        // 创建区块
        block := chain.CreateNextBlock(batch)
        // 创建元数据
        metadata := utils.MarshalOrPanic(&ab.KafkaMetadata{
            LastOffsetPersisted:         receivedOffset - 1,
```

```
                LastOriginalOffsetProcessed: chain.lastOriginalOffsetProcessed,
                LastResubmittedConfigOffset: chain.lastResubmittedConfigOffset,
            })
            // 保存区块
            chain.WriteBlock(block, metadata)
            // 最后切割区块数量加 1
            chain.lastCutBlockNumber++
        }
        chain.lastOriginalOffsetProcessed = newOffset
        // 创建区块
        block := chain.CreateNextBlock([]*cb.Envelope{message})
        // 创建元数据
        metadata := utils.MarshalOrPanic(&ab.KafkaMetadata{
            LastOffsetPersisted:         receivedOffset,
            LastOriginalOffsetProcessed: chain.lastOriginalOffsetProcessed,
            LastResubmittedConfigOffset: chain.lastResubmittedConfigOffset,
        })
        // 保存配置区块
        chain.WriteConfigBlock(block, metadata)
        // 最后切割区块数量加 1
        chain.lastCutBlockNumber++
        chain.timer = nil
    }
    seq := chain.Sequence()
    // 获得封包
    env := &cb.Envelope{}
    if err := proto.Unmarshal(regularMessage.Payload, env); err != nil {
        // 这不应该发生，它应该在入口被过滤
        return fmt.Errorf("failed to unmarshal payload of regular message because =
%s", err)
    }
    // 如果我们收到来自 v1.1 之前的 orderer 的消息，或者显式地禁用了重新提交
    // 那么每个 orderer 都应该像 v1.1 之前的 orderer 那样操作
    // 再次验证，不要尝试重新排序。这是因为 v1.1 之前的 orderer 无法识别重新排序的消息，
    // 而重新提交可能导致提交相同的消息两次
    // 这里隐含的假设是，只有当网络上不再有 v1.1 之前的 orderer 时，
    // 才设置 resubmission capability 标志。否则它是未设置的，这就是我们所说的兼容性模式
    if regularMessage.Class == ab.KafkaMessageRegular_UNKNOWN
|| !chain.SharedConfig().Capabilities().Resubmission() {
        // 接收到类型 UNKNOWN 的常规消息，如果关闭则重新提交，
        // 这表明使用 v1.0.x orderer 的 OSN 网络
        chdr, err := utils.ChannelHeader(env)
        if err != nil {
            return fmt.Errorf("discarding bad config message because of channel header
unmarshalling error = %s", err)
        }
        class := chain.ClassifyMsg(chdr)
        switch class {
        case msgprocessor.ConfigMsg:
```

```
            if _, _, err := chain.ProcessConfigMsg(env); err != nil {
                return fmt.Errorf("discarding bad config message because = %s", err)
            }
            // 提交配置消息
            commitConfigMsg(env, chain.lastOriginalOffsetProcessed)
        // 正常消息
        case msgprocessor.NormalMsg:
            if _, err := chain.ProcessNormalMsg(env); err != nil {
                return fmt.Errorf("discarding bad normal message because = %s", err)
            }
            // 提交正常消息
            commitNormalMsg(env, chain.lastOriginalOffsetProcessed)
        // 配置更新
        case msgprocessor.ConfigUpdateMsg:
            return fmt.Errorf("not expecting message of type ConfigUpdate")
        default:
            logger.Panicf("[channel: %s] Unsupported message classification: %v",
chain.ChainID(), class)
        }
        return nil
    }
    // 判断消息类型
    switch regularMessage.Class {
    case ab.KafkaMessageRegular_UNKNOWN: // 未知类型
        logger.Panicf("[channel: %s] Kafka message of type UNKNOWN should have been
processed already", chain.ChainID())
    // 正常类型
    case ab.KafkaMessageRegular_NORMAL:
        // 这是一条经过重新验证和排序的消息
        if regularMessage.OriginalOffset != 0 {
            // 但是我们已经重新处理过了
            if regularMessage.OriginalOffset <= chain.lastOriginalOffsetProcessed {
                return nil
            }
            // 如果我们没有重新处理消息，就没有必要将其与那些将首次处理的消息区分开
        }
        if regularMessage.ConfigSeq < seq {
            configSeq, err := chain.ProcessNormalMsg(env)
            if err != nil {
                return fmt.Errorf("discarding bad normal message because = %s", err)
            }
            // 对于第一次排序或重新排序的消息，我们将原始偏移量设置为当前接收偏移量并重新排序
            if err := chain.order(env, configSeq, receivedOffset); err != nil {
                return fmt.Errorf("error re-submitting normal message because = %s",
err)
            }
            return nil
        }
        // 进入这里的任何消息可能已经被重新验证并重新排序，也可能没有，但是它们在这里肯定是有效的
```

```
        offset := regularMessage.OriginalOffset
        if offset == 0 {
            offset = chain.lastOriginalOffsetProcessed
        }
        // 提交正常信息
        commitNormalMsg(env, offset)
    // 配置类型
    case ab.KafkaMessageRegular_CONFIG:
        // 这是一条经过重新验证和排序的消息
        if regularMessage.OriginalOffset != 0 {
            // 但是我们已经重新处理过了
            if regularMessage.OriginalOffset <= chain.lastOriginalOffsetProcessed {
                return nil
            }
            // 这是最后一次重新提交配置消息
            if regularMessage.OriginalOffset == chain.lastResubmittedConfigOffset &&
                regularMessage.ConfigSeq == seq { // 我们不需要重新提交
                chain.reprocessConfigComplete()    // 因此，我们最终可以解除广播的阻塞
            }
            // 有人以偏移量 X 重新提交了消息，而我们没有。这是由于不确定性，在重新验证期间
            // 我们认为该消息无效，但是其他人认为它是有效的，并重新提交了它。在这种情况下
            // 我们需要更新 lastResubmittedConfigOffset，以加强整个网络的一致性
            if chain.lastResubmittedConfigOffset < regularMessage.OriginalOffset {
                chain.lastResubmittedConfigOffset = regularMessage.OriginalOffset
            }
        }
        if regularMessage.ConfigSeq < seq {
            configEnv, configSeq, err := chain.ProcessConfigMsg(env)
            if err != nil {
                return fmt.Errorf("rejecting config message because = %s", err)
            }
            // 对第一次排序或重新排序的消息，我们将原始偏移量设置为当前接收偏移量并重新排序
            if err := chain.configure(configEnv, configSeq, receivedOffset); err !=
nil {
               return fmt.Errorf("error re-submitting config message because = %s",
err)
            }
            // 跟踪上次重新提交的消息偏移量
            chain.lastResubmittedConfigOffset = receivedOffset
            // 开始阻塞入口消息
            chain.reprocessConfigPending()
            return nil
        }
        // 进入这里的任何消息可能已经被重新验证并重新排序
        // 也可能没有，但是它们在这里肯定是有效的
        offset := regularMessage.OriginalOffset
        if offset == 0 {
            offset = chain.lastOriginalOffsetProcessed
        }
```

```
        // 提交配置信息
        commitConfigMsg(env, offset)
    default:
        return fmt.Errorf("unsupported regular kafka message type: %v", regularMessage.
Class.String())
    }
    return nil
}
```

同样，为了更清晰，从而缩减 processRegular 函数，如下所示，以进行理解：

```
func (chain *chainImpl) processRegular(regularMessage *ab.KafkaMessageRegular,
receivedOffset int64) error {
    // 解码消息
    env := &cb.Envelope{}
    if err := proto.Unmarshal(regularMessage.Payload, env); err != nil {
        return fmt.Errorf("failed to unmarshal payload of regular message because =
 %s", err)
    }
    // 消息类型未知或已经关闭了重新提交
    if regularMessage.Class == ab.KafkaMessageRegular_UNKNOWN ||
        !chain.SharedConfig().Capabilities().Resubmission() {
        switch class {
        case msgprocessor.ConfigMsg: // 配置消息
            commitConfigMsg(env, chain.lastOriginalOffsetProcessed)
        // 正常消息
        case msgprocessor.NormalMsg:
            commitNormalMsg(env, chain.lastOriginalOffsetProcessed)
        }
        return nil
    }
    // 常规的消息
    switch regularMessage.Class {
    case ab.KafkaMessageRegular_NORMAL: // 正常消息
        commitNormalMsg(env, offset)
    // 配置消息
    case ab.KafkaMessageRegular_CONFIG:
        commitConfigMsg(env, offset)
    }
    return nil
}
```

通过对上内容的了解可知，不论是 kafka 模式还是 solo 模式，都是主要处理两种类型的消息，即正常消息和配置消息。kafka 模式和 solo 模式流程基本上是一样的，只是 kafka 模式相对复杂一点。

第 9 章

Gossip

Gossip 协议是 P2P 网络中一种成熟可靠的分布式协议，Hyperledger Fabric 网络使用 Gossip 协议实现一种能让组织中不同节点账本数据最终达到一致性的算法。根据 Gossip 协议能给组织中节点不断发送心跳包的特性，可检测组织中的节点是否保持在线，从而对组织中的节点进行管理，对新加入的节点推送账本数据。根据 Gossip 协议自带的三个基本操作 push、pull 和 push-pull，节点能向组织中的其他节点广播账本数据，也能对特定节点推送数据或从特定节点拉取数据。

Hyperledger Fabric 通过在交易执行（背书和提交）peers 节点和交易排序 orderer 节点之间划分工作负载来优化区块链网络性能、安全性与可扩展性。这种网络操作的去耦需要一个安全、可靠和可扩展的数据分发协议，以确保数据的完整性和一致性。为了满足这些要求，Fabric 实施了一个“流言数据分发协议”。

peers 利用 Gossip 以可伸缩的方式传播账本和频道数据。Gossip 消息是连续的，通道上的每个 peer 都不断地接收来自多个 peers 的当前且一致的账本数据。因为每个 Gossip 消息都经过签名后才传播，所以拜占庭式的参与者发送伪造消息很容易被识别。受到延迟、网络分区或其他导致块丢失原因影响的 peers，最终将通过联系拥有这些丢失块的 peers，并将其同步到当前账本状态。

基于 Gossip 的数据发布协议在 Fabric 网络上执行三方面主要功能。

（1）不断地识别可用的成员 peers，并最终检测脱机的 peers 来管理 peer 发现和通道成员资格。

（2）在通道上的所有 peers 之间传播账本数据。任何具有与通道其余部分不同步的数据的 peer 节点都可以通过复制正确的数据，标识缺失的块来同步自身。

（3）允许 peer-to-peer 状态传输更新账本数据，从而使新连接的 peers 加快速度。

基于 Gossip 的广播先接收来自通道上其他 peers 的消息，然后将这些消息转发给通道上随机选择的若干 peers，在这些随机选择的 peers 上，随机数字是可配置的常量。peers 也可以使用拉取机制，而不是等待消息的传递。这个循环重复，导致通道成员、账本和状态信息不断保持最新且同步。对于新块的传播，通道上的领导节点（Leader Peer）从排序服务 orderer 中提取数据，并在自己的组织中向 peers 发起 Gossip 传播。

本章首先给出 Gossip 协议接口的定义，再具体介绍接口对应实现结构中包含的映射器、发现层、通信层等接口，从而逐步理解本地账本是如何与组织中其他节点保持账本一致性的，以及如何利用 Gossip 协议接口进行组织节点的管理。

9.1 Gossip 协议

Gossip 服务是通过在 peer node start 命令模块的 serve 函数中调用 initGossipService 函数启动的。Gossip 服务器通过调用 NewGossipService 函数，初始化 gossipServiceImpl 结构。Gossip 服务实例如图 9-1 所示。

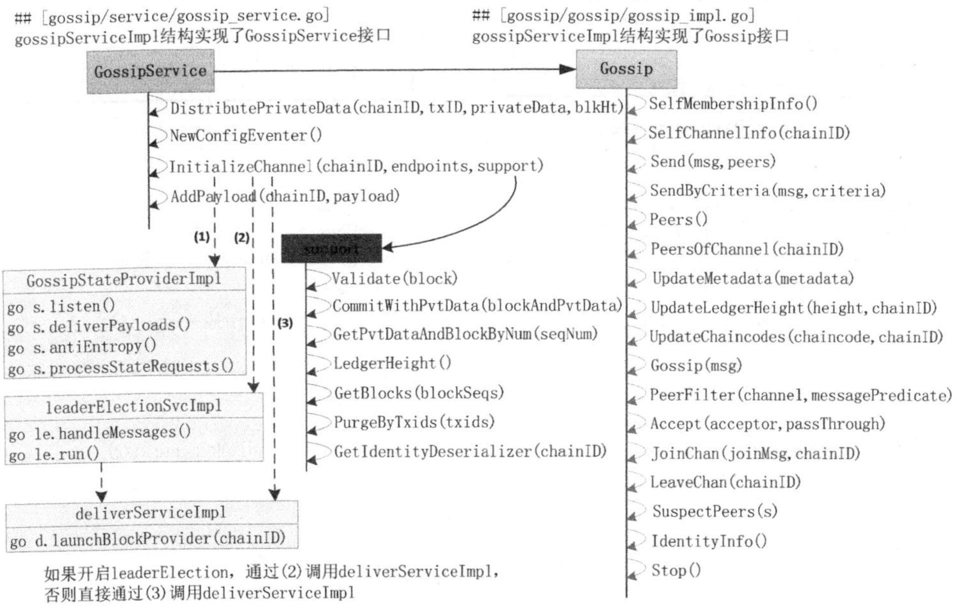

图 9-1 Gossip 服务实例

图 9-1 是从 InitGossipServiceCustomDeliveryFactory 函数整理的影像。调用 NewGossipComponent 函数创建 Gossip 实例，然后保存在 gossipServiceInstance 结构中，称为 Gossip 服务实例。gossipServiceInstance 结构实现了 GossipService 接口。

GossipService 接口的定义如下：

```
## [gossip/service/gossip_service.go]
type GossipService interface {
    // 流言蜚语接口
    gossip.Gossip
    // 分配私有数据：根据 policyStore 和 policyParser 诱导的策略将私有数据分发给集合中的 peers
    DistributePrivateData(chainID string, txID string,
privateData *transientstore.TxPvtReadWriteSetWithConfigInfo, blkHt uint64) error
    // 新建配置处理器：新建 configEventer 结构，此结构提供了 ProcessConfigUpdate 函数
    NewConfigEventer() ConfigProcessor
    // 初始化通道：分配状态提供者，并应在每次执行时将每个通道调用一次
    InitializeChannel(chainID string, endpoints []string, support Support)
    // 增加负载：增加消息有效负载到链中
    AddPayload(chainID string, payload *gproto.Payload) error
}
```

上文介绍了 GossipService 实例原理，接下来了解 Gossip 实例，先观察图 9-2。

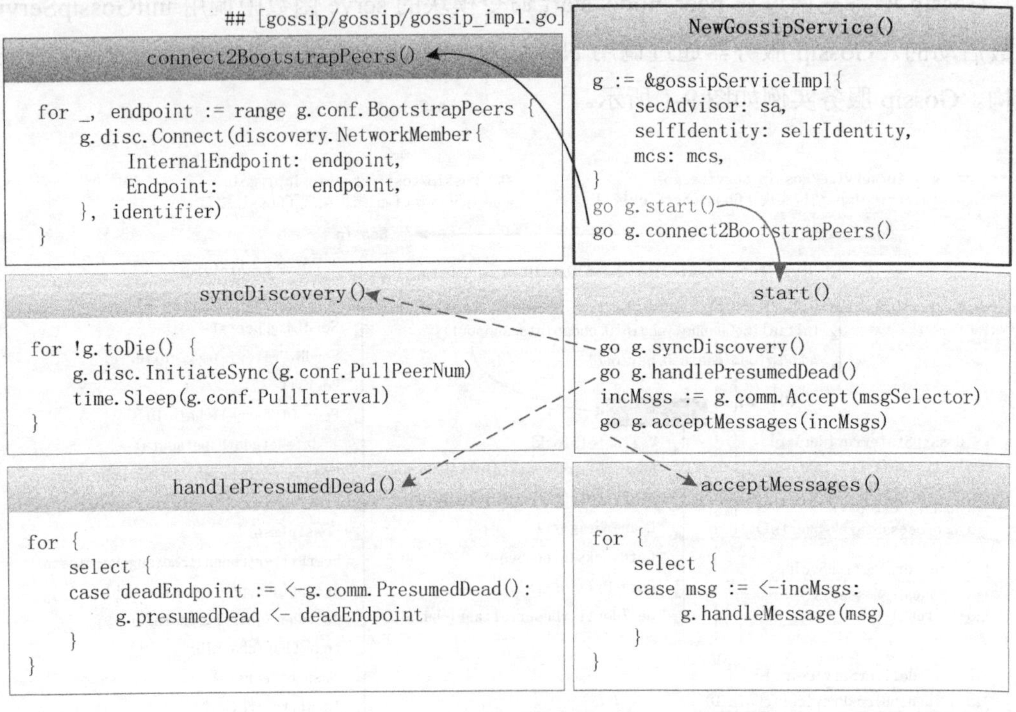

图 9-2　Gossip 实例

图 9-2 是从 NewGossipService 函数整理的影像。保存安全顾问 sa 和消息加密服务

mcs，然后启动 go g.start()协程和 go g.connect2BootstrapPeers()协程（peer 启动过程连接 core.yaml->peer.gossip.bootstrap 定义的节点）。go g.start()函数内启动 go g.syncDiscovery()协程（同步发现 peer 节点）、go g.handlePresumedDead()协程（处理假定死的 peer 节点）和 go g.acceptMessages(incMsgs)协程（接收消息）。观察图 9-3。

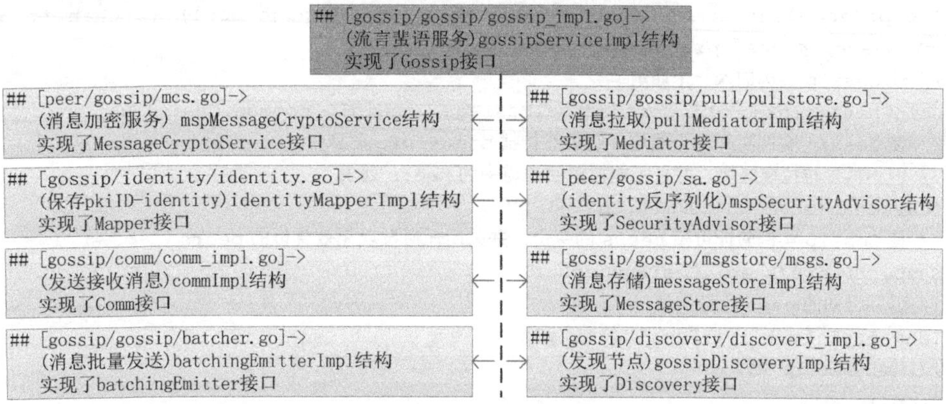

图 9-3 Gossip 实例支持

图 9-3 中 Gossip 实例支持 8 个大结构，本章就是按照这些结构的功能和用法进行介绍的，这就是接下来讲解的主线脉络。理清楚这些结构关系才能更好地理解 Gossip 是什么、做什么、怎样做。

Gossip 接口的定义，如下所示：

```
## [gossip/gossip/gossip.go]
type Gossip interface {
    // 返回自身成员关系信息
    SelfMembershipInfo() discovery.NetworkMember
    // 返回自身通道信息
    SelfChannelInfo(common.ChainID) *proto.SignedGossipMessage
    // 发送一个消息给远程 peers
    Send(msg *proto.GossipMessage, peers ...*comm.RemotePeer)
    // 发送一个消息给所有匹配 SendCriteria{}结构的 peers
    SendByCriteria(*proto.SignedGossipMessage, SendCriteria) error
    // 返回认为是活着的 peers
    Peers() []discovery.NetworkMember
    // 根据链 ID 返回认为是活着的 peers
    PeersOfChannel(common.ChainID) []discovery.NetworkMember
    // 更新发现层的元数据
    UpdateMetadata(metadata []byte)
    // 更新账本高度
    UpdateLedgerHeight(height uint64, chainID common.ChainID)
    // 根据链 ID 更新链码
    UpdateChaincodes(chaincode []*proto.Chaincode, chainID common.ChainID)
    // 发送一个消息给网络上的其他 peers
```

```
    Gossip(msg *proto.GossipMessage)
    // 根据链 ID 获得 Gossip 通道，最后调用参数 messagePredicate()处理 PeerSignature{}结构
    PeerFilter(channel common.ChainID, messagePredicate api.SubChannelSelection
Criteria) (filter.RoutingFilter, error)
    // 返回与特定述语匹配的其他节点发送的专用只读通道，如果 passThrough 是 false，
    // 则消息由 Gossip 层预先处理；如果 passThrough 是 true， 则 Gossip 层不进行干预，
    // 消息可以用来回复给发送者
    Accept(acceptor common.MessageAcceptor, passThrough bool) (<-chan *proto.
GossipMessage, <-chan proto.ReceivedMessage)
    // 使 Gossip 实例加入一个通道
    JoinChan(joinMsg api.JoinChannelMessage, chainID common.ChainID)
    // 使 Gossip 实例离开一个通道，它仍然传播 stateInfo 消息
    // 但不再参与拉取区块，并且不能再返回通道中的 peers 列表
    LeaveChan(chainID common.ChainID)
    // 使 Gossip 实例验证可疑 peers 的身份，并关闭任何发现无效身份的 peers
    SuspectPeers(s api.PeerSuspector)
    // 返回已知的 peer 身份信息
    IdentityInfo() api.PeerIdentitySet
    // 停止 Gossip 组件
    Stop()
}
```

gossipServiceImpl 结构实现了 Gossip 接口，如下所示：

```
## [gossip/gossip/gossip_impl.go]
type gossipServiceImpl struct {
    selfIdentity        api.PeerIdentityType
    certStore           *certStore
    idMapper            identity.Mapper              // 映射器
    presumedDead        chan common.PKIidType
    disc                discovery.Discovery          // 发现层
    comm                comm.Comm                    // 通信层
    selfOrg             api.OrgIdentityType
    *comm.ChannelDeMultiplexer
    emitter             batchingEmitter              // 分批发射器
    discAdapter         *discoveryAdapter
    secAdvisor          api.SecurityAdvisor          // 安全顾问
    chanState           *channelState
    disSecAdap          *discoverySecurityAdapter
    mcs                 api.MessageCryptoService     // 消息加密服务
    stateInfoMsgStore msgstore.MessageStore          // 消息存储
    certPuller          pull.Mediator                // 调停者
}
```

这个结构着重介绍了 idMapper 映射器、disc 发现层、comm 通信层、emitter 分批发射器、secAdvisor 安全顾问、mcs 消息加密服务、stateInfoMsgStore 消息存储、certPuller 调停者。

9.2 映射器 idMapper

Gossip 协议的网络成员使用 identity（身份）进行标识。identity 由 mspID 和 cert（证书）组合而成，也就是 MSP 的基本身份 identity。映射器 idMapper 就是用来保存这些成员之间的 identity，管理组织的成员。保存 identity 是一个临时性行为，identity 被赋予了时间值，也就是证书的有效期 cert.NotAfter，identity 在 Gossip 网络传播过程中进行有效期检查，若过期会自动从列表中擦除。

Mapper 接口的定义如下所示：

```
## [gossip/identity/identity.go]
type Mapper interface {
    // 把 pkiID 和 identity 关联，如果 pkiID 不匹配 identity，则返回错误
    Put(pkiID common.PKIidType, identity api.PeerIdentityType) error
    // 根据 pkiID 返回 identity，如果 identity 找不到，则返回错误
    Get(pkiID common.PKIidType) (api.PeerIdentityType, error)
    // 签名消息，如果成功则返回签名信息；如果失败则返回错误
    Sign(msg []byte) ([]byte, error)
    // 验证已签名的消息
    Verify(vkID, signature, message []byte) error
    // 根据 identity 返回 pkiID
    GetPKIidOfCert(api.PeerIdentityType) common.PKIidType
    // 重新验证与给定述语匹配的所有 peers
    SuspectPeers(isSuspected api.PeerSuspector)
    // 返回已知的 peer 身份信息集
    IdentityInfo() api.PeerIdentitySet
    // 停止映射器
    Stop()
}
```

pkiID 是根据 peer 的 identity 计算获得的，使用的是 SHA2-256 哈希算法。在该方法中并不验证 peerIdentity 的合法性。在下面介绍的 Put 函数中可以看到，身份的合法性校验是通过调用 mcs 消息加密服务的 ValidateIdentity 函数来完成的。

根据 peerIdentity 返回 pkiID：

```
## [peer/gossip/mcs.go]
func (s *mspMessageCryptoService) GetPKIidOfCert(peerIdentity api.PeerIdentityType)
common.PKIidType {
    // 检查
    if len(peerIdentity) == 0 {
        return nil
    }
    // 反序列化
    sid, err := s.deserializer.Deserialize(peerIdentity)
    if err != nil {
```

```
        return nil
    }
    // idbytes是identity的low-level表示
    mspIdRaw := []byte(sid.Mspid)
    // 连接 msp-id 和 idbytes
    raw := append(mspIdRaw, sid.IdBytes...)
    // 哈希摘要
    digest, err := factory.GetDefault().Hash(raw, &bccsp.SHA256Opts{})
    if err != nil {
        return nil
    }
    return digest // 返回摘要
}
```

实现 Mapper 接口的结构如下所示：

```
## [gossip/identity/identity.go]
type identityMapperImpl struct {
    onPurge    purgeTrigger                        // 清除触发器
    mcs        api.MessageCryptoService            // 消息加密服务接口
    sa         api.SecurityAdvisor                 // 安全顾问接口
    pkiID2Cert map[string]*storedIdentity          // pkiID和identity映射集合
    selfPKIID string                               // 自身pkiID
}
```

pkiID2Cert 是一个 map 集合，key 为 string 类型，value 为 storedIdentity 结构。

存储 identity 结构：

```
## [gossip/identity/identity.go]
type storedIdentity struct {
    pkiID            common.PKIidType
    lastAccessTime   int64
    peerIdentity     api.PeerIdentityType
    orgId            api.OrgIdentityType
    expirationTimer *time.Timer
}
```

要理解映射器 idMapper，重点关注 identityMapperImpl 结构实现的 Put 函数即可。传入一个身份 identity，需要调用 mcs（消息加密服务）接口获取身份有效期、校验身份合法性及获取身份对应的 id，判断获取的 id 与传入的参数 pkiID 是否一致，若不一致，则报错退出。再判断身份是否已经在 pkiID2Cert 映射列表中，若已保存，则直接退出；否则根据身份有效期与当前时间判断身份是否已过期，若未过期，则设置一个自动执行的时间函数，身份到期后直接将其从 pkiID2Cert 映射列表中删除。最后将当前身份保存到 pkiID2Cert 映射列表中。

```
## [gossip/identity/identity.go]
func (is *identityMapperImpl) Put(pkiID common.PKIidType, identity api.PeerIdentityType)
error {
```

```
    if pkiID == nil {
        return errors.New("PKIID is nil")
    }
    if identity == nil {
        return errors.New("identity is nil")
    }
    // 使用成员 mcs(消息加密服务)获得 identity 有效期
    expirationDate, err := is.mcs.Expiration(identity)
    if err != nil {
        return errors.Wrap(err, "failed classifying identity")
    }
    // 使用成员 mcs(消息加密服务)验证 identity
    if err := is.mcs.ValidateIdentity(identity); err != nil {
        return err
    }
    // 使用成员 mcs(消息加密服务)获得 id
    id := is.mcs.GetPKIidOfCert(identity)
    // 比较 pkiID 是否相等
    if !bytes.Equal(pkiID, id) {
        return errors.New("identity doesn't match the computed pkiID")
    }
    // 检查 pkiID 是否已经保存过了
    if _, exists := is.pkiID2Cert[string(pkiID)]; exists {
        return nil
    }
    // 检查有效期
    var expirationTimer *time.Timer
    if !expirationDate.IsZero() {
        // 检查是否过期
        if time.Now().After(expirationDate) {
            return errors.New("identity expired")
        }
        // 身份到期后 1 毫秒将被删除
        timeToLive := expirationDate.Add(time.Millisecond).Sub(time.Now())
        // 注意这是一个自动执行的时间函数
        expirationTimer = time.AfterFunc(timeToLive, func() {
            // 到期自动删除
            is.delete(pkiID, identity)
        })
    }
    // 保存在集合里
    is.pkiID2Cert[string(id)] = newStoredIdentity(pkiID, identity, expirationTimer,
is.sa.OrgByPeerIdentity(identity))
    return nil
}
```

身份到期后自动从列表中删除是通过 identityMapperImpl 结构中的成员 onPurge（清除触发器）实现的，清除触发器可以理解为一个回调函数，identity 在到期之后删除时就会调用清除触发器关闭远程 peer 连接，有关的远程通信服务都是由 gossipServiceImpl 结构成员 comm（通信层）提供的。

下面这一段简单的代码来自实例化 gossipServiceImpl 结构的 NewGossipService 函数，建立映射器 identityMapperImpl 结构的实例用作参数，而且在映射器 pkiID2Cert 保存的第一个 identity 是自身 selfIdentity。

```
## [gossip/gossip/gossip_impl.go]
g.idMapper = identity.NewIdentityMapper(mcs, selfIdentity, func(pkiID common.PKIidType,
identity api.PeerIdentityType) {
        g.comm.CloseConn(&comm.RemotePeer{PKIID: pkiID})
        g.certPuller.Remove(string(pkiID))
    }, sa)
```

9.3 发现层 disc

发现层的主要作用是定期将心跳包发送给组织中的其他节点以保证自身的生存状态，定期检查组织中其他节点的生存状态，相应更新、维护活的成员列表及死了的成员列表等，同时负责处理来自通信层的三种信息，包括在线信息 GossipMessage_AliveMsg、成员请求信息 GossipMessage_MemReq 和成员回复信息 GossipMessage_MemRes。

Discovery 接口的定义如下所示：

```
## [gossip/discovery/discovery.go]
type Discovery interface {
    // 根据 PKIID 返回网络成员
    Lookup(PKIID common.PKIidType) *NetworkMember
    // 返回此实例的网络成员
    Self() NetworkMember
    // 更新此实例的元数据
    UpdateMetadata([]byte)
    // 更新此实例的端点
    UpdateEndpoint(string)
    // 停止此实例
    Stop()
    // 返回视图中的活动成员
    GetMembership() []NetworkMember
    // 使此实例向给定数量的 peers 请求其成员信息
    InitiateSync(peerNum int)
    // 使此实例连接到远程实例，参数 id 是一个函数，可以用来标识 peer，也可以用来检查 PKI-ID
    Connect(member NetworkMember, id identifier)
}
```

实现 Discovery 接口的结构如下所示，部分成员变量的取值来自配置文件 core.yaml：

```
## [gossip/discovery/discovery_impl.go]
type gossipDiscoveryImpl struct {
    self            NetworkMember
    deadLastTS       map[string]*timestamp       // H, key = pkiID
    aliveLastTS      map[string]*timestamp       // V, key = pkiID
    id2Member        map[string]*NetworkMember   // 所有已知成员, key = pkiID
    aliveMembership *util.MembershipStore        // 保存活的成员消息, key = pkiID
    deadMembership  *util.MembershipStore        // 保存死了的成员消息, key = pkiID
    msgStore *aliveMsgStore    // 消息存储: key=pkiID, value=GossipMessage_AliveMsg 类
型的消息
    comm  CommService                         // 通信服务接口
    crypt CryptoService                       // 加密服务接口
    port            int                       // 端口 7051
    disclosurePolicy DisclosurePolicy         // 公开策略
    pubsub          *util.PubSub              // 发布 publish, 订阅 subscribe
    // 活着检查间隔, core.yaml 默认 5 秒
    aliveTimeInterval  time.Duration   //core.yaml -> peer.gossip.aliveTimeInterval
    // 活着过期超时, core.yaml 默认 25 秒
    aliveExpirationTimeout  time.Duration // core.yaml -> peer.gossip.aliveExpiration
Timeout
    // 默认设置 aliveExpirationTimeout 十分之一
    aliveExpirationCheckInterval time.Duration // aliveExpirationTimeout / 10
    // 重新连接间隔, core.yaml 默认 25 秒
    reconnectInterval           time.Duration // core.yaml -> peer.gossip.reconnectInterval
}
```

我们主要介绍消息存储 msgStore 接口，以及创建的五个独立 go 协程完成的工作，消息存储 msgStore 接口的定义如下：

```
## [gossip/gossip/msgstore/msgs.go]
type MessageStore interface {
    Add(msg interface{}) bool              // 添加消息
    CheckValid(msg interface{}) bool       // 检查消息是否有效
    Size() int                             // 返回存储区中的消息数量
    Get() []interface{}                    // 返回存储区中的所有消息
    Stop()                                 // 停止所有相关的 go 协程
    Purge(func(interface{}) bool)          // 清除给定述语所接受的所有消息
}
```

实现 MessageStore 接口的结构如下：

```
## [gossip/gossip/msgstore/msgs.go]
type messageStoreImpl struct {
    pol             common.MessageReplacingPolicy   // 消息替换策略
    messages         []*msg                         // 保存消息数组
    invTrigger       invalidationTrigger            // 无效消息触发器
    msgTTL           time.Duration                  // 活着的超时时间 25 秒 * 20
    expiredCount     int                            // 过期计数
```

```
    expireMsgCallback func(msg interface{})          // 过期信息回调
}
```

通过 newAliveMsgStore 函数可新建活着的消息存储，同时事先为新建的消息存储设置一个过期处理函数，在消息过期时自动从对应列表中删除，代码如下所示：

```
## [gossip/discovery/discovery_impl.go]
func newAliveMsgStore(d *gossipDiscoveryImpl) *aliveMsgStore {
    policy := proto.NewGossipMessageComparator(0)
    trigger := func(m interface{}) {}
    aliveMsgTTL := d.aliveExpirationTimeout * msgExpirationFactor
    externalLock := func() { d.lock.Lock() }
    externalUnlock := func() { d.lock.Unlock() }
    // 过期回调函数
    callback := func(m interface{}) {
        msg := m.(*proto.SignedGossipMessage)
        // 检查消息是否过期
        if !msg.IsAliveMsg() {
            // 还未过期，不用处理
            return
        }
        // 获得 pkiID
        id := msg.GetAliveMsg().Membership.PkiId
        // 从活着的成员消息中删除
        d.aliveMembership.Remove(id)
        // 从死了的成员消息中删除
        d.deadMembership.Remove(id)
        // 从所有已知成员中删除
        delete(d.id2Member, string(id))
        // 从死了的时间戳删除
        delete(d.deadLastTS, string(id))
        // 从活着的时间戳删除
        delete(d.aliveLastTS, string(id))
    }
    // 新建活着的消息存储
    s := &aliveMsgStore{
        MessageStore: msgstore.NewMessageStoreExpirable(policy, trigger, aliveMsgTTL,
externalLock, externalUnlock, callback),
    }
    return s
}
```

这里创建的五个独立 go 协程分别处理如下工作。

（1）go d.periodicalSendAlive()。

定期发送活着的消息，标签 Tag 为 GossipMessage_EMPTY，内容 Content 类型为 GossipMessage_AliveMsg 的 GossipMessage 消息。

go d.periodicalSendAlive()结构如下所示：

```
## [gossip/discovery/discovery_impl.go]
func (d *gossipDiscoveryImpl) periodicalSendAlive() {
    for !d.toDie() {
        time.Sleep(d.aliveTimeInterval)
        msg, err := d.createSignedAliveMessage(true) // 创建签名活着的消息
        if err != nil {
            return
        }
        d.comm.Gossip(msg) // 广播消息
    }
}
```

（2）go d.periodicalCheckAlive()。

定期检查活着的成员，检查 aliveLastTS 集合的每个成员，如果某个成员的 lastSeen 大于 aliveExpirationTimeout，那么将其从 aliveLastTS 集合转到 deadLastTS 集合，同样从 aliveMembership 存储集合转到 deadMembership 存储集合。

go d.periodicalCheckAlive()结构如下所示：

```
## [gossip/discovery/discovery_impl.go]
func (d *gossipDiscoveryImpl) periodicalCheckAlive() {
    for !d.toDie() {
        time.Sleep(d.aliveExpirationCheckInterval)
        dead := d.getDeadMembers()
        if len(dead) > 0 {
            d.expireDeadMembers(dead)
        }
    }
}
```

（3）go d.handleMessages()。

定期处理通信层 comm 接收的消息，处理三个类型的消息，即 GossipMessage_AliveMsg、GossipMessage_MemReq 和 GossipMessage_MemRes。

go d.handleMessages()结构如下所示：

```
## [gossip/discovery/discovery_impl.go]
func (d *gossipDiscoveryImpl) handleMessages() {
    in := d.comm.Accept()      // 接受消息
    for !d.toDie() {           // 循环接收
        select {
        case m := <-in:
            d.handleMsgFromComm(m)
        }
    }
}
```

（4）go d.periodicalReconnectToDead()。

定期检查 deadLastTS 集合，如果探测到回应，就会发送一个成员请求消息。

go d.periodicalReconnectToDead()结构如下所示：

```
## [gossip/discovery/discovery_impl.go]
func (d *gossipDiscoveryImpl) periodicalReconnectToDead() {
    for !d.toDie() {
        wg := &sync.WaitGroup{}
        for _, member := range d.copyLastSeen(d.deadLastTS) {
            wg.Add(1)
            go func(member NetworkMember) {
                defer wg.Done()
                if d.comm.Ping(&member) {
                    d.sendMembershipRequest(&member, true) // 发送成员请求消息
                }
            }(member)
        }
        wg.Wait()
        time.Sleep(d.reconnectInterval)
    }
}
```

（5）go d.handlePresumedDeadPeers()。

定期处理假定死了的 peers，根据 pkiID 标识，从通信层 commImpl 结构成员 deadEndpoints 通道中获取，检查 aliveLastTS 集合，如果存在，则关闭其连接。

go d.handlePresumedDeadPeers()结构如下所示：

```
## [gossip/discovery/discovery_impl.go]
func (d *gossipDiscoveryImpl) handlePresumedDeadPeers() {
    for !d.toDie() {
        select {
        case deadPeer := <-d.comm.PresumedDead():
            if d.isAlive(deadPeer) {
                d.expireDeadMembers([]common.PKIidType{deadPeer})
            }
        }
    }
}
```

go g.connect2BootstrapPeers()

为了使 Gossip 有效工作，peers 需要能够获得自己组织中的 peers，以及其他组织中的 peers 的端点信息。当一个 peer 被引导时，它将使用 core.yaml->peer.gossip.bootstrap 广播自己并交换成员信息，从而在自己的组织中构建所有可用 peers 的视图。

core.yaml->peer.gossip.bootstrap 用于在组织内（within an Organization）传递。如果使用的是 Gossip，那么通常会将组织中的所有 peers 配置为指向一组初始的引导 peers（可以指定一个以空格分隔的 peers 列表）。内部端点通常由节点本身自动计算，或者只是通过 core.yaml->core.peer.address 显式传递。如果需要覆盖此值，可以设置 CORE_PEER_GOSSIP_ENDPOINT 环境变量。

引导信息同样需要跨组织建立通信，初始的跨组织引导信息是通过"anchor peers"设置提供的。如果要使组织中的其他 peers 被其他组织知晓，则需要设置 core.yaml->peer.gossip.externalendpoint，如果不设置，则不会向其他组织中的 peers 广播 peers 的端点信息。如果要设置这些属性，请发出：

export CORE_PEER_GOSSIP_BOOTSTRAP = <peer 组织内的 peer endpoints 列表>;

export CORE_PEER_GOSSIP_EXTERNALENDPOINT = < peer 端点，被组织外部所知>。

peer 启动过程中需要连接的其他 peers，如下所示：

```
## [gossip/gossip/gossip_impl.go]
func (g *gossipServiceImpl) connect2BootstrapPeers() {
    for _, endpoint := range g.conf.BootstrapPeers { // core.yaml->peer.gossip.
bootstrap
        endpoint := endpoint
        identifier := func() (*discovery.PeerIdentification, error) {
            // 对远程 endpoint 进行身份验证并返回远程的身份 identity
            remotePeerIdentity, err := g.comm.Handshake(&comm.RemotePeer{Endpoint:
endpoint})
            if err != nil {
                return nil, errors.WithStack(err)
            }
            // 检查是否在相同的组织
            sameOrg := bytes.Equal(g.selfOrg,
g.secAdvisor.OrgByPeerIdentity(remotePeerIdentity))
            if !sameOrg {
                return nil, errors.Errorf("%s isn't in our organization, cannot be
a bootstrap peer", endpoint)
            }
            // 获得远程节点 PKIid
            pkiID := g.mcs.GetPKIidOfCert(remotePeerIdentity)
            if len(pkiID) == 0 {
                return nil, errors.Errorf("Wasn't able to extract PKI-ID of remote
peer with identity of %v", remotePeerIdentity)
            }
            // 返回远程节点身份标识
            return &discovery.PeerIdentification{ID: pkiID, SelfOrg: sameOrg}, nil
        }
```

```
        // 连接远程 endpoint
        g.disc.Connect(discovery.NetworkMember{
            InternalEndpoint: endpoint,
            Endpoint:         endpoint,
        }, identifier)
    }
}
```

此协程并不是发现层 disc 启动的，而是由 gossipServiceImpl 实例启动的。该协程最后调用 g.disc.Connect 函数发送 discovery.NetworkMember 结构信息，信息发送给谁应由 core.yaml->peer.gossip.bootstrap: peer0.org1.example.com: 7051 指定。如果远程节点是自身节点，则不处理。一旦连接上远程节点，将再次发送 GossipMessage_MemReq 类型消息。g.disc.Connect 函数内部调用 go d.sendUntilAcked(peer, req)发送 req 请求，随机的 req.Nonce = util.RandomUInt64()，假如 nonce 等于 9336317060760347590。接收方会保存这个 nonce，有了 nonce 就是唯一标识一个节点，从而建立起连接。

节点的 go 协程 d.handleMessages()函数收到消息后，调用 handleMsgFromComm(msg)处理。如果消息是 GossipMessage_MemReq、GossipMessage_AliveMsg 或 GossipMessage_MemRes 类型，则调用 handleAliveMessage(m)–>learnNewMembers(aliveMembers, ...)处理。最后消息被保存在 d.aliveMembership 集合中。

处理从通信层传来的消息：

```
## [gossip/discovery/discovery_impl.go]
func (d *gossipDiscoveryImpl) handleMsgFromComm(msg proto.ReceivedMessage) {
    if msg == nil {
        return
    }
    m := msg.GetGossipMessage()
    if m.GetAliveMsg() == nil && m.GetMemRes() == nil && m.GetMemReq() == nil {
        return
    }
    // 成员请求消息
    if memReq := m.GetMemReq(); memReq != nil {
        selfInfoGossipMsg, err := memReq.SelfInformation.ToGossipMessage()
        if err != nil {
            return
        }
        if !d.crypt.ValidateAliveMsg(selfInfoGossipMsg) {
            return
        }
        if d.msgStore.CheckValid(selfInfoGossipMsg) {
            d.handleAliveMessage(selfInfoGossipMsg)
        }
        var internalEndpoint string
        if m.Envelope.SecretEnvelope != nil {
```

```
            internalEndpoint = m.Envelope.SecretEnvelope.InternalEndpoint()
        }
        go d.sendMemResponse(selfInfoGossipMsg.GetAliveMsg().Membership, internal
Endpoint, m.Nonce)
        return
    }
    // 活的消息
    if m.IsAliveMsg() {
        if !d.msgStore.CheckValid(m) || !d.crypt.ValidateAliveMsg(m) {
            return
        }
        // 如果消息是我发送的，忽略它，不要再转发了
        if d.isSentByMe(m) {
            return
        }
        d.msgStore.Add(m)
        d.handleAliveMessage(m) // 处理活的消息
        d.comm.Forward(msg)
        return
    }
    // 成员回应消息
    if memResp := m.GetMemRes(); memResp != nil {
        d.pubsub.Publish(fmt.Sprintf("%d", m.Nonce), m.Nonce)
        for _, env := range memResp.Alive {
            am, err := env.ToGossipMessage()
            if err != nil {
                return
            }
            if !am.IsAliveMsg() {
                return
            }
            if d.msgStore.CheckValid(am) && d.crypt.ValidateAliveMsg(am) {
                d.handleAliveMessage(am) // 处理活的消息
            }
        }
        for _, env := range memResp.Dead {
            dm, err := env.ToGossipMessage()
            if err != nil {
                return
            }
            // 存在更新的活动消息，或者消息不真实
            if !d.msgStore.CheckValid(dm) || !d.crypt.ValidateAliveMsg(dm) {
                continue
            }
            newDeadMembers := []*proto.SignedGossipMessage{}
            d.lock.RLock()
            if _, known := d.id2Member[string(dm.GetAliveMsg().Membership.PkiId)];
!known {
                newDeadMembers = append(newDeadMembers, dm)
```

```
            }
            d.lock.RUnlock()
            d.learnNewMembers([]*proto.SignedGossipMessage{}, newDeadMembers)
        }
    }
}
```

处理活的消息：

```
## [gossip/discovery/discovery_impl.go]
func (d *gossipDiscoveryImpl) handleAliveMessage(m *proto.SignedGossipMessage) {
    if d.isSentByMe(m) {
        return
    }

    pkiID := m.GetAliveMsg().Membership.PkiId
    ts := m.GetAliveMsg().Timestamp

    d.lock.RLock()
    _, known := d.id2Member[string(pkiID)]
    d.lock.RUnlock()

    if !known {
        d.learnNewMembers([]*proto.SignedGossipMessage{m}, []*proto.SignedGossip
Message{})
        return
    }

    d.lock.RLock()
    _, isAlive := d.aliveLastTS[string(pkiID)]
    lastDeadTS, isDead := d.deadLastTS[string(pkiID)]
    d.lock.RUnlock()

    if !isAlive && !isDead {
        return
    }
    if isAlive && isDead {
        return
    }

    if isDead {
        if before(lastDeadTS, ts) {
            d.resurrectMember(m, *ts)
        } else if !same(lastDeadTS, ts) {
            d.logger.Debug(m.GetAliveMsg().Membership, "lastDeadTS:", lastDeadTS,
"but got ts:", ts)
        }
        return
    }
```

```
    d.lock.RLock()
    lastAliveTS, isAlive := d.aliveLastTS[string(pkiID)]
    d.lock.RUnlock()

    if isAlive {
        if before(lastAliveTS, ts) {
            d.learnExistingMembers([]*proto.SignedGossipMessage{m})
        } else if !same(lastAliveTS, ts) {
            d.logger.Debug(m.GetAliveMsg().Membership, "lastAliveTS:", lastAliveTS,
"but got ts:", ts)
        }

    }
}
```

成员保存在 aliveMembership：

```
## [gossip/discovery/discovery_impl.go]
func (d *gossipDiscoveryImpl) learnExistingMembers(aliveArr []*proto.SignedGossip
Message) {
    for _, m := range aliveArr {
        am := m.GetAliveMsg()
        if am == nil {
            return
        }
        var internalEndpoint string
        if prevNetMem := d.id2Member[string(am.Membership.PkiId)]; prevNetMem != nil {
            internalEndpoint = prevNetMem.InternalEndpoint
        }
        if m.Envelope.SecretEnvelope != nil {
            internalEndpoint = m.Envelope.SecretEnvelope.InternalEndpoint()
        }
        // 更新的数据成员
        member := d.id2Member[string(am.Membership.PkiId)]
        member.Endpoint = am.Membership.Endpoint
        member.Metadata = am.Membership.Metadata
        member.InternalEndpoint = internalEndpoint
        // 检查是否在死的成员列表中
        if _, isKnownAsDead := d.deadLastTS[string(am.Membership.PkiId)]; isKnown
AsDead {
            continue
        }
        // 检查是否在活的成员列表中
        if _, isKnownAsAlive := d.aliveLastTS[string(am.Membership.PkiId)]; !is
KnownAsAlive {
            continue
        } else {
            // 更新现有的活数据
            alive := d.aliveLastTS[string(am.Membership.PkiId)]
            alive.incTime = tsToTime(am.Timestamp.IncNum)
```

```
                alive.lastSeen = time.Now()
                alive.seqNum = am.Timestamp.SeqNum
                // 检查是否在活的成员关系列表中
                if am := d.aliveMembership.MsgByID(m.GetAliveMsg().Membership.PkiId);
am == nil {
                    msg := &proto.SignedGossipMessage{GossipMessage: m.GossipMessage,
Envelope: am.Envelope}
                    d.aliveMembership.Put(m.GetAliveMsg().Membership.PkiId, msg)
                } else {
                    am.GossipMessage = m.GossipMessage
                    am.Envelope = m.Envelope
                }
            }
        }
}
```

通过 core.yaml->peer.gossip.bootstrap 将组织内各个成员之间的关系建立起来。

9.4 通信层 Comm

通信层实现了节点与节点之间的 gRPC 通信服务，其包括两个重要模块，即 connStore 和 msgPublisher。connStore 模块是 peer 节点的连接管理器，用于保存创建的连接信息，通过 getConnection 函数可以建立 peer 节点间的一个连接，并将连接信息存储到 connectionStore 结构体中。msgPublisher 模块是一个通道解复用器，可以理解为一个以通道为基础的“发布-订阅”模块，可以通过 AddChannel 函数加入对应通道，以便后续接收来自通道的信息；可以通过 DeMultiplex 函数广播信息到对应通道；可以通过 Accept 函数接收来自通道的信息。

Comm 接口的定义如下所示：

```
## [gossip/comm/comm.go]
type Comm interface {
    // 返回此实例的 PKI id
    GetPKIid() common.PKIidType
    // 发送消息到远程 peers
    Send(msg *proto.SignedGossipMessage, peers ...*RemotePeer)
    // 将消息发送到远程 peers，等待来自至少 minAck 数量的确认，或直到某个超时到期
    SendWithAck(msg *proto.SignedGossipMessage, timeout time.Duration, minAck int,
peers ...*RemotePeer) AggregatedSendResult
    // 探测一个远程节点，如果它响应，则返回 nil，如果不是，则出错
    Probe(peer *RemotePeer) error
    // 认证一个远程 peer，如果成功则返回 identity，错误则返回 nil
    Handshake(peer *RemotePeer) (api.PeerIdentityType, error)
```

```
    // 返回与特定述语匹配的其他节点发送的专用只读通道,
    // 每个通道的消息都可以用来回复发送者
    Accept(common.MessageAcceptor) <-chan proto.ReceivedMessage
    // 返回疑似离线的节点端点的只读通道
    PresumedDead() <-chan common.PKIidType
    // 关闭某个端点的连接
    CloseConn(peer *RemotePeer)
    // 停止些模块
    Stop()
}
```

实现 Comm 接口的结构如下所示：

```
## [gossip/comm/comm_impl.go]
type commImpl struct {
    sa            api.SecurityAdvisor       // 安全顾问接口
    pubSub        *util.PubSub // 发布订阅消息, SendWithAck()订阅, createConnection()发布
    peerIdentity   api.PeerIdentityType     // 自身
    idMapper       identity.Mapper          // 映射器接口
    connStore      *connectionStore         // 连接存储, 保存创建的连接信息
    PKIID          []byte                   // 自身 pkiID
    deadEndpoints  chan common.PKIidType    // 保存假定死了的 peer pkiID
    msgPublisher   *ChannelDeMultiplexer    // 通道解复用器, 实现了通道注册-消息广播的功能
    lsnr           net.Listener // 如果端口大于 0, 不使用
    gSrv           *grpc.Server // peer0.org1.example.com:7051, 和 peer 地址相同
    subscriptions  []chan proto.ReceivedMessage // 订阅通道数组, 保存 msgPublisher 注册
的通道
    port           int                  // 如果端口大于 0, 建新的 gRPC 监听服务, 默认为 -1
    dialTimeout    time.Duration   // core.yaml -> peer.gossip.dialTimeout
}
```

（1）消息发布者 msgPublisher。

信道多路复用器 ChannelDeMultiplexer 是一种可以接收通道注册（AddChannel）和出版物（DeMultiplex）的结构，它根据出版的述语 predicate（消息接收者的回调函数）向注册的通道广播消息，符合特定条件的通道接收消息。

增加通道，如下所示：

```
## [gossip/comm/demux.go]
func (m *ChannelDeMultiplexer) AddChannel(predicate common.MessageAcceptor) chan
interface{} {
    // 创建通道, 关注成员 ch 和 pred
    ch := &channel{ch: make(chan interface{}, 10), pred: predicate}
    // 增加到通道数组
    m.channels = append(m.channels, ch)
    // 返回通道
    return ch.ch
}
```

将消息广播到所有注册的通道，其代码如下所示：

```
## [gossip/comm/demux.go]
func (m *ChannelDeMultiplexer) DeMultiplex(msg interface{}) {
    // 遍历数组所有的通道
    for _, ch := range m.channels {
        // 调用特定述语(回调函数)过滤消息
        if ch.pred(msg) {
            // 符合过滤条件，将消息放入通道
            ch.ch <- msg
        }
    }
}
```

根据以下通信层 commImpl 接收函数 Accept 简略过程，可以了解信道多路复用器 ChannelDeMultiplexer 的特定使用场景。

```
## [gossip/comm/demux.go]
func (c *commImpl) Accept(acceptor common.MessageAcceptor) <-chan proto.Received
Message {
    genericChan := c.msgPublisher.AddChannel(acceptor)
    // 创建特定的通道
    specificChan := make(chan proto.ReceivedMessage, 10)
    if c.isStopping() {
        return specificChan
    }
    // 增加到订阅通道数组
    c.subscriptions = append(c.subscriptions, specificChan)
    // 创建一个例程循环接收通道消息
    go func() {
        for {
            select {
            // 获得消息
            case msg := <-genericChan:
                if msg == nil {
                    return
                }
                select {
                // 将消息放到特定的通道
                case specificChan <- msg.(*ReceivedMessageImpl):
                case <-c.exitChan:
                    return
                }
            case <-c.exitChan:
                return
            }
        }
    }()
    return specificChan
}
```

（2）连接存储 connStore。

连接存储 connStore 实现了是一个 map 集合 pki2Conn，key 为 pkiID，value 为 connection{}结构，此结构保存了 gRPC 连接的相关信息。

获得连接信息：

```
## [gossip/comm/conn.go]
func (cs *connectionStore) getConnection(peer *RemotePeer) (*connection, error) {
    isClosing := cs.isClosing
    if isClosing {
        return nil, fmt.Errorf("Shutting down")
    }
    // 解析 pkiID 和 endpoint
    pkiID := peer.PKIID
    endpoint := peer.Endpoint
    destinationLock, hasConnected := cs.destinationLocks[string(pkiID)]
    if !hasConnected {
        destinationLock = &sync.Mutex{}
        cs.destinationLocks[string(pkiID)] = destinationLock
    }
    // 查询是否连接存在
    conn, exists := cs.pki2Conn[string(pkiID)]
    if exists {
        return conn, nil
    }
    // 创建连接，使用通信层 commImpl 的 createConnection 函数
    createdConnection, err := cs.connFactory.createConnection(endpoint, pkiID)
    isClosing = cs.isClosing
    if isClosing {
        return nil, fmt.Errorf("ConnStore is closing")
    }
    delete(cs.destinationLocks, string(pkiID))
    // 再检查一次，也许在连接创建期间有人连接到我们
    conn, exists = cs.pki2Conn[string(pkiID)]
    if exists {
        if createdConnection != nil {
            createdConnection.close()
        }
        return conn, nil
    }
    // 没有人连接到我们，我们连接失败
    if err != nil {
        return nil, err
    }
    conn = createdConnection
    // 保存连接
    cs.pki2Conn[string(createdConnection.pkiID)] = conn
    // 创建一个服务例程用于循环接收和发送消息
```

```
    go conn.serviceConnection()
    // 返回此连接
    return conn, nil
}
```

serviceConnection 函数中创建了两个 go 协程循环接收和发送消息，在接收到信息时，调用 handle 函数对消息进行处理。

处理消息函数：

```
## [gossip/comm/conn.go]
func (conn *connection) serviceConnection() error {
    errChan := make(chan error, 1)
    msgChan := make(chan *proto.SignedGossipMessage,
util.GetIntOrDefault("peer.gossip.recvBuffSize", defRecvBuffSize))
    quit := make(chan struct{})
    // 异步调用 stream.Recv()接收消息
    go conn.readFromStream(errChan, quit, msgChan)
    // 异步调用 stream.Send()发送 conn.outBuff 通道中的消息
    go conn.writeToStream()
    // 循环处理
    for !conn.toDie() {
         select {
         case stop := <-conn.stopChan:
              conn.stopChan <- stop
              return nil
         case err := <-errChan:
              return err
         case msg := <-msgChan:
              // 回调函数
              conn.handler(msg)
         }
    }
    return nil
}
```

9.5 分批发射器 emitter

Gossip 传播过程不是一条一条信息传播的，而是累积一定数量的信息批量进行处理，这有利于提高处理效率，该功能是通过分批发射器 emitter 实现的。

emitter 接口的定义如下所示：

```
## [gossip/gossip/batcher.go]
type batchingEmitter interface {
    Add(interface{}) // 添加要批处理的消息
```

```
    Stop()              // 停止组件
    Size() int          // 返回要发送的挂起消息的数量
}
```

实现 batchingEmitter 接口的结构如下：

```
## [gossip/gossip/batcher.go]
type batchingEmitterImpl struct {
    iterations int    // core.yaml -> peer.gossip.propagateIterations: 1
    burstSize  int    // core.yaml -> peer.gossip.maxPropagationBurstSize: 10
    delay      time.Duration // core.yaml -> peer.gossip.maxPropagationBurstLatency: 10ms
    cb         emitBatchCallback   // 回调函数：type emitBatchCallback func([]interface{})
    buff       []*batchedMessage // 保存批量发送的消息数组
}
```

iterations——每个消息被转发的次数。

burstSize——由于消息计数而触发转发的阈值。

delay——每个消息可以存储而不被转发的最大延迟。

cb——用于将批量消息调用回函数并发送出去，gossipServiceImpl-> sendGossipBatch()。

9.6 安全顾问 secAdvisor

安全顾问用于获取身份节点对应的 MSP 标识，对 peer 节点进行反序列化操作，根据其返回结果判断当前 peer 节点对应的 MSP 标识是否正确的，若不正确，则获取相同组织中其他节点的 MSP 标识并将其作为当前 peer 节点的标识。

secAdvisor 接口的定义如下所示：

```
## [gossip/api/channel.go]
type SecurityAdvisor interface {
    // 根据 peer identity 返回组织实例的 MSP 标识
    OrgByPeerIdentity(PeerIdentityType) OrgIdentityType
}
```

实现 SecurityAdvisor 接口的结构如下所示：

```
## [peer/gossip/sa.go]
type mspSecurityAdvisor struct {
    deserializer mgmt.DeserializersManager // 使用 mgmt.NewDeserializersManager()
}
```

OrgByPeerIdentity 函数先对 peerIdentity 进行反序列化获取 MSP 标识，若反序列化失败，则遍历 peer 节点所在的链中的其他节点，并对其进行反序列化获取 MSP 标识，具体代码如下所示：

```
## [peer/gossip/sa.go]
func (advisor *mspSecurityAdvisor) OrgByPeerIdentity(peerIdentity api.PeerIdentityType)
api.OrgIdentityType {
    if len(peerIdentity) == 0 {
        return nil
    }
    // 首先使用本地 MSP 反序列化
    identity, err := advisor.deserializer.GetLocalDeserializer().
DeserializeIdentity([]byte(peerIdentity))
    if err == nil {
        return []byte(identity.GetMSPIdentifier())
    }
    // 遍历所有注册的 MSP 反序列化
    for chainID, mspManager := range advisor.deserializer.GetChannelDeserializers() {
        identity, err := mspManager.DeserializeIdentity([]byte(peerIdentity))
        if err != nil {
            continue
        }
        return []byte(identity.GetMSPIdentifier())
    }
    return nil
}
```

9.7 消息加密服务 mcs

消息加密服务用于完成两方面功能：一是对远程 peer 节点的身份及节点发送数据的验证；二是对 orderer 节点发送的数据块 Block 进行校验。

MessageCryptoService 接口的定义如下所示：

```
## [gossip/api/crypto.go]
type MessageCryptoService interface {
    // 根据 peer 的 identity 返回 PKI-ID
    GetPKIidOfCert(peerIdentity PeerIdentityType) common.PKIidType
    // 如果区块被正确签名，并且所声明的 seqNum 和区块头部包含的序列号相等，则返回 nil
    VerifyBlock(chainID common.ChainID, seqNum uint64, signedBlock []byte) error
    // 用这个节点的签名密钥签名 msg
    Sign(msg []byte) ([]byte, error)
    // 在 peer 验证密钥下检查签名是否是消息的有效签名
    Verify(peerIdentity PeerIdentityType, signature, message []byte) error
    // 检查签名是否是消息在 peer 的验证密钥下的有效签名，而且在特定通道的上下文中也是如此
    VerifyByChannel(chainID common.ChainID, peerIdentity PeerIdentityType, signature,
message []byte) error
    // 验证远程 peer 的 identity
    ValidateIdentity(peerIdentity PeerIdentityType) error
```

```
    // 检查 peer identity 有效期
    Expiration(peerIdentity PeerIdentityType) (time.Timc, error)
}
```

实现 MessageCryptoService 接口的结构如下所示：

```
## [peer/gossip/mcs.go]
type mspMessageCryptoService struct {
    channelPolicyManagerGetter policies.ChannelPolicyManagerGetter // 策略管理器 Getter
    localSigner crypto.LocalSigner          // 使用 localmsp.NewSigner()
    deserializer mgmt.DeserializersManager// 使用 mgmt.NewDeserializersManager()
}
```

使用策略管理器验证区块，通过两个方面验证区块是否合法：一是区块是否被正确签名；二是区块头中包含的序列号是否与传入参数中的序列号一致。具体代码如下所示：

```
## [peer/gossip/mcs.go]
func (s *MSPMessageCryptoService) VerifyBlock(chainID common.ChainID, seqNum uint64,
signedBlock []byte) error {
    // 转换 signedBlock 到 common.Block.
    block, err := utils.GetBlockFromBlockBytes(signedBlock)
    if err != nil {
        return fmt.Errorf("Failed unmarshalling block bytes on channel [%s]: [%s]",
chainID, err)
    }
    if block.Header == nil {
        return fmt.Errorf("Invalid Block on channel [%s]. Header must be different
from nil.", chainID)
    }
    blockSeqNum := block.Header.Number
    if seqNum != blockSeqNum {
        return fmt.Errorf("Claimed seqNum is [%d] but actual seqNum inside block is
[%d]", seqNum, blockSeqNum)
    }
    // 提取 channelID
    channelID, err := utils.GetChainIDFromBlock(block)
    if err != nil {
        return fmt.Errorf("Failed getting channel id from block with id [%d] on channel
[%s]: [%s]", block.Header.Number, chainID, err)
    }
    if channelID != string(chainID) {
        return fmt.Errorf("Invalid block's channel id. Expected [%s]. Given [%s]",
chainID, channelID)
    }
    // 检查元数据
    if block.Metadata == nil || len(block.Metadata.Metadata) == 0 {
        return fmt.Errorf("Block with id [%d] on channel [%s] does not have metadata.
Block not valid.", block.Header.Number, chainID)
    }
```

```
    metadata, err := utils.GetMetadataFromBlock(block, pcommon.BlockMetadataIndex_
SIGNATURES)
    if err != nil {
        return fmt.Errorf("Failed unmarshalling medatata for signatures [%s]", err)
    }
    // 检查哈希是否相等，这是为了确保报头与此块所携带的数据一致
    if !bytes.Equal(block.Data.Hash(), block.Header.DataHash) {
        return fmt.Errorf("Header.DataHash is different from Hash(block.Data) for
block with id [%d] on channel [%s]", block.Header.Number, chainID)
    }
    // 根据 channelID 获得策略管理器
    cpm, ok := s.channelPolicyManagerGetter.Manager(channelID)
    if cpm == nil {
        return fmt.Errorf("Could not acquire policy manager for channel %s", channelID)
    }
    // 获取区块验证策略
    policy, ok := cpm.GetPolicy(policies.BlockValidation)
    // 准备 SignedData 结构
    signatureSet := []*pcommon.SignedData{}
    for _, metadataSignature := range metadata.Signatures {
        shdr, err := utils.GetSignatureHeader(metadataSignature.SignatureHeader)
        if err != nil {
            return fmt.Errorf("Failed unmarshalling signature header for block with
id [%d] on channel [%s]: [%s]", block.Header.Number, chainID, err)
        }
        signatureSet = append(
            signatureSet,
            &pcommon.SignedData{
                Identity:  shdr.Creator,
                Data:      util.ConcatenateBytes(metadata.Value, metadataSignature.
SignatureHeader, block.Header.Bytes()),
                Signature: metadataSignature.Signature,
            },
        )
    }
    // 评估策略
    return policy.Evaluate(signatureSet)
}
```

9.8 调停器 Mediator

调停器 Mediator 主要用于处理 pull 机制的相关消息。消息的类型可分为身份信息、块信息、hello 信息、摘要信息、请求信息、更新信息六种。对应不同类型的消息，调停器 Mediator 使用不同的机制完成处理。证书拉取存储器用于处理身份信息，区块存储拉

取器用于处理块信息，其余四种信息由拉取引擎处理。

Mediator 接口的定义如下所示：

```
## [gossip/gossip/pull/pullstore.go]
type Mediator interface {
    // 停止调停者
    Stop()
    // 将消息钩子注册到拉取消息的特定类型
    RegisterMsgHook(MsgType, MessageHook)
    // 增加 GossipMessage
    Add(*proto.SignedGossipMessage)
    // 根据 digest 移除 GossipMessage
    Remove(digest string)
    // 处理来自某个远程 peer 的消息
    HandleMessage(msg proto.ReceivedMessage)
}
```

实现 Mediator 接口的结构如下所示：

```
## [gossip/gossip/pull/pullstore.go]
type pullMediatorImpl struct {
    *PullAdapter                                        // 拉取适配器
    msgType2Hook map[MsgType][]MessageHook // 根据消息类型保存消息钩子(回调函数)
    config       Config
    itemID2Msg   map[string]*proto.SignedGossipMessage   // 保存消息，key = PkiId
    engine      *algo.PullEngine                         // 拉取引擎
}
```

拉取适配器结构是一个组装的结构，其是由多个不同的结构和函数组合在一起的，因为提供的结构可能有多种函数，而拉取存储器不需要太多函数，为了清晰地使用，PullAdapter 结构进行了选择性封装，为拉取存储器提供服务，如下所示：

```
## [gossip/gossip/pull/pullstore.go]
type PullAdapter struct {
    Sndr             Sender
    MemSvc           MembershipService
    IdExtractor      proto.IdentifierExtractor // 标识符提取器
    MsgCons          proto.MsgConsumer
    EgressDigFilter  EgressDigestFilter
    IngressDigFilter IngressDigestFilter
}
```

PullAdapter——拉取适配器六个成员的原型，在实例化时需要填充：

- Sndr: Send(msg *proto.SignedGossipMessage, peers ...*comm.RemotePeer)
- MemSvc: GetMembership() []discovery.NetworkMember
- IdExtractor: func(*SignedGossipMessage) string
- MsgCons: func(message *SignedGossipMessage)

- EgressDigFilter: func(helloMsg proto.ReceivedMessage) func(digestItem string) bool
- IngressDigFilter: func(digestMsg *proto.DataDigest) *proto.DataDigest

通过 createCertStorePuller()函数创建证书以存储拉取器处理身份信息，代码如下所示：

```
## [gossip/gossip/gossip_impl.go]
func (g *gossipServiceImpl) createCertStorePuller() pull.Mediator {
    conf := pull.Config{
        MsgType:           proto.PullMsgType_IDENTITY_MSG,
        Channel:           []byte(""),
        ID:                g.conf.InternalEndpoint,
        PeerCountToSelect: g.conf.PullPeerNum,
        PullInterval:      g.conf.PullInterval,
        Tag:               proto.GossipMessage_EMPTY,
    }
    pkiIDFromMsg := func(msg *proto.SignedGossipMessage) string {
        // 获得 peer identity
        identityMsg := msg.GetPeerIdentity()
        if identityMsg == nil || identityMsg.PkiId == nil {
            return ""
        }
        // 使用 PkiId 编码字符串
        return fmt.Sprintf("%s", string(identityMsg.PkiId))
    }
    certConsumer := func(msg *proto.SignedGossipMessage) {
        // 根据消息获得 peer identity
        idMsg := msg.GetPeerIdentity()
        if idMsg == nil || idMsg.Cert == nil || idMsg.PkiId == nil {
            return
        }
        // 保存在 id 映射器
        err := g.idMapper.Put(common.PKIidType(idMsg.PkiId),
                              api.PeerIdentityType(idMsg.Cert))
    }
    // 拉取适配器实例
    adapter := &pull.PullAdapter{
        Sndr:           g.comm,            // 通信层
        MemSvc:         g.disc,            // 发现层
        IdExtractor:    pkiIDFromMsg,      // pkiID 提取器
        MsgCons:        certConsumer,      // id 映射器
        EgressDigFilter: g.sameOrgOrOurOrgPullFilter,
    }
    // 新建拉取调停器，也就是拉取存储器
    return pull.NewPullMediator(conf, adapter)
}
```

该函数的调用流程追溯如下：

- NewGossipChannel(...) -> g.certPuller = g.createCertStorePuller()

通过 createBlockPuller()函数创建区块存储拉取器处理区块信息，代码如下所示：

```
## [gossip/gossip/channel/channel.go]
func (gc *gossipChannel) createBlockPuller() pull.Mediator {
    conf := pull.Config{
        MsgType:           proto.PullMsgType_BLOCK_MSG,
        Channel:           []byte(gc.chainID),
        ID:                gc.GetConf().ID,
        PeerCountToSelect: gc.GetConf().PullPeerNum,
        PullInterval:      gc.GetConf().PullInterval,
        Tag:               proto.GossipMessage_CHAN_AND_ORG,
    }
    seqNumFromMsg := func(msg *proto.SignedGossipMessage) string {
        // 获得数据类型消息
        dataMsg := msg.GetDataMsg()
        if dataMsg == nil || dataMsg.Payload == nil {
            return ""
        }
        // 使用区块序号编码字符串
        return fmt.Sprintf("%d", dataMsg.Payload.SeqNum)
    }
    // 拉取适配器实例
    adapter := &pull.PullAdapter{
        Sndr:        gc,                 // 通信层
        MemSvc:      gc.memFilter,       // 发现层
        IdExtractor: seqNumFromMsg,      // SeqNum 提取器
        MsgCons: func(msg *proto.SignedGossipMessage) {
            // 向注册的通道广播消息
            gc.DeMultiplex(msg)
        },
    }
    adapter.IngressDigFilter = func(digestMsg *proto.DataDigest) *proto.DataDigest {
        gc.RLock()
        height := gc.ledgerHeight
        gc.RUnlock()
        digests := digestMsg.Digests
        digestMsg.Digests = nil
        for i := range digests {
            seqNum, err := strconv.ParseUint(string(digests[i]), 10, 64)
            if err != nil {
                continue
            }
            if seqNum >= height {
                digestMsg.Digests = append(digestMsg.Digests, digests[i])
            }

        }
```

```
        return digestMsg
    }
    // 新建拉取调停器，也就是拉取存储器
    return pull.NewPullMediator(conf, adapter)
}
```

该函数的调用流程追溯如下所示：

- NewGossipService(...) -> g.chanState = newChannelState(g)
- joinChannel(...) -> gc := channel.NewGossipChannel(pkiID, cs.g.selfOrg, cs.g.mcs, chainID, ga, joinMsg)
- NewGossipChannel(...) -> gc.blocksPuller = gc.createBlockPuller()

上述两个拉取适配器实例都是使用相同的通信层和发现层，最后都是调用 NewPullMediator 函数新建调停器，传入参数除了实例化的拉取适配器，还有配置项 conf，MsgType 表示信息的类型，身份信息为 PullMsgType_IDENTITY_MSG，块信息为 PullMsgType_BLOCK_MSG。

通过 RegisterMsgHook 函数可以将不同类型消息的钩子保存到 msgType2Hook 列表中，代码如下所示：

```
## [gossip/gossip/pull/pullstore.go]
func (p *pullMediatorImpl) RegisterMsgHook(pullMsgType MsgType, hook MessageHook) {
    // 根据不同的注册类型保存不同的消息钩子
    p.msgType2Hook[pullMsgType] = append(p.msgType2Hook[pullMsgType], hook)
}
```

下面以身份消息为例，查看消息钩子是如何被注册和使用的。身份消息通过 newCertStore 函数进行消息钩子注册，调用 RegisterMsgHook 函数时传入的参数有两个：一是消息类型 RequestMsgType，二是匿名的钩子函数。该匿名函数实现将 pkiID 和对应身份证书存储到映射器 pkiID2Cert 映射列表中。代码如下所示：

```
## [gossip/gossip/certstore.go]
func newCertStore(puller pull.Mediator, ...) *certStore {
    selfPKIID := idMapper.GetPKIidOfCert(selfIdentity)
    certStore := &certStore{
        mcs:          mcs,
        pull:         puller,
        idMapper:     idMapper,
        selfIdentity: selfIdentity,
        logger:       logger,
    }
    if err := certStore.idMapper.Put(selfPKIID, selfIdentity); err != nil {
        certStore.logger.Panicf("Failed associating self PKIID to cert: %+v",
errors.WithStack(err))
    }
    selfIDMsg, err := certStore.createIdentityMessage()
```

```
    if err != nil {
        certStore.logger.Panicf("Failed creating self identity message: %+v",
errors.WithStack(err))
    }
    // 保存 peer 自身 identity
    puller.Add(selfIDMsg)
    // 注册消息钩子，消息类型 RequestMsgType
    puller.RegisterMsgHook(pull.RequestMsgType, func(_ []string, msgs
[]*proto.SignedGossipMessage, _ proto.ReceivedMessage) {
        for _, msg := range msgs {
            pkiID := common.PKIidType(msg.GetPeerIdentity().PkiId)
            cert := api.PeerIdentityType(msg.GetPeerIdentity().Cert)
            // 保存放映射器 Mapper
            if err := certStore.idMapper.Put(pkiID, cert); err != nil {
                certStore.logger.Warningf("Failed adding identity %v, reason %+v",
cert, errors.WithStack(err))
            }
        }
    })
    return certStore
}
```

注册消息钩子之后，如果要查看消息是如何被使用的，可转接到 HandleMessage 函数。HandleMessage 函数对四种确定类型的消息——hello 信息、摘要信息，请求信息、更新信息，使用四个 if 分支进行处理，使用到调停器的拉取引擎会在下文具体介绍。对于其他类型消息，遍历 msgType2Hook 列表，根据消息类型，执行对应的钩子函数。

```
## [gossip/gossip/pull/pullstore.go]
func (p *pullMediatorImpl) HandleMessage(m proto.ReceivedMessage) {
    // 获取 Hello 类型消息
    if helloMsg := msg.GetHello(); helloMsg != nil {
        pullMsgType = HelloMsgType
        // 通知拉取引擎“Hello”消息已经到达
        p.engine.OnHello(helloMsg.Nonce, m)
    }
    ... // 省略 DataDig、DataReq 和 DataUpdate 类型，过程和 Hello 类型相似
    // 遍历消息类型的钩子
    for _, h := range p.hooksByMsgType(pullMsgType) {
        // 回调函数
        h(itemIDs, items, m)
    }
}
```

9.9 拉取引擎 PullEngine

gossip/gossip/algo/pull.go 文件的开头就有一段有关拉取引擎 PullEngine 的文字性描述，如图 9-4 所示。

```
/* PullEngine is an object that performs pull-based gossip, and maintains an internal state of items
   identified by string numbers.
   The protocol is as follows:
   1) The Initiator sends a Hello message with a specific NONCE to a set of remote peers.
   2) Each remote peer responds with a digest of its messages and returns that NONCE.
   3) The initiator checks the validity of the NONCEs received, aggregates the digests,
      and crafts a request containing specific item ids it wants to receive from each remote peer and then
      sends each request to its corresponding peer.
   4) Each peer sends back the response containing the items requested, if it still holds them and the NONCE.

    Other peer                              Initiator
     O  <-------- Hello <NONCE> -------------------------   O
    /|\ --------- Digest <[3,5,8, 10...], NONCE> -------->     /|\
     |  <-------- Request <[3,8], NONCE> -----------------      |
    / \ --------- Response <[item3, item8], NONCE>------->     / \

*/
```

图 9-4　PullEngine

图 9-4 的基本含义如下：PullEngine 是一个执行基于 pull 的 Gossip 的对象，它维护由字符串编号标识的项的内部状态。PullEngine 主要包括以下几点。

（1）发起者向一组远程 peer 节点发送带有特定 nonce 的 hello 消息。

（2）每个远程 peer 节点都用其消息摘要响应，并返回该 nonce。

（3）发起者检查接收到的 nonce 的有效性，聚合摘要，并构造一个包含它希望从每个远程 peer 节点接收的特定项目 ID 的请求，然后将每个请求发送给其对应的 peer 节点。

（4）每个 peer 节点都会发回包含所请求项目的响应（如果仍然保留这些项目和 nonce）。

查看拉取适配器接口的定义，在拉取引擎结构体 PullEngine{}中封装了 PullAdapter 接口，如下所示：

```
## [gossip/gossip/algo/pull.go]
type PullAdapter interface {
    // 返回一个 peers 数组，引擎将使用 peers 启动协议，PullPeerNum: 3
    SelectPeers() []string
    // 发送 hello 消息以初始化协议，并返回预期在摘要消息中返回的 nonce
    Hello(dest string, nonce uint64)
    // 发送摘要到远程拉取引擎，上下文参数指定要发送到的远程引擎
    SendDigest(digest []string, nonce uint64, context interface{})
    // 将项目数组发送到由字符串标识的远程引擎
    SendReq(dest string, items []string, nonce uint64)
    // 将项目数组发送到上下文标识的远程引擎
    SendRes(items []string, context interface{}, nonce uint64)
}
```

拉取引擎结构的定义如下所示：

```
## [gossip/gossip/algo/pull.go]
type PullEngine struct {
    PullAdapter                                         // 拉取适配器
    state              *util.Set                        // 用于 Add 函数，保存增加的 seqs
    item2owners        map[string][]string              // 用于 OnDigest 函数，从 nonces2peers 转来
    peers2nonces       map[string]uint64                // key = peer, value = nonce
    nonces2peers       map[uint64]string                // key = nonce, value = peer
    // 用于 initiatePull 函数，保存 engine.SelectPeers()的 nonce
    outgoingNONCES     *util.Set
    incomingNONCES     *util.Set                        // 用于 OnHello 函数，保存到达的 nonce
    digFilter          DigestFilter                     // 摘要过滤器根据消息上下文是否发送给远程 peer
    digestWaitTime     time.Duration// core.yaml-> peer.gossip.digestWaitTime: 1 秒
    requestWaitTime    time.Duration// core.yaml-> peer.gossip.requestWaitTime: 1500 毫秒
    responseWaitTime   time.Duration// core.yaml-> peer.gossip.responseWaitTime: 2 秒
}
```

本地 PullEngine 使用 PullAdapter 向远程 PullEngine 发送消息。从远程 PullEngine 发出的消息到达时，使用 PullEngine 提供的 OnHello 函数、OnDigest 函数、OnReq 函数和 OnRes 函数处理消息。

OnHello 通知 PullEngine 一个 hello 消息已经到达。

```
## [gossip/gossip/algo/pull.go]
func (engine *PullEngine) OnHello(nonce uint64, context interface{}) {
    // 到达的 nonce 被保存在 incomingNONCES
    engine.incomingNONCES.Add(nonce)
    // 定时器函数：超时[core.yaml-> peer.gossip.requestWaitTime: 1500 毫秒]后自动移除
    time.AfterFunc(engine.requestWaitTime, func() {
        engine.incomingNONCES.Remove(nonce)
    })
    // 引擎状态数组
    a := engine.state.ToArray()
    var digest []string
    // 引擎摘要过滤器
    filter := engine.digFilter(context)
    for _, item := range a {
        dig := item.(string)
        // 是否需要过滤
        if !filter(dig) {
            continue
        }
        // 增加到摘要数组
        digest = append(digest, dig)
    }
    // 如果没有摘要需要发送，则返回
    if len(digest) == 0 {
        return
```

```
    }
    // 调用适配器发送摘要
    engine.SendDigest(digest, nonce, context)
}
```

通过 OnHello 函数可知，当一个 hello 消息已经到达时，nonce 先保存在 incomingNONCES 中，然后从引擎状态数组 engine.state 中过滤（filter）一下（item），查看哪些需要发送，如果没有摘要发送，则直接返回；如果有摘要发送，则调用适配器的 SendDigest 函数发送。发送摘要的一个关键因素是引擎状态数组 engine.state 需要有 items。如果 engine.state 中有 items，那么肯定是预先要增加的，而 Add 函数做的就是这样的工作。

```
## [gossip/gossip/algo/pull.go]
func (engine *PullEngine) Add(seqs ...string) {
    for _, seq := range seqs {
        engine.state.Add(seq)
    }
}
```

参数 seqs 可以是 pkiID 或区块链的 SeqNum。下面是有关两个调用关系流程的示例。

pkiID

第 1 个 seq 增加进来的可能是 peer 自身 identity 的 pkiID。

- func NewGossipService(...) -> g.certStore = newCertStore(g.certPuller, ...)
- func newCertStore(puller pull.Mediator, ...) –> puller.Add(selfIDMsg)
- func (p *pullMediatorImpl) Add(msg *proto.SignedGossipMessage) -> p.engine.Add (itemID)
- func (engine *PullEngine) Add(seqs ...string) -> engine.state.Add(seq)

SeqNum

第 2 个 seq 增加进来的可能是实例化 peer chaincode instantiate 进来的 SeqNum:1。

第 3 个 seq 增加进来的可能是实例化 peer chaincode invoke 进来的 SeqNum:2。

第 4 个 seq 增加进来的可能是实例化 peer chaincode invoke 进来的 SeqNum:3。

- func (b *blocksProviderImpl) DeliverBlocks() –> b.gossip.Gossip(gossipMsg)
- func (g *gossipServiceImpl) Gossip(msg *proto.GossipMessage) -> gc.AddToMsgStore (sMsg)
- func (gc *gossipChannel) AddToMsgStore(msg *proto.SignedGossipMessage) -> gc.blocksPuller.Add(msg)

- func (p *pullMediatorImpl) Add(msg *proto.SignedGossipMessage) -> p.engine.Add (itemID)
- func (engine *PullEngine) Add(seqs ...string) -> engine.state.Add(seq)

增加的 SeqNum 是什么时候移除的？创建区块消息存储时设置了回调用的函数：

- func NewGossipChannel(...) ->

```
gc.blockMsgStore = msgstore.NewMessageStoreExpirable(...,
gc.GetConf().BlockExpirationInterval, nil, nil, func(m interface{}) {
gc.blocksPuller.Remove(seqNumFromMsg(m))})
```

- func NewMessageStoreExpirable(..., externalExpire func(interface{})) –>

```
store.msgTTL = msgTTL
store.expireMsgCallback = externalExpire
go store.expirationRoutine()
```

有效期： pullInterval * 100，位置[core.yaml->peer.gossip.pullInterval: 4s]，也就是约 400 秒（6.67 分）后区块序号会被移除出去。

对图 9-4 中协议流程的 4 个步骤的进一步重新解释如下。

（1）发起者调用 Hello 函数向一组远程 peer 节点发送带有特定 nonce 串的 hello 消息。

（2）每个远程 peer 节点都用其消息摘要响应，节点调用 SendDigest 函数返回一个消息摘要及收到的特殊 nonce 串给发起者。

（3）发起者调用 OnDigest 函数处理接收到的消息摘要，检查接收到的 nonce 的有效性，聚合摘要，并构造一个包含它希望从每个远程 peer 节点接收的特定项目 ID 的请求，然后调用 SendReq 函数将每个请求发送到其对应的 peer 节点，请求消息中包含发起者所需要的从 peer 节点获取的 item 序号。

（4）pcer 节点收到请求消息后，调用 OnRes 函数对其进行处理，再调用 SendRes 函数发送发起者所需的 items 信息。

9.10 状态模块 state

状态模块主要用于更新本地节点账本的状态。在初始化通道执行 InitializeChannel

函数时就需要调用 NewGossipStateProvider 函数生成状态提供者，状态提供者需要处理来自两个通道的消息，这两个通道分别是 gossipChan 通道和 commChan 通道。NewGossipStateProvider 函数还生成了四个独立的 go 协程完成通道信息监听、发送消息到传送通道、更新账本缺失块、状态信息监听处理的工作。下面主要介绍这四个协程是如何工作的。

9.10.1 go s.listen()

循环监听消息，代码如下所示：

```
## [gossip/state/state.go]
func (s *GossipStateProviderImpl) listen() {
    for {
        select {
        case msg := <-s.gossipChan:
            go s.queueNewMessage(msg) // 通过 Gossip 频道收到新消息
        case msg := <-s.commChan:
            go s.dispatch(msg)          // 派遣消息
        }
    }
}
```

（1）监听 gossipChan 通道的消息，只接收 GossipMessage_DataMsg 类型的消息，比较 chainID，如果相等，则把消息放到本地 s.payloads 管道中。

（2）监听 commChan 通道的消息。

- GossipMessage_StateRequest 类型：

比较 chainID，如果相等，则将消息放到 s.stateRequestCh 通道中。

- GossipMessage_StateResponse 类型：

比较 chainID，如果相等，则将消息放到 s.stateResponseCh 通道中。

- GossipMessage_PrivateData 类型：

比较 chainID，如果相等，则将私有数据存储到本地 s.ledger 账本中。

9.10.2 go s.deliverPayloads()

deliverPayloads 函数使用 select 结构监听来自 payloads 通道中的信息，通过调用 commitBlock 函数提交区块和私有数据到本地账本，同时更新本地账本区块高度，其代码如下所示：

```
## [gossip/state/state.go]
func (s *GossipStateProviderImpl) deliverPayloads() {
    for {
        select {
        // 等待下一个 seq 已经到达的通知
        case <-s.payloads.Ready():
            // 收集所有后续 payloads
            for payload := s.payloads.Pop(); payload != nil; payload = s.payloads.Pop() {
                rawBlock := &common.Block{}
                if err := pb.Unmarshal(payload.Data, rawBlock); err != nil {
                    continue
                }
                if rawBlock.Data == nil || rawBlock.Header == nil {
                    continue
                }
                // 读取所有私有数据
                var p util.PvtDataCollections
                if payload.PrivateData != nil {
                    err := p.Unmarshal(payload.PrivateData)
                    if err != nil {
                        continue
                    }
                }
                // 提交区块和私有数据
                if err := s.commitBlock(rawBlock, p); err != nil {
                    if executionErr, isExecutionErr :=
                        err.(*vsccErrors.VSCCExecutionFailureError); isExecutionErr {
                        return
                    }
                }
            }
        case <-s.stopCh:
            s.stopCh <- struct{}{}
            return
        }
    }
}
```

payloads 是一个 push/pop 管道，保存的是从 orderer 拉取的区块，下面的 DeliverBlocks 函数专门负责从 orderer 拉取区块。

```
## [core/deliverservice/blocksprovider/blocksprovider.go]
func (b *blocksProviderImpl) DeliverBlocks() {
    errorStatusCounter := 0
    statusCounter := 0
    defer b.client.Close()
    for !b.isDone() {
        // 接收消息
        msg, err := b.client.Recv()
```

```
        if err != nil {
            return
        }
        switch t := msg.Type.(type) {
        case *orderer.DeliverResponse_Status:
            if t.Status == common.Status_SUCCESS {
                return
            }
            if t.Status == common.Status_BAD_REQUEST || t.Status == common.Status_
FORBIDDEN {
                errorStatusCounter++
                if errorStatusCounter > b.wrongStatusThreshold {
                    return
                }
            } else {
                errorStatusCounter = 0
            }
            maxDelay := float64(maxRetryDelay)
            currDelay := float64(time.Duration(math.Pow(2, float64(statusCounter))) *
 100 * time.Millisecond)
            time.Sleep(time.Duration(math.Min(maxDelay, currDelay)))
            if currDelay < maxDelay {
                statusCounter++
            }
            if t.Status == common.Status_BAD_REQUEST {
                b.client.Disconnect(false)
            } else {
                // 断开与远程节点的连接，并在预定义的时间内禁用重新连接到当前端点
                b.client.Disconnect(true)
            }
            continue
        case *orderer.DeliverResponse_Block:
            errorStatusCounter = 0
            statusCounter = 0
            blockNum := t.Block.Header.Number
            marshaledBlock, err := proto.Marshal(t.Block)
            if err != nil {
                continue
            }
            // 验证区块
            if err := b.mcs.VerifyBlock(gossipcommon.ChainID(b.chainID),
blockNum, marshaledBlock); err != nil {
                continue
            }
            // 根据区块序号创建 payload
            payload := createPayload(blockNum, marshaledBlock)
            // payload 转换为 GossipMessage_DataMsg 类型消息
            gossipMsg := createGossipMsg(b.chainID, payload)
            // 保存在本地 payloads
```

```
            if err := b.gossip.AddPayload(b.chainID, payload); err != nil {
            }
            // 给其他节点发送消息
            if !b.isDone() {
                b.gossip.Gossip(gossipMsg)
            }
        default:
            return
        }
    }
}
```

向网络的其他 peers 发送消息，代码如下所示：

```
## [gossip/gossip/gossip_impl.go]
func (g *gossipServiceImpl) Gossip(msg *proto.GossipMessage) {
    // 封装消息
    sMsg := &proto.SignedGossipMessage{
        GossipMessage: msg,
    }
    // 签名消息
    var err error
    if sMsg.IsDataMsg() {
        sMsg, err = sMsg.NoopSign()
    } else {
        _, err = sMsg.Sign(func(msg []byte) ([]byte, error) {
            return g.mcs.Sign(msg)
        })
    }
    // 存储消息
    if msg.IsChannelRestricted() {
        gc := g.chanState.getGossipChannelByChainID(msg.Channel)
        if gc == nil {
            return
        }
        if msg.IsDataMsg() {
            gc.AddToMsgStore(sMsg)
        }
    }
    // 将消息推送到远程 peer 的次数 core.yaml->peer.gossip.propagateIterations: 1
    if g.conf.PropagateIterations == 0 {
        return
    }
    g.emitter.Add(&emittedGossipMessage{ // 发送消息
        SignedGossipMessage: sMsg,
        filter: func(_ common.PKIidType) bool {
            return true
        },
    })
}
```

b.client.Recv 函数负责接收消息，代码如下所示：

```
## [core/deliverservice/client.go]
func (bc *broadcastClient) Recv() (*orderer.DeliverResponse, error) {
    // tyr 参数接收一个回调函数
    o, err := bc.try(func() (interface{}, error) {
        // gRPC 流接收
        return bc.tryReceive()
    })
    if err != nil {
        return nil, err
    }
    return o.(*orderer.DeliverResponse), nil
}
```

tryReceive 函数直接调用 gRPC 流接收，代码如下所示：

```
## [core/deliverservice/client.go]
func (bc *broadcastClient) tryReceive() (*orderer.DeliverResponse, error) {
    stream := bc.blocksDeliverer
    if stream == nil {
        return nil, errors.New("client stream has been closed")
    }
    // gRPC 流接收
    return stream.Recv()
}
```

bc.blocksDeliverer 是如何赋值的？其程序执行流程如下：

- [core/deliverservice/client.go] connect() -> bc.afterConnect(conn, abc, cf, endpoint)
- [core/deliverservice/client.go] afterConnect(...) -> bc.blocksDeliverer = abc

在 afterConnect 函数中有一个奇妙的回调：

- [core/deliverservice/client.go] afterConnect(...) -> bc.onConnect(bc)

bc.onConnect(bc)最后指向下面这个回调函数：

```
## [core/deliverservice/requester.go]
func (b *blocksRequester) RequestBlocks(ledgerInfoProvider blocksprovider.LedgerInfo)
 error {
    // 从本地账本获得区块高度
height, err := ledgerInfoProvider.LedgerHeight()
    if err != nil {
        return err
    }
    // 如果高度大于 0
    if height > 0 {
        // 从当前高度获取：SeekSpecified{Number: height}
        if err := b.seekLatestFromCommitter(height); err != nil {
            return err
```

```
        }
    } else {
        // 从最老的区块获取：Start:SeekOldest{}
        if err := b.seekOldest(); err != nil {
            return err
        }
    }
    return nil
}
```

9.10.3 go s.antiEntropy()

根据当前账本区块高度和所有远程节点账本中最高的一个区块高度进行比较，如果小于最高的账本高度，那么调用 s.requestBlocksInRange(uint64(ourHeight), uint64(maxHeight)-1)请求范围内的区块，以便最后更新本地节点账本，其代码如下所示：

```
## [gossip/state/state.go]
func (s *GossipStateProviderImpl) antiEntropy() {
    defer s.done.Done()
    for {
        select {
        case <-s.stopCh:
            s.stopCh <- struct{}{}
            return
        case <-time.After(defAntiEntropyInterval):
            ourHeight, err := s.ledger.LedgerHeight()  // 当前账本高度
            if err != nil {
                continue
            }
            if ourHeight == 0 {
                continue
            }
            maxHeight := s.maxAvailableLedgerHeight()  // 最大账本高度
            if ourHeight >= maxHeight {
                continue
            }
            // 根据范围请求区块
            s.requestBlocksInRange(uint64(ourHeight), uint64(maxHeight)-1)
        }
    }
}
```

9.10.4 go s.processStateRequests()

如果 s.stateRequestCh 通道有消息，则调用 s.handleStateRequest(msg)处理状态请求

消息，验证批处理大小，读取本地账本状态以获得所需的区块，构建响应消息并将其发回，代码如下所示：

```
## [gossip/state/state.go]
func (s *GossipStateProviderImpl) processStateRequests() {
    defer s.done.Done()
    for {
        select {
        case msg := <-s.stateRequestCh:
            s.handleStateRequest(msg)
        case <-s.stopCh:
            s.stopCh <- struct{}{}
            return
        }
    }
}
```

处理状态请求消息，验证批次大小，读取当前 leader 状态以获取所需块，生成响应消息并将其发送回，代码如下所示：

```
## [gossip/state/state.go]
func (s *GossipStateProviderImpl) handleStateRequest(msg proto.ReceivedMessage) {
    if msg == nil {
        return
    }
    request := msg.GetGossipMessage().GetStateRequest()
    batchSize := request.EndSeqNum - request.StartSeqNum     // 批次大小
    if batchSize > defAntiEntropyBatchSize {
        return
    }
    if request.StartSeqNum > request.EndSeqNum {
        return
    }
    currentHeight, err := s.ledger.LedgerHeight()            // 当前账本高度
    if err != nil {
        return
    }
    endSeqNum := min(currentHeight, request.EndSeqNum)
    response := &proto.RemoteStateResponse{Payloads: make([]*proto.Payload, 0)}
    for seqNum := request.StartSeqNum; seqNum <= endSeqNum; seqNum++ {
        connInfo := msg.GetConnectionInfo()
        peerAuthInfo := common.SignedData{
            Data:      connInfo.Auth.SignedData,
            Signature: connInfo.Auth.Signature,
            Identity:  connInfo.Identity,
        }
        // 根据序号取私有数据和区块
        block, pvtData, err := s.ledger.GetPvtDataAndBlockByNum(seqNum, peerAuthInfo)
        if err != nil {
```

```
            continue
        }
        if block == nil {
            continue
        }
        blockBytes, err := pb.Marshal(block)
        if err != nil {
            continue
        }
        if pvtData != nil {
            // 解码私有数据
            pvtBytes, err = pvtData.Marshal()
            if err != nil {
                continue
            }
        }
        // 将结果附加到回应
        response.Payloads = append(response.Payloads, &proto.Payload{
            SeqNum:      seqNum,
            Data:        blockBytes,
            PrivateData: pvtBytes,
        })
    }
    // 发送缺少块回应
    msg.Respond(&proto.GossipMessage{
        Nonce:   msg.GetGossipMessage().Nonce,
        Tag:     proto.GossipMessage_CHAN_OR_ORG,
        Channel: []byte(s.chainID),
        Content: &proto.GossipMessage_StateResponse{StateResponse: response},
    })
}
```

第10章 gRPC

gRPC 是一个高性能、开源、支持远程过程调用的 RPC 框架。在分布式系统中，使用 gRPC 框架可以使客户端应用像调用本地对象一样直接调用另一台机器服务器端的服务，只要服务事先定义好可以被远程调用的方法、需要传入的参数，以及最后的返回类型，即 gRPC 默认使用 protocol buffer 实现，protocol buffer 是 Google 开源的一套成熟的结构数据序列化机制，其中 proto files 用于创建 gRPC 服务，protocol buffer 消息类型用于定义服务方法参数和返回类型。

在 Fabric 网络中，需要使用 gRPC 框架的场景主要包括以下几种。

（1）Discovery 发现服务，用于提供 Fabric 网络组件相关信息的查询。

（2） Gossip 流言蜚语服务，用于 peer 节点间的信息传递，保持本地账本最终的一致性。

（3）AtomicBroadcast 原子广播服务，用于 orderer 节点广播信息。

（4）Admin 管理服务，用于管理服务器及模块日志级别状态。

（5）ChaincodeSupport 链码支持服务，用于为 peer 节点提供相关的链码操作。

（6）Deliver 投递服务，用于从 orderer 节点获取相关数据。

（7）Endorser 背书服务，用于背书节点的背书操作。

本章主要对上述 gRPC 服务的代码实现做具体介绍。

10.1 发现 Discovery

Discovery 定义一个服务，提供关于 Fabric 网络的信息，如 peers、orderers、chaincodes 等。.proto 的定义如下所示：

```
## [protos/discovery/protocol.proto]
service Discovery {
   rpc Discover (SignedRequest) returns (Response) {}
}
```

生成的.proto 对应的.pb.go 注册服务端函数如下所示：

```
## [protos/discovery/protocol.pb.go]
func RegisterDiscoveryServer(s *grpc.Server, srv DiscoveryServer) {
    s.RegisterService(&_Discovery_serviceDesc, srv)
}
```

生成的.proto 对应的.pb.go 新建客户端函数如下所示：

```
## [protos/discovery/protocol.pb.go]
func NewDiscoveryClient(cc *grpc.ClientConn) DiscoveryClient {
    return &discoveryClient{cc}
}
```

10.1.1 注册服务端实例

服务器端的服务主要完成两方面工作：一是实现服务定义的服务接口，这里是指实例化 Discovery 服务中定义的 Discover 函数；二是对实现的服务进行注册，以提供使用。这两方面工作是在 registerDiscoveryService 函数中完成的，该函数代码如下所示：

```
## [peer/node/start.go]
func registerDiscoveryService(peerServer *comm.GRPCServer, ...) {
    svc := discovery.NewService(discovery.Config{...}, support)
    // 注册发现服务
    discprotos.RegisterDiscoveryServer(peerServer.Server(), svc)
}
```

NewService 函数实例化了 service 结构，此结构实现了 Discover 函数，这就是发现服务的回调函数，如下所示：

```
## [discovery/service.go]
func (s *service) Discover(ctx context.Context, request *discovery.SignedRequest)
(...) {
    addr := util.ExtractRemoteAddress(ctx)       // 提取远程地址
    // 验证请求是否包含所有需要的字段并正确计算它们
    req, err := validateStructure(ctx, request, s.config.TLS, ...)
    if err != nil {
```

```
        return nil, err
    }
    var res []*discovery.QueryResult
    for _, q := range req.Queries {                    // 处理查询请求
        res=append(res, s.processQuery(q, request, req.Authentication.ClientIdentity,
addr))
    }
    return &discovery.Response{                        // 返回查询结果
        Results: res,
    }, nil
}
```

10.1.2 新建客户端实例

客户端允许向服务器端查询的消息类型包括 ConfigQueryType（配置查询类型）、ChaincodeQueryType（链码查询类型）、PeerMembershipQueryType（peer 成员关系查询类型）和 LocalMembershipQueryType（本地成员关系类型）。

send 函数远程调用服务器端的 Discover 函数从而使用服务器端的发现服务。代码开头先调用 NewDiscoveryClient 新建发现客户端，该函数在.pb.go 中定义，具体如下所示：

```
## [discovery/client/client.go]
func (c *Client) Send(ctx context.Context, req *Request, auth *discovery.AuthInfo)
(Response, error) {
    reqToBeSent := *req.Request
    reqToBeSent.Authentication = auth
    payload, err := proto.Marshal(&reqToBeSent)
    if err != nil {
        return nil, errors.Wrap(err, "failed marshaling Request to bytes")
    }
    // 签名
    sig, err := c.signRequest(payload)
    if err != nil {
        return nil, errors.Wrap(err, "failed signing Request")
    }
    // 创建连接
    conn, err := c.createConnection()
    if err != nil {
        return nil, errors.Wrap(err, "failed connecting to discovery service")
    }
    cl := discovery.NewDiscoveryClient(conn)                     // 新建发现客户端
    resp, err := cl.Discover(ctx, &discovery.SignedRequest{ // 发送签名请求
        Payload:   payload,
        Signature: sig,
    })
```

```
    if err != nil {
        return nil, errors.Wrap(err, "discovery service refused our Request")
    }
    if n := len(resp.Results); n != req.lastIndex {
        return nil, errors.Errorf("Sent %d queries but received %d responses back",
req.lastIndex, n)
    }
    return req.computeResponse(resp) // 处理回应消息
}
```

发现服务有自己的命令行接口工具，通过 discover 命令可查询 peer 节点信息、配置信息和背书信息。先完成一些准备工作，进入源码[cmd/discover/main.go]目录 go build 编译生成 discover 可执行的二进制文件，再创建一个 config.yaml 文件作为发现服务命令行工具配置文件，内容设置如下：

```
version: 0
tlsconfig:
  certpath: ../crypto-config/.../peer0.org1.example.com/tls/server.crt
  keypath: ../crypto-config/.../peer0.org1.example.com/tls/server.key
  peercacertpath: ../crypto-config/.../peer0.org1.example.com/tls/ca.crt
  timeout: 0s
signerconfig:
  mspid: Org1MSP
  identitypath: ../crypto-config/.../signcerts/peer0.org1.example.com-cert.pem
  keypath: ../crypto-config/.../msp/keystore/b368ff3339...0b2cde5e9e1d7fef_sk
```

设置节点的 TLS CA 证书、签名证书和私钥。

（1）查询 peers，其代码如下所示：

```
$ discover peers --server peer0.org1.example.com:7051 --channel mychannel --configFile
config.yaml
```

其中，--server 标志指定 discovery 查询的 peer 节点；--channel 标志指定要查询哪个通道的信息；--configFile 标志指定命令行工具配置文件。查询返回结果是 JSON 格式数据，具体如下：

```
[
    {
        "MSPID": "Org1MSP",
        "LedgerHeight": 2,
        "Endpoint": "peer0.org1.example.com:7051",
        "Identity": "-----BEGIN CERTIFICATE-----\n...\n-----END CERTIFICATE-----\n",
        "Chaincodes": [
            "mycc"
        ]
    }
]
```

为了便于在宏观上演示，使用“...”省略证书信息。可以继续查询 config 和 endorsers，返回结果省略显示。

（2）查询 config，其代码如下所示：

```
$ discover config --server peer0.org1.example.com:7051 --channel mychannel
--configFile config.yaml
```

（3）查询 endorsers，其代码如下所示：

```
$ discover endorsers --server peer0.org1.example.com:7051 --channel mychannel
--configFile config.yaml --chaincode mycc
```

10.2 流言蜚语 Gossip

Gossip 协议主要用于 peer 之间的消息传递，探测远程 peer 节点是否存活、创建握手连接，并发送接收区块数据。.proto 的定义如下所示：

```
## [protos/gossip/message.proto]
service Gossip {
   rpc GossipStream (stream Envelope) returns (stream Envelope) {}
   rpc Ping (Empty) returns (Empty) {}
}
```

Gossip 接口定义了两个方法：① GossipStream，用于发送和接收消息的 gRPC 流；② Ping，用于探测远程 peer 节点是否存活。

生成的.proto 对应的.pb.go 注册服务端函数如下所示：

```
## [protos/gossip/message.pb.go]
func RegisterGossipServer(s *grpc.Server, srv GossipServer) {
   s.RegisterService(&_Gossip_serviceDesc, srv)
}
```

生成的.proto 对应的.pb.go 新建客户端函数如下所示：

```
## [protos/gossip/message.pb.go]
func NewGossipClient(cc *grpc.ClientConn) GossipClient {
   return &gossipClient{cc}
}
```

10.2.1 注册服务端实例

通过 NewCommInstance 函数实例化服务器端的 Gossip 服务，在 NewCommInstanceWithServer 函数中实现 commImpl 结构体和 connectionStore 结构体。NewCommInstance 函数的定义如下所示：

```
## [gossip/comm/comm_impl.go]
func NewCommInstance(...) (Comm, error) {
    commInst, err := NewCommInstanceWithServer(-1, ...)
     proto.RegisterGossipServer(s, commInst.(*commImpl))
}
```

注册 Gossip 服务 RegisterGossipServer 是在新建通信层 Comm 实例完成之后进行的。但可以注意到，NewCommInstanceWithServer(port int, ...)函数也有一个注册 Gossip 服务 RegisterGossipServer，前提是 port > 0，从以上代码可以看出 port 传入了-1。所以，里面的注册不起作用。grpc.Server 使用的就是 peer 默认地址，如 peer0.org1.example.com:7051。

commImpl 结构实现了 Gossip 服务接口中定义的两个方法 Gossipstream 和 Ping，如下面实现的 GossipStream 函数。interceptAcks 函数判断消息类型，如果消息是 GossipMessage_Ack 类型，则后面发送消息时调用 c.pubSub 给订阅了该消息的用户发布；否则调用 h 将消息广播到所有注册的通道，代码如下所示：

```
## [gossip/comm/comm_impl.go]
func (c *commImpl) GossipStream(stream proto.Gossip_GossipStreamServer) error {
     if c.isStopping() {
          return fmt.Errorf("Shutting down")
     }
     connInfo, err := c.authenticateRemotePeer(stream, false) // 验证远程 peer
     if err != nil {
          return err
     }
     conn := c.connStore.onConnected(stream, connInfo) // 注册连接，保存在连接存储 pki2Conn
     h := func(m *proto.SignedGossipMessage) {        // 消息回调
          // 消息拦截，根据类型决定发布方式
          c.msgPublisher.DeMultiplex(&ReceivedMessageImpl{
               conn:                 conn,
               lock:                 conn,
               SignedGossipMessage: m,
               connInfo:              connInfo,
          })
     }
     conn.handler = interceptAcks(h, connInfo.ID, c.pubSub) // 消息拦截，根据消类型过滤
     defer func() {
          c.connStore.closeByPKIid(connInfo.ID)              // 退出函数前关闭
          conn.close()
     }()
     // 循环接收和发送消息
     return conn.serviceConnection()
}
```

Ping()函数比较简单，仅回复一个 Empty 结构，如下所示：

```
## [gossip/comm/comm_impl.go]
func (c *commImpl) Ping(context.Context, *proto.Empty) (*proto.Empty, error) {
```

```
    return &proto.Empty{}, nil
}
```

10.2.2 新建客户端实例

连接远程节点时需要进行握手：

```
## [gossip/comm/comm_impl.go]
func (c *commImpl) Handshake(remotePeer *RemotePeer) (api.PeerIdentityType, error) {
    var dialOpts []grpc.DialOption
    dialOpts = append(dialOpts, c.secureDialOpts()...)
    dialOpts = append(dialOpts, grpc.WithBlock())
    dialOpts = append(dialOpts, c.opts...)
    ctx := context.Background()
    ctx, cancel := context.WithTimeout(ctx, c.dialTimeout)
    defer cancel()
    cc, err := grpc.DialContext(ctx, remotePeer.Endpoint, dialOpts...)
    if err != nil {
        return nil, err
    }
    defer cc.Close()

    cl := proto.NewGossipClient(cc)                              // 新建客户端
    ctx, cancel = context.WithTimeout(context.Background(), defConnTimeout)
    defer cancel()
    if _, err = cl.Ping(ctx, &proto.Empty{}); err != nil { // 探测远程 peer 是否存在
        return nil, err
    }

    ctx, cancel = context.WithTimeout(context.Background(), handshakeTimeout)
    defer cancel()
    stream, err := cl.GossipStream(ctx) // 获得发送和接收消息的 gRPC 流
    if err != nil {
        return nil, err
    }
    connInfo, err := c.authenticateRemotePeer(stream, true) // 验证远程 peer
    if err != nil {
        return nil, err
    }
    if len(remotePeer.PKIID) > 0 && !bytes.Equal(connInfo.ID, remotePeer.PKIID) {
        return nil, fmt.Errorf("PKI-ID of remote peer doesn't match expected PKI-ID")
    }
    return connInfo.Identity, nil                                // 返回远程 peer 身份
}
```

新建客户端实例除了在 Handshake 函数中使用之外，还可以在 createConnection 函数和 Probe 函数中使用。一个标准的通信层实现具体如下：为远程 peers 发送消息，其实就

是 commImpl 结构实现的 Send 函数的执行过程。peers 指定要远程连接的节点；msg 是要发送的消息，peer 和 msg 作为参数传入 sendToEndpoint 函数。sendToEndpoint 函数首先调用 connStore.getConnection 函数建立 peer 节点间的一个连接（createConnection 函数实现）；其次创建一个服务例程用于循环接收和发送消息（serviceConnection 函数实现）；再次调用 connection 结构实现的 send 函数将消息放到连接发送缓存通道；最后利用 writeToStream 函数发送出去。Send 流程如图 10-1 所示。

```
## [gossip/comm/comm_impl.go]
func (c *commImpl) Send(msg *proto.SignedGossipMessage, peers ...*RemotePeer) {
    for _, peer := range peers {
        go func(peer *RemotePeer, msg *proto.SignedGossipMessage) {
            c.sendToEndpoint(peer, msg, nonBlockingSend)
        }(peer, msg)
    }
}
func (c *commImpl) sendToEndpoint(peer *RemotePeer, msg ...) {
    conn, err := c.connStore.getConnection(peer)
    conn.send(msg, disConnectOnErr, shouldBlock)
}
## [gossip/comm/conn.go]
func (cs *connectionStore) getConnection(peer *RemotePeer) (*connection, error) {
    createdConnection, err := cs.connFactory.createConnection(endpoint, pkiID)
    go conn.serviceConnection()
    return conn, nil
}
func (conn *connection) send(msg *proto.SignedGossipMessage, ...){
    conn.outBuff <- m
}
func (conn *connection) writeToStream() {
    for !conn.toDie() {
        stream := conn.getStream()
        select {
            case m := <-conn.outBuff:
                err := stream.Send(m.envelope)
        }
    }
}
```

图 10-1　Send 流程

10.3　原子广播 AtomicBroadcast

peer 节点在收到背书结果之后，会将背书节点连同交易数据发送给 orderer 节点，orderer 节点通过原子广播服务中的 Broadcast 函数对数据进行排序处理，并返回处理结果。组织中的节点若需要从 orderer 节点获取排序后的区块数据，则 orderer 节点会通过原子广播服务中的 Deliver 函数将按顺序打包好的区块数据广播给通道中订阅此消息的对应节点，并保证发送给每个节点的数据和顺序都是相同的，如下所示：

```
## [protos/orderer/ab.proto]
service AtomicBroadcast {
  rpc Broadcast(stream common.Envelope) returns (stream BroadcastResponse) {}
  rpc Deliver(stream common.Envelope) returns (stream DeliverResponse) {}
}
```

生成的.proto 对应的.pb.go 注册服务端函数如下所示：

```
## [protos/orderer/ab.pb.go]
func RegisterAtomicBroadcastServer(s *grpc.Server, srv AtomicBroadcastServer) {
    s.RegisterService(&_AtomicBroadcast_serviceDesc, srv)
}
```

生成的.proto 对应的.pb.go 新建客户端函数如下所示：

```
## [protos/orderer/ab.pb.go]
func NewAtomicBroadcastClient(cc *grpc.ClientConn) AtomicBroadcastClient {
    return &atomicBroadcastClient{cc}
}
```

10.3.1 注册服务端实例

当执行命令 orderer start 时，start 函数内部会调用 RegisterAtomicBroadcastServer 函数注册新建的原子广播服务器，原子广播服务器通过 NewServer 函数新建，实现的是 server 结构体，如下所示：

```
## [orderer/common/server/main.go]
func Start(cmd string, conf *localconfig.TopLevel) {
    server := NewServer(manager, signer, &conf.Debug, ...)
    ab.RegisterAtomicBroadcastServer(grpcServer.Server(), server)
}
```

基于广播目标和账本读取器创建一个原子广播服务，如下所示：

```
## [orderer/common/server/server.go]
func NewServer(r *multichannel.Registrar, ...) ab.AtomicBroadcastServer {
    s := &server{
        dh: deliver.NewHandler(deliverSupport{Registrar: r}, ...),
        bh: &broadcast.Handler{
            SupportRegistrar: broadcastSupport{Registrar: r},
            Metrics:          broadcast.NewMetrics(metricsProvider),
        },
        debug:    debug,
        Registrar: r,
    }
    return s
}
```

从客户端接收用于排序的广播消息后，会调用 Broadcast()函数执行，如下所示：

```
## [orderer/common/server/server.go]
```

```
func (s *server) Broadcast(srv ab.AtomicBroadcast_BroadcastServer) error {
    return s.bh.Handle(&broadcastMsgTracer{
        AtomicBroadcast_BroadcastServer: srv,
        msgTracer: msgTracer{
            debug:    s.debug,
            function: "Broadcast",
        },
    })
}
```

循环接收消息，如下所示：

```
## [orderer/common/broadcast/broadcast.go]
func (bh *Handler) Handle(srv ab.AtomicBroadcast_BroadcastServer) error {
    addr := util.ExtractRemoteAddress(srv.Context())
    for {
        msg, err := srv.Recv()
        if err == io.EOF {
            return nil
        }
        if err != nil {
            return err
        }
        resp := bh.ProcessMessage(msg, addr)
        err = srv.Send(resp)
        if resp.Status != cb.Status_SUCCESS {
            return err
        }
        if err != nil {
            return err
        }
    }
}
```

处理消息，如下所示：

```
## [orderer/common/broadcast/broadcast.go]
func (bh *Handler) ProcessMessage(msg *cb.Envelope, addr string) (resp *ab.
BroadcastResponse) {
    tracker := &MetricsTracker{    // 度量性能跟踪
        ChannelID: "unknown",
        TxType:    "unknown",
        Metrics:   bh.Metrics,
    }
    defer func() {
        tracker.Record(resp)       // 记录 resp.Status，即使函数退出也应该记录一次
    }()
    tracker.BeginValidate()        // 设置验证开始时间
    // 广播通道支持
    chdr, isConfig, processor, err := bh.SupportRegistrar.BroadcastChannelSupport
(msg)
```

```
    if chdr != nil {
        tracker.ChannelID = chdr.ChannelId
        tracker.TxType = cb.HeaderType(chdr.Type).String()
    }
    if err != nil {
        return &ab.BroadcastResponse{Status: cb.Status_BAD_REQUEST, Info: err.
Error()}
    }
    // 非配置消息
    if !isConfig {
        configSeq, err := processor.ProcessNormalMsg(msg)
        if err != nil {
            return &ab.BroadcastResponse{Status: ClassifyError(err), Info: err.Error()}
        }
        tracker.EndValidate()     // 结束验证时间

        tracker.BeginEnqueue()    // 排队开始时间
        if err = processor.WaitReady(); err != nil {
            return  &ab.BroadcastResponse{Status:  cb.Status_SERVICE_UNAVAILABLE,
Info: err.Error()}
        }
        // 消息排序
        err = processor.Order(msg, configSeq)
        if err != nil {
            return  &ab.BroadcastResponse{Status:  cb.Status_SERVICE_UNAVAILABLE,
Info: err.Error()}
        }
    } else {                            // 配置消息
        config, configSeq, err := processor.ProcessConfigUpdateMsg(msg)
        if err != nil {
            return &ab.BroadcastResponse{Status: ClassifyError(err), Info: err.Error()}
        }
        tracker.EndValidate()     // 结束验证时间

        tracker.BeginEnqueue()    // 排队开始时间
        if err = processor.WaitReady(); err != nil {
            return  &ab.BroadcastResponse{Status:  cb.Status_SERVICE_UNAVAILABLE,
Info: err.Error()}
        }
        // 配置消息
        err = processor.Configure(config, configSeq)
        if err != nil {
            return  &ab.BroadcastResponse{Status:  cb.Status_SERVICE_UNAVAILABLE,
Info: err.Error()}
        }
    }
    return &ab.BroadcastResponse{Status: cb.Status_SUCCESS}
}
```

通过 BroadcastChannelSupport 函数解析消息 msg，根据消息类型判断是 isConfig 配置消息还是非配置消息，两类消息处理方式不同。对于非配置消息，对消息进行过滤检查后入队列，进行排序打块操作；对于配置类消息，需要对配置消息进行合并更新，然后入队列执行排序打块。

Broadcast 字面上表示的是广播消息，习惯上被认为是 orderer 主动为 client 或 peer 广播消息，而实际上 orderer 是一个被动调用的过程，是 client 或 peer 主动发起的 Broadcast 远程过程调用。

通过 Deliver 函数可以向 peer 投递消息，如下所示：

```
## [orderer/common/server/server.go]
func (s *server) Deliver(srv ab.AtomicBroadcast_DeliverServer) error {
    policyChecker := func(env *cb.Envelope, channelID string) error {
        chain := s.GetChain(channelID)
        if chain == nil {
            return errors.Errorf("channel %s not found", channelID)
        }
        sf := msgprocessor.NewSigFilter(policies.ChannelReaders, chain)
        return sf.Apply(env)
    }
    deliverServer := &deliver.Server{
        PolicyChecker: deliver.PolicyCheckerFunc(policyChecker),
        Receiver: &deliverMsgTracer{
            Receiver: srv,
            msgTracer: msgTracer{
                debug:    s.debug,
                function: "Deliver",
            },
        },
        ResponseSender: &responseSender{
            AtomicBroadcast_DeliverServer: srv,
        },
    }
    return s.dh.Handle(srv.Context(), deliverServer)
}
```

上面介绍了 Deliver 函数，实际上 orderer 节点的 Deliver 函数执行过程与 Deliver 投递服务中的 Deliver 函数是相似的。

循环接收传入的传递请求，如下所示：

```
## [common/deliver/deliver.go]
func (h *Handler) Handle(ctx context.Context, srv *Server) error {
    addr := util.ExtractRemoteAddress(ctx)
    for {
        envelope, err := srv.Recv() // 接收
        if err == io.EOF {
```

```
                return nil
            }
            if err != nil {
                return err
            }
            status, err := h.deliverBlocks(ctx, srv, envelope) // 处理
            if err != nil {
                return err
            }
            err = srv.SendStatusResponse(status)                // 回应
            if status != cb.Status_SUCCESS {
                return err
            }
            if err != nil {
                return err
            }
    }
}
```

Handle 函数的大概处理流程如下：首先，提取远程地址，使用 for 结构循环提取接收到的信息，对提取出的信息调用 deliverBlocks 函数进行处理；其次，发送处理结果的状态。

传递区块如下所示：

```
## [common/deliver/deliver.go]
func (h *Handler) deliverBlocks(ctx context.Context, srv *Server, envelope
*cb.Envelope) (status cb.Status, err error) {
    addr := util.ExtractRemoteAddress(ctx)
    payload, err := utils.UnmarshalPayload(envelope.Payload)
    if err != nil {
        return cb.Status_BAD_REQUEST, nil
    }
    // 检查
    if payload.Header == nil {
        return cb.Status_BAD_REQUEST, nil
    }
    // 解码
    chdr, err := utils.UnmarshalChannelHeader(payload.Header.ChannelHeader)
    if err != nil {
        return cb.Status_BAD_REQUEST, nil
    }
    // 校验
    err = h.validateChannelHeader(ctx, chdr)
    if err != nil {
        return cb.Status_BAD_REQUEST, nil
    }
    // 获取链
    chain := h.ChainManager.GetChain(chdr.ChannelId)
```

```
    if chain == nil {
        // SDKs 可能轮询等待创建通道
        return cb.Status_NOT_FOUND, nil
    }
    // 度量性能监控
    labels := []string{
        "channel", chdr.ChannelId,
        "filtered", strconv.FormatBool(isFiltered(srv)),
    }
    h.Metrics.RequestsReceived.With(labels...).Add(1)
    defer func() {
        labels := append(labels, "success", strconv.FormatBool(status == cb.Status_
SUCCESS))
        h.Metrics.RequestsCompleted.With(labels...).Add(1)
    }()
    // 链出错处理
    erroredChan := chain.Errored()
    select {
    case <-erroredChan:
        return cb.Status_SERVICE_UNAVAILABLE, nil
    default:
    }
    // 会话的访问控制
    accessControl, err := NewSessionAC(chain, envelope, srv.PolicyChecker, chdr.
ChannelId, crypto.ExpiresAt)
    if err != nil {
        return cb.Status_BAD_REQUEST, nil
    }
    // 评估
    if err := accessControl.Evaluate(); err != nil {
        return cb.Status_FORBIDDEN, nil
    }
    // 查找区块信息
    seekInfo := &ab.SeekInfo{}
    if err = proto.Unmarshal(payload.Data, seekInfo); err != nil {
        return cb.Status_BAD_REQUEST, nil
    }
    cursor, number := chain.Reader().Iterator(seekInfo.Start)
    defer cursor.Close()
    var stopNum uint64
    switch stop := seekInfo.Stop.Type.(type) {
    case *ab.SeekPosition_Oldest:
        stopNum = number
    case *ab.SeekPosition_Newest:
        stopNum = chain.Reader().Height() - 1
    case *ab.SeekPosition_Specified:
        stopNum = stop.Specified.Number
        if stopNum < number {
            return cb.Status_BAD_REQUEST, nil
```

```
            }
        }
        for {
            if seekInfo.Behavior == ab.SeekInfo_FAIL_IF_NOT_READY {
                if number > chain.Reader().Height()-1 {
                    return cb.Status_NOT_FOUND, nil
                }
            }
            var block *cb.Block
            var status cb.Status

            iterCh := make(chan struct{})
            go func() { // 创建一个例程来取块
                block, status = cursor.Next()
                close(iterCh)
            }()

            select {
            case <-ctx.Done():
                return cb.Status_INTERNAL_SERVER_ERROR, errors.Wrapf(ctx.Err(), "context
finished before block retrieved")
            case <-erroredChan:
                return cb.Status_SERVICE_UNAVAILABLE, nil
            case <-iterCh: // 等待取得区块结束
                // Iterator has set the block and status vars
            }
            if status != cb.Status_SUCCESS {
                return status, nil
            }
            // 增加块号以支持 FAIL_IF_NOT_READY 交付行为
            number++
            // 评估
            if err := accessControl.Evaluate(); err != nil {
                return cb.Status_FORBIDDEN, nil
            }
            // 发送区块回应
            if err := srv.SendBlockResponse(block); err != nil {
                return cb.Status_INTERNAL_SERVER_ERROR, err
            }
            h.Metrics.BlocksSent.With(labels...).Add(1)
            if stopNum == block.Header.Number {
                break
            }
        }
        return cb.Status_SUCCESS, nil
}
```

该代码中是 orderer 投递区块给 peer，但仍然需要 peer 主动发起的 Deliver 远程过程调用；Deliver 投递服务中是 peer 节点向其他 peer 节点投递区块数据。

①注意

广播给 orderer 的消息除了 client，还可以是 peer 节点（peer 提供小型的 client 功能），但投递区块的对象一定是 peer。

10.3.2 新建客户端实例

创建原子广播客户端双向流，如下所示：

```
## [peer/common/ordererclient.go]
func (oc *OrdererClient) Broadcast() (ab.AtomicBroadcast_BroadcastClient, error) {
    conn, err := oc.commonClient.NewConnection(oc.address, oc.sn)
    return ab.NewAtomicBroadcastClient(conn).Broadcast(context.TODO())
}
```

创建投递消息客户端双向流，如下所示：

```
## [peer/common/ordererclient.go]
func (oc *OrdererClient) Deliver() (ab.AtomicBroadcast_DeliverClient, error) {
    conn, err := oc.commonClient.NewConnection(oc.address, oc.sn)
    return ab.NewAtomicBroadcastClient(conn).Deliver(context.TODO())
}
```

OrdererClient 结构的实例化过程是在 NewOrdererClientFromEnv 函数中进行的。由 FromEnv（From Environment，从环境变量）英文字面可知 orderer 的连接地址是从环境变量中获得的。peer 启动过程提供了-o 可选项（注意此项在 1.4 版本中抛弃了）：

```
peer node start -o orderer0.example.com:7050
```

提供可选项，可以指示 peer 优先连接的 orderer（群集模式）。

10.4 管理 Admin

Admin 服务主要实现对服务器及模块日志级别状态的控制和获取，StartServer 函数和 GetStatus 函数分别用于启动服务器与获取服务器状态；GetModuleLogLevel 函数、SetModuleLogLevel 函数和 RevertLogLevels 函数分别用于获得模块日志级别、设置模块日志级别、恢复日志级别；GetLogSpec 函数和 SetLogSpec 函数分别用于获取日志规格与设置日志规格，如下所示：

```
## [protos/peer/admin.proto]
service Admin {
    rpc GetStatus(common.Envelope) returns (ServerStatus) {}
    rpc StartServer(common.Envelope) returns (ServerStatus) {}
```

```
    rpc GetModuleLogLevel(common.Envelope) returns (LogLevelResponse) {}
    rpc SetModuleLogLevel(common.Envelope) returns (LogLevelResponse) {}
    rpc RevertLogLevels(common.Envelope) returns (google.protobuf.Empty) {}
    rpc GetLogSpec(common.Envelope) returns (LogSpecResponse) {}
    rpc SetLogSpec(common.Envelope) returns (LogSpecResponse) {}
}
```

生成的.proto 对应的.pb.go 注册服务端函数如下所示：

```
## [protos/peer/admin.pb.go]
func RegisterAdminServer(s *grpc.Server, srv AdminServer) {
    s.RegisterService(&_Admin_serviceDesc, srv)
}
```

生成的.proto 对应的.pb.go 新建客户端函数如下所示：

```
## [protos/peer/admin.pb.go]
func NewAdminClient(cc *grpc.ClientConn) AdminClient {
    return &adminClient{cc}
}
```

10.4.1 注册服务端实例

startAdminServer 函数用于实现服务器端的 Admin 服务：首先，通过 localPolicy 函数获取本地 MSP 配置，生成本地策略，策略作为参数传给 NewAdminServer 函数实现 ServerAdmin 结构体；其次，调用 RegisterAdminServer 函数进行 Admin 服务注册，如下所示：

```
## [peer/node/start.go]
func startAdminServer(peerListenAddr string, peerServer *grpc.Server) {
    adminPolicy := localPolicy(cauthdsl.SignedByAnyAdmin([]string{mspID}))
    pb.RegisterAdminServer(gRPCService, admin.NewAdminServer(adminPolicy))
}
```

获得状态如下所示：

```
## [core/admin/admin.go]
func (s *ServerAdmin) GetStatus(ctx context.Context, env *common.Envelope) (...) {
    if _, err := s.v.validate(ctx, env); err != nil {          // 验证管理员策略
        return nil, err
    }
    status := &pb.ServerStatus{Status: pb.ServerStatus_STARTED} // 服务状态开启
    return status, nil
}
```

细心阅读代码可以发现，StartServer 函数的代码与 GetStatus 函数是一样的，这是因为 StartServer 函数暂时没有被实际使用，所以代码是什么也就无所谓。

其他 Admin 服务接口指定要实现的 rpc 函数也比较简单，此处不再一一列举。

10.4.2 新建客户端实例

新建管理员客户端，如下所示：

```
## [peer/common/peerclient.go]
func (pc *PeerClient) Admin() (pb.AdminClient, error) {
    return pb.NewAdminClient(conn), nil
}
```

执行 peer node status 命令行后调用的 status 函数执行流程，最后看到的返回信息是 status:STARTED，如下所示：

```
## [peer/node/status.go]
func status() (err error) {
    adminClient, err := common.GetAdminClient()
    if err != nil {
        fmt.Println(&pb.ServerStatus{Status: pb.ServerStatus_UNKNOWN})
        return err
    }
    // 获得默认签名
    signer, err := common.GetDefaultSignerFnc()
    if err != nil {
        fmt.Println(&pb.ServerStatus{Status: pb.ServerStatus_UNKNOWN})
        return errors.Errorf("failed obtaining default signer: %v", err)
    }
    // 创建签名头
    localSigner := crypto.NewSignatureHeaderCreator(signer)
    wrapEnv := func(msg proto.Message) *common2.Envelope {
        env, err := utils.CreateSignedEnvelope(common2.HeaderType_PEER_ADMIN_
OPERATION, "", localSigner, msg, 0, 0)
        if err != nil {
            logger.Panicf("Failed signing: %v", err)
        }
        return env
    }
    status, err := adminClient.GetStatus(context.Background(), wrapEnv(&pb.Admin
Operation{}))
    if err != nil {
        err = fmt.Errorf("Error trying to connect to local peer: %s", err)
        fmt.Println(&pb.ServerStatus{Status: pb.ServerStatus_UNKNOWN})
        return err
    }
    fmt.Println(status)
    return nil
}
```

传递一个空的 AdminOperation 结构，wrapEnv 签名后远程过程调用服务端的 GetStatus 函数，返回之后直接打印显示。

获得新的管理客户端，目标地址取自配置设置 core.yaml->peer.address，如下所示：

```
## [peer/common/peerclient.go]
func GetAdminClient() (pb.AdminClient, error) {
    peerClient, err := NewPeerClientFromEnv()
    if err != nil {
        return nil, err
    }
    return peerClient.Admin()
}
```

10.5 链码支持 ChaincodeSupport

链码支持服务为 peer 节点提供相关的链码操作，主要处理 ChaincodeMessage 类型的消息，如下所示：

```
## [protos/peer/chaincode_shim.proto]
service ChaincodeSupport {
    rpc Register(stream ChaincodeMessage) returns (stream ChaincodeMessage) {}
}
```

生成的.proto 对应的.pb.go 注册服务端函数如下所示：

```
## [protos/peer/chaincode_shim.pb.go]
func RegisterChaincodeSupportServer(s *grpc.Server, srv ChaincodeSupportServer) {
    s.RegisterService(&_ChaincodeSupport_serviceDesc, srv)
}
```

生成的.proto 对应的.pb.go 新建客户端函数如下所示：

```
## [protos/peer/chaincode_shim.pb.go]
func NewChaincodeSupportClient(cc *grpc.ClientConn) ChaincodeSupportClient {
    return &chaincodeSupportClient{cc}
}
```

10.5.1 注册服务端实例

注册链码支持，如下所示：

```
## [peer/node/start.go]
func registerChaincodeSupport(grpcServer *comm.GRPCServer, ccEndpoint string, ...)
(...) {
    chaincodeSupport := chaincode.NewChaincodeSupport(...)
    ccSrv := pb.ChaincodeSupportServer(chaincodeSupport) // 需强制有 Register 方法
    pb.RegisterChaincodeSupportServer(grpcServer.Server(), ccSrv)
}
```

NewChaincodeSupport 函数实例化了 ChaincodeSupport 结构，此结构实现了 Register 方法，如下所示：

```
## [core/chaincode/chaincode_support.go]
func (cs *ChaincodeSupport) Register(stream pb.ChaincodeSupport_RegisterServer)
error {
    return cs.HandleChaincodeStream(stream)
}
```

转换为专门处理 chaincode 流的句柄实例：

```
## [core/chaincode/chaincode_support.go]
func (cs *ChaincodeSupport) HandleChaincodeStream(stream ccintf.ChaincodeStream)
error {
    handler := &Handler{
        // 链码支持本身转到了专门处理的流句柄结构
        Invoker:        cs,
        TXContexts: NewTransactionContexts(), // 交易上下文，重要的是获得模拟器
    }
    return handler.ProcessStream(stream)
}
```

TXContexts 的理解比较重要，因为它附带了交易模拟器 TXSimulator，TXSimulator 用于保存 Chaincode 传递的写集。NewTransactionContexts 函数创建了 TransactionContexts 结构，此结构提供 Create 函数，用于保存交易上下文。Create 函数在 ProcessProposal 函数中被调用，运行流程（倒阶梯）如图 10-2 所示。

```
## [core/endorser/endorser.go]
func (e *Endorser) ProcessProposal(ctx context.Context, signedProp *pb.SignedProposal)
    txsim, err = e.s.GetTxSimulator(chainID, txid)
    txParams := &ccprovider.TransactionParams{TXSimulator: txsim,}
    e.SimulateProposal(txParams, hdrExt.ChaincodeId)
        e.callChaincode(txParams, version, cis.ChaincodeSpec.Input, cid)
            ## [core/endorser/support.go]
            e.s.Execute(txParams, txParams.ChannelID, cid.Name, version, ...)
                s.ChaincodeSupport.Execute(txParams, cccid, input)
                    ## [core/chaincode/chaincode_support.go]
                    cs.Invoke(txParams, cccid, input)
                        cs.execute(cctype, txParams, cccid, input, h)
                            h.Execute(txParams, cccid, ccMsg, cs.ExecuteTimeout)
                                ## [core/chaincode/handler.go]
                                h.TXContexts.Create(txParams)
```

图 10-2　Create 函数运行流程

Create 函数的基本功能如下：为指定的链和交易 ID 创建一个新的 TransactionContext

结构实例，如下所示：

```
## [core/chaincode/transaction_contexts.go]
func (c *TransactionContexts) Create(txParams *ccprovider.TransactionParams)
(*TransactionContext, error) {
    ctxID := contextID(txParams.ChannelID, txParams.TxID)
    txctx := &TransactionContext{
        TXSimulator:         txParams.TXSimulator,
    }
    c.contexts[ctxID] = txctx
    return txctx, nil
}
```

HandleChaincodeStream 函数最后调用 ProcessStream 函数进行处理，chaincode 调用 Register 注册，peer 都会进入此流程循环处理，除非 chaincode 关闭，最后会退出注册，释放资源，如下所示：

```
## [core/chaincode/handler.go]
func (h *Handler) ProcessStream(stream ccintf.ChaincodeStream) error {
    defer h.deregister()                          // 退出注册
    h.chatStream = stream                         // 保存流
    h.errChan = make(chan error, 1)

    var keepaliveCh <-chan time.Time
    if h.Keepalive != 0 {
        ticker := time.NewTicker(h.Keepalive)
        defer ticker.Stop()
        keepaliveCh = ticker.C
    }
    // 保存下面 gRPC Recv 的返回值
    type recvMsg struct {
        msg *pb.ChaincodeMessage
        err error
    }
    msgAvail := make(chan *recvMsg, 1)        // 保存消息通道
    receiveMessage := func() {
        in, err := h.chatStream.Recv()        // 接收消息
        msgAvail <- &recvMsg{in, err}         // 保存到通道里
    }
    go receiveMessage() // 启用 go 协程异步接收，接收完成退出，为了循环接收，所以下面重启协程
    for {
        select {
        case rmsg := <-msgAvail:              // 如果获得消息
            switch {
            case rmsg.err == io.EOF:
                return rmsg.err
            case rmsg.err != nil:
                return err
            case rmsg.msg == nil:
```

```
                return err
            default:
                err := h.handleMessage(rmsg.msg)  // 处理消息
                if err != nil {
                    return err
                }
                go receiveMessage()                 // 重启 go 协程异步接收消息
            }
        case sendErr := <-h.errChan:
            return err
        case <-keepaliveCh:
            // 如果没有来自 serialSend 的错误消息，请保持心情愉快，不要在意错误（也许以后会有用）
            h.serialSendAsync(&pb.ChaincodeMessage{Type: pb.ChaincodeMessage_KEEPALIVE})
            continue
        }
    }
}
```

根据消息状态的不同，handleMessage 函数进入不同的分支处理，如下所示：

```
## [core/chaincode/handler.go]
func (h *Handler) handleMessage(msg *pb.ChaincodeMessage) error {
    if msg.Type == pb.ChaincodeMessage_KEEPALIVE {
        return nil
    }
    switch h.state {
    case Created:
        return h.handleMessageCreatedState(msg) // 处理消息创建状态
    case Ready:
        return h.handleMessageReadyState(msg)   // 处理消息就绪状态
    default:
        return errors.Errorf("handle message: invalid state %s for transaction %s",
h.state, msg.Txid)
    }
}
```

处理消息创建状态，如下所示：

```
## [core/chaincode/handler.go]
func (h *Handler) handleMessageCreatedState(msg *pb.ChaincodeMessage) error {
    switch msg.Type {
    case pb.ChaincodeMessage_REGISTER:
        h.HandleRegister(msg)
    default:
        return fmt.Errorf("[%s] Fabric side handler cannot handle message (%s) while
in created state", msg.Txid, msg.Type)
    }
    return nil
}
```

处理注册消息，如下所示：

```
## [core/chaincode/handler.go]
func (h *Handler) HandleRegister(msg *pb.ChaincodeMessage) {
    chaincodeLogger.Debugf("Received %s in state %s", msg.Type, h.state)
    chaincodeID := &pb.ChaincodeID{}
    err := proto.Unmarshal(msg.Payload, chaincodeID)
    if err != nil {
        return
    }
    // 注册链码
    h.chaincodeID = chaincodeID
    err = h.Registry.Register(h)
    if err != nil {
        h.notifyRegistry(err)
        return
    }
    // 获取组件，这样我们就可以在键中使用根链码名
    h.ccInstance = ParseName(h.chaincodeID.Name)
    // 发送注册消息
   if err := h.serialSend(&pb.ChaincodeMessage{Type: pb.ChaincodeMessage_REGISTERED});
err != nil {
        h.notifyRegistry(err)
        return
    }
    // 设置连接建立状态
    h.state = Established
    // 对于开发模式，也将自动移动到就绪状态
    h.notifyRegistry(nil)
}
```

处理消息就绪状态，如下所示：

```
## [core/chaincode/handler.go]
func (h *Handler) handleMessageReadyState(msg *pb.ChaincodeMessage) error {
    switch msg.Type {
    case pb.ChaincodeMessage_COMPLETED, pb.ChaincodeMessage_ERROR:
        h.Notify(msg)

    case pb.ChaincodeMessage_PUT_STATE:
        go h.HandleTransaction(msg, h.HandlePutState)
    case pb.ChaincodeMessage_DEL_STATE:
        go h.HandleTransaction(msg, h.HandleDelState)
    case pb.ChaincodeMessage_INVOKE_CHAINCODE:
        go h.HandleTransaction(msg, h.HandleInvokeChaincode)

    case pb.ChaincodeMessage_GET_STATE:
        go h.HandleTransaction(msg, h.HandleGetState)
    case pb.ChaincodeMessage_GET_STATE_BY_RANGE:
        go h.HandleTransaction(msg, h.HandleGetStateByRange)
    case pb.ChaincodeMessage_GET_QUERY_RESULT:
        go h.HandleTransaction(msg, h.HandleGetQueryResult)
```

```
    case pb.ChaincodeMessage_GET_HISTORY_FOR_KEY:
        go h.HandleTransaction(msg, h.HandleGetHistoryForKey)
    case pb.ChaincodeMessage_QUERY_STATE_NEXT:
        go h.HandleTransaction(msg, h.HandleQueryStateNext)
    case pb.ChaincodeMessage_QUERY_STATE_CLOSE:
        go h.HandleTransaction(msg, h.HandleQueryStateClose)

    case pb.ChaincodeMessage_GET_STATE_METADATA:
        go h.HandleTransaction(msg, h.HandleGetStateMetadata)
    case pb.ChaincodeMessage_PUT_STATE_METADATA:
        go h.HandleTransaction(msg, h.HandlePutStateMetadata)
    default:
        return fmt.Errorf("[%s] Fabric side handler cannot handle message (%s) while
in ready state", msg.Txid, msg.Type)
    }

    return nil
}
```

获取状态，如下所示：

```
## [core/chaincode/handler.go]
func (h *Handler) HandleGetState(msg *pb.ChaincodeMessage, txContext *Transaction
Context) ...{
    getState := &pb.GetState{}                              // chaincode 传递的结构
    err := proto.Unmarshal(msg.Payload, getState)    // 反序列化
    if err != nil {
        return nil, errors.Wrap(err, "unmarshal failed")
    }
    var res []byte
    chaincodeName := h.ChaincodeName()
    collection := getState.Collection
    if isCollectionSet(getState.Collection) {         // 私有数据
        if txContext.IsInitTransaction {
            return nil, errors.New("private data APIs are not allowed in chaincode
Init()")
        }
        if err := errorIfCreatorHasNoReadAccess(chaincodeName, collection, txContext);
err != nil {
            return nil, err
        }
        res, err = txContext.TXSimulator.GetPrivateData(chaincodeName, collection,
getState.Key)
    } else {                                                // 普通数据
        res, err = txContext.TXSimulator.GetState(chaincodeName, getState.Key)
    }
    if err != nil {
        return nil, errors.WithStack(err)
    }
    // 发送响应消息至 chaincode，GetState 不会触发事件
```

```
    return &pb.ChaincodeMessage{Type: pb.ChaincodeMessage_RESPONSE, Payload: res,
Txid: msg.Txid, ChannelId: msg.ChannelId}, nil
}
```

保存状态，如下所示：

```
## [core/chaincode/handler.go]
func (h *Handler) HandlePutState(msg *pb.ChaincodeMessage, txContext *Transaction
Context)...{
    putState := &pb.PutState{}                    // Chaincode 传递的结构
    err := proto.Unmarshal(msg.Payload, putState)
    if err != nil {
        return nil, errors.Wrap(err, "unmarshal failed")
    }
    if isCollectionSet(putState.Collection) {  // 私有数据
        if txContext.IsInitTransaction {
            return nil, errors.New("private data APIs are not allowed in chaincode
Init()")
        }
        err = txContext.TXSimulator.SetPrivateData(chaincodeName, putState.Collection,
putState.Key, putState.Value)
    } else {                                      // 普通数据
        err = txContext.TXSimulator.SetState(chaincodeName, putState.Key, putState.
Value)
    }
    if err != nil {
        return nil, errors.WithStack(err)
    }
    // 发送响应消息至 chaincode
    return &pb.ChaincodeMessage{Type: pb.ChaincodeMessage_RESPONSE, Txid: msg.Txid,
ChannelId: msg.ChannelId}, nil
}
```

处理交易 HandleTransaction 是一个中间件函数，它在将消息转发给所提供的委托 delegate 之前获取并验证事务上下文。由委托返回的响应消息被发送到聊天流，委托返回的任何错误都被打包为 Chaincode 错误消息。

```
## [core/chaincode/handler.go]
func (h *Handler) HandleTransaction(msg *pb.ChaincodeMessage, delegate handleFunc) {
    if !h.registerTxid(msg) {
        return
    }
    startTime := time.Now()
    var txContext *TransactionContext
    var err error
    if msg.Type == pb.ChaincodeMessage_INVOKE_CHAINCODE {
        txContext, err = h.getTxContextForInvoke(msg.ChannelId, msg.Txid, msg.
Payload, "")
    } else {
        txContext, err = h.isValidTxSim(msg.ChannelId, msg.Txid, "no ledger context")
```

```
    }
    chaincodeName := h.chaincodeID.Name + ":" + h.chaincodeID.Version
    meterLabels := []string{
        "type", msg.Type.String(),
        "channel", msg.ChannelId,
        "chaincode", chaincodeName,
    }
    h.Metrics.ShimRequestsReceived.With(meterLabels...).Add(1)
    var resp *pb.ChaincodeMessage
    if err == nil {
        resp, err = delegate(msg, txContext) // 回调 HandleGetState、HandlePutState、...
    }
    if err != nil {
        resp = &pb.ChaincodeMessage{Type: pb.ChaincodeMessage_ERROR, Payload:
[]byte(err.Error()), Txid: msg.Txid, ChannelId: msg.ChannelId}
    }
    h.ActiveTransactions.Remove(msg.ChannelId, msg.Txid)
    // 异步发送消息给 Chaincode
    h.serialSendAsync(resp)
    meterLabels = append(meterLabels, "success", strconv.FormatBool(resp.Type !=
pb.ChaincodeMessage_ERROR))
    h.Metrics.ShimRequestDuration.With(meterLabels...).Observe(time.Since(startTi
me).Seconds())
    h.Metrics.ShimRequestsCompleted.With(meterLabels...).Add(1)
}
```

HandleTransaction 函数是承接 handleMessageReadyState(msg)执行的 go 协程，作为代理的回调函数，提供统一的交易上下文 txContext，最后将结果发送至 Chaincode。

10.5.2 新建客户端实例

链码的入口 main 函数是调用 shim.Start(new(example02.SimpleChaincode))真正开始执行 chaincode 的。start(cc)调用 userChaincodeStreamGetter(chaincodename)和 peer 建立流连接，如下所示：

```
## [core/chaincode/shim/chaincode.go]
func userChaincodeStreamGetter(name string) (PeerChaincodeStream, error) {
    clientConn, err := newPeerClientConnection()
    if err != nil {
        return nil, err
    }
    chaincodeSupportClient := pb.NewChaincodeSupportClient(clientConn)
    // 和 peer 建立流连接
    stream, err := chaincodeSupportClient.Register(context.Background())
    if err != nil {
        return nil, errors.WithMessage(err, fmt.Sprintf("error chatting with leader
at address=%s", getPeerAddress()))
```

```
    }
    return stream, nil // 返回流
}
```

start(cc)函数最后调用 chatWithPeer 函数和 peer 循环通信，处理往来的消息，如下所示：

```
## [core/chaincode/shim/chaincode.go]
func chatWithPeer(chaincodename string, stream PeerChaincodeStream, cc Chaincode)
error {
    // 创建负责所有控制逻辑的 shim 处理程序
    handler := newChaincodeHandler(stream, cc) // 参数 cc 就是要安装的 Chaincode 本身
    defer stream.CloseSend()
    // 在注册期间发送 ChaincodeID
    chaincodeID := &pb.ChaincodeID{Name: chaincodename}
    payload, err := proto.Marshal(chaincodeID)
    if err != nil {
        return errors.Wrap(err, "error marshalling chaincodeID during chaincode
registration")
    }
    // 为 peer 发送注册信息，类型为 pb.ChaincodeMessage_REGISTER
    if err = handler.serialSend(&pb.ChaincodeMessage{Type: pb.ChaincodeMessage_
REGISTER, Payload: payload}); err != nil {
        return errors.WithMessage(err, "error sending chaincode REGISTER")
    }
    type recvMsg struct {
        msg *pb.ChaincodeMessage
        err error
    }
    msgAvail := make(chan *recvMsg, 1)          // 消息接收通道
    errc := make(chan error)
    receiveMessage := func() {
        in, err := stream.Recv()
        msgAvail <- &recvMsg{in, err}           // 接收到的消息放到通道里
    }
    go receiveMessage()// 启用 go 协程异步接收，接收完成退出，为了循环接收，所以下面重启协程
    for {
        select {
        case rmsg := <-msgAvail:
            switch {
            case rmsg.err == io.EOF:
                return err
            case rmsg.err != nil:
                return err
            case rmsg.msg == nil:
                err := errors.New("received nil message, ending chaincode stream")
                return err
            default:
                err := handler.handleMessage(rmsg.msg, errc) // 处理消息
                if err != nil {
                    return err
```

```
                }
                go receiveMessage() // 重启 go 协程异步接收消息
            }
        case sendErr := <-errc:
            if sendErr != nil {
                err := errors.Wrap(sendErr, "error sending")
                return err
            }
        }
    }
}
```

newChaincodeHandler 函数建立了 Handler 结构实例，此结构提供了一系列用于 Chaincode 操作的函数，如 handleGetState 函数处理 Chaincode 的 stub.GetState 函数、handlePutState 函数处理 Chaincode 的 stub.PutState 函数等。

```
## [core/chaincode/shim/handler.go]
func (handler *Handler) handleMessage(msg *pb.ChaincodeMessage, errc chan error) error {
    if msg.Type == pb.ChaincodeMessage_KEEPALIVE {
        handler.serialSendAsync(msg, nil) // 忽略错误，也许下一个 KEEPALIVE 会起作用
        return nil
    }
    var err error
    switch handler.state {
    case ready:
        err = handler.handleReady(msg, errc)          // 处理就绪消息
    case established:
        err = handler.handleEstablished(msg, errc) // 处理建立消息
    case created:
        err = handler.handleCreated(msg, errc)       // 处理创建消息
    }
    if err != nil {
        payload := []byte(err.Error())
        errorMsg := &pb.ChaincodeMessage{Type: pb.ChaincodeMessage_ERROR, Payload:
payload, Txid: msg.Txid}
        handler.serialSend(errorMsg)
        return err
    }
    return nil
}
```

handleMessage 函数处理三种类型的状态：ready 就绪状态，即可以进行交易，如调用 chaincode Invoke 函数；established 建立状态，即 handler.state=ready 设置为就绪状态，不做其他动作；created 创建状态仅将 handler.state= established 设置为建立状态，不做其他动作。从类型可以知道状态的顺序是 created→established→ready，前两种状态不做什么动作，仅仅是设置 Chaincode 在不同的状态，而后者是真正处理交易的状态。

```
## [core/chaincode/shim/handler.go]
```

```
func (handler *Handler) handleReady(msg *pb.ChaincodeMessage, errc chan error) error {
    switch msg.Type {
    case pb.ChaincodeMessage_RESPONSE:
        if err := handler.sendChannel(msg); err != nil {
            return err
        }
        return nil
    case pb.ChaincodeMessage_ERROR:
        if err := handler.sendChannel(msg); err != nil {
        }
        // 不返回错误
        return nil
    case pb.ChaincodeMessage_INIT:
        // 调用 chaincode 的 Init 函数初始化
        handler.handleInit(msg, errc)
        return nil
    case pb.ChaincodeMessage_TRANSACTION:
        // 调用 chaincode 的 Invoke 函数处理交易
        handler.handleTransaction(msg, errc)
        return nil
    }
}
```

handleInit 函数和 handleTransaction 函数实现的代码非常相似，只不过前者调用的是 chaincode Init 函数，而后者调用的是 chaincode Invoke 函数，下面以 handleTransaction 函数为例进行讲解：

```
## [core/chaincode/shim/handler.go]
func (handler *Handler) handleTransaction(msg *pb.ChaincodeMessage, errc chan error) {
    go func() {
        defer func() { // 一开始就定义了延迟调用函数，这意味着 go 协程退出前会执行
            handler.triggerNextState(nextStateMsg, errc) // 将完成的消息异步发送给 peer
        }()
        errFunc := func(err error, ce *pb.ChaincodeEvent, errStr string, args ...
interface{}) *pb.ChaincodeMessage {
            if err != nil {
                payload := []byte(err.Error())
                return &pb.ChaincodeMessage{Type: pb.ChaincodeMessage_ERROR, Payload:
payload, Txid: msg.Txid, ChaincodeEvent: ce, ChannelId: msg.ChannelId}
            }
            return nil
        }
        // 从负载中获取函数和参数
        input := &pb.ChaincodeInput{}
        unmarshalErr := proto.Unmarshal(msg.Payload, input)
        if nextStateMsg = errFunc(unmarshalErr, nil, "[%s] Incorrect payload format.
Sending %s", shorttxid(msg.Txid), pb.ChaincodeMessage_ERROR.String()); nextStateMsg
 != nil {
            return
```

```
        }
        // 创建链码存根，链码可以使用它来回调
        stub := new(ChaincodeStub)
        err := stub.init(handler, msg.ChannelId, msg.Txid, input, msg.Proposal)
        if nextStateMsg = errFunc(err, stub.chaincodeEvent, "[%s] Transaction
execution failed. Sending %s", shorttxid(msg.Txid),
pb.ChaincodeMessage_ERROR.String()); nextStateMsg != nil {
            return
        }
        res := handler.cc.Invoke(stub) // 调用链码 chaincode Invoke 函数
        resBytes, err := proto.Marshal(&res)
        if nextStateMsg = errFunc(err, stub.chaincodeEvent, "[%s] Transaction
execution failed. Sending %s", shorttxid(msg.Txid),
pb.ChaincodeMessage_ERROR.String()); nextStateMsg != nil {
            return
        }
        // 封装完成消息
        nextStateMsg = &pb.ChaincodeMessage{Type: pb.ChaincodeMessage_COMPLETED,
Payload: resBytes, Txid: msg.Txid, ChaincodeEvent: stub.chaincodeEvent, ChannelId:
stub.ChannelId}
    }()
}
```

创建了一个存根 stub，初始化后传进 chaincode，但并没有过多的代码处理。在 chaincode 执行 stub.GetState 函数，最后是如何处理的？在调用 stub.init(handler, ...) 时传进了 handler，因为 handler 提供了 handleGetState 函数，所以 stub.GetState 函数最后把请求转交给 handler.handleGetState 函数进行处理。

从 peer 中获取状态：

```
## [core/chaincode/shim/handler.go]
func (handler *Handler) handleGetState(collection string, key string, channelId string,
txid string) ([]byte, error) {
    // 构建 key/value 封装到 GetState{}结构
    payloadBytes, _ := proto.Marshal(&pb.GetState{Collection: collection, Key: key})
    msg := &pb.ChaincodeMessage{Type: pb.ChaincodeMessage_GET_STATE,
Payload: payloadBytes, Txid: txid, ChannelId: channelId}
    // 发送请求给 peer 并获得响应
    responseMsg, err := handler.callPeerWithChaincodeMsg(msg, channelId, txid)
    if err != nil {
        return nil, errors.WithMessage(err, fmt.Sprintf("[%s] error sending
GET_STATE",
shorttxid(txid)))
    }
    if responseMsg.Type.String() == pb.ChaincodeMessage_RESPONSE.String() {
        return responseMsg.Payload, nil // 成功回应
    }
    if responseMsg.Type.String() == pb.ChaincodeMessage_ERROR.String() {
        return nil, errors.New(string(responseMsg.Payload[:]))
```

```
    }
    return nil, errors.Errorf("[%s] incorrect chaincode message %s received.
Expecting %s or %s", shorttxid(responseMsg.Txid), responseMsg.Type,
pb.ChaincodeMessage_RESPONSE, pb.ChaincodeMessage_ERROR)
}
```

参数 collection 用于保存私有数据，对于普通状态为空字符串，对于私有数据可设为 chaincode name 或其他可识别的定义。chaincode 是一个执行模型，主要处理交易的计算过程，不保存任何数据，GetState 函数获取的账本数据状态是通过封装 GetState{}结构，然后发送给 peer，peer 从本地账本中获取结果后再返回给 chaincode 的。不同的是，PutState 函数保存账本数据是通过封装 PutState{}结构，然后发送给 peer，peer 再保存在 simulator 的写集中，并不直接保存到账本中。

10.6 投递 Deliver

peer 节点通过 Deliver 投递服务可以向其他节点传递账本数据，投递服务中包括两个 rpc 函数，如下所示，这两个函数大体上是相似的，只有资源名称不同。Deliver 的资源名称是 resources.Event_Block，DeliverFiltered 的资源名称 resources.Event_FilteredBlock。

```
## [protos/peer/events.proto]
service Deliver {
   rpc Deliver (stream common.Envelope) returns (stream DeliverResponse) {}
   rpc DeliverFiltered (stream common.Envelope) returns (stream DeliverResponse) {}
}
```

生成的.proto 对应的.pb.go 注册服务端函数如下所示：

```
## [protos/peer/events.pb.go]
func RegisterDeliverServer(s *grpc.Server, srv DeliverServer) {
    s.RegisterService(&_Deliver_serviceDesc, srv)
}
```

生成的.proto 对应的.pb.go 新建客户端函数如下所示：

```
## [protos/peer/events.pb.go]
func NewDeliverClient(cc *grpc.ClientConn) DeliverClient {
    return &deliverClient{cc}
}
```

10.6.1 注册服务端实例

start.go 中的 serve 函数通过 NewDeliverEventsServer 函数建立一个 Deliver 服务投递

（Deliver）和过滤区块（DeliverFiltered），实现的是 server 结构体，再调用 RegisterDeliverServer 函数注册服务，如下所示。

```
## [peer/node/start.go]
func serve(args []string) error {
    abServer := peer.NewDeliverEventsServer(mutualTLS, policyCheckerProvider, ...)
    pb.RegisterDeliverServer(peerServer.Server(), abServer)
    ...
}
```

Deliver 函数先通过资源名称 resources.Event_Block 获取对应的策略检查者，构造 Server 结构体，然后调用 Handle 函数完成实际的数据处理，如下所示：

```
## [core/peer/deliverevents.go]
func (s *server) Deliver(srv peer.Deliver_DeliverServer) (err error) {
    deliverServer := &deliver.Server{ // 基于 resources.Event_Block 资源名称获取策略检
查器
        PolicyChecker: s.policyCheckerProvider(resources.Event_Block),
        Receiver: srv,
            ResponseSender: &blockResponseSender{
                    Deliver_DeliverServer: srv,
            },
    }
    return s.dh.Handle(srv.Context(), deliverServer)
}
```

Handle 函数的流程和 10.3 节中 Handle 函数的流程是相同的。

10.6.2 新建客户端实例

新建节点投递客户端，如下所示：

```
## [peer/common/peerclient.go]
func (pc *PeerClient) PeerDeliver() (api.PeerDeliverClient, error) {
    conn, err := pc.commonClient.NewConnection(pc.address, pc.sn)
    pbClient := pb.NewDeliverClient(conn)
    return &PeerDeliverClient{Client: pbClient}, nil
}
```

10.7 背书 Endorser

peer 节点向 orderer 节点提交交易请求数据前，首先需要向背书节点发送背书请求；背书节点在收到请求消息后，检查消息的签名，向请求 peer 节点发送支持信息；请求 peer

节点收集收到的所有背书，连同交易数据，一起发送给 orderer 节点申请数据打块。Endorser 服务用于完成整个背书的过程，如下所示：

```
## [protos/peer/peer.proto]
service Endorser {
    rpc ProcessProposal(SignedProposal) returns (ProposalResponse) {}
}
```

生成的.proto 对应的.pb.go 注册服务端函数如下所示：

```
## [protos/peer/peer.pb.go]
func RegisterEndorserServer(s *grpc.Server, srv EndorserServer) {
    s.RegisterService(&_Endorser_serviceDesc, srv)
}
```

生成的.proto 对应的.pb.go 新建客户端函数如下所示：

```
## [protos/peer/peer.pb.go]
func NewEndorserClient(cc *grpc.ClientConn) EndorserClient {
    return &endorserClient{cc}
}
```

10.7.1 注册服务端实例

在节点启动过程中注册，其代码如下所示：

```
## [peer/node/start.go]
func serve(args []string) error {
    serverEndorser := endorser.NewEndorserServer(privDataDist, endorserSupport, pr)
    auth := authHandler.ChainFilters(serverEndorser, authFilters...)
    pb.RegisterEndorserServer(peerServer.Server(), auth)
}
```

该代码 NewEndorserServer 函数实例化了 Endorser 结构，实现了 ProcessProposal 方法。

该方法实现整个背书过程，包括三大步骤：0——验证提案；1——交给 chaincode 获得模似结果；2——对模似结果背书签名。

提案的验证过程如下：首先，验证请求信息的合法性，包括头部信息、签名信息、交易 ID，以及对应不同交易类型的交易数据的合法性检查。其次，判断提案是否允许对系统链码的修改，若允许，则判断系统链码是否允许被外部调用的；若不允许，则报错。若 chainID 存在，则判断提案是否已经存在 chainID 对应的账本中，需要保证提案的唯一性，若是应用链码，还需要检查链码的访问控制权限。

模拟执行提案前，首先根据 chainID 获取对应的交易模拟器和历史查询器，通过 chainID 判断是否是系统链码。若是，则直接获取系统链码的版本；若不是，则需要根据链码名称获取对应链码定义，检查是否与账本中存储的初始化策略一致，检查完毕后调用链码，执行事先约定好的业务逻辑，使用交易模拟器获取最后的模拟结果。

进行模拟结果背书签名时，首先获取处理背书的背书系统链码名称，设置执行链码的版本，设置背书上下文，使用插件对模拟结果进行背书，如下所示：

```
## [core/endorser/endorser.go]
func (e *Endorser) ProcessProposal(ctx context.Context, signedProp *pb.SignedProposal)
...{
    // 0 -- 检查和验证
    vr, err := e.preProcess(signedProp)
    if err != nil {
        resp := vr.resp
        return resp, err
    }
    prop, hdrExt, chainID, txid := vr.prop, vr.hdrExt, vr.chainID, vr.txid
    // 为这个提案获得一次交易模拟器，还可以获得一个历史查询执行器，交易模拟器不涉及历史
    var txsim ledger.TxSimulator
    var historyQueryExecutor ledger.HistoryQueryExecutor
    if acquireTxSimulator(chainID, vr.hdrExt.ChaincodeId) {
        // 获得交易模拟器
        if txsim, err = e.s.GetTxSimulator(chainID, txid); err != nil {
            return &pb.ProposalResponse{Response: &pb.Response{Status: 500, Message:
err.Error()}}, nil
        }
        defer txsim.Done()
        if historyQueryExecutor, err = e.s.GetHistoryQueryExecutor(chainID); err !=
nil {
            return &pb.ProposalResponse{Response: &pb.Response{Status: 500, Message:
err.Error()}}, nil
        }
    }
    txParams := &ccprovider.TransactionParams{
        ChannelID:            chainID,
        TxID:                 txid,
        SignedProp:           signedProp,
        Proposal:             prop,
        TXSimulator:          txsim,
        HistoryQueryExecutor: historyQueryExecutor,
    }
    // 1 -- 执行模拟提案，发送给 chaincode
    cd, res, simulationResult, ccevent, err := e.SimulateProposal(txParams, hdrExt.
ChaincodeId)
    if err != nil {
        return &pb.ProposalResponse{Response: &pb.Response{Status: 500, Message:
err.Error()}}, nil
    }
    if res != nil {
```

```
        if res.Status >= shim.ERROR {
            var cceventBytes []byte
            if ccevent != nil {
                cceventBytes, err = putils.GetBytesChaincodeEvent(ccevent)
                if err != nil {
                    return nil, errors.Wrap(err, "failed to marshal event bytes")
                }
            }
            pResp,  err  :=  putils.CreateProposalResponseFailure(prop.Header,
prop.Payload, res, simulationResult, cceventBytes, hdrExt.ChaincodeId, hdrExt.
PayloadVisibility)
            if err != nil {
                return &pb.ProposalResponse{Response: &pb.Response{Status: 500,
Message: err.Error()}}, nil
            }
            return pResp, nil
        }
    }
    // 2 -- 背书签名并获得一个提案响应消息
var pResp *pb.ProposalResponse
    if chainID == "" {
        pResp = &pb.ProposalResponse{Response: res}
    } else {
        pResp, err = e.endorseProposal(ctx, chainID, txid, signedProp, prop, res,
simulationResult, ccevent, hdrExt.PayloadVisibility, hdrExt.ChaincodeId, txsim, cd)
        if err != nil {
            return &pb.ProposalResponse{Response: &pb.Response{Status: 500, Message:
err.Error()}}, nil
        }
        if pResp.Response.Status >= shim.ERRORTHRESHOLD {
            return pResp, nil
        }
    }
    // 设置提案响应有效负载，它包含来自链代码调用的“返回值”
    pResp.Response = res
    return pResp, nil
}
```

10.7.2 新建客户端实例

新建背书客户端，如下所示：

```
## [peer/common/peerclient.go]
func (pc *PeerClient) Endorser() (pb.EndorserClient, error) {
    conn, err := pc.commonClient.NewConnection(pc.address, pc.sn)
    return pb.NewEndorserClient(conn), nil
}
```

下面执行一个交易，a 给 b 转账 10 元，如下所示：

```
$ peer chaincode invoke \
-C mychannel -n mycc --peerAddresses peer0.org1.example.com:7051 \
-c '{"Args":["invoke","move","a","b","10"]}'
```

该代码中，-C 指定通道名称；-n 指定链码名称；-c 指定交易数据；--peerAddresses 指定发送的背书 peer 节点。

peer chaincode invoke 调用会转到 chaincodeInvoke 函数中：

```
## [peer/chaincode/invoke.go]
func chaincodeInvoke(cmd *cobra.Command, cf *ChaincodeCmdFactory) error {
    if cf == nil {
        cf, err = InitCmdFactory(cmd.Name(), true, true)
    }
    return chaincodeInvokeOrQuery(cmd, true, cf)
}
```

初始化 Cmd 工厂，如下所示：

```
## [peer/chaincode/common.go]
func InitCmdFactory(cmdName string, isEndorserRequired, isOrdererRequired bool)
(*ChaincodeCmdFactory, error) {
    if isEndorserRequired {                   // 是否要求背书
        for i, address := range peerAddresses {
            // 背书客户端
            endorserClient, err := common.GetEndorserClientFnc(address, tlsRoot
CertFile)
            endorserClients = append(endorserClients, endorserClient)
            // 投递客户端
            deliverClient, err := common.GetPeerDeliverClientFnc(address, tlsRoot
CertFile)
            deliverClients = append(deliverClients, deliverClient)
        }
    }
    if isOrdererRequired {                    // 是否需要发送给 orderer
        broadcastClient, err = common.GetBroadcastClientFnc()
    }
    return &ChaincodeCmdFactory{
        EndorserClients: endorserClients, // 背书客户端
        DeliverClients:  deliverClients,  // 投递客户端
        Signer:          signer,          // 用于链码提案签名
        BroadcastClient: broadcastClient, // 广播客户端
        Certificate:     certificate,
    }, nil
}
```

在 InitCmdFactory 函数，遍历--peerAddresses 参数列表，如果需要多个 peer 背书，则会创建多个 endorserClient 和 deliverClient。

链码调用或查询，如下所示：

```
## [peer/chaincode/common.go]
func ChaincodeInvokeOrQuery(
    spec *pb.ChaincodeSpec,
    cID string,
    txID string,
    invoke bool,
    signer msp.SigningIdentity,
    certificate tls.Certificate,
    endorserClients []pb.EndorserClient,
    deliverClients []api.PeerDeliverClient,
    bc common.BroadcastClient,
) (*pb.ProposalResponse, error) {
    invocation := &pb.ChaincodeInvocationSpec{ChaincodeSpec: spec}
    // 序列化签名
    creator, err := signer.Serialize()
    if err != nil {
        return nil, errors.WithMessage(err, fmt.Sprintf("error serializing identity
for %s", signer.GetIdentifier()))
    }
    // 调用或查询
    funcName := "invoke"
    if !invoke {
        funcName = "query"
    }
    // 提取临时字段
    var tMap map[string][]byte
    if transient != "" {
        if err := json.Unmarshal([]byte(transient), &tMap); err != nil {
            return nil, errors.Wrap(err, "error parsing transient string")
        }
    }
    // 创建链码提案
    prop, txid, err := putils.CreateChaincodeProposalWithTxIDAndTransient(
            pcommon.HeaderType_ENDORSER_TRANSACTION, cID, invocation, creator, txID,
tMap)
    if err != nil {
        return nil, errors.WithMessage(err, fmt.Sprintf("error creating proposal
for %s",
            funcName))
    }
    // 签名链码提案
    signedProp, err := putils.GetSignedProposal(prop, signer)
    if err != nil {
        return nil, errors.WithMessage(err, fmt.Sprintf("error creating signed proposal
            for %s", funcName))
    }
    var responses []*pb.ProposalResponse
```

```
    for _, endorser := range endorserClients { // 发给背书
        proposalResp, err := endorser.ProcessProposal(context.Background(), signed
Prop)
        if err != nil {
            return nil, errors.WithMessage(err, fmt.Sprintf("error endorsing %s",
funcName))
        }
        responses = append(responses, proposalResp)
    }
    if len(responses) == 0 {
        // 只有当一些新代码引入错误时，才会出现这种情况
        return nil, errors.New("no proposal responses received - this might indicate
a bug")
    }
    // 创建签名交易时将检查所有响应。现在，只需设置这个，以便检查第一个响应的状态
    proposalResp := responses[0]
    if invoke {
        if proposalResp != nil {
            if proposalResp.Response.Status >= shim.ERRORTHRESHOLD {
                return proposalResp, nil
            }
            // 汇编一个已签名的交易（这是一个信封消息）
            env, err := putils.CreateSignedTx(prop, signer, responses...)
            if err != nil {
                return proposalResp, errors.WithMessage(err, "could not assemble
transaction")
            }
            var dg *deliverGroup
            var ctx context.Context
            if waitForEvent {
                var cancelFunc context.CancelFunc
                ctx, cancelFunc = context.WithTimeout(context.Background(),
                    waitForEventTimeout)
                defer cancelFunc()
                dg = newDeliverGroup(deliverClients, peerAddresses,
                        certificate, channelID, txid) // 注意转入了 txid
                // 连接所有 peers 的 deliver 服务
                err := dg.Connect(ctx)
                if err != nil {
                    return nil, err
                }
            }
            // 发给 orderer
            if err = bc.Send(env); err != nil {
                return proposalResp, errors.WithMessage(err, fmt.Sprintf("error
sending transaction for %s", funcName))
            }
            if dg != nil && ctx != nil {
                // 等待包含来自所有节点的 txid 的事件
```

```
                    err = dg.Wait(ctx)
                    if err != nil {
                        return nil, err
                    }
                }
            }
        }
        return proposalResp, nil
}
```

交易信息背书之后为 peer 投递过滤 DeliverFiltered，发送一个获取最新的区块消息，然后等待事件，消息接收之后与 txid 比较，若相等，则说明交易成功，如下所示：

```
## [peer/chaincode/common.go]
func (dg *deliverGroup) ClientConnect(ctx context.Context, dc *deliverClient) {
    defer dg.wg.Done()
    df, err := dc.Client.DeliverFiltered(ctx)
    if err != nil {
        return
    }
    defer df.CloseSend()
    dc.Connection = df          // 用于接收，ClientWait 函数
    // 创建获取最新区块消息，类型为 HeaderType_DELIVER_SEEK_INFO
    envelope := createDeliverEnvelope(dg.ChannelID, dg.Certificate)
    err = df.Send(envelope)   // 发送
    if err != nil {
        return
    }
}
```

客户端等待接收，如下所示：

```
## [peer/chaincode/common.go]
func (dg *deliverGroup) ClientWait(dc *deliverClient) {
    defer dg.wg.Done()
    for {
        resp, err := dc.Connection.Recv() // 接收
        if err != nil {
            return
        }
        switch r := resp.Type.(type) {
        case *pb.DeliverResponse_FilteredBlock:
            filteredTransactions := r.FilteredBlock.FilteredTransactions
            for _, tx := range filteredTransactions {
                if tx.Txid == dg.TxID { // 比较 txid，txid 在 newDeliverGroup 函数中传入
                    return
                }
            }
        case *pb.DeliverResponse_Status:
```

```
            return
        default:
            return
        }
    }
}
```

第 11 章

peer

对于 peer node start 命令我们现在应该比较熟悉，它是用于启动 Fabric 网络的。为什么通过如此简单的命令可以处理那么复杂的逻辑业务？这样的命令是如何被构造的？是否存在其他类似的命令？我们是否也能自己构造命令？本章将对上述问题进行解答，同时还会重点讲解 peer node start 命令的代码执行过程。

11.1 peer command

以 peer node start 命令为例解析命令结构，该命令是由三个部分组成的：peer 为主命令；node 为子命令；start 为执行选项。在 Fabric 网络中，peer 作为主命令，包含六个子命令，每个子命令下有各自的执行选项，图 11-1 列出了每个子命令及其对应的执行选项。

通过运行 help 命令可以直接查看 peer 对应命令列表，如图 11-2 所示。

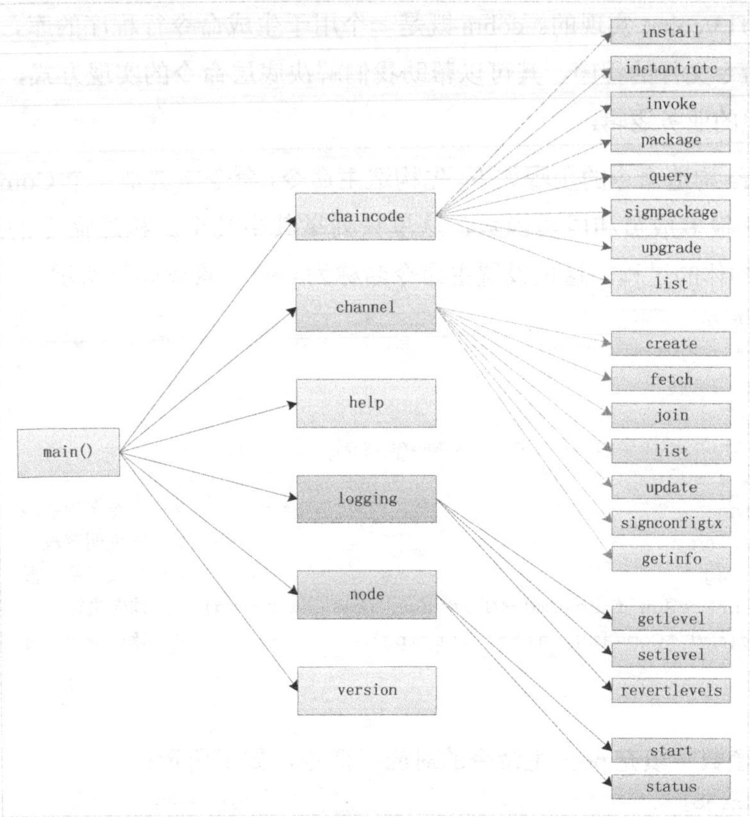

图 11-1　peer 命令示意图

```
$ peer --help
Usage:
  peer [command]

Available Commands:
  chaincode   Operate a chaincode: install|instantiate|invoke|package|query|signpackage|upgrade|list.
  channel     Operate a channel: create|fetch|join|list|update|signconfigtx|getinfo.
  help        Help about any command
  logging     Log levels: getlevel|setlevel|revertlevels.
  node        Operate a peer node: start|status.
  version     Print fabric peer version.

Flags:
  -h, --help                   help for peer
      --logging-level string   Default logging level and overrides, see core.yaml for full syntax

Use "peer [command] --help" for more information about a command.
```

图 11-2　help 命令示意图

11.2　main

这种以“主命令+子命令+执行选项”组合的命令形式是通过第三方库

github.com/spf13/cobra 实现的。cobra 既是一个用于生成命令行程序的库，也是一个用于生成程序和命令文件的程序，其可以帮助我们解决底层命令的实现方式，使我们更专注于命令要实现的业务逻辑。

使用 cobra 构造命令的步骤如下。先构造主命令，命令原型是一个 Command 结构体，该结构体包含很多成员和成员函数，这里只列举其中几个。构造命令的过程就是填充 Command 结构体的过程。这里设置主命令名称为 peer，具体如下所示：

```
## [peer/main.go]
var mainCmd = &cobra.Command{
        Use: "peer"}

##[vendor/github.com/spf13/cobra/command.go]
type Command struct {
    Use string                                         // 命令名称字段
    Short string                                       // 短说明字段
    Long string                                        // 详细说明字段
    PersistentPreRun func(cmd *Command, args []string) // 预先执行
    Run func(cmd *Command, args []string)              // 该命令所执行的函数
    ...
}
```

在 main 函数中填充 peer 主命令的对应子命令，如下所示：

```
## [peer/main.go]
func main() {
    // 设置环境变量
    viper.SetEnvPrefix(common.CmdRoot)
    viper.AutomaticEnv()
    replacer := strings.NewReplacer(".", "_")
    viper.SetEnvKeyReplacer(replacer)

    // 定义对所有 peer 命令和子命令有效的命令行标志
    mainFlags := mainCmd.PersistentFlags()

    mainFlags.String("logging-level", "", "Legacy logging level flag")
    viper.BindPFlag("logging_level", mainFlags.Lookup("logging-level"))
    mainFlags.MarkHidden("logging-level")

    mainCmd.AddCommand(version.Cmd())
    mainCmd.AddCommand(node.Cmd())
    mainCmd.AddCommand(chaincode.Cmd(nil))
    mainCmd.AddCommand(clilogging.Cmd(nil))
    mainCmd.AddCommand(channel.Cmd(nil))

    // 失败时，Cobra 会打印使用消息和错误字符串，因此只需要以非 0 状态退出即可
    if mainCmd.Execute() != nil {
        os.Exit(1)
```

```
    }
}
```

main 函数的开头先根据 core.ymal 设置环境变量，然后依次增加 version、node、chaincode、clilogging、channel 五个命令，每个命令都是一个独立模块，每次只能运行一个命令。在上述命令组合中，peer node start 命令是作为真正的 peer 节点运行的，除非强制关闭，否则不会退出，将一直保持运行状态。其他命令组合作为客户端 client 的一次调用执行，执行完毕会自动退出。

以 mainCmd.AddCommand(node.Cmd())为例分析 AddCommand 函数，如下所示：

```
## [vendor/github.com/spf13/cobra/command.go]
func (c *Command) AddCommand(cmds ...*Command) {
    for i, x := range cmds {                        // i = 0, x = nodeCmd
        if cmds[i] == c {                           // 增加的子节点不能等于父节点
            panic("Command can't be a child of itself")
        }
        cmds[i].parent = c                          // 保存父节点
        // 更新命令最大长度
        usageLen := len(x.Use)                      // "node" 字符串长度 4
        if usageLen > c.commandsMaxUseLen {         // 之前增加过 "version", 字符串长度 7
            c.commandsMaxUseLen = usageLen
        }
        commandPathLen := len(x.CommandPath()) // "peer node", 加上空格" ", 字符串长度 9
        // 之前 "peer version", 字符串长度 12
        if commandPathLen > c.commandsMaxCommandPathLen {
            c.commandsMaxCommandPathLen = commandPathLen
        }
        nameLen := len(x.Name())                    // "node" 字符串长度 4
        if nameLen > c.commandsMaxNameLen {         // 之前增加过 "version", 字符串长度 7
            c.commandsMaxNameLen = nameLen
        }
        // 如果存在全局规范化函数，则更新所有子级
        if c.globNormFunc != nil {                  // 不设置
            x.SetGlobalNormalizationFunc(c.globNormFunc)
        }
        c.commands = append(c.commands, x)          // 增加命令
        c.commandsAreSorted = false
    }
}
```

之前已经增加过 version.Cmd()，现在增加的是 node.Cmd()，c.commands 是一个命令数组，所有增加的命令，也就是 Command 结构，都保存在这个数组。mainCmd.Execute()就是根据参数，如 peer node start，遍历 c.commands 找到 nodeCmd 和 nodeStartCmd 后，先执行 nodeCmd，再执行 nodeStartCmd，具体过程如下。

执行子命令 node 时，对应调用 node 的 PersistentPreRun 函数，在其 Command 结构

体中将 PersistentPreRun 定义为 common.InitCmd 函数，最终执行 common.InitCmd 函数，如下所示：

```
##[vendor/github.com/spf13/cobra/command.go]
for p := c; p != nil; p = p.Parent() {
     if p.PersistentPreRunE != nil {
            if err := p.PersistentPreRunE(c, argWoFlags); err != nil {
                   return err
            }
            break
     } else if p.PersistentPreRun != nil {
             p.PersistentPreRun(c, argWoFlags)
             break
     }
}
##[peer/node/node.go]
const (
        nodeFuncName = "node"
        nodeCmdDes = "Operate a peer node: start|status."
)
var nodeCmd = &cobra.Command{
        Use: nodeFuncName,
        Short: fmt.Sprint(nodeCmdDes),
        Long: fmt.Sprint(nodeCmdDes),
        PersistentPreRun: common.InitCmd,
}
```

执行命令选项 start 时，对应调用 start 的 RunE 函数，在其 Command 结构体中 RunE 是一个匿名函数，匿名函数最终返回 serve(args)，如下所示：

```
##[vendor/github.com/spf13/cobra/command.go]
if c.RunE != nil {
   if err := c.RunE(c, argWoFlags); err != nil {
     return err
   }
} else {
   c.Run(c, argWoFlags)
}
##[peer/node/node.go]
var nodeStartCmd = &cobra.Command{
    Use: "start",
    Short: "Starts the node.",
    Long: `Starts a node that interacts with the network.`,
    RunE: func(cmd *cobra.Command, args []string) error {
        if len(args) != 0 {
            return fmt.Errorf("trailing args detected")
        }
        cmd.SilenceUsage = true
        return serve(args)
```

```
    },
}
```

由上述过程可知，命令的执行过程都是由上而下的。

如果进行源码调用，则设置对应的命令，调试时就会进入相应的模块处理，也可以设置环境变量，如设置 FABRIC_CFG_PATH 为配置文件 core.yaml 所在的目录。对于集成调试器 vscode 来说，默认环境变量配置文件是 launch.json，具体如下所示：

```
{
    "version": "0.2.0",
    "configurations": [
        {
            "name": "Launch",
            "type": "go",
            "request": "launch",
            "mode": "auto",
            "program": "${fileDirname}",
            "env": {"FABRIC_CFG_PATH":"github.com/hyperledger/fabric/sampleconfig/"},
            "args": ["node","start"]
        }
    ]
}
```

如果不设置环境变量 FABRIC_CFG_PATH，则会从 peer 的目录中寻找 core.yaml，如果还未找到，peer 就会显示致命错误，如下所示：

```
Fatal error when initializing core config : Could not find config file. Please make sure that FABRIC_CFG_PATH or --configPath is set to a path which contains core.yaml
```

注意

如果 core.yaml 和命令行（手动方式）同时设置了相同语义的环境变量，那么以命令行优先。例如，core.yaml 设置 peer.tls.enabled: false，命令行设置 CORE_PEER_TLS_ENABLED=true，最后结果就是开启 TLS。

11.3　node start

node 包含 start 和 status 两个执行选项，通过如下代码在 node 子命令后进行添加如下代码：

```
## [peer/node/node.go]
func Cmd() *cobra.Command {
    nodeCmd.AddCommand(startCmd())
    nodeCmd.AddCommand(statusCmd())
```

```
    return nodeCmd
}
```

start 流程如下：

```
## [peer/node/start.go]
func startCmd() *cobra.Command {
    // 设置节点 start 命令上的标志
    flags := nodeStartCmd.Flags()
    flags.BoolVarP(&chaincodeDevMode, "peer-chaincodedev", "", false,
        "Whether peer in chaincode development mode")
    return nodeStartCmd
}
```

该代码使用"peer-chaincodedev"标志设置链码的开发模式，也可以通过core.yaml->chaincode.mode 进行设置，这里设为 dev。函数返回的是 nodeStartCmd 结构，此结构定义如下所示：

```
## [peer/node/start.go]
var nodeStartCmd = &cobra.Command{
    Use:   "start",
    Short: "Starts the node.",
    Long:  `Starts a node that interacts with the network.`,
    RunE: func(cmd *cobra.Command, args []string) error {
        if len(args) != 0 {
            return fmt.Errorf("trailing args detected")
        }
        // 对命令行的分析已完成，因此沉默命令用法
        cmd.SilenceUsage = true
        return serve(args)
    },
}
```

serve 函数是 node 模块的真正入口，如下所示：

```
## [peer/node/start.go]
func serve(args []string) error {
mspType := mgmt.GetLocalMSP().GetType()
    if mspType != msp.FABRIC {
        panic("Unsupported msp type " + msp.ProviderTypeToString(mspType))
    }
    ...
}
```

localMSP 是在 InitCrypto 函数中调用 LoadLocalMspWithType 建立的。当前 peer 仅支持标准 MSP，因为在某些情境下，MSP 必须确定单一证书，拥有单一身份（identity）。MSP 默认类型为 FABRIC，另外两种类型是 IDEMIX（还不支持）和 OTHER。

> **注意**
>
> 本小节之后的解析都是在 serve 函数中进行的。

serve 函数总体流程如图 11-3 所示。

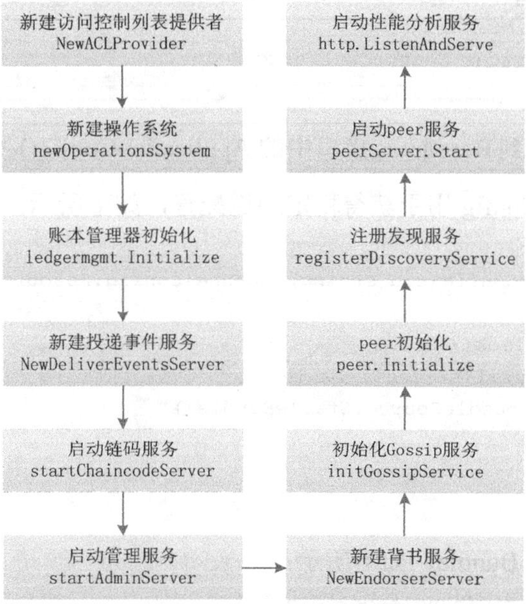

图 11-3 serve 函数总体流程

下文将对图 11-3 中的每个子流程做详细讲解。

11.4 新建访问控制列表提供者

新建访问控制列表提供者 NewACLProvider（New Access Control List Provider）代码如下所示：

```
aclProvider := aclmgmt.NewACLProvider(
    aclmgmt.ResourceGetter(peer.GetStableChannelConfig),
)
```

上述代码涉及 ResourceGetter 和 GetStableChannelConfig 两个函数，先查看 ResourceGetter 函数的原型，函数实现根据 channelID 获得实现资源接口的结构，如下所示：

```
type ResourceGetter func(channelID string) channelconfig.Resources
```

Resources 接口定义如下：

```
## [common/channelconfig/api.go]
```

```
type Resources interface {
    ConfigtxValidator() configtx.Validator
    PolicyManager() policies.Manager
    ChannelConfig() Channel
    OrdererConfig() (Orderer, bool)
    ConsortiumsConfig() (Consortiums, bool)
    ApplicationConfig() (Application, bool)
    MSPManager() msp.MSPManager
    ValidateNew(resources Resources) error
}
```

CheckACL 流程用到 Resources 接口中的 ApplicationConfig()和 PolicyManager()函数。

GetStableChannelConfig 用于获得稳定通道配置，如下所示：

```
## [core/peer/peer.go]
func GetStableChannelConfig(cid string) channelconfig.Resources {
    chains.RLock()
    defer chains.RUnlock()
    if c, ok := chains.list[cid]; ok {
        return c.cs.bundleSource.StableBundle()
    }
    return nil
}
```

根据 cid 返回稳定 Bundle，如下所示：

```
## [common/channelconfig/bundlesource.go]
func (bs *BundleSource) StableBundle() *Bundle {
    return bs.bundle.Load().(*Bundle)
}
```

什么是稳定 Bundle？由于底层数据结构的不变性，任何方法调用返回的 Bundle 总是相同的结果，因此称 Bundle 是稳定的。例如，在调用 BundleSource.Orderer()和 BundleSource.MSPManager()获取最原始的 orderer 组织列表的过程中，若底层 Bundle 刚好在这两个函数的中间调用时发生更新，那么两个函数查询到的组织定义的 MSP 就会是不同的结果，可能会导致 bug。因此，对需要在 Bundle 调用之间保持一致的操作，调用者应该先检索一个稳定 Bundle，再对其进行操作。

稳定（Stable）或不可变（immutable）是由以下的 Bundle 结构描述的。

```
## [common/channelconfig/bundle.go]
type Bundle struct {
    policyManager   policies.Manager    // 策略管理器
    mspManager      msp.MSPManager      // MSP 管理器
    channelConfig   *ChannelConfig      // 通道配置
    configtxManager configtx.Validator // 配置交易管理器
}
```

Bundle 是资源的集合，它始终具有通道配置的一致视图。特别地，对给定的 bundle

引用，配置序列、策略管理器等总是返回完全相同的值。Bundle 结构是不可变的，并且总是用新的后备份存储整体替换。在 peer 初始化过程中就有创建 Bundle 的代码：peer.Initialize->createChain->NewBundle（通道配置存在）或 NewBundleFromEnvelope。

NewACLProvider 返回的结构必须实现 ACLProvider 接口的 CheckACL 方法。图 11-4 显示了实现 CheckACL 方法的结构和调用的过程。

```
func NewACLProvider(rg ResourceGetter) ACLProvider {
    return &aclMgmtImpl{
        rescfgProvider: newResourceProvider(rg, NewDefaultACLProvider()),
    }
}

func NewDefaultACLProvider() ACLProvider {
    d := &defaultACLProvider{}
    d.initialize()
    return d
}

func newResourceProvider(rg ResourceGetter, defprov ACLProvider) *resourceProvider {
    return &resourceProvider{rg, defprov}
}
func (am *aclMgmtImpl) CheckACL(resName string, channelID string, idinfo interface{}) error {
    return am.rescfgProvider.CheckACL(resName, channelID, idinfo)
}
func (rp *resourceProvider) CheckACL(resName string, channelID string, idinfo interface{}) error {
    resCfg := rp.resGetter(channelID)
    if resCfg != nil {
        pp := &aclmgmtPolicyProviderImpl{&policyEvaluatorImpl{resCfg}}
        policyName := pp.GetPolicyName(resName)
        if policyName != "" {
            return pp.CheckACL(policyName, idinfo)
        }
    }
    return rp.defaultProvider.CheckACL(resName, channelID, idinfo)
}
func (d *defaultACLProvider) CheckACL(resName string, channelID string, idinfo interface{}) error {
    policy := d.defaultPolicy(resName, true)
    if policy == "" {
        return fmt.Errorf("Unmapped policy for %s", resName)
    }
    switch typedData := idinfo.(type) {
    case *pb.SignedProposal:
        return d.policyChecker.CheckPolicy(channelID, policy, typedData)
    case *common.Envelope:
        sd, err := typedData.AsSignedData()
        if err != nil {
            return err
        }
        return d.policyChecker.CheckPolicyBySignedData(channelID, policy, sd)
    case []*common.SignedData:
        return d.policyChecker.CheckPolicyBySignedData(channelID, policy, typedData)
    default:
        return fmt.Errorf("Unknown id on checkACL %s", resName)
    }
}
```

图 11-4　实现 CheckACL 方法的结构和调用的过程

在 resourceProvider 的 CheckACL 判断是否可以获得策略名，若可以，则调用 aclmgmtPolicyProviderImpl 结构的 CheckACL，而不是 defaultProvider 结构的 CheckACL。

```
## [core/aclmgmt/resourceprovider.go]
func (rp *aclmgmtPolicyProviderImpl) CheckACL(polName string, idinfo interface{})
error {
    // 我们将实现其他标识符，最后我们只需要一个签名数据（封装好的 SignedData 结构）
    var sd []*common.SignedData
    var err error
    switch idinfo.(type) {
```

```
    case *pb.SignedProposal: // 签名提案
        signedProp, _ := idinfo.(*pb.SignedProposal)
        // 准备 SignedData
        proposal, err := utils.GetProposal(signedProp.ProposalBytes)
        if err != nil {
            return fmt.Errorf("Failing extracting proposal during check policy with
policy [%s]: [%s]", polName, err)
        }
        // 获得提案头部
        header, err := utils.GetHeader(proposal.Header)
        if err != nil {
            return fmt.Errorf("Failing extracting header during check policy [%s]:
[%s]", polName, err)
        }
        // 获得签名头部
        shdr, err := utils.GetSignatureHeader(header.SignatureHeader)
        if err != nil {
            return fmt.Errorf("Invalid Proposal's SignatureHeader during check
policy [%s]: [%s]", polName, err)
        }
        // 封装签名数据
        sd = []*common.SignedData{{
            Data:      signedProp.ProposalBytes,
            Identity:  shdr.Creator,
            Signature: signedProp.Signature,
        }}
    case *common.Envelope: // 信封
        sd, err = idinfo.(*common.Envelope).AsSignedData()
        if err != nil {
            return err
        }
    default:
        return InvalidIdInfo(polName)
    }
    // 评估
    err = rp.pEvaluator.Evaluate(polName, sd)
    if err != nil {
        return fmt.Errorf("failed evaluating policy on signed data during check
policy [%s]: [%s]", polName, err)
    }
    // 评估成功
    return nil
}
```

aclProvider 使用的实例 1

策略检查提供者，检查信封，如下所示：

```
policyCheckerProvider := func(resourceName string) deliver.PolicyCheckerFunc {
        return func(env *cb.Envelope, channelID string) error {
```

```
            return aclProvider.CheckACL(resourceName, channelID, env)
        }
}
```

检查投递事件服务信封，如下所示：

```
abServer := peer.NewDeliverEventsServer(mutualTLS, policyCheckerProvider, &peer.
DeliverChainManager{}, metricsProvider)
```

检查过程，如下所示：

```
## [common/deliver/deliver.go]
func  (h  *Handler)  deliverBlocks(ctx  context.Context,  srv  *Server,  envelope
*cb.Envelope) (status cb.Status, err error) {
    accessControl, err := NewSessionAC(chain, envelope, srv.PolicyChecker, chdr.
ChannelId, crypto.ExpiresAt)
    if err != nil {
        return cb.Status_BAD_REQUEST, nil
    }
    // 评估
    if err := accessControl.Evaluate(); err != nil {
        return cb.Status_FORBIDDEN, nil
    }
    ...
}
```

评估函数原型，如下所示：

```
## [common/deliver/acl.go]
func (ac *SessionAccessControl) Evaluate() error {
    return ac.policyChecker.CheckPolicy(ac.envelope, ac.channelID)
}
```

aclProvider 使用的实例 2

传递给链码服务：

```
    chaincodeSupport, ccp, sccp, packageProvider := startChaincodeServer(peerHost,
aclProvider, pr, opsSystem)
```

检查过程，如下所示：

```
## [core/chaincode/handler.go]
func (h *Handler) checkACL(signedProp *pb.SignedProposal, proposal *pb.Proposal,
ccIns *sysccprovider.ChaincodeInstance) error {
    return h.ACLProvider.CheckACL(resources.Peer_ChaincodeToChaincode, ccIns.ChainID,
signedProp)
}
```

向上追溯 preProcess 调用关系，如下所示：

```
## [core/chaincode/handler.go]
func  (h  *Handler)  HandleInvokeChaincode(msg  *pb.ChaincodeMessage,  txContext
*TransactionContext) (*pb.ChaincodeMessage, error) {
```

```
    chaincodeSpec := &pb.ChaincodeSpec{}
    err := proto.Unmarshal(msg.Payload, chaincodeSpec)
    if err != nil {
        return nil, errors.Wrap(err, "unmarshal failed")
    }
    // 获取要调用的 chaincodeID，要调用的 chaincodeID 可能包含复合信息
    targetInstance := ParseName(chaincodeSpec.ChaincodeId.Name)
    chaincodeSpec.ChaincodeId.Name = targetInstance.ChaincodeName
    if targetInstance.ChainID == "" {
        // 使用调用方的通道，因为被调用的链码在同一个通道中
        targetInstance.ChainID = txContext.ChainID
    }
    // 检查签提案
    err = h.checkACL(txContext.SignedProp, txContext.Proposal, targetInstance)
    if err != nil {
        return nil, errors.WithStack(err)
    }
    ...
}
```

aclProvider 使用的实例 3

用于背书：

```
endorserSupport := &endorser.SupportImpl{
    ACLProvider:     aclProvider,
}
```

SupportImpl 结构实现了 CheckACL，直接调用 ACLProvider 成员的 CheckACL，如下所示：

```
## [core/endorser/support.go]
func (s *SupportImpl) CheckACL(signedProp *pb.SignedProposal, chdr *common.ChannelHeader,
shdr *common.SignatureHeader, hdrext *pb.ChaincodeHeaderExtension) error {
    return s.ACLProvider.CheckACL(resources.Peer_Propose, chdr.ChannelId, signedProp)
}
```

endorserSupport 作为参数传入 NewEndorserServer 函数，如下所示：

```
    serverEndorser := endorser.NewEndorserServer(privDataDist, endorserSupport, pr)
```

NewEndorserServer 函数原型，如下所示：

```
## [core/endorser/endorser.go]
func NewEndorserServer(privDist privateDataDistributor, s Support, pr *platforms.
Registry) *Endorser {
    e := &Endorser{
        distributePrivateData: privDist,
        s:                     s, // endorserSupport
        PlatformRegistry:      pr,
        PvtRWSetAssembler:     &rwSetAssembler{},
    }
```

```
    return e
}
```

Endorser 结构提供的 preProcess 函数用于检查 ACL，如下所示：

```
## [core/endorser/endorser.go]
func (e *Endorser) preProcess(signedProp *pb.SignedProposal) (*validateResult, error) {
    if chainID != "" {
        // 仅检查应用程序链码的 ACL，系统链码的 ACL 在其他地方检查
        if !e.s.IsSysCC(hdrExt.ChaincodeId.Name) {
            // 检查提案是否符合通道作者的要求
            if err = e.s.CheckACL(signedProp, chdr, shdr, hdrExt); err != nil {
                vr.resp = &pb.ProposalResponse{Response: &pb.Response{Status: 500,
Message: err.Error()}}
                return vr, err
            }
        }
    }
```

向上追溯 preProcess 调用关系，如下所示：

```
## [core/endorser/endorser.go]
func (e *Endorser) ProcessProposal(ctx context.Context, signedProp *pb.SignedProposal)
(*pb.ProposalResponse, error) {
    addr := util.ExtractRemoteAddress(ctx)
    defer endorserLogger.Debug("Exit: request from", addr)

    // 检查和校验
    vr, err := e.preProcess(signedProp)
    if err != nil {
        resp := vr.resp
        return resp, err
    }
    ...
}
```

由此可知，处理提案时首先执行资源访问检查。

11.5　新建操作系统

用于获取系统相关信息，如下所示：

```
opsSystem := newOperationsSystem()
err := opsSystem.Start()
if err != nil {
    return errors.WithMessage(err, "failed to initialize operations subystems")
}
defer opsSystem.Stop()
```

core.yaml 设置，如下所示：

```
operations.listenAddress: 0.0.0.0:9443
metrics. provider: prometheus
```

docker-compose-base.yaml 设置，如下所示：

```
peer0.org1.example.com:
   environment:
        - CORE_OPERATIONS_LISTENADDRESS=0.0.0.0:9443
        - CORE_METRICS_PROVIDER=prometheus
ports:
        - 9443:9443
```

查看 peer 度量信息，http://localhost:9443/metrics（见图 11-5）。

```
# HELP ledger_blockchain_height Height of the chain in blocks.
# TYPE ledger_blockchain_height gauge
ledger_blockchain_height{channel="mychannel"} 3
# HELP ledger_blockstorage_commit_time Time taken in seconds for committing the block and private data to storage.
# TYPE ledger_blockstorage_commit_time histogram
ledger_blockstorage_commit_time_bucket{channel="mychannel",le="0.005"} 0
ledger_blockstorage_commit_time_bucket{channel="mychannel",le="0.01"} 3
ledger_blockstorage_commit_time_bucket{channel="mychannel",le="0.015"} 3
ledger_blockstorage_commit_time_bucket{channel="mychannel",le="0.05"} 3
ledger_blockstorage_commit_time_bucket{channel="mychannel",le="0.1"} 3
ledger_blockstorage_commit_time_bucket{channel="mychannel",le="1"} 3
ledger_blockstorage_commit_time_bucket{channel="mychannel",le="10"} 3
ledger_blockstorage_commit_time_bucket{channel="mychannel",le="+Inf"} 3
ledger_blockstorage_commit_time_sum{channel="mychannel"} 0.018799700000000003
ledger_blockstorage_commit_time_count{channel="mychannel"} 3
# HELP ledger_statedb_commit_time Time taken in seconds for committing block changes to state db.
# TYPE ledger_statedb_commit_time histogram
ledger_statedb_commit_time_bucket{channel="mychannel",le="0.005"} 3
ledger_statedb_commit_time_bucket{channel="mychannel",le="0.01"} 3
ledger_statedb_commit_time_bucket{channel="mychannel",le="0.015"} 3
ledger_statedb_commit_time_bucket{channel="mychannel",le="0.05"} 3
ledger_statedb_commit_time_bucket{channel="mychannel",le="0.1"} 3
ledger_statedb_commit_time_bucket{channel="mychannel",le="1"} 3
ledger_statedb_commit_time_bucket{channel="mychannel",le="10"} 3
ledger_statedb_commit_time_bucket{channel="mychannel",le="+Inf"} 3
ledger_statedb_commit_time_sum{channel="mychannel"} 0.005983599999999995
ledger_statedb_commit_time_count{channel="mychannel"} 3
# HELP ledger_transaction_count Number of transactions processed.
# TYPE ledger_transaction_count counter
ledger_transaction_count{chaincode="lscc:latest",channel="mychannel",transaction_type="ENDORSER_TRANSACTION",validation_code="VALID"} 1
ledger_transaction_count{chaincode="mycc:1.0",channel="mychannel",transaction_type="ENDORSER_TRANSACTION",validation_code="VALID"} 1
ledger_transaction_count{chaincode="unknown",channel="mychannel",transaction_type="CONFIG",validation_code="VALID"} 1
```

图 11-5　peer 度量信息

查看 peer 日志级别，http://localhost:9443/logspec 如下所示：

```
{"spec":"info"}
```

查看 peer 健康状态，http://localhost:9443/healthz 如下所示：

```
{"status":"OK","time":"2019-01-11T10:33:41.950161649Z"}
```

11.6　账本管理器初始化

在节点启动的过程中进行账本管理器的初始化，如下所示：

```
ledgermgmt.Initialize(
```

```
    &ledgermgmt.Initializer{
        CustomTxProcessors:             peer.ConfigTxProcessors,
        PlatformRegistry:               pr,
        DeployedChaincodeInfoProvider: deployedCCInfoProvider,
        MembershipInfoProvider:         membershipInfoProvider,
        MetricsProvider:                metricsProvider,
    },
)
```

（1）自定义交易处理器 CustomTxProcessors：实现 Processor 接口的 GenerateSimulation Results 方法。

（2）链码平台注册 PlatformRegistry：支持 Golang、Node、Java 语言和 car 压缩（主要用于 Docker 方式）。链码平台需要实现 Platform 接口，用于验证语言规范和编写代码包。

（3）部署链码信息提供者 DeployedChaincodeInfoProvider：实现 DeployedChaincode InfoProvider 接口，用于更新链码、获得链码信息和获得私有数据 collection 信息。

（4）成员关系信息提供者 MembershipInfoProvider：实现 MembershipInfoProvider 接口的 AmMemberOf 方法，用于确定当前 peer 是否为给定集合（collection）的成员。Gossip 模块对账本一致性提供支持。

（5）度量提供者 MetricsProvider：需要实现 NewCounter、NewGauge 和 NewHistogram 方法，用于对 peer 进行性能监控，有关配置在 core.yaml->metrics 中定义。

11.7 链码开发模式

判断是否是开发模式，如下所示：

```
if chaincodeDevMode {
    viper.Set("chaincode.mode", chaincode.DevModeUserRunsChaincode)
}
```

运行链码有 dev 和 net 两种模式，通过 core.yaml->chaincode.mode 设置。dev 模式在启动 peer 后，在本地机器的命令行下运行链码；net 模式在启动 peer 后，从 docker 容器中运行链码。特别需要强调的是，链码必须在 peer 启动之后运行，因为链码需要通过 peer 提供的监听地址进行连接，在 core.yaml->peer.chaincodeListenAddress 中指定，如果 peer.chaincodeListenAddress 没有指定，则会共用 core.yaml->peer.listenAddress 的地址。

11.8 新建投递事件服务

投递过程需要理解 common/deliver/deliver.go 中的 deliverBlocks 函数，如下所示：

```
// 新建的 gRPC 服务，监听 0.0.0.0:7051
peerServer, err := peer.NewPeerServer(listenAddr, serverConfig)
if err != nil {
    logger.Fatalf("Failed to create peer server (%s)", err)
}
// 策略检查提供者，作为下面 NewDeliverEventsServer 函数的参数
policyCheckerProvider := func(resourceName string) deliver.PolicyCheckerFunc {
    return func(env *cb.Envelope, channelID string) error {
        return aclProvider.CheckACL(resourceName, channelID, env)
    }
}
// 新建投递服务，用于投递和投递过滤区块事件
// 填充 core/peer/deliverevents.go->server 结构的两个成员 dh 和 policyCheckerProvider
// 一个是 common/deliver/deliver.go->Handler 结构
// 一个是 policyCheckerProvider 策略检查提供者
abServer := peer.NewDeliverEventsServer(mutualTLS,
    policyCheckerProvider, &peer.DeliverChainManager{}, metricsProvider)
// 注册投递服务
pb.RegisterDeliverServer(peerServer.Server(), abServer)
```

通过 NewDeliverEventsServer 函数实例化一个实现投递（Deliver）和投递过滤（DeliverFiltered）的 server 结构体，然后调用 RegisterDeliverServer 函数注册投递服务。gRPC 的两个函数原型如下：

```
func (s *server) DeliverFiltered(srv peer.Deliver_DeliverFilteredServer) error
func (s *server) Deliver(srv peer.Deliver_DeliverServer) (err error)
```

11.9 启动链码服务

启动链码服务，提供可获取操作系统的度量信息，如下所示：

```
opsSystem := newOperationsSystem()
// 由于 peer.Address 形如 0.0.0.0:7051，分离后 host = 0.0.0.0，port = 7051
peerHost, _, err = net.SplitHostPort(peerEndpoint.Address)
// 开启链码服务
chaincodeSupport, ccp, sccp, packageProvider :=
    startChaincodeServer(peerHost, aclProvider, pr, opsSystem)
```

如果 core.yaml->peer.chaincodeListenAddress 不设置，则链码服务监听地址和 peer 节点服务的地址相同。需要注意的是，只是地址相同，端口并不相同，链码服务的端

口默认为 7052。

启动链码服务：

```
func startChaincodeServer(
    peerHost string,
    aclProvider aclmgmt.ACLProvider,
    pr *platforms.Registry,
    ops *operations.System,
) (*chaincode.ChaincodeSupport, ccprovider.ChaincodeProvider, *scc.Provider, *persistence.
PackageProvider) {
    // 建立链码安装路径 /var/hyperledger/production/chaincodes
    chaincodeInstallPath := ccprovider.GetChaincodeInstallPathFromViper()
    ccprovider.SetChaincodesPath(chaincodeInstallPath) // 设置链码路径，不存在就创建
    // 提供分析链码包的能力
    ccPackageParser := &persistence.ChaincodePackageParser{}
    ccStore := &persistence.Store{ // 保留保持 chaincode 安装包所需的信息
        Path:       chaincodeInstallPath,
        ReadWriter: &persistence.FilesystemIO{},
    }
    // 保留必要的依赖项以获取链码包的字节
    packageProvider := &persistence.PackageProvider{
        LegacyPP: &ccprovider.CCInfoFSImpl{},
        Store:    ccStore,
    }
    // 生命周期系统链码
    lifecycleSCC := &lifecycle.SCC{
        Protobuf: &lifecycle.ProtobufImpl{},
        Functions: &lifecycle.Lifecycle{
            PackageParser:  ccPackageParser,
            ChaincodeStore: ccStore,
        },
    }
    // 为链码服务创建一个自签名 CA
    ca, err := tlsgen.NewCA()
    if err != nil {
        logger.Panic("Failed creating authentication layer:", err)
    }
    // 创建链码服务
    ccSrv, ccEndpoint, err := createChaincodeServer(ca, peerHost)
    if err != nil {
        logger.Panicf("Failed to create chaincode server: %s", err)
    }
    // 注册链码支持
    chaincodeSupport, ccp, sccp := registerChaincodeSupport(
        ccSrv,
        ccEndpoint,
        ca,
        packageProvider,
```

```
        aclProvider,
        pr,
        lifecycleSCC,
        ops,
    )
    go ccSrv.Start()
    return chaincodeSupport, ccp, sccp, packageProvider
}
```

链码服务还创建了自签名 CA，peer 节点每次启动都会重新创建一个自签名 CA，有效时间是 10 分钟，开启了 TLS 的链码也要重新启动，并且需要在 10 分钟内和 peer 节点进行连接，否则会显示类似如下错误：

```
Chaincode mycc:1.0 with given certificate hash [41 152 49 116 83 149 67 150 19 54 238
200 210 141 20 152 85 231 43 133 31 14 48 84 193 139 60 184 192 220 105 211] not found
in registry
```

11.10 启动管理服务

启动管理服务，提供可获取的操作系统度量信息，如下所示：

```
metricsProvider := opsSystem.Provider
startAdminServer(listenAddr, peerServer.Server(), metricsProvider)
```

管理服务监听地址是 core.yaml->peer.adminService.listenAddress，签名策略是 cauthdsl.SignedByAnyAdmin([]string{mspID})，这里规定连接的客户端必须有管理员权限，管理服务实现了 AdminServer 接口，如下所示：

```
## [protos/peer/admin.pb.go]
type AdminServer interface {
    GetStatus(context.Context, *common.Envelope) (*ServerStatus, error)
    StartServer(context.Context, *common.Envelope) (*ServerStatus, error)
    GetModuleLogLevel(context.Context, *common.Envelope) (*LogLevelResponse, error)
    SetModuleLogLevel(context.Context, *common.Envelope) (*LogLevelResponse, error)
    RevertLogLevels(context.Context, *common.Envelope) (*empty.Empty, error)
    GetLogSpec(context.Context, *common.Envelope) (*LogSpecResponse, error)
    SetLogSpec(context.Context, *common.Envelope) (*LogSpecResponse, error)
}
```

11.11 新建背书服务

注册链码平台，如下所示：

```
pr := platforms.NewRegistry(
    &golang.Platform{},
    &node.Platform{},
    &java.Platform{},
    &car.Platform{},
)
privDataDist := func(channel string, txID string,
    privateData *transientstore.TxPvtReadWriteSetWithConfigInfo, blkHt uint64) error {
    return service.GetGossipService().DistributePrivateData(channel,
    txID, privateData, blkHt)
}
endorserSupport := &endorser.SupportImpl{
    SignerSupport:    signingIdentity,
    Peer:             peer.Default,
    PeerSupport:      peer.DefaultSupport,
    ChaincodeSupport: chaincodeSupport,
    SysCCProvider:    sccp,
    ACLProvider:      aclProvider,
}
serverEndorser := endorser.NewEndorserServer(privDataDist, endorserSupport, pr)
```

NewEndorserServer 函数实例化了 Endorser 结构，Endorser 实现了 ProcessProposal 方法，用于对提案进行签名背书。

新建背书服务：

```
func NewEndorserServer(privDist privateDataDistributor, s Support, pr *platforms.
Registry) *Endorser {
    e := &Endorser{
        distributePrivateData: privDist,          // 分发私人数据
        s:                     s,                 // 背书支持
        PlatformRegistry:      pr,                // 链码平台注册
        PvtRWSetAssembler:     &rwSetAssembler{}, // 实现 PvtRWSetAssembler 接口
    }
    return e
}
```

11.12　初始化 Gossip 服务

Gossip 是能让各组织中不同的 peer 节点账本数据最终能达到一致的算法。

为初始化 Gossip 服务准备参数：

```
signingIdentity := mgmt.GetLocalSigningIdentityOrPanic() // 本地签名身份
serializedIdentity, err := signingIdentity.Serialize()
if err != nil {
    logger.Panicf("Failed serializing self identity: %v", err)
```

```
    }
    policyMgr := peer.NewChannelPolicyManagerGetter()
    err = initGossipService(policyMgr, peerServer, serializedIdentity, peerEndpoint.
Address)
```

初始化 Gossip 服务函数原型，如下所示：

```
func initGossipService(policyMgr policies.ChannelPolicyManagerGetter, peerServer
*comm.GRPCServer, serializedIdentity []byte, peerAddr string) error {
    // 新建消息加密服务
    messageCryptoService := peergossip.NewMCS(
        policyMgr,
        localmsp.NewSigner(),
        mgmt.NewDeserializersManager(),
    )
    // 新建安全顾问
    secAdv := peergossip.NewSecurityAdvisor(mgmt.NewDeserializersManager())
    bootstrap := viper.GetStringSlice("peer.gossip.bootstrap") // 启动节点
    // 初始化 Gossip 服务
    return service.InitGossipService(
        serializedIdentity,     // 节点身份
        peerAddr,               // peer 地址
        peerServer.Server(),    // peer 服务
        certs,                  // TLS 证书
        messageCryptoService,   // 消息加密服务
        secAdv,                 // 安全顾问
        secureDialOpts,         // Gossip 服务安全拨号选项的回调函数
        bootstrap...,           // 启动节点
    )
}
```

11.13 peer 初始化

节点自身的初始化，如下所示：

```
    peer.Initialize(func(cid string) {
        sccp.DeploySysCCs(cid, ccp)
        sub, err := lifecycle.NewChannelSubscription(cid, cc.QueryCreatorFunc(func()
(cc.Query, error) {
            return peer.GetLedger(cid).NewQueryExecutor()
        }))
        if err != nil {
            logger.Panicf("Failed subscribing to chaincode lifecycle updates")
        }
        cceventmgmt.GetMgr().Register(cid, sub)
    }, ccp, sccp, txvalidator.MapBasedPluginMapper(validationPluginsByName))
```

需要注意的是，必须在 ledgermgmt.Initialize 和 initGossipService 准备就绪后，才能对链进行初始化。函数原型如下所示：

```
## [core/peer/peer.go]
func Initialize(init func(string), ccp ccprovider.ChaincodeProvider,
sccp sysccprovider.SystemChaincodeProvider, pm txvalidator.PluginMapper) {
    nWorkers := viper.GetInt("peer.validatorPoolSize")
    if nWorkers <= 0 {
        nWorkers = runtime.NumCPU()
    }
    // 保存在全局变量中，在 createChain 函数内使用
    validationWorkersSemaphore = semaphore.NewWeighted(int64(nWorkers))
    // 保存在全局变量中，作为 createChain 函数参数
    pluginMapper = pm
    chainInitializer = init // 保存在全局变量中，用于最后执行
    // 账本操作
    var cb *common.Block
    var ledger ledger.PeerLedger
    ledgerIds, err := ledgermgmt.GetLedgerIDs()
    if err != nil {
        panic(fmt.Errorf("Error in initializing ledgermgmt: %s", err))
    }
    for _, cid := range ledgerIds {
        if ledger, err = ledgermgmt.OpenLedger(cid); err != nil {
            continue
        }
        if cb, err = getCurrConfigBlockFromLedger(ledger); err != nil {
            continue
        }
        // 如果使用配置区块获得有效的账本，则创建链
        if err = createChain(cid, ledger, cb, ccp, sccp, pm); err != nil {
            continue
        }
        // 回调参数 init 函数
        InitChain(cid)
    }
}
```

11.14　注册发现服务

判断是否开启发现服务，如下所示：

```
if viper.GetBool("peer.discovery.enabled") {
    registerDiscoveryService(peerServer, policyMgr, lifecycle)
}
```

注册发现服务函数原型，如下所示：

```
func registerDiscoveryService(peerServer *comm.GRPCServer,
polMgr policies.ChannelPolicyManagerGetter, lc *cc.Lifecycle) {
    // 获得本地 MspId
    mspID := viper.GetString("peer.localMspId")
    // 默认本地访问策略，仅管理员能访问
    localAccessPolicy := localPolicy(cauthdsl.SignedByAnyAdmin([]string{mspID}))
    // 是否允许任何组织成员访问
    if viper.GetBool("peer.discovery.orgMembersAllowedAccess") {
        // 创建任何成员都可以访问策略
        localAccessPolicy = localPolicy(cauthdsl.SignedByAnyMember([]string{mspID}))
    }
    // 新建通道验证，实现 Verifier 接口的 VerifyByChannel 方法
    // 检查签名是否是 peer 验证密钥下消息的有效签名，但在特定通道的上下文中，如果验证成功
    // 则返回 nil，表示没有发生错误。如果 peerIdentity 为 nil，则验证失败
   channelVerifier := discacl.NewChannelVerifier(policies.ChannelApplicationWriters,
polMgr)
    // 新建发现服务支持（discacl），实现 principalEvaluator 接口的 SatisfiesPrincipal 方法
    acl := discacl.NewDiscoverySupport(channelVerifier, localAccessPolicy, discacl.
ChannelConfigGetterFunc(peer.GetStableChannelConfig))
    // 新建发现服务支持（gossip），实现 gossipSupport 接口的 3 个方法
    gSup := gossip.NewDiscoverySupport(service.GetGossipService())
    // 新建发现服务支持（ccsupport），实现 policyFetcher 接口的 PolicyByChaincode 方法
    ccSup := ccsupport.NewDiscoverySupport(lc)
    // 新建背书分析器，实现 EndorsementSupport 接口的 2 个方法
    ea := endorsement.NewEndorsementAnalyzer(gSup, ccSup, acl, lc)
    // 新建发现服务支持（config），实现 ConfigSupport 接口的 Config 方法
    confSup := config.NewDiscoverySupport(
        config.CurrentConfigBlockGetterFunc(peer.GetCurrConfigBlock))
    // 新建发现服务支持（discsupport），实现 Support 接口
    support := discsupport.NewDiscoverySupport(acl, gSup, ea, confSup, acl)
    // 新建服务，实现 Discover 方法。远程过程调用
    svc := discovery.NewService(discovery.Config{
        TLS:                          peerServer.TLSEnabled(),
        AuthCacheEnabled:             viper.GetBool("peer.discovery.authCacheEnabled"),
        AuthCacheMaxSize:             viper.GetInt("peer.discovery.authCacheMaxSize"),
        AuthCachePurgeRetentionRatio: viper.GetFloat64("peer.discovery.authCache
PurgeRetentionRatio"),
    }, support)
    // 注册发现服务
    discprotos.RegisterDiscoveryServer(peerServer.Server(), svc)
}
```

发现服务提供的服务，如下所示：

```
## [discovery/service.go]
func NewService(config Config, sup Support) *service {
    s := &service{ // 发现服务结构实例化，此结构实现 Discover 方法
        auth: newAuthCache(sup, authCacheConfig{
```

```
            enabled:              config.AuthCacheEnabled,
            maxCacheSize:          config.AuthCacheMaxSize,
            purgeRetentionRatio: config.AuthCachePurgeRetentionRatio,
        }),
        Support: sup, // 发现服务支持
    }
    // 通道查询类型
    s.channelDispatchers = map[discovery.QueryType]dispatcher{
        discovery.ConfigQueryType:         s.configQuery,     // 配置查询
        discovery.ChaincodeQueryType:      s.chaincodeQuery, // 链码查询
        // 通道成员关系响应
        discovery.PeerMembershipQueryType: s.channelMembershipResponse,
    }
    // 本地成员关系
    s.localDispatchers = map[discovery.QueryType]dispatcher{
        // 本地成员关系响应
        discovery.LocalMembershipQueryType: s.localMembershipResponse,
    }
    return s
}
```

发现服务共提供四种查询服务。其中，三种属于通道查询类型，一种属于本地查询类型。每次查询都是先查通道的信息（channelID 不为空的情况下），若通道不存在，则从本地进行查询。

配置查询，如下所示：

```
## [discovery/service.go]
func (s *service) configQuery(q *discovery.Query) *discovery.QueryResult {
    conf, err := s.Config(q.Channel)
    if err != nil {
        return wrapError(errors.Errorf("failed fetching config for channel %s",
q.Channel))
    }
    return &discovery.QueryResult{
        Result: &discovery.QueryResult_ConfigResult{
            ConfigResult: conf,
        },
    }
}
```

链码查询，如下所示：

```
## [discovery/service.go]
func (s *service) chaincodeQuery(q *discovery.Query) *discovery.QueryResult {
    if err := validateCCQuery(q.GetCcQuery()); err != nil {
        return wrapError(err)
    }
    var descriptors []*discovery.EndorsementDescriptor
    for _, interest := range q.GetCcQuery().Interests {
```

```
        desc, err := s.PeersForEndorsement(common2.ChainID(q.Channel), interest)
        if err != nil {
            return wrapError(errors.Errorf("failed constructing descriptor for %v",
interest))
        }
        descriptors = append(descriptors, desc)
    }

    return &discovery.QueryResult{
        Result: &discovery.QueryResult_CcQueryRes{
            CcQueryRes: &discovery.ChaincodeQueryResult{
                Content: descriptors,
            },
        },
    }
}
```

通道成员关系响应，如下所示：

```
## [discovery/service.go]
func (s *service) channelMembershipResponse(q *discovery.Query) *discovery.
QueryResult {
    chanPeers,  err  :=  s.PeersAuthorizedByCriteria(common2.ChainID(q.Channel),
q.GetPeerQuery().Filter)
    if err != nil {
        return wrapError(err)
    }
    membersByOrgs := make(map[string]*discovery.Peers)
    chanPeerByID := discovery2.Members(chanPeers).ByID()
    for org, ids2Peers := range s.computeMembership(q) {
        membersByOrgs[org] = &discovery.Peers{}
        for id, peer := range ids2Peers {
            // 检查 peer 是否在通道视图中
            stateInfoMsg, exists := chanPeerByID[string(id)]
            // 如果 peer 不在通道视图中，请跳过它，不要将其包含在响应中
            if !exists {
                continue
            }
            peer.StateInfo = stateInfoMsg.Envelope
            membersByOrgs[org].Peers = append(membersByOrgs[org].Peers, peer)
        }
    }
    return wrapPeerResponse(membersByOrgs)
}
```

本地成员关系响应，如下所示：

```
## [discovery/service.go]
func (s *service) localMembershipResponse(q *discovery.Query) *discovery.QueryResult
{
    membersByOrgs := make(map[string]*discovery.Peers)
```

```
    for org, ids2Peers := range s.computeMembership(q) {
        membersByOrgs[org] = &discovery.Peers{}
        for _, peer := range ids2Peers {
            membersByOrgs[org].Peers = append(membersByOrgs[org].Peers, peer)
        }
    }
    return wrapPeerResponse(membersByOrgs)
}
```

11.15 启动 peer 服务

创建 peer 节点自身的服务如下所示：

```
// 创建一个服务通道
serve := make(chan error)
// 启动 gRPC 服务器。在 go 协程中完成，这样可以在需要时部署 genesis 区块
go func() {
    var grpcErr error
    if grpcErr = peerServer.Start(); grpcErr != nil { // 启动后 go 协程等待在这里
        grpcErr = fmt.Errorf("grpc server exited with error: %s", grpcErr)
    } else {
        logger.Info("peer server exited")
    }
    serve <- grpcErr // 如果 peer 服务退出，往服务通道放入出错信息，go 协程结束
}()
```

11.16 启动性能分析服务

Go 性能分析工具仅允许在非生产环境使用，在生产环境下应该禁用，如下所示：

```
// 在开始执行例行程序之前获取配置，避免在测试中加速
profileEnabled := viper.GetBool("peer.profile.enabled")
    profileListenAddress := viper.GetString("peer.profile.listenAddress")
if profileEnabled {
        go func() {
            if profileErr := http.ListenAndServe(profileListenAddress, nil);
profileErr != nil {
            }
        }()
    }
```

main.go 文件的开头应有一个导入包，如下所示：

```
import (
    _ "net/http/pprof"
    ...
)
```

pprof 是程序进行性能分析的工具，peer 集成此工具。开启 core.yaml-> peer.profile.enabled: true，监听地址为 core.yaml->peer.profile.listenAddress: 0.0.0.0:6060，浏览 localhost:6060/debug/pprof/就能查看相关信息（见图 11-6）。

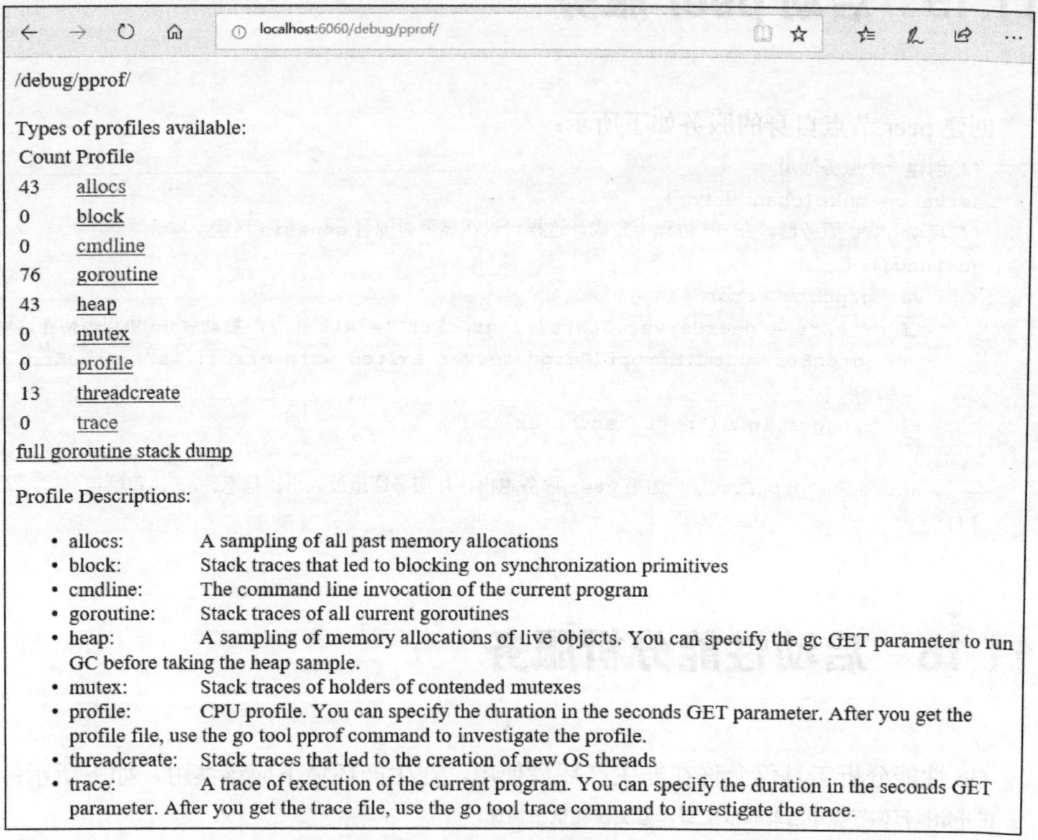

图 11-6 pprof

11.17 node end

节点的各种模块初始化后做最后处理，代码如下所示：

```
go handleSignals(addPlatformSignals(map[os.Signal]func(){
    syscall.SIGINT: func() { serve <- nil },
```

```
        syscall.SIGTERM: func() { serve <- nil },
    }))
    // 阻止，直到 gRPC 服务器退出
    return <-serve
}
```

serve 函数开启的服务都是启动 go 协程工作的，除非 serve 接收到信号或强制使用 Ctrl+C 组合键使 peer 退出，否则将一直阻塞在 return <-serve。